INSCRIPTIONS SÉMITIQUES

DE LA SYRIE, DE LA MÉSOPOTAMIE

ET

DE LA RÉGION DE MOSSOUL

INSCRIPTIONS SÉMITIQUES

DE LA SYRIE, DE LA MÉSOPOTAMIE

ET

DE LA RÉGION DE MOSSOUL

PAR

H. POGNON

CONSUL GÉNÉRAL DE FRANCE

PARIS

IMPRIMERIE NATIONALE

LIBRAIRIE VICTOR LECOFFRE, J. GABALDA ET Cie, RUE BONAPARTE, 90

MDCCCCVII

AVERTISSEMENT.

J'ai été pendant de longues années consul de France à Bagdad et à Alep, et j'ai fait de nombreux voyages en Syrie, en Mésopotamie et dans l'Iraq. Aucun fonctionnaire français, hélas! n'est plus nomade qu'un consul, et, comme j'ai habité pendant une vingtaine d'années les provinces arabes de l'Empire Ottoman, j'ai le pressentiment que j'atteindrai l'âge de la retraite dans quelque consulat général de Chine ou de l'Amérique du Sud. J'ai donc résolu de publier dès aujourd'hui toutes les inscriptions sémitiques qu'il m'a été donné de voir pendant mes nombreux voyages ou, du moins, toutes celles dont j'ai pu prendre des estampages ou des photographies.

Ces inscriptions sont pour la plupart syriaques, et toutes ne sont pas, je le reconnais, intéressantes, mais on publie tous les jours des inscriptions latines et grecques qui le sont certainement bien moins encore, et le nombre des inscriptions antiques et du moyen âge qui existent encore en Syrie et en Mésopotamie diminue chaque jour.

Les paysans arabes et curdes sont presque partout convaincus que les pierres sur lesquelles sont tracées des inscriptions contiennent de l'or ou, tout au moins, que ces inscriptions font connaître l'endroit où un trésor a été caché; aussi brisent-ils en petits morceaux les inscriptions qu'ils découvrent. Quant à celles qui existent à la surface du sol, il suffit souvent qu'un étranger les copie ou les photographie pour qu'on les détruise immédiatement.

En 1899, je vis, près d'un village situé sur les bords de l'Euphrate, de magnifiques inscriptions hétéennes dont je pris des estampages qui sont malheureusement aujourd'hui en très mauvais état. Quelques années après, je retournai dans ce village, mais je n'y trouvai plus les inscriptions qui avaient été brisées en petits morceaux. J'ai vu pour la première fois l'inscription d'Eski-Harrân au mois de mai 1906 et j'en pris des estampages qui ne furent pas très bons: je fus, par suite, forcé de retourner à Eski-Harrân au mois d'octobre de la même année. Je retrouvai la pierre intacte, mais les habitants du pays parurent inquiets de me voir revenir, et une femme raconta, en ma présence, que l'inscription devait contenir les titres de propriété des Francs, anciens maîtres du pays, et que les Francs ne manqueraient pas de revenir un jour pour s'emparer des terres qui avaient appartenu à leurs ancêtres. J'appris ensuite, par les hommes qui m'accompagnaient, que les paysans avaient l'intention de briser la pierre après mon départ pour en faire une meule, et j'ignore si l'inscription existe encore aujourd'hui.

Je regrette vivement de ne pouvoir publier que deux inscriptions assyriennes ou babyloniennes, dont une bien courte. J'ai reconnu, dans mes voyages, l'emplacement de plusieurs colonies assyriennes et j'ai la conviction que, si j'avais pu y faire des fouilles même superficielles, j'y aurais trouvé des textes intéressants; malheureusement il faut obtenir un firman pour avoir le droit de faire des fouilles en Turquie, et, quant aux inscriptions assyriennes et babyloniennes qui existent à la surface du sol, elles sont, je crois, bien peu nombreuses aujourd'hui.

J'aurais voulu publier également des inscriptions arabes, mais les Arabes gravaient des inscriptions plutôt pour orner les édifices que pour apprendre quelque chose à la postérité. Les caractères des inscriptions arabes sont, en général, tellement enchevêtrés les uns dans les autres que ces textes sont très difficiles à déchiffrer, et toute inscription arabe publiée sans un fac-similé doit être, selon moi, considérée comme non publiée. Or, la plupart des inscriptions arabes que j'ai vues se trouvaient à une telle hauteur qu'il m'eût été impossible de les photographier, ou occupaient une surface tellement grande qu'il m'eût été bien difficile d'en prendre des estampages. Les inscriptions arabes que j'ai pu déchiffrer ne m'ont pas paru, du reste, être fort intéressantes et je n'en connais guère que deux que je regrette de ne pas pouvoir publier. L'une que j'ai vue jadis dans l'Iraq est écrite en relief sur les deux côtés d'un magnifique pont construit par un khalife abbasside et elle a, si mes souvenirs sont exacts, plus de vingt mètres de longueur; l'autre se lit au-dessus du portail d'un khân en ruines construit en l'an 616 de l'hégire. Cette dernière inscription est à une telle hauteur que je ne suis pas parvenu à la photographier, ni même à la lire en entier.

J'ajouterai, pour terminer, que je ne suis jamais allé, ni à Palmyre, ni dans le Nord de l'Arabie; le lecteur ne s'étonnera donc pas que ce recueil ne contienne aucune inscription palmyrénienne et nabatéenne. Quant aux inscriptions phéniciennes, on sait combien elles sont rares et je n'en ai jamais vu que dans les musées.

N° 1.

(Planches XII et XIII.)

INSCRIPTION BABYLONIENNE D'ESKI-HARRÂN.

(VIe SIÈCLE AVANT NOTRE ÈRE.)

Le village appelé Eski-Harrân est situé à une heure et demie de marche environ au nord-est des ruines de Harrân; il se compose d'un petit nombre de maisons ou plutôt de huttes fort mal construites en boue et en pierres sèches, et on y voit un petit tertre qui doit recouvrir les ruines d'une ancienne construction.

Pendant un voyage que je fis dans l'Osrhoène, en 1906, je passai par Eski-Harrân. J'y arrivai le 22 mai au matin et j'y campai toute la journée; les habitants m'assurèrent qu'aucune inscription n'existait dans les environs et j'avais l'intention de partir le lendemain matin, lorsque, vers le soir, un enfant montra à un de mes hommes une inscription en partie enfouie sous terre à peu de distance du village. Prévenu par lui, je me rendis à l'endroit que l'enfant lui avait indiqué et, bien que la nuit fût déjà venue, je distinguai sur un bloc de pierre dont l'extrémité sortait seule de terre quelques lignes de caractères cunéiformes. La pierre était presque complètement enfouie dans un terrain non cultivé, en rase campagne, à environ quinze ou vingt minutes de marche d'Eski-Harrân, à l'ouest, entre ce village et un autre village appelé Hmeïrah[1]. Aucune ruine, aucune trace de construction ne se voyait aux environs, mais un énorme bloc de pierre, qui paraissait en certains endroits avoir été taillé, gisait sur le sol tout près de l'inscription. Le 23 mai, je fis creuser la terre autour du bloc sur lequel était gravée l'inscription et, malgré son poids considérable, on le retira du sol; on trouva sous lui quelques morceaux plus petits de pierre blanche très tendre.

L'inscription d'Eski-Harrân est gravée sur un bloc de pierre noirâtre, très dure, de forme irrégulière[2], qui a environ 1 mètre de hauteur, 0 m. 93 de largeur, dans le haut, et une épaisseur variant entre 0 m. 24 et 0 m. 32[3]. L'inscription, qui est gravée sur une des faces, a trois colonnes, mais la première colonne est en fort mauvais état et les premières lignes sont seules entières. On voit qu'à gauche de cette colonne la pierre était taillée à angle droit, ce qui prouve qu'aucune colonne n'a disparu de ce côté. A droite de la troisième colonne, la pierre est également taillée à angle droit, mais on distingue quelques caractères très effacés gravés sur la tranche à la hauteur des premières lignes de la troisième colonne; il semble donc que l'inscription avait primitivement quatre colonnes, dont la quatrième, beaucoup plus courte que les autres, était gravée sur le côté droit du bloc. La pierre a été brisée en haut et en bas, de sorte que le commencement et la fin des colonnes manquent et je crois que beaucoup de lignes ont disparu.

(1) Hmeïrah est à l'ouest et non pas au sud d'Eski-Harrân, comme l'indique à tort la carte de l'ouvrage de M. Sachau intitulé *Routen in Mesopotamien*. L'inscription se trouvait à mi-chemin entre Hmeïrah et Eski-Harrân, mais, je crois, un peu plus près d'Eski-Harrân que de Hmeïrah.

(2) La pierre m'a paru être une espèce de lave ou de pierre volcanique que je ne saurais déterminer.

(3) Au dos de la pierre, du côté opposé à l'inscription, on voit, derrière la première colonne, je crois, une sorte de renflement. L'épaisseur du bloc est de 0 m. 24 en moyenne, mais de 0 m. 32 à l'endroit du renflement.

IMPRIMERIE NATIONALE.

Les caractères sont gravés peu profondément et ont environ de 0 m. 01 à 0 m. 015 de hauteur. L'ouvrier qui a taillé le bloc a trouvé à l'intérieur une sorte de faille, un endroit où, sans être brisée, la pierre renfermait des cavités; les 11e, 12e et 13e lignes de la première colonne, les 9e, 10e et 11e lignes de la seconde et les 5e et 6e lignes de la troisième sont, en effet, couvertes de petits trous qui ne paraissent pas être l'œuvre d'une main humaine. Ne pouvant pas polir la surface de la pierre dans la zone où se trouvaient ces vides, zone qui coupait l'inscription horizontalement, le sculpteur a tracé les traits de séparation des colonnes et des lignes, mais il a laissé quelques lignes en blanc et n'y a gravé aucun caractère.

Enfin, à la fin des lignes, toutes les fois qu'il n'a pas eu assez de place pour graver un mot en entier, il l'a terminé dans la colonne suivante; par suite, plusieurs lignes de la première colonne se terminent dans la seconde et plusieurs lignes de la seconde colonne se terminent dans la troisième.

Voici le texte de l'inscription d'Eski-Harran (voir les planches XII et XIII); j'imprime entre crochets les caractères dont la restitution me paraît probable et je fais suivre d'un point d'interrogation ceux dont la lecture me paraît douteuse :

Première colonne. — (l. 1) .... (l. 2) [cuneiform] .... [cuneiform] .... (l. 3) [cuneiform] .... (l. 4) [cuneiform] (?) [cuneiform] .... [cuneiform] (?) [cuneiform] (l. 5) [cuneiform] (l. 6) .... [cuneiform] (l. 7) [cuneiform] (?) [cuneiform] (l. 8) [cuneiform] (l. 9) [cuneiform] ..... [cuneiform] (l. 10) .... [cuneiform] (?) [cuneiform] (l. 11) [cuneiform][1] (l. 14) ..... [cuneiform] ..... [cuneiform] (l. 15) .... [cuneiform] (l. 16) .... [cuneiform] (l. 17) .... [cuneiform] (l. 18) .... [cuneiform] ..... [cuneiform] (l. 19) .... [cuneiform] (l. 20) .... [cuneiform] (l. 21) .... [cuneiform] (?) ...... [cuneiform] (l. 22) .... [cuneiform] (?) [cuneiform] ..... (l. 23) .... [cuneiform] (l. 24) .... [cuneiform] (l. 25) .... [cuneiform] (?)[2] [cuneiform] (l. 26) .... [cuneiform] (l. 27) .... [cuneiform] (l. 28) .... [cuneiform] (l. 29) .... [cuneiform] .... (l. 30) .... [cuneiform] (l. 31) ....

[1] Le sculpteur n'a gravé aucun caractère à la fin de la ligne 11 et a laissé en blanc les lignes 12 et 13.

[2] Ce chiffre est en partie effacé, mais, comme il est question, à la ligne 26, de la 4e année de Neriglissor et que ce roi ne régna que quatre ans, je suppose qu'à la ligne 25 il était question de la dernière année de Nabuchodonosor qui régna quarante-trois ans et je restitue [cuneiform].

.... (l. 32) ....

(l. 33) .... (l. 34) ....

..... (l. 35) ....

Deuxième colonne. — (L. 1) .... (l. 2) ....

.... (l. 3) (?) .... (l. 4)

(l. 5)

(l. 6) (l. 7)

(l. 8) [(1)] (l. 11)

(l. 12) (l. 13)

(l. 14) (l. 15)

(l. 16) (l. 17)

(l. 18)

(l. 19) (l. 20)

(l. 21) [ ] ..... (l. 22)

[ ] (l. 23)

(l. 24) (l. 25)

(l. 26) (l. 27) (?)[(2)]

(l. 28)

(l. 29) (l. 30)

(l. 31) (l. 32)

[ ] (l. 33)

(l. 34) (l. 37) ....

... [ ]

Troisième colonne. — (L. 1) .... (l. 2)

[ ] .... (l. 3) .....

.... (l. 4) [(3)] (l. 6) [ ]

(l. 7) [ ] (l. 8)

[ ] (l. 9) [ ] [ ] (l. 10)

(1) Comme je l'ai fait remarquer plus haut (voir p. 2), le sculpteur a été obligé de laisser en blanc les lignes 9 et 10 ainsi que la première moitié de la ligne 11.

(2) Le second caractère de la ligne 27 paraît bien être le chiffre .

(3) Le sculpteur a laissé en blanc la ligne 5 et une partie de la ligne 6 (voir p. 2).

[illegible] (l. 11) [illegible] (?) [illegible] (?) [illegible] (?) [illegible] (l. 12) [illegible] (?) [illegible] (l. 13) [illegible] .... (l. 14) [illegible] .... (l. 15) [illegible] (?) .... (l. 16) [illegible] (l. 17) [illegible] (l. 18) [illegible] (l. 19) [illegible] III (?)[1] [illegible] (l. 20) [illegible] (l. 21) [illegible] (l. 22) [illegible] (l. 23) [illegible] .... (l. 24) [illegible] (l. 25) [illegible] .... [illegible] (l. 26) [illegible] .... (l. 27) [illegible] .... (l. 28) [illegible] .... (l. 29) [illegible] (?) .... [illegible] .... (l. 30) [illegible] (?) [illegible] (l. 31) [illegible] I[2] [illegible] .... (l. 32) [illegible] ....

Je ne crois pas que les transcriptions en caractères européens qu'impriment les assyriologues indiquent même approximativement la prononciation des textes transcrits; j'ai la conviction que la prononciation de l'assyrien ressemblait beaucoup, à la basse époque, à celle de l'arabe vulgaire et que les mots avaient peu de voyelles et des voyelles très sourdes. On trouve, par exemple, des formes comme [illegible] et [illegible] (R., v. I, p. 21, l. 77[3]), et, comme il m'est impossible d'admettre qu'on prononçait ad libitum *attarda* et *attarad*, j'ai la conviction qu'on prononçait *attard* ou *atterd*. On sait, du reste, que l'on trouve très souvent le nominatif, le génitif, l'accusatif et même l'état construit employés l'un pour l'autre, et cela vient, selon moi, de ce que le syllabaire assyrien ne permettant pas d'écrire un mot terminé par deux consonnes finales, comme *kalb* «chien», les scribes étaient forcés d'écrire *kalbou*, *kalbi*, *kalba* ou *kalab*. Comme, d'autre part, la déclinaison n'existant plus, il leur était aussi difficile d'écrire les substantifs avec la désinence casuelle qu'il serait difficile à des Français modernes de donner à tous les substantifs, lorsqu'ils écrivent, la désinence qu'ils avaient au XIIe siècle, à une époque où le nominatif et l'accusatif existaient encore en français, nous ne devons pas nous étonner lorsque nous trouvons dans les textes assyriens les différents cas employés les uns à la place des autres. Mon opinion me paraît être confirmée par un petit texte très intéressant mais malheureusement très court publié par M. Pinches[4]. C'est un frag-

[1] Pour des raisons que j'exposerai plus loin, je crois que le chiffre illisible qui se trouve à la ligne 19 était III; il était probablement suivi du caractère [illegible] qui a complètement disparu.

[2] Le caractère I est très petit; il semble que le sculpteur l'avait omis et l'a gravé ensuite, lorsqu'il s'est aperçu de son oubli.

[3] J'indique par la lettre R le recueil de textes publié par le British Museum sous le titre de : *The cuneiform inscriptions of Western Asia*, et par la lettre L la publication du British Museum intitulée : *Inscriptions in the cuneiform character from Assyrian monuments discovered by A. H. Layard D. C. L.*; v. indique le volume, p. la planche et l. la ligne.

[4] Voir *Proceedings of the Society of Biblical Archaeology*, 1902, p. 111 et 112.

ment du texte lexicographique dans lequel la prononciation des mots assyriens est indiquée en caractères grecs: les mots [illegible] et [illegible] y sont transcrits ΑΘΑΦ, [illegible] y est transcrit ΦΑΛΑΓ, [illegible] (du thème מטר) y est transcrit ΜΙΤΕΡΘ, [illegible] y est transcrit ΡΑΤ, [illegible] y est transcrit ΙΧ. En outre, ce document semble prouver que les consonnes כ, פ, ת qui ne s'adoucissaient en syriaque que dans certains cas, étaient toujours adoucies en assyrien et se prononçaient comme le Χ, le Φ et le Θ.

En résumé, j'ai la conviction que les transcriptions qu'impriment les assyriologues n'indiquent pas plus la prononciation des textes transcrits, que la transcription en caractères européens d'une phrase écrite en arabe avec la *nounnation* et toutes les voyelles n'indiquerait comment des Syriens, des Égyptiens ou des Tunisiens prononcent cette même phrase, lorsqu'ils causent entre eux. Néanmoins, comme les transcriptions sont utiles aux débutants, je transcrirai ici l'inscription babylonienne d'Eski-Harrân.

Première colonne. — (L. 2) *ana* .... *ou adanni cha* .... (l. 3) *oumou ou mouchi arhou ou chattou* (l. 4) *addin* .... *sissikta Chin char ilane* (l. 5) *açbatma mouchi ou ourri paniya ittichou bacht* (l. 6) ...... *soupê ou laban appi açbat chitanourich* (?) (l. 7) *ina mahrichoun oumma tayaritouka ana* (l. 8) *aliku hirhdma nichê çulmat qaqqadou* (l. 9) *ipallahou iloutouka rabti ana*.. .... (l. 10) *Aya ou Ichtarit ithibbou*(1) *ouchtoukrich* (l. 11) *ana oumou zdtou* (l. 14)........ ......*çoubdtou echchou* .... *chamnou thabou* (l. 15)............................*a ana zoumriya* (l. 16) .... *labchakoudma* (l. 17) .... *chaqoummou adallal* (l. 18) .... *nou*............... *ti*.... *aliya* (l. 19) .... *biya ichchakma* (l. 20) .... *bima chalmoda damqa* (l. 21) .... *maharchoun ta*.......... (l. 22) .... *char Achour cha*............... (l. 23) .... *Achour-bani-pal*........ (l. 24) .... *Achour-edilou-ilane abalchou* (l. 25) .... *chattou* 43 *Nabou-koudour-ouçour* (l. 26) .... *chattou* 4 *Nergal-char-ouçour* (l. 27) ....*ou Chin char ilane* (l. 28) .... *cha iloutichou* (l. 29) ....*ina toumbou?*........ (l. 30) .... *ma soupêa* (l. 31) ....*qibiti ouggati* (l. 32) .... *ua* [illegible] (l. 33) ....*thoub libbichou* (l. 34) ....*Chin char* (l. 35)..... ....*Nabou-naïd abal.*

Deuxième colonne. — (L. 2.) *Ana* [illegible] *ou* .... (l. 3) *char ilane iqbâ lata*.... .... (l. 4) *amour anakou Nabou-naïd char Babel* (l. 5) *abal çit libbiya parçe machoutou* (l. 6) *cha Chin Nikkal Nouskou* (l. 7) *Chadar* (?) *ouchaklel* [illegible] (l. 8) *echchich epouchma ouchaklel chiparchou* (l. 11) *Harranou* (l. 12) *eli cha mahar ouchaklelma* (l. 13) *ana achrichou outer qate Chin* (l. 14) *Nikkal Nouskou Chadar* (?) (l. 15) *oultou Babel al charoutichou* (l. 16) *içbatma ina kirib Harran ina* [illegible] (l. 17) *choubat thoub libbichounou ina hiddtou* (l. 18) *ou richdtou ouchechib cha oultou panama* (l. 19) *Chin char ilane la ipouchouna* (l. 20) *ana manma la iddinou ina naramiya* (l. 21) *cha iloutchou aplahou*......... *chou* (l. 22) *asmatou Chin char ilane richiya* (l. 23) *oullima choum thab ina mat ichkounanni* (l. 24) *oumou arkout chandte thoub libbi* (l. 25) *ouççipamma oultou pani* (l. 26) *Achour-bani-pal char Achour adi* (l. 27) *chat 9* (?) *Nabou-naïd char Babel* (l. 28) *abal çit*

(1) Je transcris le ט par *th*, le צ par *ç* et le ק par *q*.

libbiya 104 *chanâte* (l. 29) *damgûte ina pôti cha Chin char ilâni* (l. 30) *ina libbiya ichkounouma oulâllikanni* (l. 31) *yâti nillou cai namirma* (l. 32) *choutourak kasisi gatê ou chêpê* (l. 33) *chalixnou nousounga amatoûa* (l. 34) *makalê ou machqûe choulouken eliya* (l. 35) ....*oullouçi libbi*.

Troisième colonne. — (L. 1) *naziltichounou* (?) *içcourua cha*.............. (l. 2) *thabou itsippouch*........ (l. 3) *choumiya ouchanniima nourou panchounou*......... (l. 4) *kima marti çit libbichou* (l. 6) *oullod richiya* (l. 7) *arkanich chimti oubelchounouti* (l. 8) *manama ina ablechounou ou mamma nichourhounou* (l. 9) *ou raboutechounou cha inouma richiya* (l. 10) *oullod ina bouchou ou makkourou* (l. 11) *ouattirchounou tamlaka* (?) *taqbichounou* (?) (l. 12) *lichkounou ydîtou arahchamma la naparka* (l. 13) *louboucheya damqoutou*.......... (l. 14) *immere maroutou gemou kourounou*...... (l. 15) *chamnou dichpou ou enbê kirê Elam*......... (l. 16) *akachchapchounoutima chourginou* (l. 17) *dahdout irichi thabi* (l. 18) *ana gind oukinchounoutima* (l. 19) *achtakkan ina mahrichoun ina chat 9* (l. 20) *Nabou-naïd char Babel chimtou* (l. 21) *ramnichou oubelchouma* (l. 22) *Nabou-naïd char Babel ablou çit* (l. 23) *libbichou naram oummichou*......... (l. 24) ....*ma louhouchou damqou* (l. 25) *kitoû namri alou*....*thabou*(?).... (l. 26) *namroutou abnê damqaûtou*..... (l. 27) *nisiqtou abnê chouqouroutou*.... (l. 28) *chamnou thabou challatsou ou*....... (l. 29) ....*nou niçirti*.. .... (l. 30) *imméroumaroutou outhabbib*(?) (l. 31) *maharchou oupakherma*.......... (l. 32) *ou Barsip ma*......................

Voici la traduction de l'inscription d'Eski-Harràn :

Première colonne. — (L. 2) pour.......... le moment........... je fixai[1] le jour et la nuit, le mois et l'année. Je pris le vêtement[2] de Sin, le roi des dieux, et nuit et jour ma face est avec lui. Je fis des prières et me prosternai devant eux avec ardeur[3] en disant : « Hâte ton retour vers ta ville, les hommes de la terre entière adoreront ta grande divinité.........[4], Aya et Ichtarit se réjouiront avec ivresse[5] à jamais. »

[1] Littéralement : « je donnai ».

[2] Ainsi que me l'a fait remarquer le P. Scheil, le caractère [illegible] se trouve souvent dans les textes babyloniens à la place de [illegible], idéogramme de [illegible] « laine »; les caractères [illegible] (ligne 4) sont donc très probablement un idéogramme babylonien qui se lisait [illegible] (*sissiktou*) « vêtement », comme [illegible] en assyrien (R., v. V, p. 15, l. 24).

[3] Le verbe *çabatou* (prendre) signifie parfois « adresser une prière, faire une offrande », et on trouve dans Nabuchodonosor : [illegible] « je lui adressai des prières », littéralement : « je pris ses prières » (R., v. I, p. 53, col. 1, l. 52). Je crois donc que le neuvième caractère de la ligne 6 était [illegible], idéogramme du verbe *çabatou*. Quant aux trois derniers caractères de cette ligne, [illegible], on pourrait les lire *oummourich*, mais ce mot ne se trouve nulle part à ma connaissance; je crois que le sculpteur a gravé par erreur [illegible] *oum* au lieu de [illegible] *rid, chid, lak, mich*, et qu'il faut lire *chitmourich* « avec force, avec ardeur ».

[4] L'avant-dernier caractère de la ligne 9 étant effacé, il m'est impossible de comprendre la fin de cette ligne.

[5] La ligne 10 est difficile à lire et je ne donne nullement ma traduction comme certaine. Cette ligne devant contenir un verbe à la 3e personne du pluriel du futur, je suppose que le sixième caractère était [illegible] et je lis les sixième, septième et huitième lettres *ithhibbou*. Ce mot serait la 3e personne du pluriel du futur iphtéal du verbe [illegible] « il a été bon », et je le traduis par « ils se réjouiront ». Quant aux trois derniers caractères de la ligne 10, je les lis *ouchtoukrich* et je considère ce mot comme un adverbe. On trouve dans Téglath-phalasar Ier : [illegible], phrase dans laquelle le mot [illegible] a été lu et traduit de bien des manières différentes. Je crois que ce mot est un adverbe dérivé du thème שכר, qu'il doit être lu *choutkourich* et qu'il signifie « avec ivresse » et par suite « avec force, avec ardeur »; je traduirais donc cette phrase ainsi : « Je me mesurai courageusement (littéralement « avec ivresse ») avec soixante rois » (R., v. I, p. 9, l. 54, 55). L'adverbe *ouchtoukrich* que nous trouvons à la fin de la ligne 10 est peut-être une forme babylonienne ou récente de *choutkourich*, mais il est bien singulier que ce mot se soit prononcé avec une voyelle initiale à la basse époque. On pourrait se demander si les cinq der-

(L. 14.) Un vêtement neuf, des............des parfums[1]..................mon corps..........
...je revets et..................je me soumets en silence[2]..................................ma ville......
..........................ma tranquillité vertueuse..................................devant eux..........
..................roi d'Assyrie..Achour-bani-pal.............
..........Achour-édil-ilané, son fils..la 43e (?) année de Nabuchodonosor..............................la 4e année de Nériglissar..................................Sin,
le roi des dieux..de sa divinité.....................................
mes prières........................son ordre formel..................................le «Temple des acclamations»....................la joie de son cœur...................................Sin le roi..............
........................Nabonide, fils de..

Dernière colonne. — (L. 2).....vers le «Temple des acclamations»...........................le roi des dieux ordonna.............................. Moi j'ai vu Nabonide, roi de Babylone, le fils issu de mon cœur, exécuter les ordres oubliés de Sin, de Nikkal, de Nouskou et de Chadar (?)[1]. Il a rebâti le «Temple des acclamations» et l'a complètement achevé. La ville de Harrân, il l'a achevée mieux qu'elle n'était auparavant et l'a rebâtie à sa place[2].

(L. 13). Il a conduit par la main hors de Babylone[3], sa ville royale, Sin, Nikkal, Nouskou et Chadar (?),

niers caractères de la ligne 10 ne doivent pas être lus *loubouchtoukka* «ton vêtement», et si le sixième caractère de cette ligne qui est en partie effacé n'est pas l'idéogramme d'un verbe, mais le dernier caractère de la ligne est certainement [cunéiforme] *rich* ou *chak*, et non pas [cunéiforme] *ka*.

[1] L'idéogramme [cunéiforme] (en assyrien [cunéiforme]) se lit *kisallou* «place, endroit» et *chamnou* «huile». Il semble qu'on appelait [cunéiforme] *chamnou thabou* certains parfums liquides composés d'une matière odorante et d'une huile ou d'un corps gras quelconque.

[2] [cunéiforme] *adallal* est la première personne du futur du verbe *dalalou* «être humble, être soumis». Je crois que l'auteur de l'inscription exposait aux lignes 14, 15, 16, 17, qu'après avoir supplié Sin de hâter son retour à Harrân, il avait respectueusement attendu sa décision, revêtu de ses habits sacerdotaux. Les lignes 18, 19, 20 et 21 sont tellement mutilées qu'il est impossible de les traduire.

[3] M. Jensen a reconnu le premier, je crois, que la déesse dont les Assyriens écrivaient le nom [cunéiforme] était celle que les anciens Syriens appelaient *Nikkal* et qui est mentionnée dans les inscriptions araméennes de Nérab. J'avoue, au risque de me faire anathématiser par tous les assyriologues, que je ne crois pas à l'existence de la langue accadienne; je transcris donc [cunéiforme] *Nikkal* et non pas *Nin gal*, comme on le fait généralement.

Quant au groupe [cunéiforme], on le trouve très rarement dans les textes assyriens, et c'est probablement l'idéogramme du nom d'une divinité d'origine syrienne. Le caractère [cunéiforme] (en assyrien [cunéiforme]) pouvant se lire *dar*, on lit généralement ce groupe *Satarnounna*. mais un pareil mot ne paraît guère être araméen. On trouve dans la doctrine d'Addaï le nom d'homme [syriaque] qui paraît être une contraction de [syriaque] «l'esclave de Chadar»; il semble donc que les Syriens ont adoré une divinité appelée *Chadar* et je lis le groupe [cunéiforme] *Chadar*, mais je ne donne nullement cette lecture comme certaine (voir *Zeitschrift für Assyriologie*, XI Band, 2 und 3 Heft, 1897, p. 289).

[1] La reconstruction du temple de Harrân est longuement racontée dans un texte de Nabonide (R., v. V, p. 64) et ce prince se vante d'avoir embelli la ville de Harrân, mais pas de l'avoir rebâtie. La première moitié de la ligne 11 est couverte de petits trous et il est possible que le sculpteur ait gravé, avant la lettre [cunéiforme], un clou horizontal (—) qui n'est plus visible aujourd'hui. Il faudrait dans ce cas traduire la phrase ainsi : «Il a reconstruit le «Temple des acclamations» et l'a complètement achevé dans la ville de Harrân, il l'a terminé mieux qu'il n'était auparavant et l'a rétabli à son ancienne place.»

[3] Littéralement : «Il prit la main de Sin, de Nikkal, etc., hors de Babylone.»

Il semble qu'à certaines fêtes on promenait en grande pompe dans les rues de Babylone la statue de certaines divinités et que le roi marchait ou était porté à côté d'elle en lui tenant la main; pour dire que cette cérémonie avait été accomplie, on disait : «le roi a pris la main du dieu». Il est évident, du reste, que le rédacteur de notre inscription n'a pas voulu dire que Nabonide était allé de Babylone à Harrân en tenant les dieux par la main; il est probable que le roi conduisit les dieux en leur tenant la main jusqu'à la sortie de Babylone et chargea ensuite un haut fonctionnaire de les accompagner jusqu'à Harrân.

et il leur a fait habiter, au milieu des cris de joie et des acclamations, le « Temple des acclamations », à Harrân, demeure agréable à leur cœur.

(L. 18.) Ce qu'auparavant Sin, roi des dieux, n'avait jamais fait, ce qu'il n'avait jamais donné à personne, je l'ai obtenu comme ornement, à cause de l'amour avec lequel j'ai servi sa divinité[1]. Sin, le roi des dieux, a élevé ma tête et il m'a donné un bon renom dans le pays, en y ajoutant[2] de longues années et la joie du cœur.

(L. 25). Depuis l'époque d'Achour-bani-pal, roi d'Assyrie, jusqu'à la 9e année de Nabonide, roi de Babylone, le fils issu de mon cœur, il m'a accordé[3] de vivre 104 années pures en présence de Sin, le roi des dieux. La vue de mes yeux est bonne, je suis fort, l'intelligence, les mains et les pieds sont en bon état[4], mes paroles sont glorifiées[5], les aliments et la boisson me profitent, ... la joie du cœur ....
....

Troisième colonne. — (L. 1.) Il garda leur[6] .... bon, il accomplit ......
...... je changeai mon nom[7] et .... la lumière de leur face. Comme une fille issue de son cœur ils élevèrent ma tête.

(L. 7.) Ensuite leur dernier jour arriva[8]. Que tous ceux de leurs fils, que tous leurs hommes, que tous leurs grands, que, lorsqu'ils élevèrent ma tête, j'ai comblés de biens et de richesses[9], me prennent comme conseiller de leurs paroles[10] !

(L. 12.) Chaque mois, sans interruption, je revêts (?) mes vêtements purs, je consacre, au moyen des formules rituelles, des moutons gras, de la farine, de la bière, ... de l'huile, du miel, des fruits provenant des jardins du pays d'Elam, des .... je leur présente[11] en offrande un abondant repas d'agréable odeur et le pose devant eux.

(1) Les neuvième et dixième caractères de la ligne 21 sont en partie effacés; le neuvième caractère paraît bien être [illegible], idéogramme des verbes *akazou* « prendre », *rachou* « avoir, posséder », *ichou* « avoir, être », et le dixième qui est complètement illisible devait être un complément phonétique. Il semble donc que la ligne 21 se terminait par un verbe à la première personne du singulier de l'aoriste écrit idéographiquement et suivi du suffixe de la troisième personne du singulier.

(2) Littéralement : « lorsqu'il ajouta » ; [illegible] est employé comme conjonction dans ce passage et a absolument le sens du mot syriaque [illegible].

(3) Littéralement : « il a placé dans mon cœur et il m'a fait vivre ». Ce passage prouve que l'expression [illegible] « il a placé dans le cœur » voulait souvent dire « il a donné, il a accordé ».

(4) Peut-être faut-il traduire : « les oreilles, les mains, les pieds sont en bon état ». Ainsi que l'a reconnu le P. Scheil, le mot [illegible] « intelligence, entendement » signifiait aussi « oreille » (voir *Recueil de travaux relatifs à la philologie et à l'archéologie égyptiennes et assyriennes*, t. XXII, 1900, p. 161, et Haupt, *Das Babylonische Nimrodepos*, p. 12, l. 29).

(5) On trouve dans Hammourabi : [illegible] « je suis fort, mes paroles sont respectées » (voir *Délégation en Perse, Mémoires*, t. IV, *Textes élamites sémitiques*, deuxième série, par V. Scheil O. P., pl. 14 et 15, colonne xxiv, l. 80, 81).

(6) Le premier mot de la première ligne paraît être [illegible]. Le mot [illegible] ne se trouve, à ma connaissance, dans aucun autre texte et la phrase est trop mutilée pour qu'il soit possible d'en deviner le sens.

(7) Ou : « il changea mon nom ».

(8) Littéralement : « la destinée les emporta ».

(9) A la ligne 11, [illegible] me paraît être une forme vulgaire pour [illegible] « j'ai augmenté ».

(10) Je lis la fin de la ligne 11 et le commencement de la ligne 12 de la manière suivante : [illegible] (*tamlaka taqbichounou lichkounou ydtou*) « qu'ils me prennent comme conseiller de leurs paroles ». Je m'empresse d'ajouter que les mots *tamlakou* « conseiller » et *taqbi* « paroles » ne se trouvent dans aucun texte et je ne donne pas ma traduction comme certaine.

Il semble qu'aux lignes 8, 9, 10, 11 et 12, l'auteur de l'inscription exprimait le souhait que les descendants de ceux qu'il avait comblés de richesses, à l'époque de sa prospérité, le prissent pour conseiller. Comme [illegible] peut être aussi bien une troisième personne qu'une première personne du singulier, on pourrait aussi traduire ce passage de la manière suivante : « Que ceux d'entre leurs fils, que leurs hommes, que leurs grands, que, lorsqu'ils élevèrent ma tête, il (c'est-à-dire « le dieu Sin ») combla de biens et de richesses, me prennent pour conseiller de leurs paroles. »

(11) [illegible] (aoriste) paraît être une faute pour

(L. 19.) En l'an 9 (?) de Nabonide, roi de Babylone, son dernier jour arriva[1] et Nabonide, roi de Babylone, fils né de lui et aimé de sa mère. . . . .[2]. Il. . . . .[3] un vêtement pur, un habit éclatant, un. . . . . .bon et brillant, des pierres précieuses, des joyaux précieux. . . . . des parfums, son butin[4], il. . . . .[5] les trésors. . . . . .il égorgea[6] des moutons gras, réunit devant lui. . . . . .et Borsippa. . . . .

Bien que très mutilée, l'inscription d'Eski-Harrân est intéressante, parce qu'elle nous fait connaître un fils de Nabonide dont nous ne soupçonnions pas l'existence; mais, avant de parler de ce personnage, j'essaierai de déterminer par l'ordre de qui et à quelle époque cette inscription a été gravée.

Le rédacteur anonyme de l'inscription appelle plusieurs fois le roi Nabonide «le fils issu de son cœur» et on serait, par suite, en droit de supposer que l'inscription a été gravée par l'ordre du père de Nabonide, mais je ne le crois pas. Nous connaissons le nom du père de Nabonide : il se nommait Nabou-balassou-iqbi ([cunéiforme]), son fils le qualifie de [cunéiforme] «chef puissant» ou «savant» (R., v. I, p. 68, n° 2, l. 3), et il était probablement apparenté à la famille royale. Nous ignorons complètement quelles furent les magistratures dont il fut investi, mais l'inscription d'Eski-Harrân est certainement l'œuvre d'un grand-prêtre de Sin à Harrân et, si Nabou-balassou-iqbi avait été grand-prêtre de Sin à Harrân, son fils nous l'aurait certainement fait savoir. La reconstruction du temple de Sin par Nabonide est longuement racontée dans un des textes de ce prince (R., v. V, p. 64, col. 1 et 2), et le nom de son père n'est même pas mentionné dans ce récit. Nous possédons, en outre, des fragments d'une chronique relative au règne de Nabonide, qui ont été publiés par M. Pinches[7]; ce texte nous apprend, entre autres choses, que la mère de Nabonide mourut la neuvième année de son règne, le 7 du mois de Nissan; il n'y est pas question de Nabou-balassou-iqbi, et on peut, par suite, se demander si ce personnage n'était pas déjà mort lorsque son fils monta sur le trône de Babylone.

[cunéiforme] (futur), mais il est possible qu'à la basse époque une forme *ouken* ou plutôt *oukens* (avec une *n* redoublée) ait été employée à Babylone comme futur au lieu de *oukan*.

(1) Littéralement : «sa propre destinée l'emporta».

(2) Je ne sais comment lire le premier mot de la ligne 24. En assyrien, le signe [cunéiforme] ou [cunéiforme] se lit *kan*, *hi*, *hou*, et est employé comme déterminatif après les noms de nombre; en babylonien, au contraire, la lettre *kan* a toujours la forme suivante [cunéiforme] (voir la ligne 19 de la troisième colonne) et le signe [cunéiforme] ne s'emploie que comme déterminatif après les noms de nombre (voir les lignes 25 et 26 de la première colonne), ce qui me porterait à croire qu'à la basse époque les Assyriens ont donné une forme unique à deux caractères primitivement distincts. Je me demande donc si, à la ligne 24, [cunéiforme] n'est pas une faute pour [cunéiforme] (en assyrien [cunéiforme]), lettre qui peut se lire *nir*, *gir*, *ni*, *né*. Quant au signe [cunéiforme], c'est, ou le caractère qui se lit *rid*, *chid*, *lak*, *mich* (en assyrien [cunéiforme]), ou celui qui se lit *doup*, *dih* (en assyrien [cunéiforme]).

On trouve dans les textes assyriens un verbe du thème [illegible] qui, au pael, paraît vouloir dire «contrecarrer, résister», par exemple dans la phrase d'Achour-banipal : [cunéiforme] «Dounanou et Samgounou qui contrecarraient l'action de ma royauté» (R., v. V, p. 3, l. 57, 58). Il est donc possible que le premier mot de la ligne 26 doive être lu *ouncerrith* et, dans ce cas, le rédacteur de l'inscription aurait voulu dire que Nabonide, fils de Nabonide, résista à Cyrus, mais cela me paraît bien douteux.

(3) Il devait y avoir un verbe à la fin de la ligne 28, mais la première lettre [cunéiforme] est seule lisible.

(4) Ou bien : «ses femmes», car on peut lire *sallatsou* aussi bien que *challatsou*.

(5) Peut-être y avait-il un verbe à la fin de la ligne 29.

(6) Je serais porté à croire que le dernier mot de la ligne 30 était [cunéiforme] «il égorgea».

(7) *Transactions of the Society of Biblical Archaeology*, 1880, vol. VII, part. I, p. 139, 140 et suiv.

Je crois que notre inscription a été gravée par l'ordre d'un grand-prêtre héréditaire du temple de Sin à Harrân qui, à cause de son grand âge et de l'amitié qu'il avait pour Nabonide, le restaurateur de ce temple, l'appelait son fils. Ce personnage était peut-être originaire de l'Assyrie ou de la Babylonie, puisqu'il écrivait en assyrien; il devait être de race sacerdotale et avait sans doute hérité dès le berceau du titre de grand-prêtre. Il dit, en effet, que, depuis le règne d'Achour-banipal jusqu'à la neuvième année de Nabonide, Sin lui avait accordé de vivre cent quatre années pures devant lui, et il a probablement voulu dire par là que pendant cent quatre ans il avait exercé la prêtrise. Or, s'il n'avait pas exercé la prêtrise dès le berceau, si, par exemple, il en avait été investi à l'âge de 20 ans, il aurait été âgé de 124 ans en l'an 9 de Nabonide, ce qui est tout à fait invraisemblable.

J'ajouterai à ce propos que je ne crois pas que l'auteur de notre inscription compte les années à partir de l'avènement de Nabonide; je crois qu'il les compte à partir de l'année dans laquelle l'autorité de ce prince fut reconnue dans l'Osrhoène. Nabonide a, en effet, régné dix-sept ans; l'auteur de notre inscription a connu sa mort et, s'il avait été âgé d'environ 104 ans la neuvième année de Nabonide, il aurait eu plus de 112 ans la dix-septième et dernière année du règne de Nabonide. Il semble que, lorsque Nabonide monta sur le trône, l'Osrhoène, ou tout au moins la région de Harrân, ne faisait pas partie de l'empire babylonien. Nabonide nous raconte, en effet, qu'il vit en rêve les dieux Mardouk et Sin qui lui ordonnèrent de rebâtir le temple de Harrân, détruit depuis de longues années par la tribu de Manda, qu'il leur répondit que la tribu de Manda ([cuneiform]) occupait toute la région et que grande était sa puissance, et que les dieux lui dirent : « Cette tribu de Manda dont tu parles, elle, son pays et les rois qui marchent avec elle n'existent déjà plus. » Nabonide ajoute qu'en effet, trois ans après, Cyrus vainquit complètement Ichtouwégou, roi de la tribu de Manda, et détruisit son empire; qu'alors il put envoyer sur l'Euphrate son préfet de Gaza, ses troupes et ses grands officiers, et qu'il reconstruisit le temple de Harrân (R., v. V, p. 64, col. 1, l. 8, 9 et suiv.). D'après les fragments de chronique publiés par M. Pinches dont j'ai déjà parlé, ce fut la sixième année du règne de Nabonide que Cyrus vainquit Ichtouwégou, et il est probable qu'après l'anéantissement de la tribu de Manda il fallut un certain temps à Nabonide pour envoyer ses troupes de Palestine dans l'Osrhoène et conquérir le pays.

Je serais très porté à croire que ce fut seulement deux ans après la défaite d'Ichtouwégou, c'est-à-dire la huitième année de son règne, que Nabonide fut reconnu comme roi dans l'Osrhoène. L'année que l'auteur de notre inscription appelle la neuvième année de Nabonide, année dans laquelle il exerçait depuis cent quatre ans environ les fonctions de grand-prêtre, a donc été, selon moi, la dix-septième et dernière année du règne de Nabonide, et je crois qu'à la ligne 19 de la troisième colonne, il faut restituer, après les mots [cuneiform] « dans l'année », le chiffre [cuneiform][1], qui était probablement suivi du signe [cuneiform].

Le grand-prêtre plus que centenaire dont je viens de parler n'a pas pu vivre bien longtemps après la mort de Nabonide; l'inscription d'Eski-Harrân doit donc avoir été gravée en l'an 538 avant notre ère ou en l'an 537, et il est peu vraisemblable qu'elle ait été gravée postérieurement à l'an 536.

Le passage le plus intéressant de l'inscription est celui dans lequel il est question des événements

(1) On voit les traces de clous verticaux, mais ces clous n'étaient certainement pas précédés du signe 𒌋 qui indique les dizaines. Le chiffre qui se trouvait à la ligne 19 de la 3e colonne ne pouvait donc pas être le chiffre [cuneiform] (17).

qui survirent après la mort de Nabonide; malheureusement il est très mutilé et peu compréhensible. On ne sait pas exactement ce qu'a fait Nabonide, fils du roi Nabonide, après la mort de son père, et, comme le rédacteur de l'inscription donne formellement à ce personnage le titre de «roi de Babylone», on peut se demander s'il n'a pas été proclamé roi et même s'il n'a pas régné pendant quelques mois sous la suzeraineté de Cyrus.

La prise de Babylone par les troupes de Cyrus est racontée en ces termes dans la chronique babylonienne[1] dont les fragments ont été publiés par M. Pinches : «Au mois de *Doumouz*, lorsque Cyrus livra bataille dans la ville de Routou sur ....[2] du canal Nizallat aux guerriers d'Accad, les gens du pays d'Accad se révoltèrent en chassant les hommes de guerre[3]; le 14, Sippara est prise sans combat, Nabonide périt ([cunéiforme]); le 16, Gobryas, gouverneur du pays des Goutis, et les troupes de Cyrus entrent dans Babylone sans combat en poursuivant Nabonide; il est pris dans Babylone.» Les caractères [cunéiforme] sont l'idéogramme du verbe *halaqou*, et ce verbe signifie à la fois «périr» et «s'enfuir». On peut donc traduire, comme l'a fait M. Pinches, les mots [cunéiforme] par «Nabonide s'enfuit» et supposer que Nabonide fugitif fut poursuivi par Gobryas et pris dans Babylone; on peut également les traduire par «Nabonide périt» et supposer que le personnage nommé Nabonide, qui fut poursuivi et pris dans Babylone, fut le fils du roi Nabonide dont il est question dans l'inscription d'Eski-Harrân. Les copistes faisaient souvent des fautes et il est fort possible que celui qui a copié l'unique exemplaire de la chronique que nous possédons ait omis, après le nom «Nabonide», à la fin de la phrase, les mots «fils de Nabonide». En effet, après avoir raconté la prise de Babylone, le chroniqueur dit que, jusqu'à la fin du mois de «Doumouz», les soldats Goutis empêchèrent d'ouvrir les portes de l'Echakkil, que le troisième jour du mois d'Arahchamma, Cyrus entra dans Babylone et y rétablit l'ordre, que, depuis le mois de Kislew jusqu'au mois d'Adar, on ramena dans leurs sanctuaires les dieux que Nabonide avait fait porter à Babylone, et que, le 21 du mois d'Arahchamma, il y eut une éclipse de lune. Il ajoute ensuite : [cunéiforme] ....[1] [cunéiforme] «Gobryas devant....... et le roi mourut»; enfin, il termine son récit en disant que, depuis le 27 Adar jusqu'au 3 Nissan, il y eut un deuil public dans le pays d'Accad.

Il semble donc qu'un roi mourut vers le 26 Adar de l'année qui suivit celle de la prise de Babylone par les troupes de Cyrus, c'est-à-dire de l'année 537 avant notre ère; mais qui fut ce roi? Ce ne fut certainement pas Cyrus, puisqu'il vécut plusieurs années encore, et, si Nabonide survécut à la prise de Sippara, fut fait prisonnier par Gobryas et mourut quelques mois après, est-il vraisemblable qu'à la mort de ce prince détrôné et détesté de ses anciens sujets, un deuil public ait été ordonné à Babylone? On peut donc se demander si le roi qui mourut vers le 26 Adar 537 ne fut pas Nabonide, fils de Nabonide, à qui Cyrus aurait imposé sa suzeraineté et qui aurait régné pendant quelques mois sous la tutelle de Gobryas. Ce n'est qu'une hypothèse et je m'empresse d'ajouter que, d'après le texte du cylindre de Cyrus, ce prince aurait été le successeur immédiat de Nabonide (R., v. V, p. 35).

On peut supposer également (et cette hypothèse me paraît plus vraisemblable) que, dans les derniers mois de son règne, Nabonide associa au trône un de ses fils nommé également Nabonide,

(1) Voir *Transactions of the Society of Biblical Archaeology*, 1880, vol. VII, part. I, p. 164, 165.

(2) Ici il y a une petite lacune.

(3) C'est-à-dire : «en chassant les garnisons royales».

Le texte porte : [cunéiforme] *ki outharrêdou niché tidouki*.

(1) Il y a ici une petite lacune.

que ce dernier, pris dans Babylone après la mort de son père, abdiqua et se soumit à Cyrus et qu'il mourut vers le 26 Adar de l'an 537[1]. Les dernières lignes de l'inscription d'Eski-Harrân sont trop mutilées pour qu'on puisse les traduire et il y était peut-être question de l'abdication solennelle de Nabonide II en présence des grands de Babylone et de Borsippa. Il semble, dans tous les cas, que la chronique babylonienne est très incomplète et ne parle pas de beaucoup d'événements importants qui eurent lieu à Babylone à la fin du règne de Nabonide.

Il me reste à expliquer comment une inscription qui était probablement placée dans le temple de Sin, à Harrân, ou dans une de ses dépendances, a pu être découverte par moi près d'Eski-Harrân, à une heure et demie de marche des ruines de Harrân.

J'ai la conviction que la ville appelée par les Assyriens [illegible] ne se trouvait pas à l'endroit où exista plus tard la ville que les Grecs appelèrent ΧΑΡΡΑΙ, les Romains CHARRAE, les Syriens ܚܪܢ et les Arabes حران, mais à l'endroit et autour de l'endroit où existe aujourd'hui le village d'Eski-Harrân[2]; peut-être s'étendait-elle jusqu'à Hmeïrah, village en partie bâti sur un tumulus qui doit recouvrir des ruines antiques.

Il m'est impossible de dire à quelle époque fut construit le fameux temple de Harrân. Je crois que, bien des siècles avant la conquête assyrienne, il existait déjà, dans l'antique ville de Harrân, un sanctuaire célèbre dans toute l'Osrhoène où la lune était adorée sous le nom araméen de *Chahar* (שהר), ainsi que Nouchouk (נשך) et Nikkal, divinités qui paraissent avoir été communes aux Assyriens et aux Araméens, et qu'une autre divinité, cette dernière uniquement araméenne, dont le nom écrit idéographiquement par les Assyriens [illegible] se lisait peut-être *Chadar*. A une époque qu'il m'est impossible de déterminer, les Assyriens conquirent l'Osrhoène et il est probable qu'ils établirent une colonie à Harrân qui devint une ville complètement assyrienne. Les colons reconstruisirent le sanctuaire de Harrân sur le modèle des temples assyriens[3], ils donnèrent à Chahar le nom assyrien de Sin, célébrèrent les cérémonies du culte avec les rites assyriens, et le temple de Sin que l'on appela désormais le «Temple des acclamations» devint sans doute un lieu de pèlerinage célèbre dans tout l'empire assyrien. Après la destruction du royaume d'Assyrie, la

[1] Nous savons par un texte de Nabonide (R., v. I, p. 68, col. II, l. 24) que le prince héritier se nommait Bel-char-oussour ([illegible]). Ce personnage était peut-être mort à l'époque où Nabonide fut battu par Cyrus; il est possible aussi qu'un de ses frères nommé Nabonide ait été proclamé à son détriment, grâce aux intrigues de sa mère. Le rédacteur de l'inscription d'Eski-Harrân appelle Nabonide, fils de Nabonide, «le fils aimé de sa mère», et il citait même le nom de cette dernière; malheureusement le premier caractère [illegible] est seul lisible. Il importait peu aux Syriens qui lisaient jadis l'inscription dans le temple de Sin que Nabonide, fils de Nabonide, eût été ou n'eût pas été aimé de sa mère, et le rédacteur de l'inscription, qui connaissait évidemment très bien les événements survenus à Babylone après la mort de Nabonide, a peut-être appelé ce personnage «le fils aimé de sa mère» parce qu'il savait que les intrigues de sa mère l'avaient fait proclamer roi au détriment de Bel-char-oussour.

[2] Le nom Eski-Harrân signifie en turc «l'ancienne Harrân». Les habitants d'Eski-Harrân parlent l'arabe entre eux, mais presque tous savent le turc et ils appellent leur village *Eski-Harrân*. Les habitants des villages arabes situés aux environs appellent souvent Eski-Harrân حران العتيقة.

[3] Dans le récit de la reconstruction du temple de Sin, Nabonide dit formellement que ce temple avait été bâti par Achour-bani-pal, fils d'Assarhaddon (R., v. V, p. 64, col. I, l. 46, 47, 48, 49), mais un peu plus loin il raconte qu'il posa les fondations sur l'inscription commémorative ([illegible]) d'Achour-bani-pal qui avait vu l'inscription commémorative de Salmanasar, fils d'Achour-nassir-abal. On est donc en droit de supposer que le temple de Sin avait été construit par le roi d'Assyrie Salmanasar, fils d'Achour-nassir-abal, très probablement à l'emplacement d'un ancien temple araméen, qu'il fut ensuite détruit et rebâti par Achour-bani-pal (R., v. V, p. 64, col. II, l. 3, 4, 5).

tribu de Manda conquit l'Osrhoène et détruisit le temple de Harrân, Nabonide le rebâtit et y fit ramener les statues des dieux qui avaient été transportées à Babylone lors de l'invasion de la tribu de Manda. Enfin, la population assyrienne de Harrân finit par perdre sa langue et par se confondre avec les populations araméennes des environs, mais la lune continua à être adorée dans le temple de Harrân sous le nom de Sin jusqu'à la conversion de l'Osrhoène au christianisme, et la nouvelle ville de Harrân est appelée ܡܕܝܢܬܐ ܕܣܝܢ «la ville de Sin» dans un fragment publié par Mgr Rahmani de l'ouvrage d'un certain Baba que les Harraniens du moyen âge regardaient comme prophète[(1)].

A une époque qu'il m'est impossible de déterminer, probablement sous les Achéménides, l'ancienne ville de Harrân fut détruite et ses habitants construisirent plus au Sud une nouvelle ville qui fut également appelée Harrân[(2)]; c'est cette dernière ville que les Grecs ont connue sous le nom de ΧΑΡΡΑΙ et les Romains sous celui de CHARRAE, que les Syriens du moyen âge ont appelée ܚܪܢ et les Arabes حَرّان. Quant au temple de Sin, s'il fut de nouveau détruit, il fut toujours rebâti à son ancienne place et il est certain qu'à l'époque romaine le temple qu'on appelait «le temple du dieu Lunus» ou «le temple de Harrân»[(3)] se trouvait très loin de la ville de Harrân. L'historien grec Hérodien raconte, en effet, que, pendant qu'il était à Harrân (ΧΑΡΡΑΙ), l'empereur Caracalla voulut aller visiter le temple de la lune, il ajoute que ce temple était assez éloigné de la ville pour que le trajet fut presque un voyage, qu'aussi, pour éviter de fatiguer toute son armée, Caracalla ne prit avec lui que quelques cavaliers et que, s'étant écarté de son escorte pendant quelques instants, il fut assassiné par le tribun Martialis.

Ainsi que je l'ai déjà dit, l'inscription d'Eski-Harrân était presque complètement enfouie en rase campagne, à un quart d'heure de marche du village, et je n'ai pas aperçu, dans les environs, de traces

(1) Voir *Studia syriaca seu collectio documentorum hactenus ineditorum ex codicibus syriacis primo publicavit, latine vertit notisque illustravit* Ignatius Ephraem Rahmani, MCMIV, p. 69 du texte syriaque, l. 3.

Mgr Rahmani paraît croire que Baba vivait avant notre ère, mais c'est inadmissible, car il est question des Apôtres dans un des fragments de Baba publiés par lui (p. 50 du texte syriaque, l. 6, 7, 8, 9, 10). Les prophéties de Baba ou attribuées à Baba ne me paraissent pas être très anciennes et je me demande même si elles ne sont pas postérieures à la conquête arabe; on y trouve, en effet, la phrase suivante qui fait peut-être allusion à Mahomet : [illegible] «Baba dit encore qu'après un long intervalle un grand nom viendra du Midi; il se posera dans Azous, honorera ses adhérents, et tout ce qui ne croira pas à ses paroles, le glaive s'en emparera» (p. 50 du texte syriaque, l. 4, 5, 6). Je crois que c'est Mahomet que Baba appelle «un grand nom» (on sait que le nom propre ܡܫܒܚܐ signifie «glorifié»).

(2) Sauf les deux petits tumulus d'Eski-Harrân et de Hmeirah qui doivent recouvrir des ruines antiques, on ne voit aucune hauteur à l'endroit où, d'après moi, se trouvait la ville assyrienne de Harrân, tandis qu'on voit, au milieu des ruines de la ville arabe de Harrân, une hauteur qui est peut-être une colline naturelle. Il est possible que l'ancienne ville de Harrân n'ait pas été à proprement parler détruite, mais que ses habitants, après avoir construit une forteresse sur la colline pour s'y réfugier en cas d'invasion, aient petit à petit bâti une nouvelle ville autour de la citadelle et abandonné l'ancienne.

(3) Il est probable que le temple du dieu Lunus fut détruit sous les premiers empereurs chrétiens. Maçoudi parle bien d'un temple de la lune (هيكل القمر) qui aurait eu la forme d'un octogone, mais il ne dit pas s'il se trouvait à Harrân ou loin de Harrân. Il ajoute que, de son temps, c'est-à-dire en l'an 332 de l'hégire, les Harraniens n'avaient plus qu'un seul temple appelé مغليثيا au-dessus de la porte duquel il avait vu une inscription syriaque et qui se trouvait, dans la ville même de Harrân, près de la porte de Raqqah (voir Maçoudi, *Les prairies d'or*, texte et traduction par M. Barbier de Meynard, t. IV, p. 62, 63, 64). J'ai vainement cherché l'emplacement de ce temple dans la partie méridionale des ruines de Harrân.

d'anciennes constructions. Elle n'était donc peut-être pas à sa place primitive, mais, si on l'avait transportée, à une époque quelconque, à l'endroit où je l'ai vue, on n'avait pas dû, en raison de son poids, la transporter d'un endroit très éloigné et j'ai la conviction que, si l'on faisait des fouilles dans la petite élévation de terrain qu'on voit à Eski-Harrân, on trouverait les ruines de l'ancien temple du dieu Lunus.

N° 2.

(Planche XIV.)

INSCRIPTION SYRIAQUE DU TOMBEAU DE MANOU, PRÈS DE SERRÎN.

(Ier SIÈCLE DE NOTRE ÈRE.)

A trois quarts d'heure de marche environ du village de Serrîn[1], dans la direction du Sud et un peu à l'Est, au sommet d'une colline, se trouve une tour carrée que l'on aperçoit de très loin[2]. Cette tour est un tombeau (ܢܦܫܐ) sur le mur occidental duquel on voit une inscription syriaque du Ier siècle de notre ère à laquelle j'ai donné le n° 2.

La tour a deux étages qui renfermaient chacun une chambre sépulcrale. Le premier étage est un parallélipipède en pierres de taille, sans aucun ornement, dont chaque côté a 4 m. 15 environ de longueur; sa hauteur est plus considérable et je l'estime à un peu plus de 6 mètres. Sur la façade de l'ouest, deux blocs de pierre taillés en forme de bustes font saillie, à droite et à gauche, un peu au-dessous du second étage; ces deux bustes sont en si mauvais état que je ne pourrais même pas dire si ce sont des bustes d'hommes ou de femmes. Un peu au-dessous d'eux, mais beaucoup plus près du second étage que du sol, se trouve l'inscription. Elle a neuf lignes et est gravée de droite à gauche sur six pierres de taille; les lignes ont à peu près 1 m. 50 de longueur, sauf la seconde où deux mots ont été effacés, et la dernière qui est beaucoup plus courte. Le premier bloc de pierre à droite ne porte qu'une seule lettre, le ܒ initial du mot ܒܝܪܚ; enfin les cinquième et sixième blocs sont un peu séparés l'un de l'autre; la tour a, du reste, de nombreuses lézardes qui ont probablement été causées par les tremblements de terre.

Sur la façade de l'est, deux bustes font également saillie sur le mur, mais ils sont en aussi mauvais état que ceux de la façade de l'ouest. Plus bas, un peu au-dessus du sol, se trouve la porte par laquelle on entre dans la chambre sépulcrale du premier étage. C'est une chambre rectangulaire voûtée, sans aucun ornement et aujourd'hui vide, ayant environ 2 m. 95 de longueur sur 1 m. 95 de largeur; une sorte de renfoncement rectangulaire dans le pavage indique très probablement la place du sarcophage dont le bas s'emboîtait dans ce renfoncement. Il devait avoir de très grandes dimensions et avait été mis dans la chambre pendant qu'on la construisait, car il eût été impossible de le

[1] Le village de Serrîn est situé à peu de distance de l'Euphrate, sur la rive gauche, pas très loin de Qilaat-en-nédjem qui se trouve sur la rive droite, à peu près à l'est de Membidj; le village de Qilaat-en-nédjem est, du reste, indiqué sur la carte de Kiepert intitulée *Nouvelle carte générale des provinces asiatiques de l'Empire ottoman (sans l'Arabie)*, Berlin, 1884, Dietrich Reimer, éditeur. Lorsqu'on a franchi l'Euphrate à Qilaat-en-nédjem, on peut aller à Serrîn en une heure.

[2] A une demi-heure de marche environ de cette tour, on voit, au sommet d'une colline, une seconde tour carrée, qui ressemble beaucoup à la première et est également un tombeau; malheureusement tout un côté de cette tour s'est écroulé et l'inscription a disparu. Les habitants de Serrîn et des environs appellent ces deux tours المغازل «les fuseaux».

faire entrer par la porte. La porte devait être fermée par un énorme bloc de pierre qui, lors de la construction de la tour, avait été placé dans une grande niche que l'on voit encore dans la maçonnerie, au-dessus de l'entrée. Ce bloc devait être maintenu en place par des piliers en bois que l'on a retirés du dehors, après les obsèques; glissant dans des espèces de rainures, le bloc de pierre est tombé et a obturé l'entrée mieux qu'aucune porte n'aurait pu le faire. Il était impossible, en effet, de pousser ce bloc en arrière, il était impossible de le faire remonter dans la niche et il fallait, pour pénétrer dans la chambre, faire une brèche dans le mur ou briser au ciseau le bloc qui bouchait l'entrée. C'est ce qui a été fait et on voit, près de la tour, un énorme morceau de pierre qui m'a paru être un fragment de ce bloc.

Le second étage a également la forme d'un parallélipipède en pierres de taille, mais chaque face est ornée de quatre demi-colonnes cannelées surmontées de chapiteaux ioniques (voir les planches I et II). Du côté de l'est, se trouve, entre la seconde et la troisième demi-colonne, à une très grande hauteur, la porte de la chambre sépulcrale supérieure où l'on ne pouvait arriver qu'au moyen d'une échelle; cette porte est encore fermée par une dalle de pierre qui n'a pas été brisée. Le sommet de la tour a complètement disparu et on ne peut pas savoir quelle forme avait la toiture; je crois qu'une toiture de forme pyramidale surmontait le second étage[1]. Comme on n'aurait pas pu trouver dans toute la région une échelle assez longue pour monter au sommet de la tour, je n'ai pas essayé de le faire; un de mes domestiques parvint, en mettant les pieds et les mains dans les interstices des pierres, à faire cette ascension dangereuse; il me dit qu'on pouvait pénétrer par en-haut dans la chambre sépulcrale supérieure, qu'elle était vide et qu'on n'y voyait aucune inscription.

A quelques mètres de la tour, près de l'angle sud-ouest, se trouvent les ruines d'un soubassement massif en pierres de taille qui a pu être la base d'une statue presque colossale. Enfin on voit autour de la tour un nombre considérable de pierres de taille qui jonchent le sol, et je serais porté à croire qu'un ou plusieurs bâtiments aujourd'hui détruits étaient construits jadis à peu de distance.

[1] La construction des tombeaux en forme de tours que l'on appelait [illegible] coûtant fort cher, il est probable que les grands personnages seuls étaient ensevelis dans de pareils tombeaux. Leur nombre n'a jamais dû être très considérable; bien peu subsistent aujourd'hui et, pour ma part, je n'en ai vu que six, savoir :

1° Le tombeau de Manou près de Serrin.

2° Un autre tombeau en partie écroulé près de Serrin; le premier étage et le second étage subsistent en partie, le sommet a complètement disparu (voir la note 2 de la page 15).

3° Le tombeau d'Amachamèche, dans les ruines du couvent de Saint-Jacques, dont je parlerai plus loin.

4° Un tombeau en partie détruit, sans inscription, dans un endroit appelé Qasr-el-bénât, dans le Djebel Toktaka (une partie de l'étage inférieur subsiste seule).

5° Un tombeau en partie détruit sur lequel est gravée une inscription grecque très effacée, au village de Fafa, dans le Tour-Abdin (deux des façades du premier étage et un pan de mur du second subsistent encore).

6° Le monument que l'on voit au sommet d'une colline, près du village de Hermel, sur les bords de l'Oronte. C'est une sorte de tour carrée à deux étages se terminant par une pyramide. Le premier étage est construit sur un socle formé par trois degrés en basalte et chaque côté est orné de pilastres aux angles et de bas-reliefs représentant des armes et des animaux; chacune des façades du second étage est ornée de quatre pilastres, deux aux angles et deux au centre, surmontés de chapiteaux sans ornements ressemblant un peu aux chapiteaux doriques; enfin le second étage est surmonté d'une pyramide. L'angle sud-ouest s'est écroulé et il est presque certain que la tour était pleine à l'intérieur et ne renfermait aucune chambre. Néanmoins, l'ensemble du monument d'Hermel ressemble tellement au tombeau de Manou que je suis convaincu que c'était également un [illegible] et que la chambre sépulcrale se trouve sous les trois degrés en basalte. Un assyriologue allemand m'a affirmé qu'il avait vu, sur le monument d'Hermel, les traces d'une inscription hétéenne. S'il ne s'est pas trompé, ce tombeau serait donc bien antérieur à notre ère, mais je l'ai jadis examiné avec la plus grande attention, je l'ai même photographié et je n'y ai vu aucune inscription.

Voici le texte de l'inscription (planche XIV) :

1 ܒܝܪܚ ܬܫܪܝ ܩܕܡ ܒܫܢܬ IIIIIΛΛΛΛ—ɔIII

2 ܥܒܕܬ ܐܢܐ ܡܥܢܘ ܩܫܝܫܐ[1]

3 ܒܪ ܕܪܢܗܝ(?) ܒܪ ܡܥܢܘ ܒܪ ܒܪܗ ܕܟܪܕܘ ܢܗܐ

4 ܩܒܪܐ ܗܢܐ ܠܢܦܫܝ ܘܠܒܢܝ ܟܕ ܐܢܐ ܒܪ ܫܢܝܢ ΛΛΛΛ—

5 ܡܢ ܕܢܫܒܚ ܢܒܪܟܘܢܝܗܝ ܐܠܗܐ ܟܠܗܘܢ ܘܢܗܘܐ

6 ܚܝܐ ܘܩܝܡܐ ܠܗ ܘܡܢ ܕܢܐܬܐ ܢܚܒܠ ܥܒܕܐ ܗܢܐ ܘܢܫܩܘܠ

7 ܘܡܠܝ ܓܪܡܝܐ(?)...... ܐ ܘܩܒܪܐ(?) ܠܐ ܢܗܘܐ

8 ܠܗ ܘܒܢܝܐ ܢܪܡܘܢ ܥܦܪܐ ܥܠ ܥܝܢܘܗܝ ܠܐ

9 ܢܫܬܟܚܘܢ ܠܗ

Au premier mois de Techri de l'an 385, moi Manou l'aîné[2], *fils de Darnahaï (?), fils de Manou, petit-fils de Charédou Naha (?), j'ai construit ce tombeau pour moi-même et pour mes fils, étant âgé de 90 ans. Quiconque glorifiera, tous les dieux le béniront et il aura la vie et l'existence! Quiconque viendra, ruinera cet ouvrage et. . . .*

. . . . ces ossements, n'aura ni. . . . . . . ni tombeau et il n'aura pas de fils qui jetteront de la poussière sur ses yeux[3]!

Tout en gardant les anciens noms des mois, les Syriens ont de très bonne heure adopté le calendrier julien et, à l'époque chrétienne, ܬܫܪܝ ܩܕܡ désignait le mois d'octobre, mais, au Ier siècle de notre ère, les habitants de l'Osrhoène avaient certainement encore leur ancien calendrier et le mois appelé ܬܫܪܝ ܩܕܡ ne devait pas correspondre exactement au mois d'octobre. Pour ce motif, je traduis la première ligne ainsi : « Au premier mois de Techri de l'an 385. » L'auteur de l'inscription n'indique pas l'ère d'après laquelle il compte les années, mais il semble bien que l'ère des Grecs ou d'Alexandre a seule été employée dans l'Osrhoène; notre inscription a donc été gravée dans les derniers mois de l'an 73 de notre ère.

Les chiffres que nous voyons aux lignes 1 et 4 diffèrent beaucoup de ceux que l'on trouve dans quelques rares manuscrits de l'époque chrétienne, ces chiffres sont : I 1, — 10, Λ 20 et —ɔ 100.

Le mot ܩܫܝܫܐ n'a signifié « prêtre » qu'à l'époque chrétienne et doit être traduit, à la première ligne, par « aîné » ou « ancien ». On appelait l'auteur de notre inscription *« Manou l'aîné » ou « Manou l'ancien »*, soit à cause de son grand âge, soit pour le distinguer d'autres personnes de sa famille qui portaient le même nom.

Je lis les premières lettres de la ligne 3 : ܒܪ ܕܪܢܗܝ *« fils de Darnahaï »*[1], *mais je ne suis nullement certain que ma traduction soit bonne.* Il semble, en effet, que Manou cite seulement les noms de deux de ses ascendants puisqu'il se qualifie de *petit-fils de Charédou* (ܒܪ ܒܪܗ ܕܟܪܕܘ); or, si l'on admet que Manou était le fils d'un personnage nommé Darnahaï, Dadnahaï ou Barnahaï, il était le petit-fils de Manou et l'arrière-petit-fils de Charédou; on est, par suite, forcé de supposer que les mots

[1] Lorsqu'on monte sur une échelle et qu'on examine l'inscription de près, on lit, après ܩܫܝܫܐ, à la fin de la seconde ligne, les mots ܒܪ ܡܥܢܘ très légèrement gravés, et on constate qu'à l'endroit où *ils* sont écrits la pierre a été creusée et qu'on a essayé de les faire disparaître; on les lit aussi sur les estampages que j'ai pris. Le sculpteur a donc dû *graver ces deux mots par erreur* à la fin de la seconde ligne et les a ensuite mal effacés.

[2] Après les mots « Manou l'aîné » le sculpteur a gravé par erreur sur la pierre les mots « fils de Manou » et les a ensuite mal effacés.

[3] Littéralement : « des fils qui jetteront de la terre sur ses yeux ne seront point trouvés par lui ».

[1] Ce nom propre m'est complètement inconnu et on peut lire également ܕܕܢܗܝ, ܕܪܢܗܝ ou ܒܪܢܗܝ.

« [illegible] ܒܪ » « fils du fils de » signifient non pas « petit-fils » mais « descendant » en général, ce qui n'est guère possible. Je me demande donc si la ligne 3 ne commence pas par un mot indiquant une fonction ou une magistrature dont Manou était investi; malheureusement, comme le ܪ et le ܕ n'ont pas de point, on peut lire ce premier mot [illegible], [illegible], [illegible] et de bien d'autres manières encore. Si un pareil mot a existé, il n'était certainement ni syriaque, ni grec, mais il pouvait avoir été emprunté à la langue des Parthes. Les légendes des monnaies parthes sont en grec et on parlait peut-être le grec à la cour des rois parthes; quant au peuple, il parlait certainement une langue iranienne, peut-être distincte du pehlevi. Ne connaissant pas les langues iraniennes, je laisse à ceux qui s'en occupent le soin de rechercher si un pareil titre a pu exister. Enfin, après le nom propre *Charédou*, nous voyons, à la ligne 3, [illegible] que j'ai considéré comme un nom propre, en supposant que l'arrière-grand-père de Manou portait deux noms. Il est possible que [illegible] soit également un mot d'origine parthe désignant une dignité ou une magistrature; [illegible] ou [illegible] serait, dans ce cas, un mot composé formé de [illegible] et d'un autre substantif ou d'une préposition, comme les composés latins *procurator*, *proconsul*.

Le nom propre [illegible] (ligne 3) se trouve dans les inscriptions sépulcrales d'Amachaméche dont je parlerai plus loin.

Le premier mot de la ligne 4 est ܢܦܫܐ (le ܢ initial est en partie effacé, mais pourtant très lisible). Ce mot se trouve souvent dans les inscriptions palmyréniennes et nabatéennes[1], très rarement en syriaque et seulement dans de très anciens textes, avec le sens de « monument funèbre, tombeau construit au-dessus du sol en maçonnerie ». Je crois qu'on donnait surtout ce nom aux tombeaux en forme de tour ou de pyramide, comme celui de Manou, mais on n'appelait certainement pas ܢܦܫܐ les cavernes sépulcrales creusées dans le roc.

A la ligne 5, [illegible] est la troisième personne du singulier masculin de l'aoriste du verbe [illegible] avec la préformante ܝ au lieu de ܢ. La troisième personne du masculin de l'aoriste, tant au singulier qu'au pluriel, a toujours la préformante ܝ dans notre inscription et on y trouve : ܝܒܪܟܘܢܗ « ils le béniront » (ligne 5), ܝܗܘܐ pour ܢܗܘܐ (lignes 6 et 7), [illegible] pour [illegible] (ligne 6), [illegible] pour [illegible] (ligne 6), [illegible] pour [illegible] (ligne 8), [illegible] pour [illegible] (ligne 9).

A la ligne 5, ܝܒܪܟܘܢܗ « ils le béniront » est la troisième personne masculine du pluriel de l'aoriste pael du verbe ܒܪܟ avec le suffixe de la troisième personne masculine du singulier. A l'époque chrétienne, la forme ܢܒܪܟܘܢܝܗ était plus usitée, mais la forme ܢܒܪܟܘܢܗ était également employée.

A la fin de la ligne 5, [illegible] me paraît être une faute pour [illegible]. Le mot [illegible] « habitation » et aussi « couvent » signifie quelquefois en syriaque « vie, durée de la vie ».

L'ancien mot ܓܪܡܝܐ « ossements » se rencontre dans l'inscription n° 49 dont je parlerai plus loin.

Au milieu de la ligne 7 se trouve un passage mutilé. Je serais porté à croire que la première lettre, après le mot ܓܪܡܝܐ, était un ܝ, préformante d'un verbe à la troisième personne de l'aoriste; la lettre suivante est illisible et l'on voit ensuite une lettre qui peut être un ܒ, un ܢ, ou même un ܟ, puis une lacune suivie d'un ܐ. Il devait donc y avoir, après le mot ܓܪܡܝܐ, d'abord un verbe à la troisième personne du masculin singulier de l'aoriste, puis un substantif dont le ܐ final est seul lisible. Enfin je lis les cinq caractères suivants [illegible].

[1] Dans une inscription nabatéenne il est question d'un tombeau et de deux [illegible] qui se trouvaient au-dessus (voir *Corpus inscriptionum semiticarum*, Pars secunda, t. I, n° 196); il semblerait donc que le mot ܢܦܫܐ désignait parfois en nabatéen une chambre sépulcrale construite en maçonnerie. En syriaque, ܢܦܫܐ désignait le monument sépulcral tout entier, car Manou emploie ce mot au singulier et la tour contient pourtant deux chambres sépulcrales.

Le mot ܩܒܘܪܐ ne se trouve pas dans les textes de l'époque chrétienne et je crois que c'est une forme vulgaire ou dialectale pour ܩܒܪܐ «tombeau». Dans les textes nabatéens, קברא «tombeau» se rencontre fréquemment et, dans deux inscriptions, on trouve même simultanément קברא et קבורא «tombeau», ce qui prouve que les Nabatéens prononçaient ce mot de deux manières différentes[1].

Bien que l'inscription du tombeau de Manou soit de la fin du Ier siècle, nous connaissons trois autres inscriptions syriaques qui sont certainement plus anciennes. L'une est l'inscription bilingue en caractères hébreux carrés et syriaques d'un sarcophage trouvé près de Jérusalem qui appartient au musée du Louvre[2]. Ce sarcophage étant probablement celui d'une reine de la famille d'Izatès, roi d'Adiabène, morte un peu avant le siège de Jérusalem par Titus, son inscription est du Ier siècle et un peu plus ancienne que celle du tombeau de Manou. Les deux autres sont celles du tombeau d'Amachaméche que je publierai plus loin. Dans ces deux dernières inscriptions, le ܗ et le ܟ ont une forme archaïque qu'ils n'ont dans aucune autre inscription syriaque et ressemblent au ᕽ et au ﻻ de l'alphabet palmyrénien. Pour moi, ces inscriptions sont antérieures d'au moins un siècle à l'inscription du tombeau de Manou et je les crois du Ier ou du IIe siècle avant notre ère.

L'alphabet de l'inscription de Manou ressemble énormément à l'alphabet estranghélo de l'époque chrétienne et les lettres ܒ, ܕ, ܗ, ܘ, ܚ, ܝ, ܟ, ܢ, ܥ, ܫ, ܪ et ܬ ont seules une forme qui diffère un peu de celle qu'elles ont eue plus tard.

Le ܒ (ב) est beaucoup plus arrondi qu'il ne l'est dans les inscriptions de l'époque chrétienne et a à peu près la forme du ܟ estranghélo; au contraire, le ܟ est anguleux et ressemble au ܒ estranghélo. Dans les inscriptions du tombeau de Séleucus (nos 36, 37, 38, 39) qui sont du commencement du IIIe siècle, le ܒ est encore arrondi et on ne trouve que le ܟ final (ܟ), mais, dans les inscriptions de Soghmatar (nos 3, 4, 5, 6, 7, 8, 9, 10, 11, 12), qui sont aussi du IIIe siècle, et dans l'inscription de la colonne d'Ourfa qui est au plus tard de la première moitié du IIIe siècle, le ܒ a déjà la même forme qu'à l'époque chrétienne, le ܟ est encore anguleux, mais l'angle supérieur est obtus et l'angle inférieur est aigu tandis que les angles du ܒ sont tous les deux droits.

Le ܕ et le ܪ n'ont pas de point dans l'inscription du tombeau de Manou, pas plus que dans les inscriptions du tombeau de Séleucus et de Soghmatar, qui sont du IIIe siècle; généralement l'angle formé par les deux traits dont ces caractères sont composés était obtus aux anciennes époques, tandis qu'à l'époque chrétienne c'était un angle droit. Je ne connais pas d'inscription datée du IVe siècle, *mais je crois bien que l'inscription* d'Arab (*n°* 15) est *de cette époque :* le ܕ et le ܪ n'y sont pas pointés. Enfin, dans l'inscription de Bassoufan qui est de la fin du Ve siècle les ܕ et les ܪ sont pointés, tandis que, dans une inscription un peu antérieure (elle paraît être de l'an 493) qui a été publiée par M. Sachau[3], les ܪ ont un point et les ܕ n'en ont pas. On sait que, dans les inscriptions palmyréniennes de basse époque, le *rich* est surmonté d'un point et que le *dolath* n'en a jamais; il est donc probable que, lorsque les Syriens ont voulu distinguer le *dolath* du *rich*, ils ont d'abord surmonté le *rich* d'un point et que ce n'est qu'à une époque postérieure qu'ils ont tracé un point sous le

[1] *Corpus inscriptionum semiticarum*, Pars secunda, t. I, nos 197 et 212.

[2] Cette inscription est malheureusement très courte et le texte syriaque ne contient que deux mots : ܣܕܢ ܡܠܟܬܐ «Sadan reine» (voir *Corpus inscriptionum semiticarum*, Pars secunda, t. I, pl. XXII, n° 156).

[3] Cette inscription était gravée dans une grotte funéraire située à peu de distance d'Ourfa (voir *Zeitschrift der deutschen morgenländischen Gesellschaft*, 1882, p. 159). Je n'ai pas pu la voir, car un habitant d'Ourfa (j'ai le regret de dire que c'est un Européen) l'a fait enlever en creusant le rocher par derrière et on ne sait pas où elle se trouve aujourd'hui; il est même possible qu'en l'enlevant on l'ait brisée.

dalath. Il semble même qu'à la fin du vᵉ siècle, on écrivait, du moins à Édesse, le ܪ avec ou sans point et je ne saurais dire à quelle époque on a commencé à surmonter le ܕ d'un point[1].

Le ܘ a parfois une queue très longue dans les inscriptions archaïques, mais parfois aussi, même dans l'inscription du tombeau de Manou, il ressemble au ܘ estranghelo de l'époque chrétienne.

Le ܡ a une forme particulière dans l'inscription du tombeau de Manou (ܡ); dans les inscriptions du tombeau d'Amachaméche, il ressemble, ainsi que je l'ai déjà dit, au ܡ palmyrénien et, au iiiᵉ siècle, il a déjà à peu près la forme qu'on lui voit dans les inscriptions de l'époque chrétienne.

Le ܝ est très grand, il a à peu près la forme d'un quart de cercle et on peut souvent le confondre avec le ܫ. Dans les inscriptions du tombeau de Séleucus qui sont du commencement du iiiᵉ siècle, cette lettre a la même forme que dans l'alphabet estranghélo[2], mais dans celles de Soghmatar qui sont pourtant un peu postérieures, on voit le ܝ en quart de cercle. Il serait donc téméraire de dire qu'une inscription est du iᵉʳ ou du iiᵉ siècle de notre ère parce qu'on y trouve le ܝ arrondi.

Le ܢ est très grand et on peut souvent le confondre avec le ܠ.

La boucle du ܩ n'est pas fermée (ܩ); il en est de même dans presque toutes les inscriptions archaïques et pourtant, dans l'inscription de la colonne d'Ourfa, le ܩ a une boucle presque fermée et ressemble beaucoup au ܩ de l'époque chrétienne.

Le ܟ et le ܦ sont les deux lettres dont la forme a le plus varié. Le ܟ, qui a la forme suivante dans l'inscription de Manou : ܟ, devint, postérieurement au iᵉʳ siècle : ܟ et ܟ, et, dans les inscriptions du iiiᵉ siècle, il a à peu près la même forme qu'à l'époque chrétienne. Quant au ܦ, il garda très longtemps son ancienne forme (ܦ); dans les inscriptions du iiiᵉ siècle, il est fait ainsi : ܦ, ܦ, et c'est peut-être au ivᵉ ou au vᵉ siècle seulement que cette lettre prit la forme d'un carré.

Enfin le ܬ avait anciennement la forme suivante : ܬ. Dans les textes du iiiᵉ siècle, cette lettre se lie souvent à la lettre précédente et ce n'est probablement que beaucoup plus tard qu'elle se lia également à la lettre suivante.

Nous voyons déjà des ligatures dans l'inscription du tombeau de Manou[3] et je crois qu'au iᵉʳ siècle les caractères étaient liés les uns aux autres dans les manuscrits; dans les inscriptions, il semble qu'on pouvait les lier ou ne pas les lier.

En somme, bien que plusieurs caractères de l'alphabet estranghélo archaïque aient une forme qui diffère notablement de celle qu'ils avaient à l'époque chrétienne, il me paraît bien difficile d'affirmer qu'une inscription non datée est du iᵉʳ, du iiᵉ, du iiiᵉ et même du ivᵉ siècle.

Quant à la langue de l'inscription du tombeau de Manou, c'est absolument du syriaque, sauf que la préformante de la troisième personne de l'aoriste est un ܝ au lieu d'être un ܢ. Dans l'inscription du tombeau d'Ayou qui est du iiᵉ siècle[4], la préformante de la troisième personne de l'aoriste est un ܢ et

[1] On pourrait croire que c'est au ivᵉ siècle, mais cela me paraît douteux. M. de Vogüé a publié des inscriptions palmyréniennes du iiᵉ siècle dans lesquelles le *rich* est surmonté d'un point et je ne serais nullement étonné que l'on découvrît un jour des inscriptions syriaques du iiiᵉ ou même du iiᵉ siècle dans lesquelles le ܕ serait pointé.

[2] Il en est de même dans l'inscription de la colonne d'Ourfa qui est, au plus tard, de la première moitié du iiiᵉ siècle.

[3] On en voit déjà une dans l'une des inscriptions du tombeau d'Amachaméche : dans l'inscription gravée au-dessous de la porte de la chambre sépulcrale, les deux lettres du mot ܠܗ sont liées, mais elles ne le sont pas dans l'inscription gravée au-dessus de cette porte (voir ci-dessous).

[4] Les caractères ont une forme très archaïque dans l'inscription du tombeau d'Ayou que je publierai plus loin et le ܟ a absolument la même forme que dans l'inscription du tombeau de Manou. Ainsi que je l'ai déjà dit, le ܟ ressemble beaucoup, dans les inscriptions du

on pourrait, par suite, supposer que l'inscription du monument sépulcral de Manou est écrite en un dialecte syriaque qui différait de celui qu'on parlait à Édesse. J'ai la conviction que le syriaque était déjà une langue littéraire au Ier siècle de notre ère[1]; il est très probable, du reste, qu'on parlait en Syrie un grand nombre de dialectes et de patois qui différaient du syriaque que l'on écrivait, mais je ne crois pas que, sur les bords de l'Euphrate, à moins de 100 kilomètres d'Édesse, on aurait rédigé dans le patois local une inscription destinée à être lue par tout le monde, surtout l'inscription d'un tombeau aussi magnifique que celui de Manou.

Comment expliquer alors que, dans l'inscription du monument sépulcral de Manou, la préformante de la troisième personne de l'aoriste soit un ܝ, tandis que, dans l'inscription funéraire d'Ayon, qui est presque aussi ancienne, peut-être même aussi ancienne, cette préformante est un ܢ? On a beaucoup écrit sur l'origine de la préformante ܢ en syriaque et je me bornerai à exposer ici mon opinion personnelle.

A une époque très ancienne, peut-être au IIIe ou au IIe siècle avant notre ère, la prononciation de la semi-voyelle *yod* a dû changer, lorsqu'elle se trouvait au commencement d'un mot, et cette semi-voyelle est devenue une *l* mouillée. En d'autres termes, il s'est passé dans les dialectes araméens le contraire de ce qui se passe en français moderne où l'*l* mouillée tend à disparaître et à se changer en *yod*; les mots *travailler, mouiller, habiller*, se prononcent, dans une grande partie de la France, *travayé, mouyé, abiyé* et le nombre des Français qui prononcent ainsi est peut-être plus considérable que le nombre de ceux qui prononcent *travalyé, moulyé, abilyé*. Plus tard, l'*l* mouillée initiale devint elle-même fréquemment une *n* mouillée, de sorte qu'après avoir d'abord prononcé *yéktol* la troisième personne de l'aoriste du verbe ܩܛܠ, on finit par prononcer *lyéktol*, puis *nyéktol*; les dialectes araméens s'enrichirent, par suite, de deux consonnes nouvelles, l'*l* mouillée et l'*n* mouillée et, lorsqu'on voulut noter ces sons, on employa le *lomad* et le *noun*. J'ajouterai que l'altération du *yod* initial en *l* mouillée, puis en *n* mouillée, n'a pas dû avoir lieu partout et dans tous les mots à la même époque. Il est probable que, pendant une période de temps fort longue, la troisième personne de l'aoriste de certains verbes s'est prononcée, dans certaines régions, avec une *l* mouillée, et, dans d'autres, avec une *n* mouillée; dans d'autres régions enfin, l'ancienne prononciation s'est conservée et l'altération du ܝ initial en *l* mouillée et en *n* mouillée n'a eu lieu que dans un petit nombre de mots, ou n'a pas eu lieu du tout[2].

IIIe siècle, au IIe de l'époque chrétienne, et je serais, par suite, très porté à croire que l'inscription du tombeau d'Ayon est du IIe et peut-être même du Ier siècle de notre ère.

[1] Dès les commencements du christianisme, les Chrétiens ont traduit leurs livres saints en latin, en grec, en syriaque, en copte, en un mot dans toutes les langues littéraires de l'Empire Romain, mais ils ne les ont pas traduits dans les idiomes celtiques de la Grande-Bretagne, dans les dialectes germaniques ou slaves parlés près des frontières septentrionales de l'Empire Romain, dans les nombreux patois araméens ou arabes parlés dans les provinces d'Asie. Le syriaque n'est pas devenu, selon moi, une langue littéraire parce que les Chrétiens s'en sont servi dans leur liturgie, mais, au contraire, il n'est devenu une langue liturgique que parce qu'il avait déjà une littérature au Ier siècle de notre ère.

J'ai parlé à la page 19 de l'inscription du sarcophage du musée du Louvre qui paraît être (tout le monde l'admet, je crois) celui d'une reine de la famille d'Izatès, roi d'Adiabène, peut-être même celui d'Hélène, femme d'Izatès. Or, ce sarcophage a une inscription bilingue, syriaque et chaldaïque; n'est-ce pas une preuve qu'au Ier siècle de notre ère le syriaque était, sinon la langue vulgaire, du moins la langue littéraire de l'Adiabène et des populations sémitiques soumises aux Parthes?

[2] Dans Daniel et dans Esdras, les troisièmes personnes de l'aoriste ont la préformante י, excepté celles du verbe הוא «être» qui ont la préformante ל (להוא «il sera», להון «ils seront», להוין «elles seront».

En syriaque, ou du moins dans le syriaque des auteurs chrétiens, la préformante de la troisième personne de l'aoriste est ܢ dans tous les verbes. En mandaïte aussi elle est ܢ, mais on trouve pourtant un certain nombre de troi-

A une époque postérieure, probablement après l'ère chrétienne, l'n mouillée a disparu elle-même en syriaque et en mandaïte et est devenue une n; il est certain, en effet, que, dans le syriaque du moyen âge, la préformante de la troisième personne de l'aoriste était une n et non pas une n mouillée[1]. Je crois qu'au Ier siècle de notre ère la préformante de la troisième personne de l'aoriste était une n mouillée dans beaucoup de verbes, peut-être même dans tous les verbes, mais que l'ancienne orthographe avait été conservée. C'est pour ce motif que, dans l'inscription du monument sépulcral de Manou, toutes les troisièmes personnes de l'aoriste ont la préformante ܝ; quant aux deux formes [illegible] et [illegible] que l'on trouve dans l'inscription sépulcrale d'Ayou qui est presque aussi ancienne, peut-être même aussi ancienne que celle du tombeau de Manou, je serais porté à y voir des fautes d'orthographe et à les considérer comme des mots que le sculpteur a écrits comme le peuple les prononçait, à son époque, à Édesse, et non pas comme les gens qui savaient écrire le syriaque littéraire avaient l'habitude de les écrire. Enfin, je ne saurais dire à quelle époque on a définitivement écrit, en syriaque, les troisièmes personnes de l'aoriste avec un ܢ au lieu d'un ܝ; je serais porté à croire que la nouvelle orthographe ne fut définitivement adoptée que lorsque l'n mouillée eut complètement disparu et fut devenue une n, peut-être au IIe ou au IIIe siècle de notre ère.

siènes personnes de l'aoriste formées par la préformante ל, ce qui me fait supposer que l'l mouillée et l'n mouillée se sont conservées bien plus longtemps en mandaïte qu'en syriaque. Dans le Talmud, on trouve des troisièmes personnes de l'aoriste en י et d'autres en נ. Enfin, dans les dialectes araméens de la Palestine, en palmyrénien et en nabatéen, la préformante י s'est toujours conservée.

[1] L'n mouillée de la troisième personne de l'aoriste est devenue une n, mais je doute que l'l mouillée soit jamais devenue une l; je croirais plutôt que l'l mouillée est devenue une n mouillée, puis une n. Il est à remarquer, en effet, que, dans aucun dialecte araméen, la préformante régulière de la troisième personne de l'aoriste n'est un *lomad*. Les troisièmes personnes de l'aoriste ayant un *lomad* comme préformante sont, en somme, très peu nombreuses dans les dialectes araméens dans lesquels on en trouve; ce sont des exceptions et ces exceptions prouvent qu'à l'époque à laquelle ont été écrits les textes dans lesquels ces formes se trouvent, quelques verbes avaient déjà l'l mouillée comme préformante de la troisième personne de l'aoriste, alors que tous les autres verbes avaient encore l'ancienne préformante *youd*, ou bien que quelques verbes avaient gardé l'l mouillée, altération du *youd*, comme préformante, alors que l'l mouillée était déjà devenue une n mouillée et peut-être une n dans tous les autres verbes.

N°s 3, 4, 5, 6, 7, 8, 9, 10, 11, 12.

(Planches XIV et XV.)

INSCRIPTIONS SYRIAQUES DE SOGHMATAR.

La localité appelée Soghmatar est située dans le Djébel Taktakah à deux heures et demie de marche environ au nord-ouest de Chahibchar[1]. On voit à Soghmatar les ruines d'un château fort, celles de plusieurs bâtiments, dont un, assez grand, a pu être un couvent ou une église, et un nombre considérable de cavernes creusées de main d'homme. Il semble qu'il y a eu là, au moyen âge, une petite ville ou un grand village; aujourd'hui Soghmatar n'a aucun habitant et les environs sont complètement déserts, mais il paraît qu'au printemps des nomades vont parfois y faire paître leurs troupeaux et, comme un grand nombre de citernes anciennes, dont plusieurs en très bon état, existent au milieu des ruines, on y trouve de l'eau pendant presque toute l'année.

A quelques minutes de marche des ruines de la forteresse, au Nord en obliquant un peu à l'Ouest, on trouve une petite caverne qui contient des sculptures et des inscriptions syriaques extrêmement anciennes. Cette caverne à peu près carrée a environ 5 m. 10 de largeur et 4 m. 30 de profondeur et on y pénètre par une grande ouverture de 3 m. 40 de largeur qui ne se trouve pas au centre de la paroi de la caverne, mais tout à fait à gauche. Le rocher descendant en pente très douce, il était impossible d'y creuser une chambre s'ouvrant sur l'extérieur et il était nécessaire de creuser d'abord une tranchée s'enfonçant horizontalement de plusieurs mètres dans le rocher en pente, jusqu'à ce que la paroi de cette coupure fût assez élevée pour que l'on pût y creuser une porte et une chambre. C'est ce qui a été fait et il semble que, devant la porte de la caverne, il y avait une antichambre à ciel ouvert ou une cour, en partie creusée dans le roc, en partie bâtie. Deux des parois de cette cour creusées dans le rocher sont encore visibles et, sur l'une d'elles, on voit les traces d'une inscription syriaque gravée de haut en bas mais complètement illisible. Il y a eu, du reste, des éboulements près de la porte de la caverne et il est impossible de se rendre compte de la disposition exacte de cette cour; on y remarque, dans la paroi que l'on voit à droite lorsqu'on se dispose à entrer dans la caverne, une sorte de niche creusée dans le roc, fort grande mais pas assez

[1] On appelle Djébel Taktakah un plateau qui se trouve à peu près à mi-chemin entre Harrân et Ras-Aïn. Les montagnes ou plutôt les collines du Djébel Taktakah ont peu d'élévation et sont généralement rocheuses, mais le terrain pourrait, je crois, être cultivé en beaucoup d'endroits. J'ai fait deux voyages dans le Djébel Taktakah, en 1901 et en 1905, et j'y ai vu de nombreuses ruines qui prouvent que toute cette région était habitée autrefois; aujourd'hui elle est déserte. On voit à Chahibchar les ruines d'un très grand village et un nombre considérable de cavernes creusées de main d'homme qui paraissent avoir servi d'habitations.

D'après la carte de Kiepert intitulée *Nouvelle carte générale des provinces asiatiques de l'Empire Ottoman sans l'Arabie* (Berlin, 1883, Dietrich Reimer, éditeur), Soghmatar se trouverait à l'est de Harrân, et Chahibchar au nord de Soghmatar. En réalité, Chahibchar se trouve à peu près à sept heures de marche à l'est de Harrân; Soghmatar m'a paru être au nord en inclinant un peu à l'ouest ou au nord-ouest de Chahibchar.

élevée pour qu'un homme puisse s'y tenir debout, niche qui a une petite porte ou une fenêtre s'ouvrant sur l'extérieur, en dehors de la cour. Il est possible que cette niche ait été la loge d'un chien de garde.

Lorsqu'après avoir pénétré dans la caverne on suit la paroi de gauche, on voit d'abord, tout près de la porte d'entrée, une grande ouverture creusée dans la paroi de gauche par laquelle on peut pénétrer dans une seconde caverne dont je parlerai plus loin. Je crois que cette ouverture a été creusée à une époque assez récente, car avant cette ouverture, tout près de la porte d'entrée, et au-dessus de cette ouverture, on voit, sur la paroi de la caverne, les traces d'une ou de plusieurs inscriptions syriaques écrites de haut en bas en très grands caractères; il semble donc que primitivement une très grande inscription ou plusieurs inscriptions occupaient la plus grande partie de la paroi de gauche et que l'ouverture par laquelle on peut entrer aujourd'hui dans la seconde caverne n'existait pas. Ces inscriptions sont complètement illisibles et je n'ai pas pu en déchiffrer un seul mot entier.

Immédiatement après la grande ouverture dont je viens de parler, on voit les images de deux personnages sculptées en moyen relief dans la paroi de gauche de la grotte. Ces deux personnages, un peu plus grands que nature, sont représentés debout et de face; ils sont coiffés d'un bonnet ou d'une tiare presque pointue. Le premier à gauche, celui qui se trouve à côté de l'ouverture, a le bras droit replié en l'air et tient de la main droite un objet rond, le bras gauche qui pendait probablement le long du corps a disparu, de même que la jambe droite et le pied droit, la grande ouverture par laquelle on pénètre dans la seconde caverne se prolongeant jusqu'à la jambe gauche. Les traits du visage sont indistincts et la sculpture est en assez mauvais état. Le personnage de droite a le bras droit allongé et soutient de la main droite un objet reposant par terre, peut-être un bouclier; le bras gauche a disparu, les traits du visage sont indistincts et cette sculpture est en aussi mauvais état que celle de gauche (voir pl. III). Au-dessus de la tête de chacun de ces personnages se trouve une inscription d'une ligne écrite horizontalement qui fait connaître leur nom; ils se nommaient tous les deux *Wael, fils de Wael*. J'ai donné le numéro 3 à l'inscription qui se trouve au-dessus de la tête du personnage de gauche et le numéro 4 à celle qui se trouve au-dessus de la tête du personnage de droite. Entre les têtes des deux personnages, se trouve une inscription de six lignes écrites horizontalement, deux autres lignes écrites un peu plus bas font connaître le nom du sculpteur. J'ai donné à cette inscription le numéro 5.

Immédiatement après ces deux sculptures, se trouve l'angle de la caverne et commence la paroi du fond. Lorsqu'après avoir suivi la paroi de gauche, on suit la paroi du fond, on voit d'abord, à côté des deux sculptures dont je viens de parler, immédiatement après l'angle de la caverne, une sculpture en moyen relief représentant un personnage plus grand que nature, debout, vu de face et coiffé d'un bonnet presque pointu (voir pl. III). Cette sculpture est en plus mauvais état encore que celles de la paroi de gauche, les traits du visage sont indistincts et on a creusé, probablement au moyen âge, une mangeoire carrée pour les animaux à l'endroit où se trouvaient les pieds et le bas des jambes qui ont, par suite, complètement disparu. Une inscription d'une ligne écrite horizontalement au-dessus de la tête de ce personnage nous apprend que cette sculpture représentait Hafsaï, fils de Bar-Kalba (inscription n° 6).

A gauche de la tête du personnage se trouve une autre inscription écrite également horizontalement à laquelle j'ai donné le numéro 7.

Le milieu de la paroi du fond de la caverne est occupé par une très grande niche creusée dans le rocher et aujourd'hui vide; elle a la forme d'un parallélogramme allongé. A gauche de cette niche, entre elle et l'image de Hafsai, fils de Bar-Kalba, et à droite de cette niche, entre elle et la seconde image de Hafsaï, fils de Bar-Kalba, dont je parlerai plus loin, un objet assez indistinct a été sculpté en relief : c'est un croissant placé au sommet d'une sorte de hampe ressemblant un peu à un corps humain très allongé et très étroit. Dans l'un de ces bas-reliefs on a creusé, probablement à une époque récente, une niche destinée à contenir une lampe, dans l'autre on en a creusé deux; les sculptures sont en très mauvais état et il est bien difficile de décrire l'objet représenté; il m'a semblé qu'il devait avoir à l'origine à peu près la forme ci-contre[1] :

Aucun ornement n'est sculpté dans le fond de la niche et je serais porté à croire qu'elle contenait primitivement la statue d'une divinité ou peut-être un autel de pierre sur lequel brûlait le feu sacré.

Après la niche et la hampe surmontée d'un croissant qui se trouve à sa droite, on voit, à l'extrémité droite de la paroi du fond de la caverne, près de l'angle formé par la paroi du fond et la paroi de droite, l'image sculptée en moyen relief d'un personnage plus grand que nature, debout, vu de face et coiffé d'un bonnet ou d'une tiare presque pointue (voir pl. IV). Les traits du visage sont indistincts, les bras ont disparu et la sculpture est en aussi mauvais état que celle qui se trouve à l'extrémité opposée de la paroi du fond. A gauche de la tête du personnage, pour celui qui regarde la sculpture, se trouve une inscription écrite horizontalement à laquelle j'ai donné le numéro 8. Elle nous apprend que cette sculpture représentait, comme celle qui se trouve à l'autre extrémité de la paroi du fond, Hafsaï, fils de Bar-Kalba.

Lorsqu'on suit la paroi de droite en partant du fond de la caverne, on voit d'abord, tout près de l'image de Hafsaï, fils de Bar-Kalba, immédiatement après l'angle formé par la paroi du fond et celle de droite, une sculpture en moyen relief représentant un personnage debout vu de face. Cette sculpture est en plus mauvais état encore que celles dont j'ai parlé précédemment, on voit seulement qu'elle représentait un homme qui avait peut-être la tête nue; la figure n'existe plus et on a creusé à la place une niche destinée à contenir une lampe. A droite de cette sculpture, pour celui qui la regarde, à hauteur de la poitrine du personnage, se trouvait une inscription, mais elle est aujourd'hui absolument illisible et je ne pourrais même pas dire combien elle avait de lignes.

Un peu plus loin, au milieu de la paroi de droite, on voit trois sculptures en moyen relief représentant chacune un homme debout vu de face, plus grand que nature. Ces trois personnages sont placés l'un à côté de l'autre, mais les sculptures sont en si mauvais état qu'on distingue seulement la forme générale de leur corps.

Entre le premier personnage à gauche, pour celui qui regarde le groupe, et le personnage qui est au centre, se trouve une inscription écrite horizontalement à laquelle j'ai donné le numéro 9.

Entre la tête du personnage placé au centre du groupe et celle du personnage de droite, se trouve une autre inscription écrite également horizontalement à laquelle j'ai donné le numéro 10.

Enfin, à l'extrémité de la paroi de droite, près de l'angle formé par la paroi de droite et la paroi

[1] Au-dessus du croissant, dans chacun des deux bas-reliefs, se trouve une croix, mais ces croix sont creusées au lieu d'être en relief, leurs branches ne sont pas très droites, et il est évident qu'elles ont été tracées à une époque postérieure, au moyen d'un couteau, par une personne qui ne savait pas tailler la pierre.

IMPRIMERIE NATIONALE.

dans laquelle est creusée la porte d'entrée, se trouve une sculpture en moyen relief représentant un personnage debout, vu de face et coiffé d'un bonnet ou d'une tiare presque pointue. Ce personnage beaucoup plus petit que les autres paraît bien être un enfant; une inscription écrite horizontalement au-dessus de sa tête, à laquelle j'ai donné le numéro 11, fait connaître son nom. Il se nommait Hafsaï, mais le nom de son père est effacé. Cette sculpture, comme toutes celles qui se trouvent sur la paroi de droite de la caverne, est en très mauvais état et on ne distingue que la forme générale du corps.

Le long de la paroi de droite, depuis la première sculpture au fond de la caverne, jusqu'à celle qui se trouve avant l'image de l'enfant, une moulure à profil droit a été sculptée, sous le plafond, au-dessus des têtes des personnages. Sur cette moulure qui est en très mauvais état, on voit les restes d'une longue ou de plusieurs petites inscriptions : on distingue des traces de lettres, à droite, au-dessus du personnage dont la place est indiquée sur le plan par la lettre O, on lit quelques caractères au-dessus du personnage dont la place est indiquée par la lettre M, enfin, au-dessus du personnage dont la place est indiquée par la lettre L, on peut lire trois mots entiers (inscription n° 12).

Enfin, lorsqu'on se place au milieu de la caverne et qu'on regarde la paroi dans laquelle est creusée la porte, on voit, à gauche, tout près de l'angle de la caverne, une sculpture en moyen relief représentant un personnage debout, vu de face, plus grand que nature, qui appuie la main droite sur un objet indistinct posé par terre. Il n'est pas coiffé du bonnet pointu et la sculpture est en si mauvais état qu'on ne distingue guère que la forme générale du corps. Il est probable qu'il y avait jadis, près de cette sculpture, une inscription faisant connaître le nom du personnage représenté, mais il n'en reste pas la moindre trace.

A droite de cette sculpture, pour la personne qui la regarde, se trouve la porte d'entrée qui, comme je l'ai déjà dit, n'est pas percée au centre de la paroi de la caverne, mais tout à fait à gauche, pour la personne qui y entre, à droite, pour celle qui en sort.

J'ai dit que, par l'ouverture percée dans la paroi de gauche de la caverne, on pouvait pénétrer dans une seconde caverne. Elle est à peu près carrée, comme la première, mais plus grande, et a 5 m. 70 de largeur et 7 mètres de profondeur. Il semble que cette caverne était précédée, comme la première, d'une antichambre et d'une cour, mais il n'en reste pas trace : le rocher s'est éboulé et la porte d'entrée, ainsi que toute la paroi dans laquelle elle était percée, ont complètement disparu. On peut, par suite, y entrer de l'extérieur par une large brèche en partie obstruée par des blocs de rocher, brèche aussi large que la caverne elle-même; on peut aussi y pénétrer par l'ouverture probablement assez récente creusée dans la paroi de gauche de la première caverne.

Lorsqu'on entre dans la seconde caverne par la brèche, on voit, sur la paroi de gauche, tout près de la brèche, les traces d'une grande inscription syriaque écrite de haut en bas; elle est malheureusement complètement illisible.

Le milieu de la paroi du fond est occupé par une très grande niche qui a la même forme que celle que l'on voit dans la paroi du fond de la première caverne, mais qui n'est pas encadrée, comme elle, par deux croissants posés sur des hampes.

Enfin, à gauche de la niche, pour celui qui la regarde du milieu de la caverne, tout près de l'angle formé par la paroi de gauche et la paroi du fond, on voit, sculptée en moyen relief dans la paroi du fond, l'image d'un personnage debout, vu de face, plus grand que nature, mais cette sculpture est en si mauvais état que je ne pourrais même pas dire si elle représentait un homme ou une femme.

Le plan suivant montrera mieux qu'aucune description la place des différentes inscriptions et celle des différentes sculptures.

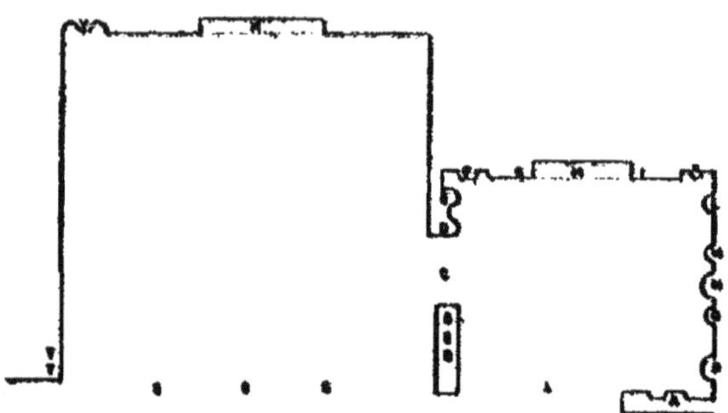

A Porte.

B B B Endroit où l'on voit, sur la paroi de la caverne, les traces d'une ou de plusieurs inscriptions écrites de haut en bas.

C Ouverture de forme irrégulière par laquelle on entre dans la seconde caverne; au-dessus de cette ouverture, on voit des traces de l'inscription précédente ou d'une autre inscription écrite verticalement.

D Image de Wael, fils de Wael (au-dessus de la tête du personnage se trouve l'inscription n° 3).

Entre la tête de Wael, fils de Wael, et la tête du personnage appelé également Wael, fils de Wael, se trouve l'inscription n° 5.

E Image d'un autre personnage se nommant également Wael, fils de Wael (au-dessus de la tête de ce personnage se trouve l'inscription n° 4).

F Image de Hafsai, fils de Bar-Kalba (au-dessus de la tête du personnage se trouve l'inscription n° 6; à gauche de la tête se trouve l'inscription n° 7).

G Endroit où est sculpté un bas-relief représentant un croissant posé sur une sorte de hampe.

H Grande niche.

I Endroit où est sculpté un bas-relief représentant un croissant posé sur une sorte de hampe.

K Image de Hafsai, fils de Bar-Kalba (à gauche de la tête de ce personnage se trouve l'inscription n° 8).

L Image de Tiridate, fils d'Adouna (voir p. 33).

M Image d'un anonyme, probablement fils de ce même Adouna (voir p. 33).

Entre l'image de Tiridate, fils d'Adouna, et celle de son frère, se trouve, à la hauteur de la poitrine des personnages, une inscription complètement effacée.

Entre l'image du fils anonyme d'Adouna et celle d'Abgar, à hauteur de la tête des personnages, se trouve l'inscription n° 9.

N Image du toparque Abgar (voir p. 32).

Entre la tête du toparque Abgar et celle du toparque Bar-Nahar, se trouve l'inscription n° 10.

O Image du toparque Bar-Nahar (voir p. 33).

P Image d'un enfant.

Au-dessus de la tête de l'enfant se trouve l'inscription n° 11.

Du côté droit de la caverne, depuis le fond jusqu'au-dessus du personnage dont la place est indiquée par la lettre O, une moulure à profil droit a été sculptée, sous le plafond. Sur cette moulure se trouvent les inscriptions auxquelles j'ai donné le numéro 12.

R Image d'un personnage inconnu.

S S S Brèche à l'endroit où se trouvaient la porte de la seconde caverne et la paroi où elle était creusée. Cette brèche est en partie obstruée par d'énormes blocs de pierre.

T T Endroit où l'on voit les traces d'une grande inscription écrite verticalement.

V Image représentant un personnage inconnu.

X Grande niche.

Les inscriptions de la caverne de Soghmatar sont toutes très courtes. En voici le texte et la traduction :

Inscription n° 3 (au-dessus de la tête du personnage dont la place est indiquée sur le plan par la lettre D).

ܘܐܠ ܒܪ ܘܐܠ Wael, fils de Wael.

Inscription n° 4 (au-dessus de la tête du personnage dont la place est indiquée sur le plan par la lettre E).

ܘܐܠ ܒܪ ܘܐܠ Wael, fils de Wael.

Inscription n° 5 (entre les têtes des personnages dont la place est indiquée sur le plan par les lettres D et E).

1 ܨܠܡܝ ܐܠܗܐ ܕܥܒܕ

2 ܘܐܠ ܒܪ ܡܘܬܪܘ....ܪܐ

3 ܕܦܪ ܠܡܪܘܗܝ ܘܠܡܛܒܢܘܗܝ ܘܐܠ ܕܥܪܒ

4 ܒܪ ܘܐܠ ܘܠܘܐܠ ܒܪܗ

5 ܢܘܗܕܪܐ ܕܫܘܕ ܥܡܗܘܢ

6 ܘܣܡܟܝ ܐܠܗܐ

Un peu plus bas :

7 ܣܝܠܐ ܒܪ

8 ܣܝܠܐ ܓܠܦ

Je traduis cette inscription ainsi :

Voici les images qu'a faites Wael, fils de Moutrou. . . . ra Dapar en l'honneur de (*littéralement : pour*) ses maîtres et ses bienfaiteurs, Wael, toparque du pays d'Arab, fils de Wael, et Wael, son fils, commandant militaire de Choud.

En bas :

Silas, fils de Silas, a sculpté.

On remarquera que, dans les inscriptions de la caverne de Soghmatar, le ܕ et le ܪ n'ont pas de point et se confondent, par conséquent, l'un avec l'autre; les deux points indiquant le pluriel ne se trouvent pas non plus dans ces inscriptions.

Le nom propre qui finit la deuxième ligne me paraît être composé du nom du dieu Mithra et d'un second mot qu'il est impossible de déterminer, deux caractères environ ayant disparu par suite d'un gros trou fait dans la pierre; l'avant-dernière lettre de ce nom peut être un ܕ aussi bien qu'un ܪ.

La ligne 3 commence par un autre nom propre que j'ai lu ܕܦܪ mais qu'on pourrait tout aussi bien lire ܕܦܕ, ܪܦܪ ou ܪܦܕ.

Je parlerai plus loin du pays appelé ܥܪܒ.

A la ligne 5, le mot ܫܘܕ (il faut peut-être lire ܫܘܪ) me paraît être un nom de ville ou de localité; peut-être est-ce l'ancien nom de Soghmatar.

Le premier mot de la ligne 7 est en partie effacé, mais ce mot paraît bien être le nom propre ܣܝܠܐ.

Le premier mot de la cinquième ligne doit certainement être lu ܢܘܗܕܪܐ. Ce mot ne se trouve, à ma connaissance, dans aucun auteur publié jusqu'à ce jour, mais on lit dans le dictionnaire de Bar-Bahloul : ܢܘܗܕܪܐ ܐܝܟ ܐܬܘܡܘܠܘܓܘܣ ܗ̄ ܩܐܕܐ ܐܘ ܪܝܫ ܚܝܠܐ (*Lexicon syriacum auctore Hassano Bar Bahlule* e pluribus codicibus edidit et notulis instruxit Rubens Duval, t. II, col. 1223). Il est évident qu'au lieu de ܢܘܗܕܪܐ que porte le texte publié par M. Rubens Duval, il faut lire ܢܘܗ̈ܕܪܐ, au pluriel, et la phrase signifie : « ܢܘܗ̈ܕܪܐ, d'après l'étymologiste, cela veut dire : les caïds[1], c'est-à-

[1] Le mot ܩܐܕܐ ne se trouve, à ma connaissance, que dans ce passage et, dans son grand dictionnaire, Payne-Smith n'en cite aucun autre exemple; c'est probablement le mot arabe قائد.

dire les chefs de troupes». Le mot ܢܘܗܕܪܐ paraît avoir été complètement inusité à l'époque chrétienne, mais on le trouve dans le nom propre ܒܝܬ ܢܘܗܕܪܐ et il est très probable que l'auteur que Bar-Bahloul appelle «l'étymologiste» expliquait le sens de ce nom propre; malheureusement, avec son inintelligence habituelle, Bar-Bahloul s'est bien gardé de le dire. On appelait ܒܝܬ ܢܘܗܕܪܐ, ܒܝܬ ܢܘܗܕܪܐ, ܒܝܬ ܢܘܗܕܪܢ un district dont il est facile de déterminer la position. Nous savons, en effet, que Bar-Saouma, le fameux métropolitain nestorien de Nisibe, réunit un concile à Beth-Adri (ܒܝܬ ܐܕܪܝ), dans le Beth-Nouhadré; or le village de Beth-Adri, en arabe باعذرى, existe encore et est situé à neuf heures de marche environ au nord de Mossoul, à l'est d'Alkoche. Le Beth-Nouhadré était donc la région montagneuse au nord de Mossoul, où se trouve le couvent de Rabban-Hormouzd. Le ܒܝܬ ܢܘܗܕܪܐ formait un diocèse jacobite dépendant du primat (ܡܦܪܝܢܐ) de Takrit et un diocèse nestorien dépendant du métropolitain d'Adiabène, mais il est difficile d'indiquer ses limites exactes.

A l'Ouest, le Beth-Nouhadré était limité par le Tigre, car Thomas de Marga raconte qu'un certain Joseph, supérieur du couvent de Beth-Avé, dans le district de Marga, ayant appris que des assassins se proposaient de le tuer, s'enfuit et se rendit près de la ville de Balad, dans le territoire d'Awana, bourg du Beth-Nouhadrân, et y fonda un couvent qui porta son nom[1]. Or la ville de Balad se trouvait sur la rive droite du Tigre, à l'endroit appelé aujourd'hui Eski-Mossoul, et le couvent fondé par Joseph et appelé [illegible] ou [illegible] se trouvait à peu de distance de la ville, sur la rive gauche du Tigre[2]. L'auteur de la vie de Bar-Ita (ܒܪ ܥܝܬܐ)[3], racontant le voyage que Bar-Ita et ses compagnons firent des environs de Nisibe au pays de Marga, dit :

[illegible]

Et quand ils eurent traversé le Tigre, le pays de Beth-Nouhadra tout entier, et furent parvenus à la grande école de Beth-Rastaq, bourg du district de Marga.

Le diocèse nestorien de Beth-Nouhadré commençait donc au Tigre et était limité à l'Est par celui de Marga[4]. Dans une lettre adressée à Sergius, le patriarche Timothée dit, au sujet d'un certain Marzabana et de ses frères, que, s'il leur plaît de se mettre sous la juridiction de l'évêque de Marga, ils sont libres de le faire, et il ajoute :

[illegible]

En effet, le pays des habitants du Beth-Nouhadrân est vaste et riche, tandis que celui de Marga est vaste et large, à la vérité, en comparaison d'autres pays, mais resserré, exigu[5] et étroit, en comparaison du Beth-Nouha-

[1] *The book of governors, The historia monastica of Thomas, bishop of Marga*, edited by E. A. Wallis Budge (London, 1893), vol. I, p. 104 et 105.

[2] Voir *Thomas de Marga*, édition Budge, vol. I, p. 249 et 250.

[3] Je crois que cette vie a été publiée en Angleterre, mais je ne la connais que par un manuscrit en ma possession.

[4] Le pays de Marga était situé sur les bords du grand Zab, au nord-est du Djébel-Maqloub ([illegible]), la montagne où se trouvait le fameux couvent jacobite de Saint-Matthieu (voir Abbeloos et Lamy, *Gregorii Barhebraei chronicon ecclesiasticum*, t. III, p. 121, 123).

[5] [illegible] me paraît être le participe du verbe [illegible], qui, d'après Payne-Smith, signifie «diminuer, mettre en morceaux». Le passage cité ci-dessus prouve que ce

drâ, et il convient que l'abondance des uns appartienne à l'indigence des autres, comme l'enseignent les paroles divines[1].

Timothée ne dit pas ce qu'était le personnage appelé Marzabana, mais, en lisant toute la lettre, on devine que Marzabana et ses frères étaient des notables d'un village du Beth-Nouhadré qui, mécontents de leur évêque, voulaient que leur village fût annexé au diocèse de Marga; les deux diocèses étaient donc contigus.

Au Sud, le diocèse nestorien du Beth-Nouhadré était vraisemblablement contigu à celui de Ninive, mais je ne peux pas indiquer ses limites au Nord[2].

Le pays de Beth-Nouhadré qui s'étendait à l'ouest jusqu'au Tigre était donc, avant que Jovien n'eût cédé Nisibe aux Persans, à l'extrême frontière de l'empire des Sassanides et il était probablement divisé en fiefs appartenant à des chefs militaires appelés ܢܘܗܕܪܐ parce qu'ils étaient tenus d'avoir toujours des troupes sous les armes. Le pays de Beth-Nouhadré était en quelque sorte «les marches» ou «les confins militaires» de la Perse et de là venait son nom. J'ai dit qu'on trouvait les trois formes ܒܝܬ ܢܘܗܕܪܐ, ܒܝܬ ܢܘܗܕܪܐ et ܒܝܬ ܢܘܗܕܪܢ. L'existence de la forme ܒܝܬ ܢܘܗܕܪܐ est prouvée par le nom arabe باهذرا qui en dérive et la forme ܒܝܬ ܢܘܗܕܪܐ est probablement plus ancienne; quant à la forme ܒܝܬ ܢܘܗܕܪܢ, que je n'ai trouvée que dans des textes nestoriens, elle prouve que le mot a été emprunté au pehlevi. En effet, ܢܘܗܕܪܢ ne peut être qu'un pluriel pehlevi, comme ܕܗܩܢܢ, pluriel de ܕܗܩܢܐ «possesseur d'un fief rural». La forme pehlevie de ܢܘܗܕܪܐ devait être *nouhadâr* ou *nohadâr*, mot qui me paraît être formé d'un substantif que je ne saurais déterminer et du suffixe *dâr* que l'on trouve dans les mots persans دفتردار «greffier», سردار «général».

Inscription n° 6 (au-dessus de la tête du personnage dont la place est indiquée sur le plan par la lettre F) :

ܚܦܣܝ [ܒ]ܪ ܒܪܟܠܒܐ   Hafsaï, fils de Bar-Kalba.

Inscription n° 7 (à gauche de la tête du personnage dont la place est indiquée sur le plan par la lettre F).

Bien que cette inscription ait des lacunes, il est facile d'en restituer le texte. Je crois qu'on doit la lire ainsi :

1 [illegible]
2 [illegible]
3 [illegible]
4 ܚܦܣܝ ܒܪ
5 ܒܪ[ܟܠܒܐ] [illegible]
6 [illegible]
7 [illegible] (?) [illegible]
8 [illegible]

verbe, comme beaucoup d'autres, avait aussi un sens passif et signifiait également «être diminué, être exigu».

[1] *Seconde épître aux Corinthiens*, chap. VIII, versets 13 et 14.

[2] Maaltaï (ܡܥܠܬܐ), qui se trouve à une heure environ à l'ouest de Dehok, était le siège d'un évêque nestorien (voir *Recueil de synodes nestoriens*, publié et traduit par J.-B. Chabot, p. 62), mais cela ne prouve pas que le Beth-Nouhadré ne s'étendait pas au nord de Maaltaï, car le pays appelé Beth-Nouhadré pouvait être beaucoup plus vaste que le diocèse nestorien qui portait ce nom.

Voici ce qu'a fait Bar-Nahar, fils de Dinaï (ou Rinaï), toparque du pays d'Arab, en l'honneur de (*littéralement :* pour) son maître et son bienfaiteur Aurelius Hafsaï, fils de Bar-Kalba, affranchi d'Antoninus Caesar.

Je lis ܒܪܢܗܪ le nom propre qui termine la première ligne. Je suppose qu'il est formé d'un nom de divinité venant du thème ܢܗܪ «briller, luire», et signifie «le fils du dieu Nahar», mais je m'empresse d'ajouter qu'on a pu adorer en Syrie une divinité appelée ܢܗܪ et qu'il faut peut-être lire ܒܪܢܗܪܐ.

Le second mot de la deuxième ligne est un nom propre et j'ignore si la première lettre est un ܕ ou un ܪ; on le retrouve à la quatrième ligne de l'inscription n° 10, où il paraît être écrit ܕܝܢܝ ou ܪܝܢܝ, avec un seul ܝ. Cette dernière orthographe est probablement correcte et je crois que, dans l'inscription n° 7, le sculpteur a, par erreur, gravé deux ܝ au lieu d'un seul; il est possible aussi que ce qui paraît être le second ܝ soit une boucle faisant partie du ܛ initial du mot ܛܘܦܪܟܐ, mais je n'ai trouvé la lettre ܛ ainsi faite dans aucune autre inscription.

A la troisième ligne, ܐܢܛܢܝܢܘܣ est probablement une faute pour ܐܢܛܘܢܝܢܘܣ.

Le mot ܐܦܠܘܬܪܐ qui termine la cinquième ligne vient évidemment du grec ἀπελεύθερος et signifie «affranchi»; on ne le trouve pas dans le dictionnaire de Payne-Smith et il n'était plus employé à l'époque chrétienne.

J'exposerai plus loin les raisons pour lesquelles je crois que le premier mot de la septième ligne était ܚܦܣܝ.

Inscription n° 8 (à gauche de la tête du personnage dont la place est indiquée sur le plan par la lettre K).

Bien que cette inscription soit mutilée, il est facile de restituer le texte des cinq premières lignes, mais il est impossible de savoir s'il y avait une sixième ligne, à cause des rugosités de la pierre.

1 ܕܥܒܕ
2 ܐܕܘܢܐ
3 [ܒܪ] ܬܝܪܝܕܬ
4 [ܠ]ܚܦܣܝ
5 [ܒܪ ܒܪ]ܟܠܒܐ

Voici ce qu'a fait Adouna, fils de Tiridate, en l'honneur de (*littéralement :* pour) Hafsaï, fils de Bar-Kalba.

Je lis, à la seconde ligne, ܐܕܘܢܐ. Cet ancien nom propre était encore usité à l'époque chrétienne : dans une vie du fondateur du couvent de Rabban-Hormouzd qui a été publiée, je crois, en Angleterre mais que je ne connais que par un manuscrit, il est question d'un moine appelé ܐܕܘܢܐ; un métropolitain d'Elam portant ce nom fut martyrisé sous Sapor[1]; enfin un couvent de Saint-Adouna est mentionné dans la vie de Bar-Ita, dont j'ai parlé à la page 29.

Inscription n° 9 (entre les têtes des deux personnages dont la place est indiquée sur le plan par les lettres M et N).

[1] *Le Livre de la Chasteté*, composé par Jésus Denah, publié et traduit par J.-B. Chabot, texte syriaque, p. 59.

Je lis ainsi les cinq premières lignes :

1 ܗܢܐ ܨܠܡܐ
2 ܕܥܒܕ ܡܥܢܘ
3 ܒܪ ܡܩܡܝ
4 ܠܐܒܓܪ ܫܠܝܛܐ
5 ܕܥܪܒ

Voici la statue qu'a faite Manou, fils de Makmaï, en l'honneur d'Abgar (*littéralement : pour Abgar*), toparque du pays d'Arab.

Le nom propre qui termine la troisième ligne paraît être ܡܩܡܝ; ce nom ne se trouve, à ma connaissance, dans aucun texte et j'ignore quelles sont les voyelles de ce mot.

La sixième ligne est très effacée : on distingue seulement un trait oblique qui a pu appartenir à un ܥ, puis les lettres ܢܘ, puis les traces de deux lettres qui étaient peut-être un ܓ et un ܠ et enfin les traces d'une lettre qui pouvait être un ܘ ou un ܦ. Je serais porté à lire cette ligne ainsi : ܡܥܢܘ ܓܠܦ « Manou a sculpté », ou ܡܥܢܘ ܓܠܘܦܐ « Manou sculpteur ».

L'inscription n° 9 se trouvant entre les têtes des deux personnages dont la place est indiquée sur le plan par les lettres M et N, on peut se demander si c'est la sculpture de droite ou celle de gauche qui représente Abgar. Le trait vertical qui se trouve à gauche de l'inscription paraît avoir été tracé pour la séparer du personnage de gauche et la réunir à celui de droite. Il est donc probable que le personnage de droite, celui dont la place est indiquée sur le plan par la lettre N, est le toparque Abgar et que le nom du personnage de gauche, dont la place est indiquée par la lettre M, se trouvait dans l'inscription, aujourd'hui complètement effacée, qui était gravée à gauche de ce personnage et à droite de celui dont la place est indiquée sur le plan par la lettre L.

Inscription n° 10 (entre les têtes des personnages dont la place est indiquée sur le plan par les lettres N et O).

Je restitue ainsi le texte de cette inscription :

1 ܗܢܐ ܨܠܡܐ
2 [ܕܥܒܕ] ܡܠܐ
3 ܒܪ ܫܝܠܐ ܠܒܪܢܗܪ
4 ܒܪ ܕܝܢܝ ܫܠܝܛܐ
5 ܕ[ܥܪܒ]

Voici l'image qu'a faite Malé, fils de Silas, en l'honneur de (*littéralement : pour*) Bar-Nahar, fils de Dinaï (*ou Rinaï*), toparque du pays d'Arab.

A la seconde ligne, les trois caractères ܡܠܐ peuvent être la fin d'un mot; je crois plutôt qu'ils forment un mot complet. Je n'ai trouvé le nom propre ܡܠܐ dans aucun texte syriaque, mais on le rencontre dans les inscriptions palmyréniennes; dans une inscription bilingue palmyrénienne et grecque, il est rendu en grec par ΜΑΛΗ (génitif)[1].

L'inscription n° 10 se trouve entre les têtes des deux personnages dont la place est indiquée sur le plan par les lettres N et O, mais si, comme c'est probable, la sculpture dont la place est indiquée

[1] Voir *Syrie centrale, Inscriptions sémitiques*, publiées par le comte de Vogüé, pl. I, n° 7, l. 2.

par la lettre N représente le toparque Abgar, il est évident que celle dont la place est indiquée par la lettre O représente le toparque Bar-Nahar.

INSCRIPTION N° 11 (au-dessus de la tête de l'enfant que représente la sculpture dont la place est indiquée sur le plan par la lettre P).

1 ܚܦܣܝ. . . .

2 ܒ. . . . .

Le seul mot lisible de cette inscription nous apprend que l'enfant dont l'image est sculptée au-dessous se nommait *Hafsai*, mais nous ignorons le nom de son père.

N° 12. INSCRIPTIONS GRAVÉES SUR LA MOULURE DU CÔTÉ DROIT DE LA CAVERNE.

J'ai dit, à la page 26, qu'on voyait *des lettres et des traces de lettres sur une moulure* qui se trouve du côté droit de la caverne, mais qu'on ne pouvait pas savoir si une seule inscription fort longue ou plusieurs petites inscriptions avaient été gravées sur cette moulure. Je serais porté à croire qu'il y avait quatre petites inscriptions faisant connaître les noms des personnages dont les images étaient sculptées au-dessous. Des deux premières inscriptions, il ne reste pas un seul mot lisible. Sur la partie de la moulure qui se trouve au-dessus du personnage dont la place est indiquée sur le plan par la lettre M, on distingue les caractères suivants :

ܒܪ ܐ. . . ܢܐ fils d'Adouna.

Il faut lire ܒܪ ܐܕܘܢܐ. . . . . . . (on voit, du reste, des traces du ܘ) et il est probable que la sculpture dont la place est indiquée sur le plan par la lettre M représentait un personnage qui était fils d'un certain Adouna.

Sur la partie de la moulure qui se trouve au-dessus du personnage dont la place est indiquée sur le plan par la lettre L, on lit :

ܛܝܪܝܕܬ ܒܪ ܐܕܘܢܐ Tiridate, fils d'Adouna.

La sculpture dont la place est indiquée par la lettre L représentait donc très probablement un personnage nommé « Tiridate, fils d'Adouna ». Je serais porté à croire qu'il était le frère du personnage anonyme qualifié de « fils d'Adouna » dont l'image est sculptée à l'endroit indiqué par la lettre M et que l'inscription aujourd'hui complètement effacée qui se trouvait entre l'image de Tiridate, fils d'Adouna, et celle de son frère indiquait les titres de ces deux personnages, ainsi que le nom de celui qui avait fait sculpter leur image. Enfin, il est possible que Tiridate, fils d'Adouna, et son frère aient été les fils du personnage nommé Adouna, fils de Tiridate, qui fit sculpter l'image de Hafsai, fils de Bar-Kalba (voir l'inscription n° 8), mais cela n'est nullement certain.

Dans quel but les deux cavernes de Soghmatar ont-elles été creusées? Il est difficile de répondre à cette question, mais je dirai tout d'abord qu'elles n'ont pas pu servir de tombeaux. On n'a jamais sculpté dans les tombeaux les images des grands personnages que l'on voulait honorer et je n'ai jamais vu de caverne sépulcrale ayant une porte de 3 m. 40 de largeur. Il est évident que, si l'on a donné une porte aussi grande à la caverne de droite, c'est parce qu'on voulait que la lumière du jour y pénétrât et que tout le monde pût en lire les inscriptions et en examiner les sculptures. J'ajouterai qu'à gauche de la caverne de gauche, se trouve une troisième caverne où l'on voit une mangeoire creusée dans le roc. Un peu loin, à gauche, se trouve une quatrième caverne, très grande, contenant plusieurs mangeoires creusées dans le roc et qui a certainement servi d'écurie; enfin, à quelques mètres en avant de la cour qui précédait la caverne contenant les sculptures et les inscriptions, on voit une grande citerne. Je crois donc qu'il y avait en cet endroit un khân destiné aux voyageurs. Les khâns appartiennent généralement aujourd'hui à des particuliers qui exigent une rétribution de ceux qui y logent, mais il y a aussi, surtout dans l'Iraq, des khâns qui sont « waqfs » et où tout le monde a le droit de loger sans rien payer. Les cavernes de Soghmatar que j'ai décrites devaient faire partie d'un khân public qui comprenait probablement aussi des bâtiments construits près des cavernes, mais ces bâtiments ont complètement disparu aujourd'hui[1]. Quant à la caverne qui contient les inscriptions et les sculptures, je crois que c'était un petit temple faisant partie du khân et dédié, soit à Ormazd, soit à une divinité syrienne dont la statue se trouvait dans la grande niche du fond. La caverne un peu plus grande qui se trouve à gauche devait être aussi un sanctuaire dédié, soit à la même, soit à une autre divinité, mais ce second sanctuaire, probablement creusé à une époque postérieure, lorsqu'il n'y eut plus de place dans le premier pour y sculpter les images des grands personnages qu'on voulait honorer, ne semble pas avoir servi très longtemps au culte, puisqu'on n'y voit qu'une seule sculpture. Il est probable que la caverne de gauche cessa d'être regardée comme un lieu consacré peu de temps après son percement, peut-être à cause de l'écroulement d'une de ses parois.

Les inscriptions de Soghmatar sont intéressantes, d'abord parce qu'elles sont très anciennes, ensuite parce qu'elles nous font connaître les noms de trois toparques de pays d'Arab. Les anciens Syriens appelaient ܥܪܒ la région située à l'est de l'Oshroène, jusqu'au Tigre; l'adjectif dérivé de ܥܪܒ était ܥܪܒܝܐ. Zacharie le rhéteur dit qu'en l'an 811 des Grecs les sauterelles ravagèrent le pays d'Arab situé en Mésopotamie (ܥܪܒ ܕܒܝܬ ܢܗܪ̈ܝܢ) et que beaucoup d'habitants de ce pays (ܥܪܒܝܐ) périrent[2]. *La chronique anonyme publiée sous le nom de chronique de Josué le Stylite*[3] parle d'une invasion de sauterelles qui dévasta le pays d'Arab tout entier, ainsi que tout le territoire des gens de Ras-Aïn, celui des gens de Téla et celui des gens d'Édesse (ܥܪܒ ܟܠܗ ܘܟܠܗ ܬܚܘܡܐ ܕܒܢܝ ܪܝܫܥܝܢܐ[4] ܘܕܒܢܝ ܬܠܐ ܘܕܒܢܝ ܐܘܪܗܝ). Enfin, le métropolitain nestorien de Nisibe portait, à la fin du ve siècle et peut-être longtemps après, le titre de ܡܝܛܪܦܘܠܝܛܐ ܕܐܬܪܘܬܐ ܕܥܪܒ « métropolitain des territoires de l'Arab »[5]. Il semble que ce pays appartenait, à l'époque de Trajan, à un toparque indépendant, car Dion Cassius, parlant de la venue de Trajan à Édesse, dit que le roi

[1] Des khâns comme celui que je décris ont certainement existé à l'époque romaine. En 1893, je vis, en un endroit appelé Saré-Moghara, au sud-ouest d'Ourfa, plusieurs cavernes qui n'étaient certainement pas des tombeaux et, en avant, des ruines informes de constructions. Près de la porte d'une des cavernes, à une certaine hauteur, on voyait des traces d'une inscription arabe à peu près illisible, celles d'une inscription latine dont il ne restait que quelques lettres et enfin une inscription grecque que je copiai tant bien que mal. MM. Perdrizet et Fossey à qui je donnai plus tard ma copie ont publié cette inscription dans le *Bulletin de correspondance hellénique de l'école française d'Athènes* (20e année, novembre 1896, p. 395, 396); j'extrais de l'article consacré à cette inscription les lignes suivantes : « On connaît les πανδοχεῖα de Deir Semân (Waddington, *Inscr. de Syrie*, 2691-2692; Vogüé, *Architecture civile et religieuse de la Syrie*, pl. 113), bâtis au ve siècle pour abriter les pèlerins qu'attirait à Télanissos le bruit de la piété merveilleuse de Siméon le Stylite. L'inscription trouvée par M. Pognon doit être la dédicace d'une grande hôtellerie, d'un grand *khân*, élevé pendant le bas empire sur la route de Batnées d'Osrhoène. »

[2] Voir Land, *Anecdota syriaca*, t. III, p. 203, l. 10.

[3] Voir *Chronique de Josué le Stylite*, texte et traduction par l'abbé Paulin Martin (Leipzig, 1876), p. 30, l. 5 et 6.

[4] Il faut évidemment lire ܪܝܫܥܝܢܐ.

[5] Voir *Recueil de synodes nestoriens*, publié, traduit et annoté par J.-B. Chabot (Paris, 1902), p. 62, l. 17.

Abgar avait souvent envoyé des présents mais n'était jamais venu lui-même, pas plus que Mannus, chef de l'Arabie limitrophe, et Sporacès, chef de l'Anthémusie, et le pays qu'il appelle *l'Arabie limitrophe* est probablement celui que les Syriens appelaient ܥܪܒ. L'adjectif ܥܪܒܝܐ a toujours été usité, mais le mot ܥܪܒ semble être tombé très tôt en désuétude et les auteurs qui écrivaient sous la domination romaine le remplaçaient volontiers par la périphrase *pays des Arabéens*, *contrée des Arabéens*. Zacharie le rhéteur, à propos de la construction de Dara, dit que les généraux revenant de faire la guerre aux Persans conseillèrent à l'empereur Anastase de construire une ville forte pour servir de refuge aux troupes romaines et [illegible] «pour garder la contrée des Arabéens contre les voleurs persans et les Arabes»[1], et qu'il fut décidé qu'une ville serait construite à Dara; par contre, dans un autre passage, Zacharie dit : [illegible] «pour défendre le pays d'Arab contre les voleurs arabes»[2]. Au moyen âge, le mot ܥܪܒ n'était plus employé et on le remplaçait par le mot composé ܒܝܬ ܥܪܒܝܐ, mais je crois que l'on donnait ce dernier nom surtout à la région comprise entre le Tour-Abdin, le Tigre, le Sindjar et le Khabour. Bar Hebræus raconte[3] qu'au XIIe siècle Timothée, évêque du Beth-Araboyé, étant mort, la population demanda à Jean de Saroudj, primat de Takrit, de le remplacer par un certain moine, que Jean de Saroudj en sacra un autre et que la population ne l'accepta pas, de sorte que le primat de Takrit fut forcé de nommer également évêque le moine que le peuple avait proposé et de partager le diocèse entre les deux évêques; qu'il donna à l'un Tell-Afer, Abou-Maria et Maraq[4] ([illegible]) et à l'autre le Beth-Araboyé, la ville de Balad et le couvent de Mouallaq[5] ([illegible]). Enfin le continuateur de l'*Histoire ecclésiastique* de Bar-Hebræus raconte qu'au XVe siècle un certain Khalef alla du couvent de Saint-Behnam, près de Mossoul, à Mardin, pour s'y faire sacrer patriarche, en traversant la plaine du Beth-Araboyé ([illegible]), sans passer par Djézireh, ni par le Tour-Abdin[6].

Les inscriptions de la caverne de Soghmatar nous font connaître trois toparques du pays d'Arab, savoir : Wael, fils de Wael, Bar-Nahar, fils de Dinaï ou Rinaï, et un certain Abgar dont le père n'est pas nommé. Elles mentionnent, en outre, un certain Hafsaï, fils de Bar-Kalba, qui, bien qu'il fût un affranchi, était certainement un très grand personnage, puisque que le toparque Bar-Nahar fit sculpter son image sur les parois de la caverne. Un aussi grand personnage devait être l'affranchi d'un empereur et je suis persuadé que la ligne 7 de l'inscription n° 7 commençait par le mot [illegible]; le ܝ final est, du reste, lisible.

Il me paraît certain qu'il est question de ce personnage dans le passage suivant de la chronique de Michel :

[illegible]

[illegible]

[1] Voir LAND, *Anecdota syriaca*, t. III, p. 214, l. 6 et 7.

[2] Voir LAND, *Anecdota syriaca*, t. III, p. 256, l. 16.

[3] Voir LAMY et ABBELOOS, *Gregorii Barhebraei chronicon ecclesiasticum*, t. III, p. 361 et 363.

[4] Tell-Afer se trouve dans le Sindjar, ainsi qu'Abou-Maria (voir la carte de HAUSSKNECHT, *Routen im Orient*). Quant à Maraq (مَرَق), c'était, d'après Yakout, un grand village où s'arrêtaient les caravanes, sur la route de Nisibe à Mossoul, à deux jours de Mossoul (voir *Jacut's geographisches Wörterbuch*, herausgegeben von Ferdinand WÜSTENFELD, t. IV, p. 501).

[5] Le couvent de Mouallaq ou couvent de Saint-Sergius ([illegible]) se trouvait dans une région montagneuse appelée [illegible], probablement à peu de distance de la ville de Sindjar, mais je ne saurais indiquer sa position exacte (voir LAMY et ABBELOOS, *Gregorii Barhebraei chronicon ecclesiasticum*, t. III, p. 217 et 505).

[6] Voir LAMY et ABBELOOS, *Gregorii Barhebraei chronicon ecclesiasticum*, t. II, p. 825, 827.

[illegible] (*Chronique de Michel le Syrien*, par J.-B. Chabot, texte syriaque, t. I, p. 77 et 78).

Le texte est évidemment corrompu et les mots [illegible] ne signifient rien. Il faut probablement corriger le texte ainsi: [illegible]; en outre, au lieu de [illegible], il faut sans doute lire : [illegible].

Je traduirais donc ce passage ainsi :

Les Édesséniens et leurs rois furent complètement entre les mains des Romains à partir de l'an 477 des Grecs et de l'an 7 de Lucius, empereur des Romains. Lorsqu'il combattit contre les Parthes et les vainquit, ce Lucius les asservit aussi (*c'est-à-dire* : asservit aussi les Édesséniens). Ils n'eurent plus de rois et leur royauté cessa complètement en la cinquième année de Philippe, empereur des Romains, en l'an 560 des Grecs. La royauté leur fut enlevée du temps d'Abgar Sévère lorsque les Romains l'expulsèrent, parce qu'il avait voulu se révolter contre eux, et, au lieu d'un roi, ils leur donnèrent comme gouverneur Aurelianus, fils de Hafsai, en leur imposant....... de servitude.

Ce que dit Michel me paraît être à peu près exact. Le roi d'Édesse qui vivait à l'époque de Trajan se nommait Abgar et, lorsque Trajan vint en Syrie pour combattre les Parthes, Abgar, roi d'Édesse, Mannus (Manou), chef de l'Arabie limitrophe[1], et Sporacès, chef de l'Anthémusie, s'abstinrent, d'après Dion Cassius, de se présenter devant lui. Abgar finit pourtant par se soumettre, il fut l'hôte de Trajan à Édesse et l'accompagna même dans sa campagne contre Sporacès; mais, lorsque l'empereur se fut éloigné, il fit défection et le général romain Lucius Quiesus assiégea, prit et saccagea Édesse. D'après la chronique longtemps attribuée à Denys de Tell-Mahré, la mort d'Abgar fut suivie de troubles qui durèrent deux ans, puis un personnage dont le nom, en partie effacé dans le manuscrit, paraît être [illegible], s'empara du trône et régna trois ans et dix mois. Ses deux premiers successeurs furent, d'après cette même chronique, Pharnastapat qui régna dix mois, puis Manou, fils d'Izatès, qui régna seize ans et huit mois[2]. Il ne semble pas que tous ces rois aient réellement été soumis aux Romains et, s'ils payèrent tribut, ce fut pendant bien peu de temps, car Spartien nous apprend qu'Adrien renonça au tribut que Trajan avait imposé aux toparques de Mésopotamie. Manou, fils d'Izatès, eut pour successeur son fils appelé également Manou, lequel, après un règne de vingt-quatre ans, se rendit chez les Romains; Wael, fils de Sahrou, régna alors pendant deux ans, puis Manou, revenu du pays des Romains, remonta sur le trône et régna douze ans[3].

[1] La région que Dion Cassius appelle l'«Arabie limitrophe» est probablement celle que les Syriens appelaient [illegible].

[2] Voir Tullberg, *Dionysii Telmahharensis chronici liber primus*, p. 148, l. 7, 8, 9, 10, 11; et p. 151, l. 16, 17, 18, 19.

[3] L'auteur anonyme de la chronique attribuée à Denys de Tell-Mahré appelle le roi d'Édesse qui revint du pays des Romains «Manou, fils d'Izatès», mais c'est une erreur évidente; il est probable que le manuscrit est fautif et que le copiste a écrit [illegible] au lieu de [illegible] «Manou, fils de Manou, fils d'Izatès» (voir Tullberg, *Dionysii Telmahharensis liber primus*, p. 153, l. 9, 10, 11; et p. 156, l. 9, 10, 11).

Les monnaies de Wael portant, d'un côté, l'effigie et le nom de ce roi et, de l'autre, l'effigie d'un roi parthe, il est certain que ce furent les Parthes qui chassèrent Manou et mirent Wael sur le trône. De 163 à 166, Lucius Verus fit la guerre aux Parthes et, pendant cette campagne, il remit sur le trône Manou[1]. Les plus anciens empereurs dont l'effigie et le nom se trouvent sur les monnaies frappées à Édesse sont Marc Aurèle et Lucius Verus; il semble donc bien que ce fut seulement après la restauration de Manou et la campagne de Lucius Verus contre les Parthes, en l'année 166, que les rois d'Édesse devinrent réellement vassaux de l'empire, comme le dit Michel dans le passage cité ci-dessus.

Nous connaissons moins bien les derniers rois d'Édesse. Dion Cassius nous apprend que le roi qui régnait sous Caracalla se nommait Abgar, qu'il tyrannisait ses sujets et que Caracalla l'ayant invité à venir le trouver, le fit prisonnier et s'empara de l'Osrhoène. En effet, les monnaies frappées à Édesse sous Macrin et ses successeurs, jusqu'à Gordien III, ne mentionnent plus aucun roi et portent seulement l'effigie de l'empereur; les légendes de beaucoup de ces monnaies nous apprennent, en outre, qu'Édesse était devenue une colonie romaine, puis une colonie métropole. Néanmoins la chronique anonyme longtemps attribuée à Denys de Tell-Mahré mentionne comme roi, après un certain Abgar Sévère, qui paraît bien être le prince détrôné par Caracalla, son fils Manou dont le règne aurait duré vingt-six ans[2]. Il ne pouvait pas y avoir de roi dans une colonie romaine et pourtant le patriarche Michel qui, dans le passage cité ci-dessus, nous donne des renseignements très précis sur la fin du royaume d'Édesse, ne mentionne aucune annexion temporaire à l'empire romain. Je serais, par suite, très porté à croire que, tout en conservant la ville même d'Édesse qui devint colonie romaine, Macrin rendit à Manou, fils d'Abgar Sévère, la plus grande partie des états de son père et lui permit de prendre le titre de roi, mais ce n'est là qu'une hypothèse. De nombreuses monnaies prouvent que Gordien III nomma roi un certain Abgar, sur lequel nous ne savons absolument rien, et l'on admettait généralement que l'empereur Philippe avait, dès le début de son règne, mis fin au royaume d'Édesse. Michel donne au dernier roi le nom d'Abgar Sévère et nous apprend qu'il ne fut expulsé que la cinquième année de Philippe, c'est-à-dire très peu de temps avant l'avènement de Decius; il m'est impossible, du reste, de dire si ce dernier roi était Abgar Sévère que Caracalla avait détrôné plus de vingt ans auparavant et à qui Gordien III aurait rendu la couronne, ou si c'était un autre Abgar Sévère, ou enfin s'il se nommait Abgar et si Michel l'a confondu avec Abgar Sévère[3]. Enfin, d'après Michel, le premier gouverneur romain de l'Osrhoène se serait appelé Aurelianus, fils de Hafsaï. Je crois que ce fonctionnaire se nommait, non pas « Aure-

[1] Dans un long article sur l'histoire d'Édesse qui a paru dans le *Journal asiatique*, M. Rubens Duval admet qu'un prince, auquel il donne le nom d'Abgar VIII, aurait régné après Wael et avant le retour de Manou (*Journal asiatique*, 8e série, t. XVIII, 1891, p. 212). M. Babelon a prouvé, dans un article intitulé *Numismatique d'Édesse en Mésopotamie* qui a paru, en 1892, dans la *Revue belge de numismatique*, que ce personnage n'a jamais existé.

[2] Voir Tullberg, *Dionysii Telmahharensis chronici liber primus*, p. 159, l. 11, 12, 13, 14, 15.

[3] On peut lire, sur les derniers rois d'Édesse, un article très intéressant de M. Babelon, qui a paru en 1892 dans la *Revue belge de numismatique* et qui est intitulé *Numismatique d'Édesse en Mésopotamie*. M. Babelon dit, au sujet des monnaies du dernier Abgar : « L'examen des monnaies qui portent les noms de Gordien et d'Abgar a paru autoriser Bayer et d'autres savants à distinguer deux Abgar : l'un âgé, presque un vieillard; l'autre, un jeune homme, qui serait son fils. » Bien que M. Babelon ne soit pas de l'avis de Bayer, il serait à désirer que quelqu'un étudiât la question de nouveau. Le patriarche Michel nous donne sur la fin du royaume d'Édesse des renseignements qui, je le répète, paraissent être exacts et il appelle le dernier roi Abgar Sévère; il est donc fort possible que Gordien III ait fait remonter sur le trône la victime de Caracalla, en lui associant son fils ou son petit-fils nommé aussi Abgar.

lianus, fils de Hafsaï», mais «Aurelius Hafsaï», et que c'est justement lui que mentionnent plusieurs des inscriptions de Soghmatar.

Le premier gouverneur romain de l'Osrhoène a été, selon moi, l'affranchi d'un empereur nommé Antonin, c'est-à-dire de Caracalla ou d'Élagabal qui tous les deux portèrent le nom de «Marcus Aurelius Antoninus»; il se nommait Aurelius Hafsaï, fils de Bar-Kalba, et devint gouverneur de l'Osrhoène en 249, peu de temps avant l'avènement de Decius. En 251, l'empereur Decius périt dans une bataille contre les Goths et il semble qu'en 251 ou en 252 le roi de Perse Sapor recommença les hostilités contre les Romains. Il envahit l'Arménie, fit de nombreuses incursions en Syrie et s'empara d'Antioche. Enfin, en 260, l'empereur Valérien fut fait prisonnier par Sapor mais les Persans ne purent pas conserver leurs conquêtes; ils furent battus par Odenath et toute la Syrie reconnut l'autorité d'Odenath. Je ne saurais dire pendant combien de temps Aurelius Hafsaï gouverna l'Osrhoène; je doute qu'il ait exercé ses fonctions pendant plus de trois ou quatre ans et il me semble impossible qu'il soit resté gouverneur de l'Osrhoène postérieurement à l'année 260, puisqu'en 260 Valérien fut battu et fait prisonnier par Sapor, probablement dans la région d'Édesse.

Si l'on admet avec moi que le premier gouverneur romain de l'Osrhoène est mentionné dans les inscriptions de Soghmatar, on devra admettre que ces inscriptions ont été gravées au IIIe siècle. Le toparque Bar-Nahar a été, en effet, le contemporain d'Aurelius Hafsaï, puisqu'il a fait sculpter son image dans le sanctuaire de Soghmatar, et toutes les sculptures qui représentent Aurelius Hafsaï ou Bar-Nahar, c'est-à-dire celles dont la place est indiquée sur le plan par les lettres F, K et O, ainsi que les inscriptions qui portent les numéros 6, 7, 8 et 10, ont été sculptées, soit en 249, soit quelques années après, mais certainement antérieurement à l'année 260. Il m'est impossible de dire si les toparques Wael et Abgar furent antérieurs ou postérieurs à Bar-Nahar, mais je ne pense pas qu'ils aient vécu plus d'une trentaine d'années avant ou après lui et je crois que toutes les inscriptions et toutes les sculptures du sanctuaire de Soghmatar sont du IIIe siècle.

J'ajouterai, pour terminer, qu'il n'est nullement certain que les toparques du pays d'Arab, Bar-Nahar, Abgar et Wael aient été les descendants du toparque Manou qui lutta contre Trajan (voir p. 35); j'ai traduit ܫܠܝܛܐ ܕܥܪܒ par «toparque du pays d'Arab», mais on pourrait aussi traduire ces mots par «chef, gouverneur ou seigneur du pays d'Arab». Le fait que Wael, père de Wael, et Dinaï ou Rinaï, père de Bar-Nahar, ne portent pas le titre de ܫܠܝܛܐ qui est donné à leur fils, semblerait même prouver que les ܫܠܝܛܢܐ ܕܥܪܒ n'étaient plus héréditaires et qu'ils étaient des fonctionnaires révocables, plutôt que des toparques.

Enfin, il est singulier que le nom du père du toparque ou du gouverneur Abgar ne soit pas indiqué, et on peut se demander si cet Abgar n'était pas un personnage très connu, par exemple le roi Abgar ou Abgar Sévère à qui Gordien III aurait accordé, outre le royaume d'Osrhoène, le gouvernement du pays d'Arab, mais je ne le crois pas.

N° 13 ET 14.

(Planche XVI.)

INSCRIPTIONS SYRIAQUES
DU COUVENT DE SAINT-GABRIEL DE KARTMIN.

Le couvent de Saint-Gabriel de Kartmin se trouve dans le Tour-Abdin, à peu près à l'est de Mediad, entre ce village et Bassibrina, à quatre heures et demie de marche de Modiad et à deux heures et demie de Bassibrina.

Il a été fondé, d'après la légende, par un certain Samuel et son disciple Simon, sous le règne d'Arcadius, et un ange aurait indiqué l'emplacement de la grande église. Cette église fut reconstruite sur ses anciennes fondations, sous le règne d'Anastase, par deux architectes nommés Théodore et Théodose, et le couvent s'appela d'abord «couvent de Saint-Simon», du nom d'un de ses deux fondateurs. Sous le règne d'Héraclius, un saint personnage, nommé Gabriel, fut évêque du couvent et, au moment de l'invasion arabe, il aurait obtenu du khalife Omar un diplôme lui accordant un droit de juridiction sur tous les chrétiens du pays[1]; c'est pour ce motif que ce couvent est appelé aujourd'hui par les musulmans et très souvent par les chrétiens دير عمر «le couvent d'Omar». La réputation de sainteté de Gabriel fut si grande que le couvent qui s'était d'abord appelé «couvent de Saint-Simon» finit par s'appeler «couvent de Saint-Gabriel». Ses moines furent, dès l'origine, d'ardents monophysites et, au moyen âge, le couvent de Saint-Gabriel de Kartmin (ܥܘܡܪܐ ܕܡܪܝ ܓܒܪܐܝܠ ܕܩܪܛܡܝܢ) fut un des couvents jacobites les plus grands, les plus riches et les plus célèbres de tout l'Orient.

J'ai visité, en 1891 et en 1905, le couvent de Saint-Gabriel de Kartmin, où résident encore aujourd'hui un évêque et quelques moines jacobites qui vivent très misérablement. Le couvent consiste en bâtiments presque modernes et pourtant très délabrés dont quelques parties seulement paraissent être anciennes, et il contient deux églises. L'une, appelée ܥܕܬܐ ܕܝܠܕܬ ܐܠܗܐ, enclavée au milieu des bâtiments et fort sombre, ne m'a pas paru être très ancienne; l'autre est la grande église. Des ruines qui entourent le couvent prouvent qu'il s'étendait autrefois sur un espace bien plus grand qu'aujourd'hui. La grande église est très délabrée, mais encore solide; c'est certainement une des plus anciennes de toutes les églises que j'ai vues en Orient, et je crois bien qu'elle a été construite sous Anastase, comme le rapporte la tradition. L'auteur anonyme d'une vie de Saint-Gabriel[2] la décrit en ces termes :

[illegible]

[1] Voir la *Chronique ecclésiastique de Bar-Hebraeus*, édition Abbeloos et Lamy, t. I, p. 122.

[2] Cette vie, dont je possède une copie manuscrite, a été publiée récemment par l'abbé Nau dans un intéressant travail intitulé : *Notice historique sur le monastère de Qartamin* (extrait du tome II des *Actes du XIV* Congrès international des Orientalistes*).

[illegible Syriac text, 12 lines]

Voici ses dimensions : elle a trente-sept coudées de longueur, vingt-cinq de largeur et vingt-cinq de hauteur[1]; la largeur de ses murs est de sept coudées et, à l'intérieur de la nef, on a construit, vers l'est, trois pièces[2]. Celle du milieu est le saint des saints[3]; son autel est en marbre, long de six empans et demi, large de quatre empans et demi. . . . .
Au-dessus de l'autel se trouvent un chérubin et une coupole d'airain qui est supportée et soutenue par quatre colonnes[4]. Dans le sanctuaire, une lampe d'or pur est suspendue à une chaîne d'argent, le sol du sanctuaire est couvert de mosaïques[5] en marbre blanc, noir, rouge, vert, pourpre et jaune, représentant des images diverses; ses murs, disposés en cercle[6], sont recouverts de plaques de marbre et, en haut, sur la voûte[7], se trouvent des mosaïques formées de petits cubes dorés[8]. Dans la nef, des deux côtés de la porte du sanctuaire, sont fixés deux arbres d'airain, dont chacun est haut de vingt coudées. . . . .
. . . . ce temple magnifique fut construit au milieu du couvent; des galeries à arcades l'entourent au nord, au sud et à l'ouest.

Il est inutile de dire que les deux arbres d'airain placés dans la nef, devant la porte du chœur, ont disparu aujourd'hui, ainsi que tous les objets d'or et d'argent qui ornaient l'église. Elle se divise en trois parties :

1° Une sorte de galerie couverte, avec cinq grandes ouvertures voûtées donnant sur la cour du

[1] En Syrie et en Mésopotamie, la mesure appelée ذراع a la longueur du bras étendu d'un homme de taille moyenne, depuis le poing fermé jusqu'à l'épaule, c'est-à-dire 0 m. 60 environ, et la mesure appelée par les Syriens [illegible] devait avoir la même longueur. La grande église aurait donc eu environ 22 mètres de longueur, 15 mètres de largeur et 15 mètres de hauteur; j'ai négligé d'en relever les dimensions, mais je crois bien que celles qui sont indiquées ici sont à peu près exactes.

[2] Les trois pièces contenant le maître-autel et les autels de droite et de gauche, dont je parlerai plus loin.

[3] C'est-à-dire le sanctuaire, la pièce contenant le maître-autel.

[4] Dans les églises jacobites, le maître-autel n'est jamais appliqué contre une muraille, parce que le clergé tourne autour de lui dans certaines cérémonies. Il est toujours surmonté d'une sorte de *ciborium* ou de dôme en pierre ou plus souvent en bois.

[5] Ce passage prouve que le mot [illegible] avait au moyen âge le sens de «mosaïque». On voit encore sur le sol, dans la chapelle du maître-autel, des traces de mosaïques; je les ai peu regardées et, d'après mes souvenirs, elles sont en fort mauvais état.

[6] Ainsi que je le dirai plus loin, une voûte en cul-de-four semi-circulaire se trouve derrière le maître-autel.

[7] Littéralement «dans son ciel»; on appelle souvent ܫܡܝܐ «ciel», le plafond ou la partie de la toiture visible pour ceux qui se trouvent à l'intérieur d'une construction.

[8] Cette mosaïque dorée existe encore aujourd'hui et est, dit-on, fort belle, mais elle a été salie par la fumée des cierges et est recouverte d'une couche si épaisse de noir de fumée qu'on ne l'aperçoit presque pas.

couvent. Cette galerie n'existe plus aujourd'hui qu'à l'ouest [1], devant la porte de la nef, mais la description du couvent citée ci-dessus prouve qu'elle se prolongeait jadis au nord et au sud et entourait trois des côtés de l'église.

2° Une nef rectangulaire communiquant avec la galerie à arcades par une grande porte et avec le chœur par trois portes; celle du milieu, placée en face du maître-autel, est beaucoup plus grande que les deux autres.

3° Le chœur, séparé de la nef par un solide mur dans lequel sont percées les trois portes dont je viens de parler, et comprenant trois chambres ou chapelles contenant chacune un autel (le maître-autel se trouve dans la chapelle du milieu); chacune de ces trois chapelles a une porte percée dans le mur de la nef et une autre porte par laquelle on entre dans la chapelle contiguë. La voûte de la chapelle du milieu, au-dessus de l'autel, est ornée de la mosaïque dorée dont j'ai parlé dans la note 8 de la page 40.

La toiture est supportée par trois voûtes en berceau : la première recouvre la galerie et est supportée elle-même par les cinq arcades et le mur de la nef; la seconde recouvre la nef et est supportée par les deux murs de la nef situés du côté de la galerie et du côté du chœur; la troisième recouvre les trois chapelles du chœur et est supportée par le mur qui sépare la nef du chœur et, du côté opposé, par le mur extérieur de l'église. Enfin, pour augmenter la superficie de la chapelle du maître-autel, une petite voûte en cul-de-four a été appliquée contre le mur extérieur de l'église.

Le plan suivant, dressé rapidement et sans prendre de mesures, fera mieux comprendre qu'une description la forme de la grande église de Saint-Gabriel de Kartmin.

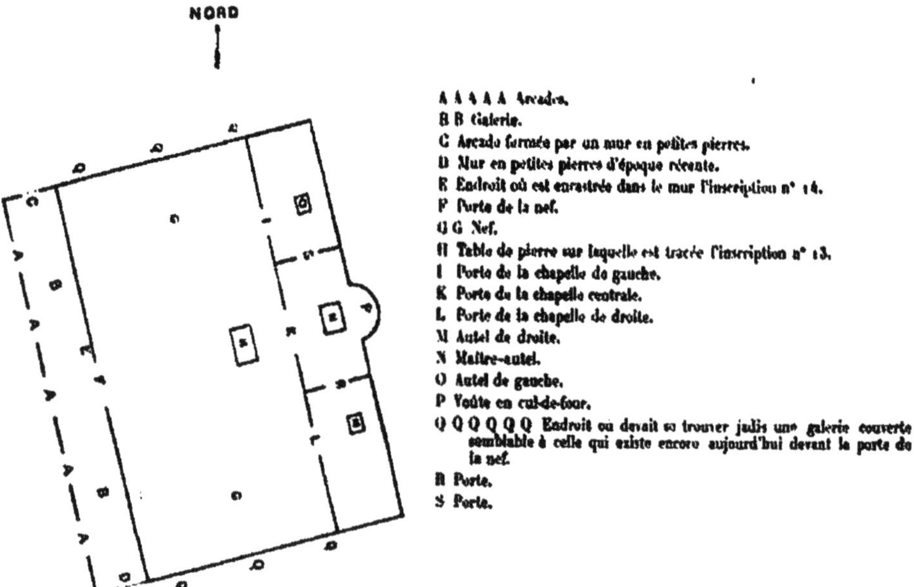

[1] Les quatre murs de l'église ne sont pas exactement orientés vers les quatre points cardinaux : le mur septentrional et le mur méridional ne se prolongent pas exactement de l'est à l'ouest, ils obliquent un peu du

IMPRIMERIE NATIONALE.

Dans la nef, à l'endroit indiqué sur le plan par la lettre H, on voit une très grande table en maçonnerie dont la partie supérieure est formée d'un énorme monolithe, aujourd'hui brisé en plusieurs morceaux[1]. Sur un des côtés de cette pierre est gravée une inscription d'environ 1 m. 25 de longueur écrite horizontalement, à laquelle j'ai donné le n° 13. Enfin, sur une pierre encastrée dans le mur de la galerie couverte, à peu de distance à gauche de la porte de la nef, à l'endroit indiqué sur le plan par la lettre E, on voit une inscription gravée horizontalement, à laquelle j'ai donné le n° 14.

INSCRIPTION N° 13 (VIIIe siècle).

[illegible]
[illegible]
[illegible]
[illegible]
[illegible]
[illegible]
[illegible]

Zacharie, du village d'Arnas, a fait ce travail (*littéralement* : a fait) à Badebbeh, en l'an 1080 des Grecs, et, lorsqu'il eut détaché ce bloc de pierre, il supplia Isaïe, du village de Fafa, son parrain, de l'apporter[2]. Isaïe se donna beaucoup de peine, ainsi que tous les gens du couvent; on l'apporta, on le polit, on le mit à sa place en l'an 1088, au temps de Georges, notre évêque, et celui-ci contribua à la dépense dans la mesure de ses moyens. Cyrille, du village d'Arnas, a gravé.

[illegible] est l'adjectif dérivé de [illegible], nom d'un village appelé aujourd'hui *Arnas* et situé à peu de distance d'Aïn-Warda et de Halakh (voir les inscriptions n°s 52, 53, 54); le [illegible] ne se prononçait pas dans ce mot et parfois on ne l'écrivait pas[3]. [illegible] se nomme aujourd'hui *Badebbeh*; c'est un village situé tout près de l'ancien couvent de Saint-Jacques-le-Docteur ([illegible]), à 2 heures environ au sud du couvent appelé [illegible], à 8 heures de marche au sud-est de Modiad.

Les mots [illegible] sont obscurs. On pourrait considérer [illegible] comme une faute pour

nord-est au sud-ouest, le mur oriental et le mur occidental obliquent un peu du nord-ouest au sud-est. Le chœur des églises orientales se trouve toujours à l'est de la nef et il est impossible qu'on ne se soit pas aperçu, lorsqu'on a construit la grande église, sous le règne d'Anastase, que le chœur n'était pas exactement à l'est de la nef. Il est probable qu'on a voulu reconstruire l'église à l'emplacement même de l'ancienne église bâtie par les ermites Simon et Samuel qui n'avaient pas su l'orienter exactement vers les quatre points cardinaux et c'est sans doute pour expliquer l'orientation anormale de leur église que les moines du moyen âge racontaient qu'un ange avait dressé le plan du couvent et posé des pierres indiquant l'emplacement de l'église.

[1] On voit, dans toutes les églises jacobites, deux tables de pierre ou de maçonnerie (dans la grande église de Saint-Gabriel il n'y en a qu'une) placées dans la nef à peu de distance de la porte centrale du chœur. Le clergé n'entre jamais dans le chœur pour réciter les offices, il les récite dans la nef autour de ces tables de pierre sur lesquelles les livres sont posés; ces tables sont appelées en syriaque [illegible]. Pendant les chaleurs de l'été, on récite les offices autour de tables de pierre qui sont placées dans la cour de l'église.

[2] Littéralement «qu'il l'apportât»; le verbe est suivi du suffixe de la troisième personne du féminin parce que le mot [illegible] «pierre», qui est sous-entendu, est féminin.

[3] En examinant, dans l'église d'Arnas, les rituels et les livres liturgiques manuscrits de cette église et en parcourant les notes écrites à la fin de ces livres pour faire connaître les noms et la patrie des copistes, j'ai reconnu qu'on supprimait souvent le [illegible] du nom propre [illegible] et que l'adjectif qui en dérivait était [illegible].

[illegible] et traduire «après qu'il fut devenu vieux», mais la phrase serait bien singulière, car, si Zacharie d'Arnas était un vieillard en l'an 1088 des Grecs, ce n'était pas un jeune homme huit ans auparavant, en l'an 1080. On trouve dans le dictionnaire de Payne-Smith (col. 2498) un verbe à 2ᵉ et 3ᵉ radicales identiques [illegible], qui est expliqué, dans un glossaire syriaque-arabe manuscrit, par نزع «il a arraché, enlevé» et par فرق, verbe qui, à la seconde forme, veut dire «séparer». Je considère [illegible] comme l'aphel de ce verbe qu'on ne trouve, à ma connaissance, dans aucun auteur, mais qui devait être usité, au VIIIᵉ siècle, dans le Tour-Abdin, et je crois que les mots [illegible] signifient «dès qu'il eut détaché», c'est-à-dire «dès qu'il eut détaché le bloc de pierre de la roche dont il faisait partie».

A la ligne 3, le mot [illegible] paraît être écrit, la première fois, avec deux [illegible]; je crois que le petit trait vertical qui se trouve entre le [illegible] et le [illegible] provient d'un coup de ciseau donné maladroitement par le sculpteur.

Je regarde [illegible] comme un adjectif signifiant «natif de Fafeh, originaire de Fafeh». Le village de *Fafeh* ou *Fafa* n'est marqué, à ma connaissance, sur aucune carte et est situé au sommet d'une montagne, à 8 heures environ au sud-ouest de Mediad, dans une vallée qui mène aux ruines de Dara[1].

La 6ᵉ ligne de l'inscription allant jusqu'à l'extrémité du bloc de pierre, le sculpteur n'a pas eu assez de place pour graver le [illegible] du nom propre [illegible] et il a renversé cette lettre, comme si l'inscription était écrite de haut en bas.

Je serais très porté à croire que la table de pierre sur laquelle est gravée l'inscription nᵒ 13 ne se trouvait pas primitivement dans l'église. Elle est beaucoup plus grande que ne le sont les [illegible], c'est-à-dire les tables de pierre ou de maçonnerie sur lesquelles on pose les rituels, lorsqu'on récite les offices; elle est oblongue, tandis que les [illegible] sont carrés; enfin, si mes souvenirs sont exacts, elle a des rebords très saillants entourant une surface assez profondément creusée et ressemble beaucoup à un billard. L'auteur anonyme de la vie de saint Gabriel dont j'ai parlé à la page 39 rapporte une curieuse légende que l'on racontait, à son époque, dans le couvent. Saint Gabriel avait envoyé des carriers dans une localité appelée [illegible], pour y tailler une table de pierre, et, au bout de sept ans, la table était achevée; elle était fort belle, elle avait 15 empans de longueur, 7 empans de largeur, 3 empans d'épaisseur, et *c'est sur elle*, dit le texte, *qu'est pétrie toute la pâte du couvent* ([illegible]). Lorsque la table fut taillée, on la plaça sur un chariot pour l'apporter au couvent, mais, arrivés au bas de la montagne, les taureaux qui traînaient le chariot ne purent plus avancer. Saint Gabriel ordonna alors, sous peine d'anathème, que tous les moines qui se trouvaient dans le couvent allassent travailler à faire avancer le chariot. Les moines partirent et les anciens moines défunts enterrés dans les sépultures du couvent sortirent de leur tombe et partirent également pour travailler avec les vivants. Enfin, lorsque la pierre fut arrivée au couvent, on la plaça sous une grande coupole ronde reposant sur huit arceaux qui se trouvait à côté de la cuisine. Je n'ai pas songé à mesurer la table de pierre sur laquelle est gravée l'inscription nᵒ 13, mais, d'après mes souvenirs, elle doit avoir à peu près les dimensions de celle dont parle l'auteur de la vie de saint Gabriel. Je crois donc que cette table était un pétrin dans lequel on faisait le pain du couvent et qu'elle se trouvait primitivement dans une salle ronde, à côté de la cuisine. A l'époque à laquelle fut écrite la vie de saint Gabriel, l'inscription qui faisait connaître le nom du donateur

[1] Parti de Mediad à 4 heures du matin, le 30 mai 1905, je suis arrivé à Fafa à midi 45, mais mon guide connaissait mal le pays et je crois que nous avons fait un grand détour au Sud. On voit à Fafa les ruines d'un tombeau en forme de tour ([illegible]) avec une inscription grecque à peu près illisible (voir la note de la page 16). Le village de Fafa est habité aujourd'hui par des Musulmans.

6.

devait être masquée par un mur, par une autre table de pierre, ou par quelque objet très lourd qu'on ne déplaçait jamais, et les moines qui admiraient beaucoup cette table, tant à cause de ses grandes dimensions que parce qu'elle était parfaitement polie, racontaient qu'elle avait été taillée par l'ordre de saint Gabriel et miraculeusement introduite au couvent. Enfin, le bâtiment rond dans lequel elle se trouvait ayant été détruit, on la transporta dans l'église, et c'est probablement à cette époque qu'elle a été brisée. La pierre est, en effet, tellement lourde que, si elle était restée à sa place primitive, elle serait intacte aujourd'hui.

INSCRIPTION N° 14.

1 [illegible]
2 [illegible]
3 [illegible]
4 [illegible]
5 [illegible]
6 [illegible]
7 [illegible]
8 [illegible]
9 [illegible]
10 [illegible]
11 [illegible]
12 [illegible]
13 [illegible]
14 [illegible]
15 [illegible]

Noms des évêques de ce couvent à partir de l'année 1160 des Grecs : Nana de Harrân, Ézéchiel de Hah, Samuel de Banâman, Ézéchiel, Jean, Iwannis, Ignace, Sévère, Habib de Banâman, Ichou de Kartmin, Joseph de Bassibrina, Jean de Bassibrina, Zachée (son avènement eut lieu dans un conflit), Lazare de Bassibrina, Chamli, le pécheur, de Banâman. Son avènement eut lieu en l'an 1400 et c'est lui qui a écrit cette inscription commémorative. A son époque qui fut douloureuse et pleine d'angoisses, ce couvent subit un cruel pillage de la part des Persans et tout le Tour-Abdin fut désolé et désert pendant cinq ans. Les pillards campèrent dans le grand temple pendant quatorze jours.

Le nom propre [illegible] paraît avoir été porté par peu de personnes et ne se trouve pas dans le grand dictionnaire de Payne-Smith. Dans une vie de Bar-Ita ([illegible]), qui a été, je crois, publiée en Angleterre mais que je ne connais que par un manuscrit m'appartenant, il est question d'un personnage nommé [illegible], disciple du moine jacobite Zachée, qui, sous le règne de Chosroès, convertit au jacobitisme beaucoup de Nestoriens de la région de Mossoul. Ainsi que je le dirai plus loin, l'évêque [illegible] est appelé [illegible] dans les listes d'évêques qui terminent la chronique de Michel, et on pourrait, par suite, considérer [illegible] et [illegible] comme des formes syriaques du nom propre *Nonnus*, mais ce nom propre paraît être devenu en syriaque [illegible].

Le mot [illegible], écrit en abrégé aux lignes 4, 6 et 9, est l'adjectif formé du nom de village [illegible] [illegible]. On sait que la désinence [illegible] sert à former des adjectifs indiquant l'origine, mais aucune grammaire, du moins à ma connaissance, ne mentionne cette règle que, dans les adjectifs dérivés d'un nom propre composé de [illegible] et d'un second mot, [illegible] est toujours supprimé; par exemple, les adjectifs formés de [illegible], [illegible], [illegible], [illegible], [illegible], [illegible], [illegible]

[illegible] étaient : [illegible], [illegible], [1][illegible], [illegible], [illegible], [2][illegible], [3][illegible]. L'adjectif dérivé de ܒܝܬ ܢܗܪܝܢ « Mésopotamie » était même ܢܗܪܝܢܝܐ « mésopotamien », bien que ce mot ne fût probablement pas composé de ܒܝܬ, état construit de ܒܝܬܐ, mais de ܒܝܬ « entre »[4]. On trouve, à la vérité, des mots composés de ܒܝܬ et d'un adjectif en ܝܐ, mais ces mots sont toujours des substantifs et ne s'emploient jamais comme adjectifs; on trouve, par exemple, ܒܝܬ ܥܪܒܝܐ, ܒܝܬ ܐܪܡܝܐ, noms propres de pays qui signifient littéralement « la demeure des Arabéens », « la demeure des Araméens »; mais, pour désigner un habitant du ܒܝܬ ܐܪܡܝܐ et un habitant du ܒܝܬ ܥܪܒܝܐ, on disait toujours ܐܪܡܝܐ, ܥܪܒܝܐ.

Le village appelé jadis ܒܝܬ [illegible] se nomme aujourd'hui Banâman (بنعمان) et est situé dans les environs de Hbab et de Bassibrina; je n'y suis pas allé. Enfin [illegible] est l'adjectif formé de ܒܝܬ [illegible], nom d'un village appelé aujourd'hui Bassorina par les Syriens et Bassibrina par les Curdes.

Le patriarche Michel a terminé sa chronique par une liste des patriarches jacobites et des évêques ordonnés par chacun d'eux, à partir du patriarche Cyriaque, et, en comparant les noms des évêques du Tour-Abdin que donne Michel avec les noms que nous trouvons dans notre inscription, on s'aperçoit que cette inscription contient plusieurs erreurs. Mgr Rahmani a bien voulu me permettre de photographier les pages de son manuscrit qui contiennent les listes d'évêques de Michel et je donnerai ici, d'après mes photographies, les noms des évêques du Tour-Abdin[5], de la fin du IXe siècle à la fin du XIe; pour rendre la comparaison plus facile, j'y joindrai les noms des évêques du couvent de Saint-Gabriel, d'après notre inscription.

ÉVÊQUES DU COUVENT DE SAINT-GABRIEL, D'APRÈS L'INSCRIPTION N° 14.	ÉVÊQUES DU TOUR-ABDIN, D'APRÈS LE PATRIARCHE MICHEL.
1. Nana de Harrân.	1. [illegible] *Nanous* (originaire du couvent de Kartmin, 89e évêque sacré sous le patriarche Denys de Tell-Mahré)[6].
2. Ézéchiel de Hah.	

(1) Le village appelé [illegible] ܒܝܬ se trouvait dans la région d'Édesse (voir la chronique anonyme publiée par l'abbé Chabot sous le titre de *Chronique de Denys de Tell-Mahré*, p. 73 du texte syriaque, l. 20, 21).

(2) Voir Thomas de Marga (édition Budge), p. 169 du texte syriaque, l. 20 et 21.

(3) Voir Thomas de Marga (édition Budge), p. 198, l. 3, et p. 199, l. 19.

(4) M. Rubens Duval, dans sa grammaire, cite comme dérivés de ܒܝܬ ܢܗܪܝܢ les adjectifs [illegible] et [illegible] ܒܝܬ (état simple). Ce dernier mot m'a tout l'air d'un magnifique barbarisme et, si M. Rubens Duval l'a trouvé quelque part, je n'hésite pas à dire que c'est dans un texte écrit en syriaque corrompu (*Traité de grammaire syriaque* par Rubens Duval, p. 241).

On supprimait toujours ܒܝܬ dans les adjectifs en ܝܐ indiquant l'origine ou le pays. Quand l'adjectif ainsi formé eût été peu compréhensible, je crois qu'on pouvait former un adjectif en ܝܐ de la forme vulgaire du nom propre qui commençait par *ba* ou *b*, abréviation de ܒܝܬ (voir, au sujet de ces formes vulgaires, l'inscription n° 20). Par exemple, Thomas de Marga parle d'un ermite qui habitait, sur une colonne, au village de Beth-Kardagh (ܒܝܬ ܟܪܕܓ); comme ܟܪܕܓ était un nom d'homme connu de tout le monde, un Syrien aurait pu croire que [illegible] signifiait « appartenant à un homme appelé Kardagh »; aussi Thomas de Marga a-t-il formé un adjectif en ܝܐ de *Bkardagh* ou *Bêkardagh*, forme vulgaire de ܒܝܬ ܟܪܕܓ, et il donne à cet ermite l'épithète de [illegible] « l'habitant de Beth-Kardagh » (voir Thomas de Marga, édition Budge, t. I, p. 164, l. 12, p. 183, l. 5).

(5) Tous les évêques dont l'inscription n° 14 contient les noms sont qualifiés d'évêques du Tour-Abdin par Michel, ce qui prouve que les évêques du Tour-Abdin résidaient au couvent de Saint-Gabriel de Kartmin. Ainsi que je le dirai plus loin, à partir de Chamli, le couvent de Saint-Gabriel ne fit plus partie du diocèse du Tour-Abdin.

(6) Denys de Tell-Mahré mourut le 22 août 845 de notre ère.

3. Samuel de Banâman.	2. ܚܙܩܝܐܝܠ *Ézéchiel* (originaire du couvent de Kartmin, 14e évêque sacré sous le patriarche Théodose)[1].
4. Ézéchiel.	3. ܝܘܚܢܢ *Jean* (originaire du couvent de Kartmin, 19e évêque sacré sous Denys II)[2].
5. Jean.	4. ܫܡܘܐܝܠ *Samuel* (originaire du couvent de Kartmin, 20e évêque sacré sous Jean IV)[3].
6. Iwannis.	5. ܐܝܘܐܢܢܝܣ *Iwannis* (originaire du couvent de Kartmin, 11e évêque sacré sous Basile Ier)[4].
7. Ignace.	6. ܚܒܝܒ *Habib* (originaire du couvent de Kartmin, 10e évêque sacré sous Jean V)[5].
8. Sévère.	7. ܐܝܓܢܐܛܝܘܣ *Ignace* (42e évêque sacré sous Jean V).
9. Habib de Banâman.	8. ܣܘܝܪܐ *Sévère* (originaire du couvent de Tell-Eda, 4e évêque sacré sous Abraham)[6].
10. Ichou de Kartmin.	9. ܐܝܘܐܢܢܝܣ *Iwannis* (8e évêque sacré sous Jean VI)[7].
11. Joseph de Bassibrina.	10. ܝܘܣܦ *Joseph* (originaire du couvent de Kartmin, 22e évêque sacré sous Athanase V)[8].
12. Jean de Bassibrina.	11. ܝܘܚܢܢ *Jean* (originaire du couvent de Kartmin, 26e évêque sacré sous Athanase V).
13. Zachée.	12. ܙܟܝ ܗܘ ܐܝܘܐܢܢܝܣ *Iwannis dont le nom est Zachée* (originaire du couvent appelé : [illegible], 19e évêque sacré sous Denys IV)[9].
14. Lazare de Bassibrina.	13. ܒܣܝܠܝܘܣ *Basile* (originaire du couvent de Kartmin, 11e évêque sacré par Jean VIII)[10].
15. Chamli de Banâman.	14. ܫܡܠܝ ܗܘ ܒܣܝܠܝܘܣ *Basile dont le nom était Chamli* (7e évêque sacré par Denys VI)[11].

En comparant ces deux listes, on voit d'abord que l'auteur de notre inscription a interverti l'ordre de deux évêques : Samuel de Banâman, le troisième évêque de l'inscription, fut en réalité le successeur de Jean, le troisième évêque de la liste de Michel, le cinquième de l'inscription; et Habib de

(1) Théodose fut sacré patriarche le 5 février 887 et mourut en juin 896, au couvent de Saint-Gabriel.

(2) Denys II fut sacré patriarche en 897 et mourut en 909, au mois d'avril.

(3) Jean IV fut sacré patriarche en 910 et mourut au mois de novembre 922.

(4) Basile Ier fut sacré patriarche en 923 et mourut au mois de mars 935.

(5) Jean V fut sacré patriarche en 936 et mourut en 953 ou en 954.

(6) Abraham fut sacré patriarche le 25 mai 962 et mourut au mois de mars 963.

(7) Jean VI fut sacré patriarche le 9 juillet 965 et mourut en 985.

(8) Athanase V fut sacré patriarche en 986 et mourut en 1002.

(9) Denys IV fut sacré patriarche au mois d'octobre 1031 et mourut en mars 1042.

(10) Jean VIII fut sacré patriarche en 1042 et mourut en 1057.

(11) Denys VI ne fut patriarche que pendant un an et quelques mois; il mourut en l'an des Grecs 1401, c'est-à-dire entre le 1er octobre 1089 et le 30 septembre 1090.

Banâman, le neuvième évêque de l'inscription, fut le prédécesseur d'Ignace, le septième évêque de l'inscription et de la liste de Michel.

On voit, en outre, que deux évêques appelés dans l'inscription Ichou de Kartmin et Lazare de Bassibrina sont appelés par Michel, *le premier Iwannis*, et *le second Basile*; cela tient à ce que le rédacteur de l'inscription leur donne leur véritable nom, tandis que Michel leur donne celui qu'ils avaient reçu lors de leur ordination comme évêques.

On voit enfin que l'inscription cite treize évêques entre Nana et Chamli, tandis que les listes de Michel n'en mentionnent que douze. On pourrait donc supposer que l'un des deux évêques appelés Ézéchiel dans l'inscription n'a pas existé, mais il est peu probable que Nana, qui fut ordonné par le patriarche Denys de Tell-Mahré, par conséquent antérieurement à l'année 845, ait été encore vivant en 887, année dans laquelle Théodose devint patriarche. Il y eut donc entre Nana de Harrân, ordonné par Denys de Tell-Mahré, et Ézéchiel, ordonné par Théodose, un autre évêque; c'est lui qui est appelé dans l'inscription Ézéchiel de Hah, et il est complètement omis dans les listes de Michel[1].

Voici donc la liste des évêques jacobites du Tour-Abdin qui résidèrent au couvent de Saint-Gabriel de Kartmin de la fin du IXe siècle à la fin du XIe[2] :

1° Nana de Harrân, originaire du couvent de Kartmin, sacré antérieurement à l'année 845.
2° Ézéchiel de Hah, omis dans les listes de Michel.
3° Ézéchiel, originaire du couvent de Kartmin, sacré entre 887 et 896.
4° Jean, originaire du couvent de Kartmin, sacré entre 897 et 909.
5° Samuel de Banâman, originaire du couvent de Kartmin, sacré entre 910 et 921.
6° Iwannis, du couvent de Kartmin, sacré entre 923 et 935; il est mentionné dans l'inscription de l'église de Kafar-Zé (n° 51) qui a été écrite entre le 1er octobre 934 et le 30 septembre 935.
7° Habib de Banâman, originaire du couvent de Kartmin, sacré entre 936 et 953 ou 954.
8° Ignace, sacré entre 936 et 953 ou 954.
9° Sévère, originaire du couvent de Tell-Edá, sacré entre le 25 mai 962 et la fin de mars 963.
10° Ichou de Kartmin, qui reçut le nom d'Iwannis et fut sacré entre 965 et 985.
11° Joseph de Bassibrina, originaire du couvent de Kartmin, sacré entre 986 et 1002.

[1] Lorsqu'un évêque consacrait un prêtre, il inscrivait, si c'était possible, une courte note relative à cette consécration à la fin du rituel dans lequel il avait lu les prières de la consécration, et j'ai vu, en Orient, des rituels jacobites à la fin desquels étaient inscrits les noms d'un grand nombre de prêtres, avec la date de leur consécration et le nom de l'évêque consécrateur.

Il est très probable que Michel avait à sa disposition les rituels contenant les prières pour la consécration des évêques dont ses prédécesseurs avaient coutume de se servir, et qu'il a dressé les listes d'évêques par lesquelles il a terminé sa chronique au moyen des notices inscrites à la fin de tous ces rituels. Malheureusement Michel, qui était un historien aussi bavard que peu intelligent (il suffit de lire sa chronique pour s'en apercevoir), n'a pas réfléchi que, dans un grand nombre de cas, ses prédécesseurs, surtout lorsqu'ils étaient en voyage, avaient pu se servir de rituels n'appartenant pas au patriarcat et inscrire à la fin de ces rituels les noms des évêques consacrés par eux; aussi, les listes qu'il a dressées sont incomplètes et il semble qu'il a omis les noms d'un grand nombre d'évêques. En voici une preuve : Michel dit que, dans le synode dans lequel il fut élu patriarche, vingt-huit évêques, dont il cite les noms, étaient présents; or, sur ces vingt-huit évêques, il y en a huit qui ne sont pas mentionnés dans les listes d'évêques qui terminent la chronique. Il est vrai que quatre d'entre eux, l'évêque du Beth-Araboyé, celui de l'Azerbaïdjan, celui de Nisibe et celui du Beth-Nouhadré, avaient dû être consacrés, non pas par un patriarche, mais par un primat de Takrit; mais les quatre autres (Basile, évêque d'Édesse; Jean, évêque du couvent de Saint Gabriel de Kartmin; Ignace, évêque de Birta; et Iwannis, évêque de Beth-Roumana) avaient dû être consacrés par un patriarche et pourtant Michel ne parle de la consécration d'aucun d'eux.

[2] Je dirai quelques mots des prédécesseurs de Nana de Harrân lorsque je parlerai des inscriptions d'Arnas.

12° Jean de Bassibrina, originaire du couvent de Kartmin, sacré entre 986 et 1002. Ce fut lui qui rétablit au couvent de Saint-Gabriel l'usage de l'alphabet estranghélo dont on ne se servait plus depuis un siècle et il fit copier un grand nombre de livres qu'il donna au couvent. D'après Bar-Hebraeus, Jean de Bassibrina serait devenu évêque en l'an 1299 des Grecs, c'est-à-dire entre le 1er octobre 987 et le 30 octobre 988, mais Bar-Hebraeus se trompe probablement : Athanase V consacra, en effet, trente-huit évêques; Jean de Bassibrina fut le vingt-sixième et il est peu probable qu'en deux ans Athanase V, qui devint patriarche en 986, ait sacré vingt-six évêques (voir l'*Histoire ecclésiastique* de Bar-Hebraeus, édition Abbeloos et Lamy, t. I, p. 417).

13° Zachée, originaire du couvent appelé [illegible] [illegible]. Il reçut le nom d'Iwannis et fut sacré entre 1031 et 1042; la phrase de notre inscription : [illegible] [illegible], semble vouloir dire qu'il y eut des troubles dans le diocèse et que beaucoup de personnes ne voulurent pas le reconnaître.

14° Lazare de Bassibrina, originaire du couvent de Kartmin; il reçut le nom de Basile et fut sacré entre 1042 et 1057.

15° Chamli[1] de Banâman, qui reçut le nom de Basile et fut sacré en l'an 1400 d'Alexandre, c'est-à-dire entre le 1er octobre 1088 et le 30 septembre 1089. Ce Chamli, l'auteur de notre inscription, ne fut pas évêque du Tour-Abdin, mais seulement évêque du couvent de Saint-Gabriel. En effet, dans les listes d'évêques qui terminent la chronique de Michel, les septième et huitième évêques sacrés par Denys VI sont ainsi désignés :

ܙ ܒܣܝܠܝܘܣ ܗܘ ܫܡܠܝ ܐܦܣܩܘܦܐ ܠܛܘܪܥܒܕܝܢ
ܚ ܓܪܝܓܘܪܝܘܣ ܗܘ ܠܥܙܪ ܠܗ ܠܗܕܐ ܐܦܪܟܝܐ ܕܐܬܦܠܓܬ

7. Basile, dont le nom était Chamli, évêque pour le Tour-Abdin.
8. Grégoire, dont le nom était Lazare, pour ce même diocèse qui fut divisé.

Enfin, on trouve dans les listes qui terminent la chronique de Michel, après Basile ou Chamli et Grégoire ou Lazare, deux évêques qui sont appelés « évêques du couvent de Kartmin »[2] et quatre évêques qui sont appelés « évêques du Tour-Abdin »[3]. Le diocèse du Tour-Abdin fut donc partagé après la mort de Lazare de Bassibrina : un certain Lazare, qui reçut le nom de Grégoire, fut ordonné évêque du Tour-Abdin, mais n'eut pas sous sa juridiction le couvent de Saint-Gabriel de Kartmin[4], et Chamli, qui reçut le nom de Basile, fut le premier évêque du couvent.

L'évêque Chamli, l'auteur de notre inscription, paraît avoir eu pour successeur Basile qui fut ordonné évêque du couvent par Athanase VII, c'est-à-dire entre 1090 et 1129. Le couvent a donc été pillé dans les dernières années du XIe siècle ou dans les premières années du XIIe, et je crois bien

(1) L'abbé Chabot a publié, d'après la copie qu'il possède du manuscrit d'Ourfa, la traduction en français des listes d'évêques qui terminent la chronique de Michel (*Les évêques jacobites du VIIIe au XIIIe siècle, d'après la chronique de Michel le Syrien*, par J.-B. Chabot). Il appelle *Shalmai* l'évêque du couvent de Saint-Gabriel sacré par Denys VI; le manuscrit de Mgr Rahmani, qui est bien meilleur que celui de l'abbé Chabot, le nomme ܫܡܠܝ, et l'inscription n° 14 prouve que tel était bien, en effet, son nom.

Enfin l'abbé Chabot appelle *Jean* les trois évêques dont le nom fut ܝܘܐܢܢܝܣ; il est vrai que ܝܘܚܢܢ et ܝܘܐܢܢܝܣ sont l'un la forme syriaque et l'autre la forme grecque d'un même nom propre, mais ܝܘܚܢܢ et ܝܘܐܢܢܝܣ étaient des noms différents et on n'appelait pas ܝܘܚܢܢ un homme dont le nom était ܝܘܐܢܢܝܣ, pas plus qu'aujourd'hui on n'appelle *Yvonne* une femme qui porte le prénom de *Jeanne*, ou *Jeanne* une femme qui porte le prénom d'*Yvonne*.

(2) Basile, ordonné par Athanase VII, et Jean, qui assista au synode dans lequel Michel fut élu patriarche.

(3) Ignace, ordonné par Athanase VII, évêque de [illegible] et du Tour-Abdin (comme je le dirai, lorsque je parlerai des inscriptions de Hah, il faut probablement lire ܚܚ au lieu de [illegible]); Jean et Ignace, dont le vrai nom était Gabriel, tous les deux ordonnés par Athanase VIII; et enfin Iwannis, dont le vrai nom était Isaac, ordonné par le patriarche Michel.

(4) Ainsi que je le dirai plus loin, lorsque je parlerai des inscriptions de Hah, les évêques du Tour-Abdin résidèrent à Hah lorsque le couvent de Saint-Gabriel de Kartmin forma un évêché distinct de celui du Tour-Abdin. Enfin, il semble qu'à une époque postérieure le Tour-Abdin fut lui-même divisé en plusieurs diocèses.

que cet événement a eu lieu en l'an 1411 des Grecs, c'est-à-dire entre le 1er octobre 1099 et le 30 septembre 1100.

Pendant que je me trouvais à Mediad, en 1905, on me montra un manuscrit qui appartenait au couvent de Bassibrina, mais qui me parut être la copie d'un des registres que l'on conservait jadis dans les archives du couvent de Saint-Gabriel. Ce manuscrit, qui était incomplet et en très mauvais état, contenait des renseignements sur le couvent de Saint-Gabriel et surtout de nombreuses listes de prêtres et de moines qui y avaient vécu à différentes époques, d'hommes et de femmes qui lui avaient rendu des services ou fait des donations. En le parcourant, je trouvai le passage suivant qui, bien qu'écrit en fort mauvais syriaque, me parut intéressant et que je copiai immédiatement :

[illegible] .... (1) [illegible] ....(2) [illegible] .... (3) [illegible]

En l'an 1851 des Grecs, ce saint couvent de Kartmin fut pillé une première fois par les ennemis, par les Turcs de tout le pays du Tour-Abdin. Ils dévastèrent le couvent et les villages des environs et ces pillards restèrent dans le couvent l'espace de quatorze jours ...., dévastant et détruisant. Pour le piller, des hommes du peuple et des rebelles du côté de Mardin (?) se mêlèrent à eux, de sorte qu'ils anéantirent tout ce qui s'y trouvait et leur sultan séjourna dans l'intérieur du couvent ainsi que leurs chevaux. Ce couvent fut cruellement mis à sac ainsi que tous ses meubles (?) et tout ce qu'on y possédait (4), ustensiles d'airain et de fer, vases, portières, lampes, livres, ... Ce livre tomba aussi entre leurs mains; ils le lacérèrent, en déchirèrent beaucoup de feuillets dans beaucoup de passages et en emportèrent des feuillets jusqu'à Nisibe. Nous montrâmes un grand zèle, nous procédâmes à de nombreuses enquêtes et nous allâmes jusqu'à faire des recherches dans beaucoup de localités; nous trouvâmes ce qui était tombé du livre, après bien des recherches, nous le primes et nous vîmes que rien n'y manquait de tous les noms propres qu'il contenait, excepté un des feuillets contenant les noms des fidèles de ce couvent et d'autres choses.

Comme on le voit, le pillage du couvent dont il est question dans ce passage paraît bien être celui que mentionne l'inscription n° 14 (5), mais la date est certainement erronée. Je serais porté à

(1) Ici se trouve un mot que je n'ai pas pu lire.

(2) Ici se trouve un mot en partie effacé, peut-être [illegible] *Mardin*.

(3) Ici se trouve un mot que je n'ai pas pu lire.

(4) Je traduis ainsi les mots [illegible], littéralement : «tout ce qui était possédé en lui»; l'auteur, qui écrivait en très mauvais syriaque, a peut-être voulu parler des objets que des personnes étrangères au couvent y avaient déposés.

(5) On pourra m'objecter que, d'après l'inscription n° 14, le couvent fut pillé par des Persans, tandis que, d'après le manuscrit que j'ai vu à Mediad, il fut pillé par des Turcs; mais il est possible que les pillards aient été des Turcs originaires du nord de la Perse et que,

croire que le copiste a répété à tort deux fois la lettre [illegible], dans le chiffre qui indique la date, qu'il a écrit un [illegible] au lieu d'un [illegible], et qu'il faut lire [illegible] «en l'an 1411», au lieu de [illegible] «en l'an 1851». Il semble donc que le pillage du couvent a eu lieu entre le 1er octobre 1099 et le 30 septembre 1100, et l'inscription n° 14 doit avoir été gravée peu de temps après, au commencement du XIIe siècle.

pour ce motif, le rédacteur de l'inscription n° 14 les ait appelés des Persans. Je n'ai trouvé dans Ibn-al-Athir la mention d'aucune guerre qui aurait eu lieu dans le Tour-Abdin en l'an 1099 ou en l'an 1100, et je suppose que le couvent de Saint-Gabriel fut pillé par une bande de brigands musulmans composée principalement de soldats licenciés ou de déserteurs à la fois turcs et persans.

N° 15.

(Planches VI et XVI.)

INSCRIPTION D'ARAH.

Lorsqu'on va de Khalfati à Narseït[1], on arrive, en deux heures de marche environ, à un grand village appelé Arah. A peu de distance du village, près de quelques grottes funéraires creusées dans le roc, on voit des blocs de pierre qui ont été tirés du sol par les gens du village, et il y aurait sous terre, d'après ce qu'ils m'ont dit, les fondations d'un bâtiment; à quelques mètres de là, on trouve des fragments de mosaïques.

Sur une des pierres de taille retirées du sol qui paraît avoir appartenu à un entablement, car des moulures y sont sculptées, on voit une inscription à laquelle j'ai donné le numéro 15. Elle est gravée sur une des moulures et se lisait certainement horizontalement. Bien que la première lettre soit très près du bord de la pierre, je ne crois pas que des caractères manquent au commencement de l'inscription et rien ne manque à la fin, car il y a un long espace vide après le dernier mot.

Voici le texte de cette inscription :

ܥܒܕܗ .... ܕܡܛܪܝܘܣ ܡܫܡܫܢܐ ܕܘܟܪܢܐ

Œuvre[2] du diacre Démétrius. Souvenir!

Dans l'intérieur du ܗ final du mot ܥܒܕܗ, on voit une cassure et je crois que le sculpteur avait gravé deux ܗ l'un dans l'autre. La lettre suivante a disparu, par suite d'une cassure, et paraît avoir été un ܕ; je lirais donc le second mot de l'inscription ܕܕܡܛܪܝܘܣ.

Le dernier mot, ܕܘܟܪܢܐ, est évidemment employé comme interjection.

Il est probable que l'inscription était gravée sur un tombeau et elle faisait connaître le nom de celui qui l'avait construit; une autre inscription qui doit être sous terre, si elle n'a pas été brisée, faisait connaître le nom du mort.

Il est impossible d'indiquer avec certitude l'époque à laquelle l'inscription n° 15 a été gravée. Beaucoup de caractères ne sont pas liés; le ܕ et le ܪ n'ont pas de point et le ܗ final du mot ܥܒܕܗ est arrondi, comme dans beaucoup d'inscriptions archaïques; le ܘ de ܕܘܟܪܢܐ a aussi une forme très ancienne; par contre, le ܫ a la même forme que dans beaucoup d'inscriptions du moyen âge. On ne trouve, à ma connaissance, de mosaïques en Orient que dans les ruines de l'époque romaine, et je crois que, sous la domination arabe, on n'en faisait plus; or, à quelques mètres de l'endroit où l'inscription était enfouie, on trouve des fragments de mosaïques. Enfin, le titre de «diacre» donné à Démétrius prouve qu'il était chrétien. Pour toutes ces raisons, je crois que l'inscription n° 15 date du règne de Constantin ou d'un de ses premiers successeurs; je n'oserais pas l'affirmer, mais il me paraît très probable qu'elle n'est pas postérieure au IVe siècle.

[1] Khalfati se trouve sur la rive gauche de l'Euphrate, presque en face de Roum-kaleh; quant au village de Narseït, il est situé sur la rive gauche de l'Euphrate, à une quarantaine de kilomètres de Samosate qui se trouve sur la rive droite.

[2] Littéralement : «ce qu'a fait le diacre Démétrius».

Nos 16 ET 17.

(Planche XVII.)

INSCRIPTIONS SYRIAQUES DE DEÏR TELL-ADÊ.

(Xe siècle.)

Le village de Tell-Adê (en syriaque : ܬܠܥܕܐ, ܬܠܥܕܐ ܡܥܕܝ̈ܐ) est situé à peu près au sud de la montagne appelée Cheikh-Barakat, à une heure de marche au nord-est de Dana et à sept ou huit heures d'Alep.

A quinze ou vingt minutes de marche au nord-est du village de Tell-Adê, en obliquant un peu à l'est, sur la pente d'une montagne, on voit des ruines que les Arabes appellent encore aujourd'hui *Deïr Tell-Adê* et qui sont probablement celles du couvent que les Syriens appelaient au moyen âge ܕܝܪܐ ܕܬܠܥܕܐ *le couvent de Tell-Eda*, ou ܕܝܪܐ ܪܒܐ ܕܬܠܥܕܐ *le grand couvent de Tell-Eda*. Ce couvent extrêmement ancien (Jean d'Asie le mentionne)[1] appartenait aux Jacobites; Jacques d'Édesse y résida pendant quelques années et y mourut, en 708[2], et, au milieu du xe siècle, un patriarche nommé Jean y fut enterré[3], mais je ne saurais dire à quelle époque il tomba en ruines et fut abandonné.

Les ruines du couvent de Tell-Eda ne sont pas très considérables : on y voit quelques pans de murs, qui ont appartenu à un grand bâtiment carré, et un grand nombre de pierres qui gisent sur le sol, ainsi que des vestiges de murs que l'on aperçoit çà et là, prouvent que le couvent comprenait beaucoup d'autres bâtiments construits à proximité du grand bâtiment carré. On voit également, au milieu des ruines, plusieurs citernes dont une de très grande dimension et une chambre souterraine contenant quelques sarcophages de pierre qui était certainement un ܒܝܬ ܩܒܘܪܐ.

Je n'ai trouvé, dans les ruines du couvent de Tell-Eda, que les deux inscriptions syriaques auxquelles j'ai donné les nos 16 et 17. La première était gravée sur une énorme pierre qui formait le linteau d'une des portes extérieures du couvent; le bas de la porte existait encore, mais la partie supérieure était tombée, le linteau avait été brisé en plusieurs morceaux et je n'ai pu trouver que trois fragments de l'inscription. La seconde est gravée sur un bloc de pierre qui gît sur le sol, tout près d'un des angles du grand bâtiment carré.

Inscription no 16.

Le troisième fragment fait suite au second, mais, entre le premier fragment et le second, il manque certainement quelque chose. Je lis cette inscription ainsi, en écrivant entre crochets les caractères dont la restitution me paraît probable :

........ܐܬܒܢܝܘ [ܒܫܢܬܐ ܠܝܘܢܝ̈ܐ ܗܢܐ ܐܬܪܐ ܩܕܝܫܐ ܒܢܐ ܐܠܗܐ ܕܝܘܢܘܣܝܘܣ ܥܠ ܦܛܪܝܪܟܐ........

.....[ܘܬܫܥ]ܣܪܐ [ܫܢܝ̈ܢ] ܐܠܦ ܘܡܐܬܝܢ

..................a construit ce saint endroit en l'année 1219 des Grecs...... ....Denys le patriarche.

[1] Voir Land, *Anecdota syriaca*, t. II, p. 228.

[2] Voir la *Chronique ecclésiastique de Bar-Hebraeus* (édition Lamy et Abbeloos), t. I, p. 291, 293.

[3] Voir la *Chronique ecclésiastique de Bar-Hebraeus* (édition Lamy et Abbeloos), t. I, p. 399.

Il semble qu'à la fin de la première ligne le sculpteur avait écrit par erreur ܒܫܢܬ ܐܠܦ ܘܡܬܝܢ ܕܝܘܢܝܐ et qu'il a ensuite ajouté ܘܝܛ au-dessous du mot ܕܝܘܢܝܐ. On pourrait, du reste, lire ܘܢܛ «et 59» au lieu de ܘܝܛ «et 19», mais le nom du patriarche mentionné à la seconde ligne paraît avoir été ܕܝܘܢܘܣܝܘܣ; or, en l'année 1259 des Grecs, le patriarche jacobite se nommait *Jean*, tandis qu'en l'année 1219 des Grecs il se nommait *Denys*[1].

INSCRIPTION n° 17.

1 ܡܪܝ
2 ܦܛܪܝܪܟܐ
3 ܝܘܚܢܢ ܣܡ
4 ܗܢܐ ܡܓܕܠܐ
5 ܗܕܐ ܒܫܢܬ
6 ܐܠܦ ܘܪ
7 ܢܓ ܕܝܘ
8 ܢܝܐ

Monseigneur le patriarche Jean a établi cette tour en l'année 1253 des Grecs.

Le patriarche jacobite Jean V, dont il est question dans cette inscription, succéda au patriarche Basile au mois d'août de l'année 936[2] de notre ère. On pourrait, à la 7ᵉ ligne, lire ܥܓ «73» au lieu de ܢܓ «53», mais le patriarche qui vivait en l'an 1273 des Grecs ne se nommait pas *Jean*.

[1] Denys II succéda au patriarche Théodose au mois d'avril 898 et mourut le 18 avril 909 (voir l'*Histoire ecclésiastique de Bar-Hebraeus*, édition Lamy et Abbeloos, t. I, p. 391, 393, 395).

[2] *Histoire ecclésiastique de Bar-Hebraeus* (édition Lamy et Abbeloos), t. I, p. 397.

N° 18.

(Planche XVII.)

INSCRIPTION SYRIAQUE DE BORDJ-ES-SEBA.

(IXe SIÈCLE.)

A un quart d'heure de marche environ au nord du village de Tell-Adè, on trouve, au sommet d'un plateau, des ruines que les gens du pays appellent Bordj-es-Seba. Il semble qu'un grand couvent a existé en cet endroit et une inscription gravée sur un énorme bloc de pierre que l'on voit gisant sur le sol en fait connaître le nom. Voici le texte de cette inscription à laquelle j'ai donné le n° 18.

1]ܒܕܗ ܘܩܝܡܗ ܗܢܐ ܥܘܡܪܐ ܕܝܘܢܝܐ
2]ܛܝܡܬܐܘܣ [?] ܒܪ ܐܝܣܚܩ ܕܡܢ ܬܠܥܕܐ
3]ܫܢܬ ܐܠܦ ܘܩܥ ܟܠ ܕܩܪܐ ܢܨܠܐ

Timothée (?) le pécheur, fils d'Isaac, de Tell-Eda, a fait et établi ce couvent des Grecs en l'an 1170. Que quiconque lira ceci prie!

Je ne sais quel est le nom propre d'homme qui se trouvait au commencement de la seconde ligne. Le ܥ initial du verbe ܥܒܕ manquant, au commencement de la première ligne, il est possible que quelques caractères manquent au commencement de la seconde, et la première lettre visible de la seconde ligne, qui paraît être un ܒ, peut être aussi la seconde moitié d'un ܛ dont la première moitié aurait disparu. Je suppose donc que ce nom propre était ܛܝܡܬܐܘܣ, *Timothée*, mais je n'oserais pas l'affirmer.

Il est possible qu'un ܒ initial manque au commencement de la troisième ligne.

Bien que le texte ne le dise pas, il est probable que l'inscription est datée, comme celles du couvent de Tell-Eda, d'après l'ère des Grecs; elle a donc dû être gravée entre le 1er octobre 858 et le 30 septembre 859.

Enfin, le couvent des Grecs de Tell-Eda n'est cité, à ma connaissance, dans aucun texte. Il est probable qu'on l'appelait ainsi parce qu'à l'origine il avait été habité par des moines qui parlaient le grec, mais c'était sans doute un couvent jacobite, car il semble que le village de Tell-Eda était habité, au moyen âge, par des Jacobites.

N° 19.

(Planche XVII.)

INSCRIPTION SYRIAQUE DE STABLAT.

(FIN DU VIe SIÈCLE.)

L'inscription à laquelle j'ai donné le n° 19 se trouve dans le Djebel-el-Hass, au sud-est d'Alep, dans un endroit appelé Stablat[1]. Elle est sculptée en relief sur une pierre de taille de grande dimension placée au niveau du sol, dans la première assise d'une muraille dont la base seule subsiste. La pierre est posée de telle manière que les lignes se lisent verticalement, mais je ne saurais dire si elle se trouve à sa place primitive, et il est possible que la muraille ait été construite avec les débris d'un édifice plus ancien. Entre la troisième et la quatrième ligne, on voit sculptée dans un cercle une croix dont une des branches a disparu. Voici le texte de cette inscription :

1 ܒܫܢܬ ܬܫܥܐܐ
2 ܘܚܡܫ ܐܬܒܢܬ
3 ܥܬܐ ܗܕܐ
4 ܒܙܒܢܗ
5 ܕܩܫܝܫܐ ܐܚܘܣ
ܣܐ]

En l'an 905 cette église a été construite au temps du prêtre Ahouso(?).

Le dernier mot de la première ligne paraît être ܬܫܥܐܐ, mais il est évident qu'il faut lire ܬܫܥܡܐ (ܬܫܥܡܐܐ « 900 »). Les deux jambages obliques qui précèdent le ܐ final ressemblent si peu à un ܡ, qu'on est en droit de supposer que l'ouvrier qui a sculpté l'inscription ne savait pas lire et a mal copié un texte manuscrit qu'on lui avait remis comme modèle.

A la seconde ligne ܐܬܒܢܬ est, ou une faute, ou une forme dialectale pour ܐܬܒܢܝܬ « elle a été construite », et, à la troisième ligne, ܥܬܐ est une faute pour ܥܕܬܐ; il y a, du reste, un espace vide entre le ܥ et le ܬ, et il est possible que l'ouvrier ait sculpté un ܕ qui a été brisé (ainsi que je l'ai déjà dit, les caractères sont en relief).

Enfin le nom propre ܐܚܘܣ me paraît bien étrange et, comme on voit une cassure après le ܣ, je crois que le texte portait ܐܚܘܣܐ, mot qui signifie « petit frère » et qui a pu être employé comme nom propre.

L'an 905 des Grecs a commencé le 1er octobre 593 de notre ère.

[1] J'ai vu cette inscription le 21 avril 1901, pendant une excursion que j'ai faite dans le Djébel-el-Hass. Parti d'Alep le 20 avril, je suis allé camper tout près d'un village appelé Bordj-az-Zawi. Le lendemain, je suis allé, en une heure et demie environ, au village de Kafar-Hout, et, en une heure un quart, de Kafar-Hout à Stablat; il semble qu'il y a eu jadis un village à Stablat, mais cet endroit est désert aujourd'hui.

N° 20.

(Planche XVIII.)

INSCRIPTION SYRIAQUE DE KAFAR-NABOU.

(VIe SIÈCLE.)

Kafar-Nabou se trouve à sept heures de marche environ au nord-ouest d'Alep[1]; on y voit des ruines nombreuses qui paraissent être toutes de l'époque romaine[2] et il semble qu'il y a eu en cet endroit une petite ville qui n'existait déjà plus à l'époque de la domination arabe[3].

Au-dessus de la porte d'un petit bâtiment dont la toiture n'existe plus, on voit, sur un bloc de pierre qui en forme le linteau, une inscription syriaque de deux lignes écrites horizontalement et, au-dessous, trois rosaces, une grande, au milieu, et deux petites, l'une à droite, l'autre à gauche. Enfin, dans le bas du bloc de pierre, est gravée une lettre isolée, un ܗ, qui paraît être une marque de pose ou le commencement d'un mot qui n'a pas été écrit en entier.

Voici le texte de cette inscription :

1 ܒܫܢܬ ܚܡܫܡܐܐ(1) ܘܫܒܥܝܢ(2) ܐܘ ܗܘ ܐܢܐ ܩܫܝܫܐ
2 ܒܐ ܒܪܝܢܬ ܥܒܕܬ ܣܗܕܐ

En l'an 571 et 572 (?) moi, le prêtre........, j'ai fait ce martyrium.

Je crois qu'à la première ligne les lettres ܗܘ ܐܘ doivent être lues ܘܚܕ ܘܬܪܬܝܢ; la phrase est peu correcte, car, si les travaux du martyrium ont duré deux ans, le texte devrait porter «pendant les années cinq cent soixante et onze et cinq cent soixante-douze» et non pas «pendant l'année cinq cent soixante et onze et douze», mais cette inscription n'est pas écrite en syriaque correct et je crois qu'elle est écrite dans le dialecte qu'on parlait, au VIe siècle, dans la région de Kafar-Nabou.

La deuxième ligne commence certainement par un nom propre : la première lettre, qui se trouve tout près du bord de la pierre, est un ܒ et la seconde lettre paraît bien être un ܐ mal fait. Le

[1] Pour aller d'Alep à Kafar-Nabou, on passe par les villages de Belleïramoun et de Zouq-el-Kébir, puis par les ruines de Bordj-Haïdar qui sont à une demi-heure seulement de celles de Kafar-Nabou.

[2] J'ai vu à Kafar-Nabou quelques inscriptions grecques et les ai signalées à M. Chapot, élève de l'École française d'Athènes, qui les a publiées (*Bulletin de correspondance hellénique*, 26e année, p. 180).

[3] Yakout mentionne Kafar-Nabou (كفر نبو) dans son dictionnaire géographique, et dit que *Nabou* était le nom d'une idole qui se trouvait dans cette localité; il ajoute : وهو موضع قرب حلب فيه آثار وفيه قبة عظيمة باقية يقولون انّها قبة الصنم «c'est une localité près d'Alep dans laquelle il y a des ruines et une grande coupole qui existe encore; on dit que c'était la coupole de l'idole» (*Jacut's geographisches Wörterbuch*, herausgegeben von Ferdinand Wüstenfeld, t. IV, p. 291). Il semble donc qu'il n'y avait plus que des ruines à Kafar-Nabou à l'époque où écrivait Yakout, c'est-à-dire au XIIIe siècle, et la grande coupole dont il parle n'existe plus aujourd'hui.

(1) Le sculpteur ayant oublié le ܡܐ de ܚܡܫܡܐܐ, l'a gravé au-dessus du ܫ.

(2) Le ܝ du mot ܘܫܒܥܝܢ est omis, mais je crois que le sculpteur a considéré comme un ܝ la boucle qu'il a tracée avant le ܢ final.

nom propre ܒܘ m'est inconnu et je suppose que le sculpteur a oublié un ܐ au commencement de la ligne[1]; le nom du prêtre qui a construit le martyrium aurait donc été ܐܒܘ « Abo ».

A la seconde ligne, ܥܒܕܬ « j'ai fait » n'est pas, comme on pourrait le croire, une faute d'orthographe, car la forme ܥܒܕܬ est, je crois, aussi ancienne que la forme ܥܒܕܶܬ. La désinence de la première personne du singulier du prétérit était ܶܬ chez les Jacobites, les Maronites et les Nestoriens, et ܬ chez les Melkites[2]; les Jacobites et les Maronites écrivaient, par exemple, ܟܬܒܶܬ « j'ai écrit », ܩܛܠܶܬ « j'ai tué », ܩܡܶܬ « je me suis tenu debout », les Nestoriens, ܟܬܒܸܬ, ܩܛܠܸܬ, ܩܡܸܬ, tandis que les Melkites écrivaient ܟܬܒܬ, ܩܛܠܬ, ܩܡܬ[3]. Je ne saurais dire comment les Melkites prononçaient cette désinence, mais je serais très porté à croire qu'ils la prononçaient, du moins à l'origine, *ith* et disaient *qâtlith* « j'ai tué », *qomith* « je me suis tenu debout ». Notre inscription prouve qu'au commencement du VIe siècle, quelques années avant le schisme jacobite, la désinence de la première personne du singulier du prétérit était ܬ dans la région de Kafar-Nabou. Je ne connais malheureusement aucune autre inscription du VIe siècle ou antérieure au VIe siècle découverte dans la région d'Antioche dans laquelle on trouve un verbe à la première personne du singulier du prétérit, mais je serais très porté à croire que, dans la région d'Antioche, dans celle d'Alep et peut-être dans une grande partie de la Syrie du Nord jusqu'à l'Euphrate, cette forme avait primitivement la désinence *ith*. Persécutés par les empereurs grecs, les Jacobites furent à l'origine peu nombreux dans toute cette région qui fut, jusqu'à l'invasion arabe, peuplée principalement de Melkites, et l'or-

[1] Il est possible que le ܐ initial de ܐܒܘ ait été gravé, dans le chantier où les pierres ont été taillées, sur un autre bloc de pierre qui devait être placé avant celui qui porte l'inscription et que, lors de la construction du martyrium, les maçons aient remplacé ce dernier bloc par un autre. Il est possible aussi que, dans le patois de Kafar-Nabou, ܐܒܘ se soit prononcé ܒܘ.

[2] Aucun grammairien moderne, du moins à ma connaissance, à l'exception de Mgr Rahmani, n'a noté que la première personne singulier du prétérit avait deux formes dont l'une était employée par les Melkites et l'autre par les Jacobites, les Maronites et les Nestoriens (voir *Grammatica aramaica seu syriaca quam auctor C. J. David archiepiscopus syrus Damasii ex prima sua editione arabica collaborante in parte Aloysio Rahmani archiepiscopo syro Alepensi latinam fecit*, Mossoul, 1896, p. 609, note 3). Dans un article relatif à des fragments liturgiques provenant de la région de Damas, M. Sachau a mentionné le fait que les premières personnes du singulier du prétérit avaient, dans ces fragments, la désinence ܬ, mais il ne paraît pas s'être douté que cette désinence se trouvait dans tous les textes melkites (voir *Sitzungsberichte der Königlich Preussischen Akademie der Wissenschaften zu Berlin*, 1899, p. 513).

[3] Les Melkites qui, depuis quelques siècles, n'emploient plus leur ancienne liturgie syriaque et l'ont traduite en arabe, ont aujourd'hui la prétention de ne pas être Syriens et de descendre des soldats d'Alexandre le Grand établis en Orient. Ils ne veulent même pas être appelés *Melkites* et s'intitulent aujourd'hui *Grecs Melkites catholiques* ou même *Grecs catholiques*, lorsqu'ils sont unis à l'église romaine, et *Grecs Melkites orthodoxes* ou *Grecs orthodoxes*, lorsqu'ils sont en communion avec le patriarcat œcuménique de Constantinople. Ces « pseudo-bâtards » d'Alexandre le Grand sont tellement honteux de leur origine syrienne que généralement ils cachent leurs anciens manuscrits syriaques, quand ils en ont encore, et vont même parfois jusqu'à les détruire. Pendant que j'étais consul de France à Alep, j'ai appris que les moines d'un couvent melkite orthodoxe des environs de Damas venaient de découvrir, dans un souterrain, toute une bibliothèque syriaque qu'ils avaient immédiatement brûlée de peur qu'on ne sût que leurs prédécesseurs n'étaient pas Grecs et parlaient la langue syriaque. Il est, par suite, très difficile de trouver aujourd'hui en Orient des manuscrits syriaques melkites; j'en ai pourtant parcouru deux qui appartiennent à l'église syrienne catholique d'Alep, et j'ai constaté que les verbes à la première personne du singulier du prétérit avaient la désinence ܬ. Revenu en France, j'ai parcouru un certain nombre de manuscrits liturgiques melkites de la Bibliothèque nationale et j'ai reconnu que, dans tous ces manuscrits, les verbes à la première personne du singulier du prétérit avaient cette désinence. Mgr Rahmani a donc eu raison, je crois, de dire, dans l'édition latine de la grammaire syriaque de Mgr David, que la désinence de la première personne du singulier du prétérit était toujours ܬ chez les Melkites.

thographe usitée dans la Syrie du Nord devint, au moyen âge, l'orthographe des Melkites. Dans l'Osrhoène, au contraire, et dans les pays situés au delà de l'Euphrate, il semble que, dès les plus anciennes époques, la désinence de la première personne du singulier du prétérit était *éth*, et nous verrons la forme ܒܢܝܬ dans l'inscription du tombeau de Séleucus et dans celle du tombeau d'Ayou; il n'est donc pas étonnant que l'orthographe usitée dans ces régions soit devenue celle des Jacobites et des Nestoriens. Je ne saurais dire quelle était, à une époque très ancienne, la prononciation de la désinence de la première personne du singulier du prétérit dans le Liban et dans la Syrie du Sud, mais je serais porté à croire qu'on prononçait *éth*, puisque les Maronites orthographiaient cette forme, au moyen âge, comme les Jacobites.

L'avant-dernier mot de notre inscription, ܒܣܗܕܣ, est évidemment une faute pour ܒܣܗܕܐ. Le sculpteur n'avait pas assez de place entre la première ligne et la rosace qui se trouve au milieu du bloc de pierre pour graver le ܐ final et il paraît l'avoir volontairement omis. Quant à ܒܣܗܕܐ, c'est une forme vulgaire pour ܒܝܬ ܣܗܕܐ « martyrium ». On sait que, dans presque tous les noms de villes et de villages syriens composés de ܒܝܬ et d'un second mot qui ont passé en arabe, ܒܝܬ est devenu با et très rarement بي; pour ne citer que quelques exemples, les noms propres ܒܝܬ ܥܫܝܩܐ[1], ܒܝܬ ܙܒܕܝ, ܒܝܬ ܥܝܢܬܐ[2], ܒܝܬ ܪܡܢ[3], ܒܝܬ ܘܙܝܩ sont devenus باعشيقا, بازبدى, باعيناثا, بارما, البوازيج. Il semble donc que, déjà à l'époque de l'invasion arabe, dans tous les mots (noms propres et autres) composés de ܒܝܬ et d'un second mot, ܒܝܬ se prononçait *bâ* et que cette syllabe se préfixait au mot suivant. On a, du reste, toujours écrit ܒܝܬ, mais, en parlant, on pro-

[1] Le village de Baachika est situé près de Mossoul et j'y ai passé, en 1891, en allant de Mossoul au couvent de Saint-Matthieu; il est habité aujourd'hui par des Yézidis. Le nom syriaque de ce village se trouve dans la chronique de Bar Hebraeus (*Gregorii Barhebraei chronicon syriacum*, édition Bedjan, p. 515) et le nom arabe dans le *Dictionnaire géographique* de Yakout (édition Wüstenfeld, t. I, p. 472). Du temps de cet auteur, Baachika était une ville.

[2] Le village de Beth-Aïnatha était situé près de Djezireh (voir le *Dictionnaire géographique* de Yakout, édition Wüstenfeld, t. I, p. 472). Le nom syriaque de ce village se trouve dans Thomas de Marga (édition Wallis Budge, t. I, p. 26) et dans le texte syriaque publié par l'abbé Chabot sous le titre suivant : *Le livre de la chasteté composé par Jésusdenah, évêque de Baçrah*, page 25.

[3] On appelait en syriaque ܒܝܬ ܪܡܢ et en arabe بارمّا la région au nord de Takrit où se trouve le massif montagneux peu élevé appelé جبل حمرين (voir le *Dictionnaire géographique* de Yakout, édition Wüstenfeld, t. I, p. 464). L'évêque jacobite de ce pays dépendait du primat de Takrit et résidait probablement dans la ville que les Syriens appelaient ܒܝܬ ܘܙܝܩ et les Arabes البوازيج, car on lui donnait indifféremment le titre d'*évêque de Beth-Waziq* ou d'évêque de *Beth-Remmân* (voir la *Chronique ecclésiastique de Bar-Hebraeus*, édition Lamy et Abbeloos, t. III, p. 123).

La ville d'El-Bawazidj était située, d'après le *Dictionnaire géographique* de Yakout (édition Wüstenfeld, t. I, p. 750), au confluent du Zab inférieur et du Tigre. Je suis allé jadis, lorsque j'étais consul de France à Bagdad, au confluent du Zab inférieur pour visiter l'emplacement de cette ville et je n'ai pas pu le découvrir. Les ruines même ont disparu et je crois qu'El-Bawazidj était plutôt un grand village qu'une ville.

Tout près du confluent du Zab inférieur, peut-être sur la rive droite du Tigre, en face d'El-Bawazidj, se trouvait une autre ville appelée par les Arabes السِّنّ ou سِنّ بارمّا et par les Syriens ܫܢܐ ou ܫܢܐ ܕܒܝܬ ܪܡܢ. On y voyait, à l'époque de Yakout, une grande mosquée et beaucoup d'églises (*Dictionnaire géographique* de Yakout, édition Wüstenfeld, t. III, p. 169); c'était le siège d'un évêque nestorien et ce diocèse faisait partie de la *grande éparchie*, c'est-à-dire que l'évêque ne dépendait pas d'un métropolitain, mais dépendait directement du patriarche. Enfin un passage de Thomas de Marga semble prouver que, sous les Sassanides, ܫܢܐ s'appelait [illegible] (édition Wallis Budge, t. I, p. 79). Bien que je sois allé, non seulement au confluent du Zab inférieur, mais encore en face, sur la rive droite du Tigre, je n'ai cependant pas pu trouver les ruines de cette ville. Je dois ajouter toutefois que, lorsque je suis allé au confluent du Zab, il faisait très froid (c'était pendant l'hiver), que les nomades avaient émigré, que le pays était à peu près désert et que j'ai dû, en conséquence, le traverser rapidement.

nonçait, je crois, *bd* et quelquefois *bt*[1]. On trouve deux fois, dans une lettre du patriarche Timothée à Maran-zkha, ܒܓܒܫ pour ܒܝܬ ܒܓܫ[2]; c'est, si l'on veut, une faute d'orthographe, mais cette faute prouve qu'à l'époque de Timothée, ܒܝܬ se prononçait *bd* dans les mots composés, et notre inscription prouve que, déjà au VIᵉ siècle, le mot ܒܝܬ ܣܘܟܕܐ se prononçait *bdsaukdo*, du moins dans la région de Kafar-Nabou.

L'ère d'après laquelle est datée l'inscription de Kafar-Nabou ne peut pas être celle des Grecs ou d'Alexandre, car l'année 571 des Grecs a commencé le 1ᵉʳ octobre 259 et cette inscription n'est certainement pas du IIIᵉ siècle. Cette ère est donc celle d'Antioche qui a commencé le 1ᵉʳ octobre de l'an 49 avant notre ère. Les inscriptions de Bassoufân et de Khirbet-Hassan sont également datées d'après l'ère d'Antioche, ainsi que les inscriptions grecques du Djébel-Barakat[3], et il est probable que, dans toute cette région, on se servait de l'ère d'Antioche. Notre inscription est donc du commencement du VIᵉ siècle.

[1] On trouve souvent ܒܝܠܦܛ pour ܒܝܬ ܠܦܛ, ancien nom d'une ville appelée plus tard par les Syriens ܓܢܕܝܫܒܘܪ et ܒܝܫܒܘܪ, et par les Arabes جنديسابور (*Dictionnaire géographique* de Yakout, édition Wüstenfeld, t. II, p. 130), et نيسابور. Jean d'Asie mentionne un couvent qu'il appelle ܕܝܪܐ ܕܒܝܬ ܪܩܘܡ (Land, *Anecdota syriaca*, t. III, p. 248, l. 16), et je serais très porté à croire que ce couvent est le même que celui qui est appelé dans les listes d'évêques qui terminent la chronique de Michel et dans la *Chronique ecclésiastique de Bar-Hebraeus* ܕܝܪܐ ܕܒܪܩܘܡ (*Chronique ecclésiastique de Bar-Hebraeus*, édition Lamy et Abbeloos, t. I, p. 373); malheureusement, comme Jean d'Asie ne dit pas où était situé le couvent de Beth-Rkoum et que Bar-Hebraeus ne dit pas non plus où était situé le couvent de Birkoum, je n'ose pas l'affirmer.

[2] On appelait en syriaque ܒܝܬ ܒܓܫ et en arabe باغيش un district situé sur le Zab supérieur (voir le *Dictionnaire géographique* de Yakout, édition Wüstenfeld, t. I, p. 446). Ce district formait un diocèse nestorien dépendant du métropolitain d'Adiabène et l'évêque résidait dans un village appelé ܓܝܚ, ainsi que le prouve un passage de Thomas de Marga (édition Wallis Budge, t. I, p. 125, l. 9). Enfin il semble que cette région avait été anciennement habitée par une tribu qu'on appelait *les Zarziréens* (ܙܪܙܝܪܝܐ), car j'ai lu, en Orient, dans un manuscrit nestorien contenant des prières pour la consécration des évêques, que l'évêque de ce diocèse portait le titre d'*évêque des Zarziréens* (ܙܪܙܝܪܝܐ) *et de Beth-Baghèche*.

[3] Voir Clermont-Ganneau, *Études d'archéologie orientale*, t. II, octobre 1895, p. 47.

N° 21.

(PLANCHE XVIII.)

INSCRIPTION SYRIAQUE DE BASSOUFÂN.

(Ve SIÈCLE.)

Le village de Bassoufân se trouve à trois quarts d'heure de marche environ des ruines de Kafar-Nabou, dans la direction du Sud-Ouest. On remarque à Bassoufân les ruines d'une église de l'époque romaine et, dans le mur de cette église, à l'extérieur, on voit, entre deux fenêtres, l'inscription suivante qui se trouve certainement à sa place primitive et qui se lit verticalement :

1 ܫܘܒܚܐ ܠܡܪܢ
2 ܢܗܘܐ ܕܘܟܪܢܐ
3 ܛܒܐ ܠܡܪܝ
4 ܦܪܝܘܕܘܛܐ
5 ܕܡܝܢܐ ܕܫܬܐܣ
6 ܗܢܐ ܐܬ[ܪ]ܐ
7 ܠܡ[ܪܝ] ܦܘܩܐ
8 ܫܪܝܢ ܒܒܢܝܢܐ
9 ܒܫܢܬ ܚܡܫܡܐܐ
10 ܘܐܪܒܥܝܢ ܘܫܠܡܢ
11 ܒܫܢܬ ܚܡܫܡܐܐ
12 ܘܐܪܒܥܝܢ ܘܐܪܒܥ
13 ܫܡܫܢܐ ܕܢܝܐܝܠ
14 ܪ....ܐ ܕܟܢܘܫܬܗ
15 ܕܘܟܪܢܗܘܢ ܠܒܘܪܟܬܐ

Louange à Notre Seigneur! Qu'un bon souvenir soit accordé à Mr le périodeute Damien qui a fondé ce sanctuaire pour saint Phocas. Nous avons commencé la construction en l'an 540 et nous l'avons terminée en l'an 544, le diacre Daniel étant supérieur (?) de sa communauté (?). Que leur souvenir soit béni (*littéralement :* que leur souvenir soit à la bénédiction)!

A la ligne 4, après le mot ܦܪܝܘܕܘܛܐ, le sculpteur, n'ayant pas assez de place pour écrire le mot suivant, a tracé un long trait recourbé pour que la ligne fût aussi longue que la ligne précédente.

Le mot ܐܬܪܐ «endroit, lieu» s'employait quelquefois pour désigner un ensemble de bâtiments et, à la ligne 6, il désigne certainement l'église dans le mur de laquelle l'inscription a été placée.

Le dernier mot de la ligne 10 en partie effacé ne peut-être que ܫܠܡܢ ou ܫܠܡܝܢ «nous avons terminé».

Le premier mot de la ligne 14 est presque complètement effacé et il n'en reste que la première lettre ܪ et la dernière lettre ܐ; peut-être faut-il lire ܪܝܫܐ «chef». Les mots ܪܝܫܐ ܕܟܢܘܫܬܗ sont, du reste, difficiles à expliquer : ܟܢܘܫܬܐ signifie «aide, secours, troupe, assemblée» et souvent l'ensemble des moines d'un couvent est appelé ܣܝܥܬܐ. Je serais porté à croire que l'église dont on voit les ruines à Bassoufân était l'église d'un couvent dédié à saint Phocas, et que le rédacteur de l'inscription a voulu dire qu'à l'époque de la construction de l'église le chef de la communauté était le diacre Daniel, mais la phrase n'a pas de verbe et est bien obscure. En outre, il est singulier qu'un simple diacre ait été le supérieur d'un couvent.

A la fin de la dernière ligne, le sculpteur, n'ayant pas assez de place, n'a gravé que la moitié de l'*olaf* final du mot [illegible].

L'ère d'après laquelle on comptait les années dans la région de Bassoufân était certainement l'ère d'Antioche (voir p. 59); l'église dont notre inscription mentionne la construction a donc été bâtie entre le 1er octobre 491 et le 30 septembre 496 de notre ère.

N° 22, 23, 24, 25, 26, 27, 28, 29, 30, 31, 32 ET 33.

(Planches XIX et XX.)

INSCRIPTIONS DU COUVENT DE SAINT-JACQUES-LE-RECLUS.

Le couvent de Saint-Jacques-le-Reclus (ܕܝܪܐ ܕܡܪܝ ܝܥܩܘܒ ܚܒܝܫܐ) est situé dans le Tour-Abdin, à côté du village de Salah (صلح), à une heure et demie de marche de Mediad, dans la direction du Nord. Il se compose de quelques masures modernes en fort mauvais état et de deux églises; mais des ruines que l'on voit à côté des bâtiments prouvent que le couvent était beaucoup plus grand autrefois qu'il ne l'est aujourd'hui. La plus petite des deux églises, appelée église de Saint-Bar-Hadbchabo (ܥܕܬܐ ܕܡܪܝ ܒܪܚܕܒܫܒܐ), m'a paru être presque moderne; l'autre, beaucoup plus grande et mieux construite, est très ancienne et je la crois de la même époque que la grande église de Saint-Gabriel de Kartmin.

La grande église de Saint-Jacques comprend, comme celle de Saint-Gabriel, trois parties :

1° Du côté de l'ouest[1], une galerie à arcades[2] allant du nord au sud et communiquant par une grande porte avec la nef.

2° Au centre, une nef rectangulaire.

3° Du côté de l'est, le chœur composé de trois pièces distinctes mais pourvues de portes par lesquelles on peut entrer de l'une dans l'autre, sans passer par la nef; la pièce centrale contient le maître-autel, les deux autres contiennent des autels plus petits. Un mur solide percé de trois portes, une grande au centre en face du maître-autel, et deux petites communiquant avec les chapelles qui contiennent les petits autels, sépare le chœur de la nef; la voûte en berceau qui recouvre la nef est supportée par ce mur et par celui qui sépare la nef de la galerie à arcades. En somme, cette église ressemble tellement à celle de Saint-Gabriel qu'elle doit être à peu près de la même époque.

Bien que très ancien, le couvent de Saint-Jacques-le-Reclus semble avoir été au moyen âge un petit couvent peu connu; Bar-Hebraeus ne le mentionne pas une seule fois dans sa chronique ecclésiastique et, dans les listes d'évêques qui terminent la chronique de Michel, nous ne trouvons qu'un seul évêque originaire de ce couvent, un certain Jean, évêque de Saroug, dont je parlerai plus loin.

À la fin du XIIIe siècle, Salah, comme tous les villages un peu importants du Tour-Abdin, était devenu un évêché et l'évêque de Salah paraît avoir résidé au couvent de Saint-Jacques. Au milieu du XIVe siècle, un moine ayant accusé d'impiété auprès d'Ismaël, patriarche de Mardin, l'évêque de Salah qui était alors Sovo, fils du prêtre Abou-l-Hassan, le patriarche interdit Sovo sans le citer à comparaître devant lui. L'évêque obtint le concours des autres évêques du Tour-Abdin et, accom-

(1) Il est possible que la galerie à arcades ait entouré jadis l'église de trois côtés, à l'ouest (de ce côté elle existe encore), au sud et au nord. Du côté du sud, on voit encore deux portes murées percées, l'une dans le mur de la nef, l'autre dans le mur de la chapelle située à droite de celle qui contient le maître-autel; ces deux portes devaient permettre d'entrer de la galerie à arcades dans la nef et dans le chœur. Dans le mur nord de l'église on ne voit aucune porte murée, mais je serais porté à croire que la galerie à arcades a existé également de ce côté.

(2) Ces arcades, à l'exception d'une seule, sont aujourd'hui fermées par des murs en maçonnerie, de sorte que la galerie est très sombre et la nef encore plus sombre.

pagné de plusieurs d'entre eux, il se rendit à Mardin pour se justifier. Ismaël[1] refusa de les recevoir et les évêques furieux retournèrent dans le Tour-Abdin où ils firent un schisme et sacrèrent patriarche, sous le nom d'Ignace, ce même Sovo qu'Ismaël venait d'interdire. Ignace prit le titre de patriarche du Tour-Abdin[2] et de Hassan-Kef; il eut des successeurs et, pendant un siècle, le Tour-Abdin forma un patriarcat indépendant de celui de Mardin. Les patriarches du Tour-Abdin résidèrent au couvent de Saint-Jacques; il semble qu'ils l'agrandirent et l'enrichirent et, à partir de ce moment, le couvent de Saint-Jacques-le-Reclus, peu connu auparavant, devint un des plus grands et des plus célèbres couvents de tout le Tour-Abdin. Je l'ai visité en 1891 et en 1905; en 1891, un évêque y habitait encore; en 1905, l'évêque était mort, il n'avait pas eu de successeur et il n'y avait plus au couvent qu'un moine jacobite qui vivait misérablement.

On m'a montré, au nord de la grande église, l'endroit où se trouvait le palais des patriarches. Je crois que toutes les ruines que l'on voit près du couvent datent du XIVe siècle et que la grande église qui est encore solide bien que très délabrée est seule fort ancienne.

Lorsqu'on pénètre dans la galerie à arcades qui se trouve devant la nef, on voit encastrées dans le mur de cette galerie, à droite et à gauche de la porte par laquelle on entre dans la nef et à peu de distance de cette porte, onze inscriptions syriaques, toutes écrites de haut en bas. Les inscriptions auxquelles j'ai donné les numéros 22, 23, 24, 25, 26, 27 et 28 se trouvent à droite de la porte de la nef, et celles auxquelles j'ai donné les numéros 29, 30, 31, 32, à gauche.

INSCRIPTION N° 22 (Xe siècle).

ܢܦܩܘ ܡܢ ܥܠܡܐ ܗܢܐ
ܘܐܙܠܘ ܠܘܬ ܡܪܗܘܢ ܫܡܥܘܢ
ܪܝܫܕܝܪܐ ܒܪܗ ܕܥܘܡܪܐ
ܗܢܐ ܘܒܪ ܚܬܗ [illegible]
ܐܒܪܗܡ [illegible]
ܕܝܪܝܐ ܩܫܝܫܐ ܫܢܬ ܐܠܦܐ
ܪ̄ܢ̄ܗ̄ ܘܪ̄ܢ̄ܛ̄ ܕܝܘܢܝܐ ܟܠ
ܕܩܪܐ ܢܨܠܐ ܥܠܝܗܘܢ
ܢܦܩ ܡܢ ܥܠܡܐ ܗܢܐ ܘܐܙܠ
ܠܘܬ ܡܪܗ ܚܙܩܝܐܝܠ ܪܝܫܕܝܪܐ
ܒܪܗ ܕܥܘܡܪܐ ܗܢܐ ܒܫܢܬ
ܐܠܦܐ ܪ̄ ܣ̄ ܗ̄ ܟܠ ܕܩܪܐ ܢܨܠܐ
ܥܠܘܗܝ

Simon, supérieur, originaire de ce couvent, et le fils de sa sœur, Abraham, moine et prêtre, sont sortis de ce monde et se sont rendus auprès de leur seigneur, le premier en l'an 1255, le second en l'an 1259 des Grecs. Que quiconque lira ceci prie pour eux! Ézéchiel, supérieur, originaire de ce couvent, est sorti de ce monde et s'est rendu auprès de son seigneur en l'an 1265. Que quiconque lira ceci prie pour lui!

[1] D'après une ancienne tradition, ce même patriarche Ismaël aurait, par son avidité, causé la conversion à l'islamisme d'une partie des villages musulmans qui existent aujourd'hui dans le Tour-Abdin. Une certaine année, les récoltes avaient été mauvaises, la population souffrait de la famine et les habitants de beaucoup de villages avaient mangé, pendant le carême, du lait et des œufs. Ismaël excommunia tous ces villages et exigea ensuite, pour lever l'excommunication, une somme que les paysans étaient hors d'état de donner. Cette mesure eut pour conséquence que les habitants des villages excommuniés remplacèrent leurs prêtres par des mollas et, en une seule année, une partie du Tour-Abdin se convertit à l'islamisme.

[2] Voir le continuateur anonyme de la *Chronique ecclésiastique* de Bar-Hebraeus (*Gregorii Barhebraei chronicon ecclesiasticum*, édition Abbeloos et Lamy, t. I, p. 797 et suiv.).

A la ligne 2 le graveur a écrit ܡܪܗܘܢ au lieu de ܡܪܗܘܢ; il a ajouté le ܘ par dessus, entre ܡܪܗܘܢ et le mot suivant. A la ligne 10, il a écrit ܐܡܝܢܐ au lieu de ܐܡܝܢܐ.

INSCRIPTION N° 23 (Xe siècle).

1 ܢܦܩ ܡܢ ܥܠܡܐ
2 ܗܢܐ ܕܡܠܐ ܥܘܠܨܢܐ
3 ܘܐܙܠ ܠܘܬ ܡܪܗ
4 ܐܝܫܘ ܩܫܝܫܐ
5 ܒܪܗ ܕܥܘܡܪܐ
6 ܗܢܐ ܫܢܬ ܐܠܦܐ
7 ܘܡ̈ ܘܡ̄ ܠܗ ܐܪܒܥ ܬܫܥ ܒܟܢܘܢ
8 [ܟܠ] ܕܩܪܐ ܥܠܘܗܝ

Ichou, prêtre, originaire de ce couvent, est parti de ce monde plein d'afflictions et s'est rendu auprès de son seigneur en l'an 1249, au mois de..... Que quiconque lira..... pour lui!

Cette inscription a été gravée avec beaucoup de négligence et le sculpteur a oublié les deux points indiquant le pluriel au-dessus du mot ܥܘܠܨܢܐ, à la 2e ligne. A la 3e ligne, le ܙ de ܐܙܠ est mal fait et il semble qu'il avait d'abord écrit un ܕ, puis que, s'apercevant de son erreur, il a tracé ensuite un ܙ; à la 7e ligne, il a écrit ܐܪܒܥ au lieu de ܐܪܒܥܝܢ. Il a de plus oublié le mot ܩܕܝܡ ou le mot ܐܚܪܝ, après ܟܢܘܢ, de sorte qu'on ne sait pas si le moine Ichou est mort au mois de décembre ou au mois de janvier; enfin, à la dernière ligne, il a écrit ܟܠ ܕܩܪܐ ܥܠܘܗܝ au lieu de ܟܠ ܕܩܪܐ ܢܨܠܐ ܥܠܘܗܝ « que quiconque lira ceci prie pour lui! ».

INSCRIPTION N° 24 (Xe siècle).

1 ܢܦܩ ܡܢ ܥܠܡܐ ܗܢܐ
2 ܕܡܠܐ ܥܘ̈ܠܨܢܐ ܘܐܙܠ
3 ܠܘܬ ܡܪܗ ܩܕܝܫܐ ܡܪܝ
4 ܝܘܚܢܢ ܐܦܝܣܩܘܦܐ
5 ܕܣܪܘܓ ܒܪܗ ܕܥܘܡܪ[ܐ]
6 ܗܢܐ ܫܢܬ ܐܠܦܐ
7 ܘܡܐܬܝܢ ܘܬܫܥܣܪܐ
8 ܝܘ̈ܢܝܐ ܒܫܬܐ ܒܐܒ
9 ܒܗ ܒܗ ܝܘܡ ܥܪܘܒܬ[ܐ]
10 [ܟܠ] ܕܩܪܐ ܢܨܠܐ ܥܠ[ܘܗܝ]

Le saint évêque de Saroug, Mgr Jean, originaire de ce couvent, est sorti de ce monde plein d'afflictions et s'est rendu auprès de son seigneur en l'an 1219 des Grecs, le 6 août, un vendredi. Que quiconque lira ceci prie pour lui!

Le troisième mot de la ligne 9 est certainement ܝܘܡ, mais il semble que le sculpteur avait commencé à graver un autre mot.

Ainsi que je l'ai dit à la page 62, le personnage dont parle notre inscription paraît avoir été le seul moine du couvent de Saint-Jacques qui soit devenu évêque depuis le patriarcat de Cyriaque jusqu'à celui de Michel. Il est mentionné en ces termes dans les listes d'évêques qui terminent la chronique de Michel, parmi les évêques sacrés par le patriarche Théodose :

[illegible]

21° Jean, évêque pour Saroug, du couvent du Rechsa[1] situé dans le Tour-Abdin.

Jean fut donc le 21° évêque sacré par Théodose qui devint patriarche le 5 février 887 et mourut le 1er juin 896; il semble que cet évêque abdiqua ou fut chassé de son diocèse puisqu'il mourut au couvent de Saint-Jacques au mois d'août de l'an 908 de notre ère. L'inscription contient, du reste, une erreur : d'après Wüstenfeld (*Vergleichungs-Tabellen der Muhammedanischen und Christlichen Zeitrechnung*), le 1er dhou-l-kadeh de l'an 295 de l'hégire correspond au mardi 2 août 908 de notre ère et, puisque le 2 août fut un mardi, le 6 août fut un samedi et pas un vendredi. Jean, évêque de Saroug, mourut donc, ou le vendredi 5 août, ou le samedi 6 août 908.

INSCRIPTION N° 25 (x° siècle).

1 [illegible] ....
2 [illegible] ....
3 [illegible] ....
4 [illegible]
5 [illegible] ......
6 [illegible] .....
7 [illegible] .....

Simon, sacristain, fils de .... 1223 des Grecs .... juin .... moine, que quiconque lira ceci prie pour eux et pour quiconque .... pour l'amour de notre Seigneur, de grâce, ... louange au Seigneur et ....

Cette inscription est trop mutilée pour qu'il soit possible d'en restituer le texte; à la ligne 4 [illegible] est une faute évidente pour [illegible].

INSCRIPTION N° 26.

1 [illegible]
2 [illegible]
3 [illegible]
4 [illegible]
5 [illegible]
6 [illegible]
7 [illegible]
8 [illegible]
9 [illegible]

Pour la rédemption de son âme et la commémoration de ses morts, Omar, fils de Samuel, de Salah, a fait don à ce saint temple de trois .... de terre derrière le couvent sur la route de Hafsinas, et il n'est permis à

[1] [illegible] est une faute pour [illegible] et cette faute existe certainement dans le manuscrit d'Ourfa; en effet, non seulement elle se trouve dans la copie de Mgr Rahmani, mais il semble bien qu'elle est également contenue dans la copie utilisée par M. l'abbé Chabot. (Voir J.-B. Chabot, *Les évêques jacobites du VIIIe au XIIIe siècle d'après la chronique de Michel le Syrien*, p. 16, l. 7, note 1.)

personne de les vendre, mais que quiconque lira ceci prie et récite une oraison pour le pardon des péchés de tous ceux qui ont participé à cette bonne œuvre!

A la ligne 1, ܐܘܟܣܝܐ est une faute pour ܐܘܟܣܝܐ.

A la ligne 3, ܡܣܝܐ est une faute pour ܡܣܝܢܐ.

A la ligne 4, ܩ̄ܦ̄ ne peut être qu'une abréviation pour ܩܦܝܙܝ ou peut-être ܩܦܝܙ (il est possible qu'une forme ܩܦܝܙܐ ait existé). Le mot ܩܦܝܙܐ, qui existe en arabe sous la forme قفيز et qui vient peut-être du grec καπίθη, est, d'après le dictionnaire de Payne-Smith, le nom d'une mesure de capacité, mais notre inscription prouve que c'était aussi une mesure de longueur. Du reste, en arabe, قفيز est à la fois le nom d'une mesure de capacité et le nom d'une mesure de longueur.

A la ligne 5, ܚܦܣܢܣ est le nom d'un village qui est appelé aujourd'hui *Hafsinas* par les Curdes et *Hafsous* par les Syriens; il est encore habité par des Jacobites et se trouve à moins de deux heures de Mediad, dans la direction du Nord[1]. Il est indiqué sous le nom de Habsûs sur la carte de l'ouvrage de M. Sachau intitulé *Reisen in Mesopotamien*.

A la ligne 7, ܢܨܠܘܢ est une faute pour ܢܨܠܘܢ.

Les inscriptions du moyen âge se terminent souvent par la formule ܟܠ ܡܢ ܕܩܪܐ ܢܨܠܐ ܥܠ ܟܠ ܡܢ ܕܐܫܬܘܬܦ «que quiconque lira prie pour quiconque s'est associé», c'est-à-dire «que quiconque lira ces lignes prie pour tous ceux qui ont participé d'une manière quelconque à la chose mentionnée dans l'inscription».

INSCRIPTION N° 27.

1 [ܢܦܩ] ܡܢ ܥܠܡܐ[ܗܢܐ] .....
2 ܡܠܝܐ [ܐܘܠ]ܨܢܐ ܘ.......
3 ܠܘܬ ܡܪܗ ܩܫܝܫ... ܕ..
4 ܡ̄ܢ ܗܢܐ ܕܝܪܐ ܩܕܝܫ[ܐ]
5 ܒܫܢܬ ܐ̄ܠ ܘܥܣܪ[ܝܢ]
6 ܘ....ܐ ܕܝܘܢܝܐ ܟܠ (?)
7 [ܕܩܪ]ܐ ܢܨܠܐ ܥܠܘ[ܗܝ]
8 ...ܢܦܫܗ.......

Est sorti de ce monde plein d'afflictions et ...... vers son maître .... prêtre originaire de ce saint couvent l'an mille et .... des Grecs. Que quiconque lira prie pour lui...............

INSCRIPTION N° 28.

1 ܢܦܩ ܡܢ ....
2 ܗܢܐ ܥܠܡܐ ܕ....
3 ܘܐܙܠ ܠܗ ܠܡܪܗ[—]
4 ܝܫܘܥ ܡܫܝܚܐ ܐܝܟ...
5 ܕܐܬܐ ܡܫܝܚܐ .....
6 ܕܐܬܐ ܡܫܝܚܐ ܕܢܚܘ[ܐ]
7 ܗܢܐ ܥܒܕ.....

[1] Parti le 23 mai 1905 à cinq heures du matin de Hassan-Kef, je suis arrivé à dix heures et demie à Kafar-Djoz, à une heure quarante à Hafsinas, où je me suis arrêté pendant une demi-heure environ, et à trois heures quarante-cinq à Mediad. L'église de Hafsinas qui est dédiée à saint Simon ne m'a pas paru être très ancienne. Tout près du village se trouve le couvent de Saint-Lazare; je n'ai pas eu l'occasion de le visiter, mais j'y ai envoyé un des hommes de ma suite, et il n'y a trouvé aucune inscription.

8 ܐܠܦܐ ܘܐܪܒܥ.......

9 ܕܝܘܢܝܐ ܟܠ ܢܨܠܐ

10 ܠܗܘܢ ܘܠܟܠ ܡܢ

11 ܕܐܫܬܘܬܦ

Sont sortis de ce ..... plein ....., et se sont rendus auprès de leur maître, Hassan Moïse, chef .... moine et prêtre ...., moine originaire de ce couvent, l'an mille quatre .... des Grecs. Que quiconque .... prie pour le pardon de leurs péchés et des péchés de tous ceux qui y ont participé!

Cette inscription mutilée paraît avoir été très fautive.

A la ligne 1, ܢܦܩ est une faute pour ܢܦܩܘ; à la ligne 3, ܠܗ est une faute pour ܠܗܘܢ; à la ligne 8, ܘܐܪܒܥ paraît être une faute pour ܘܐܪܒܥܡܐܐ; enfin, à la ligne 9, après ܟܠ, le sculpteur a oublié le mot ܕܩܪܐ.

Inscription n° 29 (xie siècle).

1 ܢܦܩ ܡܢ ܥܠܡܐ

2 ܗܢܐ ܘܐܙܠ ܠܘܬ

3 ܡܪܗ ܒܢܝ ܐܚܐ

4 ܘܕܝܪܝܐ ܒܪܗ ܕܥܘܡܪ[ܐ]

5 ܗܢܐ ܒܫܢܬ ܐܠܦܐ

6 ܫ̄ ܘܠܓ̄ ܕܝܘܢܝܐ

7 ܟܠ ܕܩܪܐ ܢܨܠܐ ܠܗ

En l'an 1333 des Grecs, Bin, frère et moine, originaire de ce couvent, est sorti de ce monde et est allé auprès de son maître. Que quiconque lira ceci récite une prière pour le pardon de ses péchés!

ܒܢܝ me paraît être une abréviation de ܒܢܝܡܝܢ «Benjamin».

Inscription n° 30 (xie siècle).

1 ܢܦܩ ܡܢ ܥܠܡܐ ܗܢܐ

2 ܡܠܝܐ ܐܘܠܨܢܐ ܘܐܙܠ ܠܘ[ܬ]

3 ܡܪܗ ܩܘܣܛ ܕ[ܝܪ]ܝ[ܐ]

4 ܘܩܫ̄ ܒܫܢܬ ܐܠܦܐ ܫܢܐ (?)

5 ܒܝܘܡ ܝܪܚܐ ܐܝܪ ܟܠ

6 ܕܩܪܐ ܢܨܠܐ ܠܗ ܘܠܟܠ

7 [ܕ]ܐܫܬܘܬܦ ܐܡܝܢ

8 .... ܕܝܘܢܝܐ

9 ܝܘܚܢܢ ܚܛܝܐ ܨܠܘ ܥܠܘܗܝ

Constantin, moine et prêtre, est sorti de ce monde plein d'afflictions et est allé auprès de son seigneur en l'an 1351 (?), le jour du mois de mai. Que quiconque lira ceci prie pour le pardon de ses péchés et des péchés de tous ceux qui y ont participé! Ainsi soit-il! ...... des Grecs Jean le pécheur, priez pour lui!

ܩܘܣܛ est évidemment une abréviation pour ܩܘܣܛܢܛܝܢܘܣ «Constantin».

A la 5e ligne, les mots *le jour du mois de mai* n'ont pas grand sens, et il semble que le graveur a oublié quelque chose. Il est possible que ܝܘܡ soit une abréviation pour ܝܘܡܐ, que ܐ soit le chiffre 1, et que le graveur ait oublié un ܕ devant ܐܝܪ; la phrase signifierait dans ce cas : «le 1er jour du mois de mai».

Les deux dernières lignes écrites en caractères plus petits faisaient peut-être connaître le nom du sculpteur et la date à laquelle il avait gravé l'inscription, probablement peu d'années après la mort du moine Constantin.

INSCRIPTION N° 31.

1 ܢܦܩ ܡܢ ܥܠܡܐ
2 ܗܢܐ ܕܡܠܐ ܐܘܠܨܢܐ
3 ܘܫܢܝ ܠܘܬ ܡܪܗ ܚ
4 ܚܒܝܒ ܕܝܪܝܐ ܘܩܫܝܫܐ
5 ܕܡܢ ܗܢܐ ܕܝܪܐ ܗܘܐ
6 ܒܫܢܬ ܐܠܦ ܘܦ(?)ܕ ܕܝܘ
7 ܢܝܐ ܐܬܩܛܠ ܒܚܙܝܪܢ
8 ܟܠ ܡܢ ܕܩܪܐ ܢܨܠܐ

Habib, moine et prêtre, originaire de ce couvent, est sorti de ce monde plein d'afflictions et s'est rendu auprès de son seigneur en l'an 1284 (?) des Grecs. Il fut tué au mois de juin. Que quiconque lira ceci récite une prière pour le pardon de ses péchés!

A la fin de la ligne 3, le sculpteur a gravé un ܚ, première lettre du nom ܚܒܝܒ, mais s'apercevant qu'il n'y avait pas assez de place à la fin de la ligne 3, il a gravé ce mot en entier au commencement de la ligne 4.

A la 6ᵉ ligne, après ܐܠܦ, il semble que le sculpteur avait commencé par erreur à graver ܒܘ; il a ensuite transformé le ܒ en ܦ.

A la ligne 7, ܚܙܝܪܢ est une faute pour ܚܙܝܪܢ.

INSCRIPTION N° 32.

1 ܢܦܩ ܡܢ ܥܠܡܐ . . . .
2 . . . . ܐ. ܘܫܢܝ ܠܘܬ. . . .
3 ܡܪܗ . . . ܐ. . . . . ܐ . . . [ܩܫ]
4 ܝܫܐ ܘܕܝܪܝܐ ܕܡܢ ܗܢܐ [ܕܝܪܐ]. . .
5 [ܒ]ܫܢ[ܬ] ܐܠܦ ܘܬܠܬ . . .
6 ܘܐܪ[ܒܥܣ]ܪ[ܐ] ܕܝܘܢܝܐ ܟܠ
7 ܡܢ ܕܩܪܐ ܢܨܠܐ . . . .

. . . . prêtre et moine, originaire de ce couvent, est sorti de ce monde . . . . et est allé auprès de . . . . . en l'an 1314 des Grecs. Que quiconque lira ceci dise une prière pour le pardon de ses péchés!

Les pierres sur lesquelles sont gravées les inscriptions dont je viens de donner le texte ne sont pas, comme on pourrait le croire, d'anciennes pierres tombales qui ont servi de matériaux de construction. Ainsi que je l'ai déjà dit, l'église est fort ancienne et les inscriptions gravées aux xᵉ et xiᵉ siècles sur le mur de la galerie à arcades sont à la place qu'elles ont toujours occupée. Ce ne sont même pas des inscriptions tumulaires à proprement parler, car rien ne prouve que les personnes mentionnées aient été enterrées près de la porte de la nef; ce sont plutôt des inscriptions commémoratives destinées à faire connaître les noms des moines illustres qui vécurent et moururent dans le monastère, et l'une d'entre elles est même destinée à rappeler le souvenir d'une donation.

En général, les patriarches, les évêques, les prêtres et même les simples moines n'avaient pas de tombeaux individuels en Orient, et ils n'en ont pas encore aujourd'hui. Ils ne sont même pas inhumés dans le sens propre du mot, car leurs corps sont déposés dans des pièces ou des galeries souterraines que l'on ouvre après chaque décès et que l'on referme immédiatement après l'enterrement; en outre, les corps des patriarches et des évêques y sont toujours placés, non pas couchés, mais assis. On les assied généralement sur un banc de pierre construit le long du mur du souterrain, quelquefois aussi, lorsque ce banc n'existe pas, sur une chaise ou un siège quelconque que l'on abandonne ensuite dans le souterrain. Plusieurs souterrains existent généralement dans les grandes églises, un pour les évêques, un pour les prêtres, un pour les diacres. Souvent ces souterrains sont construits sous une salle ou à côté d'une salle accessible au public où se trouve l'entrée murée du souterrain et dans les murs de laquelle sont encastrées des inscriptions qui font connaître les noms des personnes de marque ensevelies dans le souterrain[1]; on donnait à l'ensemble, c'est-à-dire au souterrain et à la salle construite au-dessus ou à côté, le nom de ܒܝܬ ܩܒܘܪܐ.

Quatre souterrains existent actuellement au couvent de Saint-Jacques-le-Reclus. Celui des prêtres et celui des moines[2] se trouvent sous l'église de Saint-Bar-Hadhchabo; le ܒܝܬ ܩܒܘܪܐ des évêques est situé sous un bâtiment moderne, à quelques mètres au sud de la grande église. C'est une chambre à peu près carrée, vide et sans aucun ornement, dans laquelle je suis entré; on y pénètre par une porte extrêmement basse et étroite. Tout autour de cette salle, dans l'épaisseur des murs, il y a une galerie étroite où les corps sont déposés assis sur une banquette en maçonnerie. Ils se trouvent donc à peu près à la même hauteur que les personnes placées dans la salle et n'en sont séparés que par un mur. On pénètre dans cette galerie par une brèche que l'on fait au mur de la salle, toujours au même endroit, et qu'on ferme ensuite par un mur léger en maçonnerie. L'unique moine du couvent était entré dans cette galerie, lors des obsèques du dernier évêque; il m'a dit qu'il y avait vu les squelettes d'un grand nombre d'évêques, que ce souterrain était très ancien et renfermait les restes de plusieurs des anciens patriarches du Tour-Abdin. Enfin, en dehors du couvent actuel, à l'est de la grande église, on voit un petit bâtiment carré ne contenant qu'une chambre

[1] L'usage d'enterrer dans des tombeaux collectifs est probablement très ancien en Orient. On voit, dans l'ancienne nécropole d'Ourfa, un nombre considérable de tombeaux creusés dans le roc et pourtant, malgré toutes mes recherches, je n'y ai pas trouvé d'autres inscriptions syriaques que celles que je publie dans ce recueil. Il est vrai que, dans quelques-uns de ces tombeaux, j'ai vu des traces d'inscriptions qui ont complètement disparu; mais, dans la plupart d'entre eux, il semble bien qu'il n'y a jamais eu d'inscription et je serais porté à croire que les personnes riches avaient seules des tombeaux individuels et que les pauvres étaient enterrés dans des tombeaux collectifs qu'on ouvrait de nouveau quelques années après pour y déposer de nouveaux cadavres.

Aujourd'hui encore, dans les villages maronites du district du Kesrowan et dans une partie du Liban, on dépose les morts dans des sépulcres communs qu'on appelle خَشْخَاشَات (le singulier de ce substantif est خَشْخَاشَة). Ce sont, dans certains villages, des chambres carrées, construites au-dessus du sol, sans aucune autre ouverture qu'une très petite porte fermée au moyen d'une dalle; dans d'autres villages, des cavernes creusées dans le rocher qu'on ferme également au moyen d'une dalle. Les morts y sont déposés sans cercueil ou dans des cercueils, et, lorsque les chairs ont disparu, les ossements sont entassés dans un coin, ou enfouis, lorsque leur nombre est devenu considérable. Chaque village possède un certain nombre de ces sépulcres communs et on dépose successivement les morts dans chacun d'eux, de sorte que chaque sépulcre n'est ouvert qu'une ou deux fois par an et quelquefois à de plus longs intervalles encore; par contre, lorsqu'une épidémie survient, on est obligé de les ouvrir plus fréquemment.

[2] Dans les couvents du moyen âge, les chambres souterraines ou les grottes dans lesquelles on ensevelissait les moines contenaient un certain nombre de grands sarcophages en pierre qu'on appelait ܓܘܡܚܐ. Après chaque décès, on plaçait le cadavre dans un de ces sarcophages qu'on recouvrait de son couvercle et qu'on n'ouvrait de nouveau qu'après un certain nombre d'années. Un de ces souterrains existe encore dans les ruines du couvent de Tell-Eda (voir p. 59); tous les sarcophages y sont encore à leur place, mais les couvercles ont disparu.

vide au-dessous de laquelle se trouve un quatrième souterrain où personne n'est entré depuis des siècles. Dans ce [illegible] seraient les corps de Bar-Hadbchaba et de ses compagnons martyrisés à l'époque des Sassanides. Ce bâtiment ne m'a pas paru être fort ancien, mais les premières assises des murs, construites en grosses pierres de taille, doivent être anciennes.

Au milieu des ruines que l'on aperçoit près de la grande église, on remarque celles d'une chambre rectangulaire. Le haut des murs et la toiture ont complètement disparu, le bas des murs subsiste encore et on y voit, sur un bloc de pierre qui se trouve à sa place primitive, une inscription écrite de haut en bas à laquelle j'ai donné le nº 33.

Inscription nº 33 (XIVᵉ siècle).

1 [illegible]
2 [illegible]
3 [illegible]
4 [illegible]
5 [illegible]
6 [illegible]
7 [illegible]
8 [illegible]
9 [illegible]
10 [illegible] (?) [illegible] (?)
11 [illegible] ......
12 [illegible]
13 [illegible]
14 [illegible]
15 [illegible]
16 [illegible]

Cette habitation a été achevée à l'époque de Mᵍʳ le patriarche Ignace, fils du prêtre Abou-l-Hassan, fils du frère de l'évêque Bar-Saoumo, petit-frère de l'évêque Aziz, en l'an 1681 des Grecs. Y ont travaillé(?) notre frère(?) Rabban Gabriel et ..... et son père Marqoyo, le noble Bar-Saoumo et tous les habitants du village fortifié de Salah. Que tous ceux qui liront ceci prient pour tous ceux qui y ont participé!

Comme on le voit, cette inscription est d'Ignace, le premier patriarche du Tour-Abdin, dont j'ai parlé à la page 63, et l'on est étonné du soin avec lequel ce pieux personnage, qui paraît être aussi fier de sa famille que de son titre de patriarche, énumère ses nobles parents. Il semble qu'Ignace appartenait à une de ces familles riches et influentes, comme on en trouve encore aujourd'hui en Orient, qui regardent les évêchés comme leur propriété et parviennent souvent à imposer aux communautés des évêques de leur choix. C'est ce qui explique qu'Ignace ait pu si facilement faire un schisme et se faire proclamer patriarche du Tour-Abdin et de Hassan-Kef.

A la ligne 5, [illegible] est une faute pour [illegible].

Je ne sais pas ce que le rédacteur de l'inscription a voulu dire par les mots [illegible] «petit-frère de l'évêque Aziz» (ligne 7); je serais porté à croire que [illegible] est une faute pour [illegible] «parent de l'évêque Aziz».

La ligne 10 est difficile à lire. Comme il n'y a pas de verbe dans les lignes suivantes, je crois que le premier mot de la ligne 10 était [illegible] «et ont travaillé», mais je n'en suis nullement certain.

Les dernières lettres de cette ligne paraissent être ܐܚܠܘܢ ou ܐܚܘܢ, mais il est probable qu'il faut lire ܐܚܘܢ « notre frère » et que la barre initiale du ܚ a été agrandie par un coup de ciseau donné maladroitement par le sculpteur.

A la fin de la ligne 11 se trouve un mot, probablement un nom propre, que je ne peux pas lire.

Enfin, aux lignes 14 et 15, ܨܠܘ ܚܣܢܝܬܐ est une faute pour ܨܠܘܢ ܚܣܢܝܬܐ; beaucoup de villages de la région du Tour-Abdin et de Mossoul étaient, au moyen âge, qualifiés de ܚܣܢܝܬܐ et je crois qu'on appelait ainsi les villages fortifiés.

Au-dessus de l'inscription, à droite, on lit le mot ܨܠܘ « priez ».

Nos 34 ET 35.

(Planche XXI.)

INSCRIPTIONS SYRIAQUES PRÈS DU COUVENT DE SAINT-JACQUES-LE-RECLUS.

Lorsqu'on sort du couvent de Saint-Jacques-le-Reclus et qu'on se dirige vers le Nord, en obliquant un peu à l'Est, on arrive en vingt minutes de marche à peu près à un rocher de peu d'élévation dans lequel plusieurs grottes ont été creusées; là aurait existé jadis, d'après la tradition, une église appelée [illegible]. Dans une de ces grottes, on voit un autel taillé dans le rocher et, au-dessus de cet autel, une inscription peinte en rouge de haut en bas; en voici le texte :

[illegible] [1] [illegible]
[illegible]
[illegible]
[illegible]
[illegible] ....

En l'an 1819 [2], cet autel a été sculpté par le prêtre Habib, reclus natif de .... [3] disciple du patriarche [4] Massoud lequel l'a consacré au nom de saint Bar-Saoumo. De grâce [5] priez pour lui, pour tous ceux qui se sont associés [6] à lui et pour ses parents [7]!

Dans une autre grotte, on voit gravée de haut en bas l'inscription à laquelle j'ai donné le no 34. Enfin, au-dessous des grottes, en plein air, est gravée sur la surface du rocher l'inscription à laquelle j'ai donné le no 35; le sculpteur a d'abord entamé légèrement le rocher de manière à creuser un parallélogramme, puis, sur la surface de ce parallélogramme, il a gravé l'inscription verticalement.

Inscription no 34.

[illegible]
[illegible]
[illegible]
[illegible]
[illegible]
[illegible]

(1) Faute pour [illegible].

(2) Il faut restituer le texte ainsi : [illegible].

(3) [illegible] est un adjectif dérivé d'un nom de village que je ne connais pas, peut-être de [illegible]; mais, s'il existait un village portant ce nom, j'ignore dans quelle partie du Tour-Abdin il était situé.

(4) [illegible] est une faute pour [illegible]. Le patriarche Massoud fut, ainsi que je le dirai plus loin, le dernier patriarche du Tour-Abdin.

(5) [illegible] est une faute pour [illegible].

(6) [illegible] est une faute pour [illegible].

(7) Il faut restituer [illegible].

7 [illegible]
8 [illegible]
9 [illegible]
10 [illegible]
11 [illegible]
12 [illegible]
13 [illegible]
14 [illegible]
15 [illegible]
16 [illegible]

Pour la glorification et l'honneur du Père, du Fils et de l'Esprit Saint, seul Dieu véritable, Bar-Hadhebabo, moine et prêtre de Hah.......... avec son frère (?) spirituel Thomas.......... ont pris soin de faire ce saint endroit de l'église de Marie, Mère de Dieu, afin qu'il serve à la garde et au salut de leur âme et de leur corps .... vénérable ..... à cause de ....
.... dans cet endroit .... le souvenir
.... leurs morts croyants ....
le souvenir, il priera................................. Notre Seigneur pour quiconque s'est associé.

A la ligne 6, [illegible] est une faute pour [illegible]; à la ligne 9, le mot [illegible] « son frère » se trouvait probablement avant [illegible]; enfin, à la dernière ligne, [illegible] est une faute pour [illegible]. La fin de cette inscription est tellement mutilée qu'il est impossible d'en restituer le texte.

INSCRIPTION N° 35 (XVIe siècle).

1 [illegible]
2 [illegible]
3 [illegible] [1] [illegible]
4 [illegible] [2]
5 [illegible]
6 [illegible] [3]
7 [illegible]
8 [illegible]
9 [illegible]
10 [illegible] [4] [illegible]
11 [illegible] [5]
12 [illegible]
13 [illegible]
14 [illegible] (?) [illegible] (?)
15 [illegible]
16 [illegible]
17 [illegible]
18 [illegible] [6]

(1) Le mot [illegible] a été répété deux fois par erreur.
(2) Il faut lire [illegible].
(3) Il faut lire [illegible].
(4) Peut-être faut-il lire [illegible].
(5) Il faut lire [illegible].
(6) Il faut lire [illegible].

IMPRIMERIE NATIONALE.

19 ܐܠܐ ܥܡ ܡܣܟܢܘܬܐ ܘܟܠ ܣܟܠܘܬܐ ܐܝܬ ܚܘܣܝܐ

20 ܐܝܬܝܗ ܘܠܐܠܗܐ ܗܘ ܠܚܘܕ ܕܚܙܝܐ

21 ܘܠܗ ܫܘܒܚܐ ܠܥܠܡ ܥܠܡܝܢ ܐܡܝܢ

22 ܥܗܕܝܢ ܠܡܪܝܡ ܝܠܕܬ ܐܠܗܐ ܘܟܠܗܘܢ

23 ܩܕ̈ܝܫܐ ܨܠܘܬܗܘܢ ܬܗܘܐ(?)

Pour l'honneur et la glorification de la Sainte Trinité du Père, du Fils, du Fils et du Saint-Esprit, seul Dieu véritable, a été finie et terminée cette inscription sur ce rocher de l'église de Marie, Mère de Dieu, et de saint Bar-Saoumo, qui se trouve à côté de la forteresse bénie de Salah et à côté de Saint-Jacques-le-Reclus ...... Houchab, le pécheur, fils du prêtre Aziz, de Zaz, en l'an 1819 [1] des Grecs, au temps des pasteurs véritables Mgr Ignace de Mardin et Mgr Ignace du Tour-Abdin, aussi nommé Ichou de Zaz. Que Dieu prolonge leur vie dans la pureté et la sainteté d'une durée égale à celle de la vie des anciens pasteurs(?)! On demande à tout frère doué de jugement qui verra ces lignes confuses de ne point blâmer ma misère, car je ne suis point un écrivain, mais il y a miséricorde pour toute indigence et toute sottise, et à Dieu seul appartient la ...... Qu'il soit glorifié pendant les siècles des siècles, ainsi soit-il! On mentionne Marie, la mère de Dieu, et tous les saints, que leurs prières soient.....

Je parlerai plus loin du mot ܠܫܢܐ, dans le chapitre consacré aux inscriptions de Harhtarak. Le substantif féminin ܫܢܐ signifie «dent» et aussi «rocher pointu, sommet d'un rocher», mais l'auteur de cette inscription lui a attribué (ligne 5) le sens de «rocher»; l'inscription est, en effet, gravée à la base du rocher, et ce rocher est une sorte de banquette naturelle en pierre qui n'a que quelques mètres de hauteur.

La ligne 9 commence par la lettre ܚ, puis on voit un trou rond de la grandeur d'une lettre et ensuite un ܫ; je crois que le sculpteur avait voulu graver le nom propre ܚܘܫܒ, mais, ayant maladroitement fait un trou dans la pierre, il a réécrit ce nom en entier. Il semble, en outre, qu'il a oublié quelque chose au commencement de la ligne 9, peut-être ܟܬܒ ou «ܟܬܝܒܘܬܐ»; il est évident, en effet, que le personnage appelé Houchab, fils du prêtre Aziz, a dû faire quelque chose, puisque son nom est cité, mais l'inscription ne dit pas ce qu'il a fait.

A la ligne 10 le sculpteur paraît avoir écrit ܟܬܒܬ au lieu de ܟܬܝܒܬ.

A la fin de la ligne 13 et à la ligne 14, se trouve un passage difficile à lire et à comprendre. Au-dessus de ܢܓܪ on voit trois points qui paraissent indiquer une abréviation, et je crois que le graveur a voulu écrire les mots suivants : ܢܓܪ ܡܪܝܐ ܚܝܝܗܘܢ ܡܫܘܚܬ ܪ̈ܥܘܢ ܠܩܕܡܝ̈ܐ «qu'il prolonge leur vie de la durée des pasteurs antiques», c'est-à-dire : «que Dieu leur accorde une vie aussi longue que celle des anciens patriarches». Cette phrase est tout à fait incorrecte : ܪ̈ܥܘܢ, état simple pluriel de ܪܥܝܐ, ne devrait pas être suivi d'un adjectif à l'état emphatique du pluriel, et ܠܩܕܡܝܐ paraît bien être un barbarisme, mais le rédacteur de notre inscription écrivait en bien mauvais syriaque et il a pu croire à l'existence d'un adjectif ܠܩܕܡܝܐ «ancien, primitif», dérivé de ܠܩܘܕܡܝܢ, «auparavant».

A la ligne 16, ܒܒܗ est une faute pour ܒܒܒܗ; la lettre ܒ est, du reste, énorme, et je crois que le sculpteur a fait éclater la pierre en voulant tracer deux ܒ trop rapprochés l'un de l'autre. A la fin de cette même ligne, le mot ܦܓܐ ne signifie rien, et il faut sans doute lire ܦܓܥ «qui rencontre».

A la ligne 17, ܨܘܪ̈ܛܐ est une faute pour ܣܘܪ̈ܛܐ «lignes d'écriture».

A la fin de la ligne 19, ܚܣܝܐ me paraît être une faute pour ܚܘܣܝܐ «le pardon».

(1) Ou : «en l'an 1829».

La ligne 20 se termine par un mot écrit en abrégé ܡܫܡܫ; le pronom ܗܝ indique qu'il était féminin, mais je ne vois pas de quel substantif féminin ܡܫܡܫ peut être l'abréviation.

Enfin le sculpteur a voulu terminer l'inscription par les mots : ܨܠܘܬܗܘܢ ܬܗܘܐ ܥܡܢ «que leurs prières soient avec nous», mais il a sauté le ܗ de ܬܗܘܐ, il a gravé un ܢ final qui ressemble à un ܐ (?), et il a omis le mot ܥܡܢ.

L'inscription n° 35 est non seulement remplie de fautes, mais encore écrite en très mauvais syriaque, et celui qui l'a gravée n'a pas menti en prévenant le lecteur qu'il n'était pas un écrivain. Elle a été gravée en l'an 1819, ou peut-être en l'an 1829, des Grecs, c'est-à-dire entre le 1er octobre 1507 et le 30 septembre 1508, ou entre le 1er octobre 1517 et le 30 septembre 1518, et, si le texte dit vrai, le patriarche de Mardin se serait appelé, à cette époque, Ignace, ainsi que le patriarche du Tour-Abdin dont le vrai nom aurait été Ichou, et qui aurait été natif de Zaz. Or, deux patriarches du Tour-Abdin seulement ont porté le nom d'Ichou et aucun d'eux n'était originaire de Zaz; bien plus, il semble que le patriarcat du Tour-Abdin avait pris fin en l'an 1805 des Grecs. Le continuateur anonyme de l'*Histoire ecclésiastique* de Bar-Hebraeus raconte, en effet, que le dernier patriarche du Tour-Abdin se nommait Massoud et était natif de Zaz. Il avait la manie de sacrer clandestinement des évêques, pendant la nuit, et il en avait sacré une douzaine qui n'avaient pas de diocèse, de sorte que, dit le chroniqueur, on ne savait plus qui était moine, ni qui était évêque. Les évêques du Tour-Abdin se plaignirent de Massoud auprès des fonctionnaires musulmans de Hassan-Kef, et ceux-ci le firent emprisonner. Le patriarche parvint à s'enfuir, il écrivit aux fidèles du Tour-Abdin qu'il leur était interdit, sous peine d'anathème, de choisir un autre patriarche, et qu'ils devaient reconnaître désormais celui de Mardin, puis il alla finir ses jours dans un couvent de Kharpout. Le patriarche de Mardin, Ignace, de son vrai nom Noé, parcourut alors le Tour-Abdin, y fut bien reçu partout et obtint du sultan de Mardin un firman qui le reconnaissait comme patriarche unique de tous les Jacobites[1].

La mention d'un patriarche inconnu du Tour-Abdin dans une inscription de l'an 1819 ou de l'an 1829 des Grecs est donc très surprenante. Il est possible que le rédacteur de l'inscription ait voulu mentionner, bien qu'il eut abdiqué depuis longtemps, le dernier patriarche du Tour-Abdin qui vivait peut-être encore, mais, dans ce cas, il a commis une erreur en lui donnant le nom d'Ichou, car son vrai nom était Massoud. Il est possible aussi que les habitants de Salah et les moines de Saint-Jacques-le-Reclus, mécontents de la suppression de leur patriarcat, aient fait schisme un peu après l'année 1805 des Grecs et aient proclamé patriarche un certain Ichou de Zaz, mais, s'il y a eu un schisme à Salah au XVIe siècle, je ne sais comment il a fini.

[1] Voir la *Chronique ecclésiastique de Bar-Hebraeus* (édition Lamy et Abbeloos), t. III, p. 555, 557 et suivantes.

N°s 36, 37, 38, 39, 40, 41, 42, 43, 44, 45, 46 ET 47.

(Planches XXII et XXIII.)

INSCRIPTIONS SYRIENNES ET JUIVES À KEURK-MOGHARA ET AUX ENVIRONS.

Lorsqu'on sort d'Ourfa par la porte nommée Sakep Kapoussi, qui se trouve près de la forteresse, et qu'on se dirige vers l'Ouest, on arrive, en quatre ou cinq minutes de marche, à un hameau appelé Keurk-Moghara. Il est situé à l'entrée d'un vallon dans lequel on voit un nombre considérable de grottes sépulcrales, sur la pente de la montagne, à droite pour la personne qui vient d'Ourfa, à quelques mètres seulement au-dessus du fond du vallon.

A quelques pas de la première maison de ce hameau, se trouve une grotte qui a contenu trois sépulcres, l'un à droite de la porte, l'autre à gauche, le troisième au fond. Ces sépulcres consistaient en une auge creusée dans la paroi du rocher et destinée à recevoir le cadavre, auge surmontée d'une grande niche en forme de voûte, creusée également dans le rocher[1]. L'auge du sépulcre de droite existe encore, ainsi que celle du sépulcre de gauche, celle du sépulcre du fond a disparu et, au-dessus de la place qu'elle occupait, on voit, dans le fond de la niche, un bas-relief et quatre inscriptions syriaques. Le bas-relief représente un homme à demi couché sur un lit, le buste presque droit, appuyé sur l'avant-bras gauche, les jambes un peu allongées, le genou droit en l'air; la tête et le buste sont à droite, les jambes à gauche. Ce personnage regarde du côté de la porte, de sorte qu'on voit sa figure de face, et il a la main droite levée en l'air. A droite de ce personnage, dans la partie droite de la niche, est sculptée l'image d'une petite fille ou d'une jeune fille debout, vue de face. Dans la partie gauche de la niche, derrière les jambes du personnage à demi couché, on voit le haut du corps d'un autre personnage représenté debout et de face. Enfin, tout à fait à gauche, après les pieds du personnage à demi couché, est sculptée l'image d'une femme debout, vue de face. Tous ces bas-reliefs sont en si mauvais état qu'on ne distingue pas grand chose sur les photographies que j'en ai prises.

Entre l'image de la jeune fille sculptée à droite et la tête de l'homme à demi couché, se trouve l'inscription n° 38; elle est écrite de haut en bas et nous fait connaître le nom de la jeune fille. Au-dessus du personnage à demi couché, se trouve l'inscription n° 36, écrite horizontalement, et, à côté de cette inscription, est gravée verticalement la petite inscription n° 37 qui fait connaître le nom du personnage debout que l'on aperçoit derrière les jambes du personnage couché. Enfin, entre le personnage debout et la femme dont l'image est sculptée tout à fait à gauche, se trouve l'inscription n° 39 qui fait connaître le nom de cette femme et est écrite de haut en bas.

[1] Les sépulcres des grottes funéraires de l'Osrhoène consistent généralement en une grande cuve creusée dans la paroi de la caverne et ne faisant pas saillie, où le cadavre était déposé; au dessus de cette cuve, se trouve, creusée également dans le rocher, une niche, tantôt triangulaire, tantôt arrondie par le haut en forme de voûte, aussi longue et aussi large que la cuve elle-même. La cuve ne faisant pas saillie dans la grotte, il était nécessaire, en effet, qu'il y eût un espace vide au-dessus d'elle pour qu'on pût d'abord la creuser et ensuite la fermer au moyen d'un couvercle de pierre.

INSCRIPTION N° 36.

1 ܒܫܢܬ ܚܡܫܡܐܐ ܘܫܠܫܥܣܪܐ

2 ܐܢܐ ܫܠܘܟ ܒܪ

3 ܡܩܝܡܘ ܥܒܕܬ

4 ܠܝ ܒܝܬ ܩܒܘܪܐ ܗܢܐ

5 ܠܝ ܘܠܒܢܝ ܘܠܝܪܬܝ

En 513, moi Séleucus, fils de Mokimou, j'ai fait pour moi ce tombeau, pour moi, pour mes fils et pour mes héritiers.

A la première ligne, le mot ܫܢܝܢ étant sous-entendu, la forme féminine du nom de nombre a été employée. La forme ܫܠܫܥܣܪܐ prouve qu'au IIIe siècle on disait encore ou on pouvait dire, à Édesse, ܫܠܫ, ܫܠܫܐ, au lieu de ܬܠܬ, ܬܠܬܐ; dans les inscriptions nabatéennes et palmyréniennes, ce nom de nombre est, du reste, toujours écrit avec un ש. L'an 513 de l'ère des Séleucides, la seule ère d'après laquelle on a compté les années dans l'Osrhoène, a commencé le 1er octobre de l'an 201 de notre ère. Les inscriptions du tombeau de Séleucus sont donc du commencement du IIIe siècle.

Le nom d'homme ܫܠܘܟ est un ancien nom de l'époque païenne tombé en désuétude à l'époque chrétienne, et je crois que c'est la véritable forme syrienne du nom grec Séleucus. La ville qu'on appelle aujourd'hui *Kerkouk* se nommait au moyen âge ܟܪܟܐ ܕܫܠܘܟ «la forteresse de Séleucus» ou ܟܪܟܐ ܕܒܝܬ ܫܠܘܟ «la forteresse des gens de Séleucus», et la ville de Séleucie est appelée סלוכיא (par un כ) dans une inscription palmyrénienne. Les chroniqueurs du moyen âge, qui ignoraient que l'ancienne forme du nom propre Séleucus était ܫܠܘܟ et qui ne connaissaient guère l'histoire ancienne de leur propre pays que par des ouvrages grecs, appellent le roi Séleucus ܣܠܘܩܘܣ.

Le nom propre ܡܩܝܡܘ existait en nabatéen[1] et en palmyrénien; dans des inscriptions bilingues grecques et palmyréniennes, il est rendu en grec par MOKIMOY (génitif) et par MOKEIMOY (génitif).

INSCRIPTION N° 37.

1 ܡܩܝܡܘ

2 ܒܪ ܫܠܘܟ

Mokimou, fils de Séleucus.

INSCRIPTION N° 38.

1 ܪܚܒܘ ܒܪܬ

2 ܫܠܘܟ

Rahbou, fille de Séleucus.

Je lis le premier mot de cette inscription ܪܚܒܘ, en supposant que ce nom de femme vient de la racine رحب, mais cette racine n'existe pas dans le syriaque de l'époque chrétienne, et il est possible que ce mot doive être lu *Dahbou*.

(1) Voir *Corpus inscriptionum semiticarum*, Pars secunda, Tomus I, pl. 27, n° 332, l. 2; pl. 38, n° 215, l. 1; pl. 39, n° 233; — De Vogüé, *Syrie centrale, inscriptions sémitiques*, pl. 1, n° 4, l. 2; pl. 1, n° 6, l. 1; pl. 1, n° 1, l. 2; pl. 5, n° 36 *a*, l. 2.

INSCRIPTION N° 39.

¹ ܓܢܠ ܒܪܬ ܒܪܥܬܐ
² ܐܢܬܬ ܣܠܘܩܣ

Ganal, fille de Bar-Ata, femme de Séleucus.

Le nom propre de femme de la 1re ligne est difficile à lire. La seconde lettre est trop grande pour être un ܢ et trop droite pour être un ܢ; bien qu'elle soit plus grande que le ܢ de ܐܢܬܬ, je suppose que c'est un ܢ, mais je n'en suis nullement certain et j'ignore complètement la vocalisation de ce nom propre.

Le nom propre ܒܪܥܬܐ signifie « fils d'Ata » (Ateh ou Ata était un nom de divinité qu'on écrivait à l'origine avec un ה final, au lieu d'un א). Ce nom propre existait en palmyrénien, et dans une inscription bilingue palmyrénienne et latine trouvée en Angleterre, il est rendu en latin par BARATES (nominatif)[1].

Lorsqu'on sort du tombeau de Séleucus et qu'on traverse le hameau de Keurk-Moghara, en s'éloignant d'Ourfa, on voit, au milieu des maisons du hameau, une grotte sépulcrale au-dessus de la porte de laquelle est gravée une inscription en caractères hébreux carrés; je lui ai donné le n° 40.

INSCRIPTION N° 40.

¹ חנא בית עלמא
² דרשא בצעה
³ דב...אגיר

Cette inscription est très mal écrite, le sculpteur n'ayant pas poli la surface de la pierre avant de graver les lettres.

La dernière lettre de la première ligne doit être un א, mais cet א ne ressemble guère à ceux qu'on voit à la deuxième et à la troisième ligne.

A la seconde ligne, on voit, après le ר, un petit trait à peu près horizontal qui ne me paraît pas être une lettre; je crois que ce trait provient d'un coup de ciseau donné maladroitement par le sculpteur.

La troisième lettre de la deuxième ligne paraît être un ש, et je lis le premier mot de cette ligne דרשא; רשא serait le participe du verbe רשא « pouvoir ».

La troisième ligne commence certainement par un ד suivi d'un ב, puis vient un caractère indistinct et enfin les lettres אגיר. Je serais porté à voir dan la troisième lettre un מ que le sculpteur a oublié de graver en entier, et à lire דבמאגיר; je traduirais donc cette inscription ainsi : « Voici un tombeau dont le milieu peut être loué. » Je m'empresse d'ajouter que la forme מאגיר est très singulière et qu'après la conjonction ד il faudrait un verbe à l'aoriste et non pas au participe; aussi je reconnais que ma traduction n'est nullement certaine.

Je ne sais trop en quelle langue est rédigée l'inscription : le pronom חנא est syriaque et ne se trouve, ni dans le Targoum, ni en palestinien où ܗܢܐ signifie non pas « celui-ci » (le pronom démonstratif masculin est ܗܢܐ, ܗܢܘ) mais « où »; on pourrait donc se demander si, bien qu'écrite en caractères hébreux carrés, l'inscription n'est pas rédigée en syriaque. Par contre, le verbe רשא signifie « il peut, il est licite » dans le chaldaïque du Targoum et en nabatéen (voir *Corpus inscriptionum semiticarum*,

[1] *Transactions of the Society of Biblical Archaeology*, vol. VI, part 2, 1879, p. 436.

Parssecunda, pl. 34, nº 210, l. 3, pl. 30, nº 214, l. 5, pl. 34, nº 212, l. 3), et n'a pas ce sens en syriaque. Je serais porté à croire que l'inscription nº 40, de même que les inscriptions nºs 41 et 43, est rédigée dans le dialecte local d'un canton du Nord de la Palestine dont la colonie juive d'Édesse était originaire.

Lorsqu'on sort de la grotte au dessus de la porte de laquelle se trouve l'inscription nº 40 et qu'on tourne à droite pour remonter le vallon, en s'éloignant d'Ourfa, on voit à quarante pas plus loin une grotte sépulcrale au-dessus de la porte de laquelle est gravée une autre inscription en caractères hébreux carrés; je lui ai donné le nº 41.

INSCRIPTION Nº 41. ניח ה' נפשה דיוסף

Je considère ניח comme l'impératif pael du verbe נוח, mais le pael de ce verbe ne se trouve, ni dans le dialecte des Targoums, ni en palestinien, et est rare en syriaque; quant à 'ה, c'est une abréviation pour מרי. Je traduis donc cette inscription ainsi : « Accorde la tranquillité, ô Seigneur, à l'âme de Joseph! »

Lorsqu'on continue à remonter le vallon, en tournant le dos à la ville, on voit à une centaine de mètres de la grotte dont je viens de parler, tout près du fond du vallon, une autre grotte funéraire dont la porte est précédée d'un petit couloir à ciel ouvert creusé dans le rocher. A droite de la porte, à l'extérieur, est gravée une inscription grecque (nº 42); sur la paroi de gauche du couloir, tout près de la porte, est gravée l'inscription en caractères hébreux carrés à laquelle j'ai donné le nº 43.

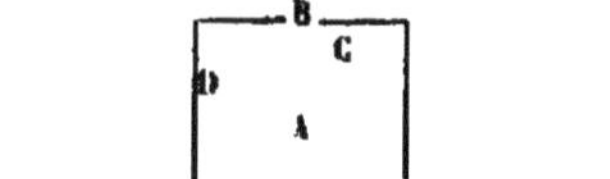

A Couloir à ciel ouvert.
B Porte de la grotte.
C Endroit où est gravée l'inscription grecque nº 42.
D Endroit où est gravée l'inscription nº 43.

L'inscription grecque est si facile à comprendre que, sans être helléniste, je crois pouvoir la lire ainsi : [T]OYTO TO HPΩI[O]N ЄЄYKOY IZA[T]OY KAI IAMIAΣ A......[KA]I ΣAMOYHΛOY ΓOP(?)....A(?)N(?)OY IOYΔEΩN « Ceci est le tombeau des Juifs Séleucus[1], fils d'Izatès, Iamia, fils d'A........, et Samuel, fils de Gor....anos. »

INSCRIPTION Nº 43.

1 הנא ביעלמא
2 דסילוקוס בר
3 אזמ ..... בר
4 מ....... .....מיל בר
5 גונין ....

Ceci est le tombeau de Séleucus, fils d'Izatès, de ....., fils de M..., et de Samuel (?), fils de Gogin... ....

[1] ЄЄYKOY est évidemment une faute pour ΣEΛEYKOY, et une pareille faute prouve que le sculpteur copiait un texte grec qu'il ne comprenait pas.

À la première ligne, [illegible] est évidemment une faute ou une forme vulgaire pour [illegible] «tombeau».

Les lettres des deux premières lignes et celles du premier mot de la troisième ligne sont très profondément gravées, mais, après avoir écrit le mot [illegible], le sculpteur a tracé très légèrement les caractères de la ligne 3 et des lignes 4 et 5 et n'a pas achevé de les creuser; la pierre est presque polie et toute la fin de l'inscription est presque illisible.

Il semble qu'à la ligne 4 le nom propre [illegible] «Samuel» était écrit [illegible].

Le premier mot de la ligne 5 paraît bien être [illegible] ou [illegible], tandis que, dans l'inscription grecque, le nom du père de Samuel paraît commencer par la syllabe ΓΟΡ.

Enfin j'avoue que je suis incapable de lire et de traduire la fin de la cinquième ligne.

Je ne sais de quelle époque sont les inscriptions n°s 40, 41, 42 et 43. Il semble qu'à l'endroit où se trouve aujourd'hui le hameau de Keurk-Moghara il y avait jadis un petit cimetière juif; on a pu enterrer dans ce cimetière pendant deux ou trois siècles et, par suite, les inscriptions n°s 40, 41 et 43 ne sont peut-être pas toutes les trois de la même époque. Le tombeau du Syrien Séleucus, qui date du commencement du IIIe siècle, devait être contigu aux premières tombes du cimetière juif, et le tombeau syrien où on voit l'inscription n° 44 est plus ancien encore, selon moi, que le tombeau du Syrien Séleucus et se trouve à très peu de distance du tombeau du Juif Séleucus et de ses compagnons; je serais, par suite, porté à croire que les inscriptions juives auxquelles j'ai donné les n°s 40, 41, 42 et 43, tout en étant d'époques différentes, ne sont pas antérieures au Ier siècle, ni postérieures au IVe siècle de notre ère.

Lorsqu'on sort du tombeau du Juif Séleucus et de ses compagnons et qu'on marche droit devant soi, on arrive d'abord au fond du vallon qui, ainsi que je l'ai déjà dit, n'est qu'à quelques mètres au-dessous du tombeau; si l'on gravit ensuite la pente de la montagne, on voit à la même hauteur que le tombeau du Juif Séleucus et en face de lui, mais de l'autre côté du vallon, une caverne funéraire dans laquelle se trouve la longue inscription syriaque à laquelle j'ai donné le n° 44. Au fond de cette grotte, du côté opposé à la porte, on voit une grande niche creusée dans le roc, au-dessus du sol, et dans le fond de cette niche est gravée l'inscription. On ne voit pas trace, d'après mes souvenirs, d'une auge qui aurait renfermé le cadavre et il est possible que le bas de la niche ait contenu un sarcophage en pierre; néanmoins, comme les dimensions exiguës de la porte n'auraient pas permis d'introduire dans la caverne un sarcophage de grandeur moyenne, je crois plutôt que ce sépulcre était semblable à ceux que j'ai décrits dans la note de la page 76, et qu'il y avait primitivement une auge creusée au-dessous de la niche, auge que les chercheurs de trésors ont complètement détruite, de sorte que la niche s'élève aujourd'hui au-dessus du sol. M. Sachau a déjà publié l'inscription n° 44, mais le fac-similé qu'il en donne n'est pas tout à fait exact[1] et je crois bien faire de la publier de nouveau.

INSCRIPTION N° 44.

1 [illegible]
2 [illegible]
3 [illegible]
4 [illegible]
5 [illegible]
6 [illegible]

[1] *Zeitschrift der deutschen morgenländischen Gesellschaft*, 1882, p. 142 et suivantes.

Sur le côté, écrit de haut en bas :

[illegible] 7

[illegible] 8

Moi Ayou, fille de Bar-Choumâ, j'ai fait pour moi ce tombeau. Je te demande ceci, ô toi qui naîtras dans les temps futurs et entreras ici : N'ôte point mes os du sarcophage. Que quiconque remuera mes os n'ait pas de joie et qu'il soit maudit par Marlaha !

Sur le côté, écrit de haut en bas :

Qu'on se souvienne de Bar-Choumâ, fils de Waël !

A la ligne 2, le [illegible] de [illegible] est tracé au fond d'un trou qui existait déjà lorsque le sculpteur grava l'inscription. Entre le [illegible] et le [illegible], on aperçoit un grand trait tracé un peu obliquement de haut en bas et on pourrait prendre la partie supérieure de ce trait pour un [illegible] et lire [illegible] ; je crois que le sculpteur a écrit [illegible] et que le grand trait que l'on voit, entre le [illegible] et le [illegible], provient d'un coup de ciseau donné par ceux qui ont creusé la caverne et qu'il existait déjà lorsque l'inscription a été gravée.

De même, à la ligne 3, on voit un petit trait horizontal qui touche la partie supérieure du [illegible] du mot [illegible] ; ce trait résulte d'un coup de ciseau maladroitement donné par le sculpteur ou existait déjà lorsque l'inscription a été tracée.

L'avant-dernier mot de la 3ᵉ ligne est certainement [illegible]. Ce mot signifie « dernier, postérieur » dans le syriaque de l'époque chrétienne ; dans notre inscription, il est employé comme substantif et désigne évidemment « toute personne non encore née qui naîtra dans la suite des *temps* ».

Le mot [illegible] « bassin, cuve » s'emploie souvent, à l'époque chrétienne, pour désigner les fonts baptismaux ; notre inscription prouve qu'il signifiait aussi « sarcophage ».

Le quatrième mot de la cinquième ligne peut être lu [illegible] ou [illegible], mais [illegible] veut dire « la fin » et je le lis [illegible]. Il semble qu'aux très anciennes époques le [illegible] et le [illegible] pouvaient être omis dans beaucoup de mots dans lesquels on les employa plus tard pour indiquer des voyelles longues (voir l'inscription n° 48), et je crois que [illegible] est une faute pour [illegible] « la joie ».

A la dernière ligne, [illegible] ne peut être que le nom d'une divinité. Dans l'ancien dialecte parlé à Édesse, on supprimait le [illegible] initial de [illegible] dans certains mots composés : dans les listes d'évêques qui terminent sa chronique, Michel donne le nom de [illegible] au 17ᵉ et au 21ᵉ évêque d'Édesse, et une église de cette ville était appelée [illegible] ; enfin, un nom de femme dont la seconde lettre était peu lisible, mais qui paraissait bien être [illegible], se trouvait dans une ancienne inscription découverte à Ourfa [1]. Il semble qu'on a adoré très anciennement en Syrie une divinité appelée *Mer* ou *Mar* ; un cachet à légende araméenne nous fait connaître le nom propre

[1] On a découvert, tout près de la porte du sérail, à Ourfa, vers 1901, un caveau dans lequel se trouvaient des mosaïques et des inscriptions. Les mosaïques représentaient le propriétaire du tombeau, sa femme, ses deux fils et ses deux filles, et, à côté de chaque image, était écrit de haut en bas le nom de la personne représentée ; enfin, on voyait, entre deux de ces portraits, une inscription de huit lignes écrite de haut en bas. Ce caveau fut muré sur un ordre venu de Constantinople et, lorsque j'allai à Ourfa, en 1901, je ne pus pas y entrer, mais je possède d'assez mauvaises photographies des mosaïques faites par le Frère Raphaël, capucin à Ourfa, et un très bon fac-similé fait par un indigène qui appliqua une feuille de papier transparent sur les

[illegible][1] (Mar a béni), et M. Pinches a publié une courte inscription assyrienne qu'un roi du pays de Hân ([illegible]), nommé [illegible], nom propre qui signifie évidemment «secours de Mer», avait fait graver sur un ex-voto offert par lui au temple de Chamache à Sippara[2] (voir *Transactions of the Society of Biblical Archaeology*, vol. VIII, p. 352). Enfin, d'après la Doctrine d'Addaï, un des grands personnages qu'Abgar le Noir envoya au procurateur Sabinus se nommait ܡܪܝܗܒ; on pourrait, il est vrai, considérer ce nom comme une contraction de ܡܪܝ ܝܗܒ «mon seigneur a donné», mais je croirais plutôt que c'était un nom païen qui signifiait «le dieu Mar a donné». Le mot ܡܪܝܗܒ me paraît donc être composé d'un ancien nom de dieu ܡܪ et de ܝܗܒ.

Le père d'Ayou, Bar-Choumna, fils de Waol, n'était certainement pas enterré dans le tombeau de sa fille, mais elle voulut le mentionner dans sa propre inscription. Le mot ܕܟܝܪ, à la première ligne de l'inscription écrite verticalement, est l'état simple masculin singulier du participe passif du verbe ܕܟܪ et signifie «il revient à la mémoire, on se souvient de lui», ou plutôt «que son souvenir soit gardé», car je crois que la phrase exprime un souhait. Les formules «que le souvenir d'un tel soit gardé, qu'on garde un bon souvenir d'un tel» se trouvent fréquemment dans les textes nabatéens; il semble qu'on employait ces formules pour faire connaître à la postérité le nom d'une personne morte qu'on avait aimée et on les gravait partout, même sur des rochers, même sur d'anciens tombeaux, mais je crois qu'on ne les employait jamais pour faire connaître le nom de la personne ensevelie dans un tombeau[3].

inscriptions et les décalques. Voici le texte de l'inscription :

ܐܢܐ
ܐܦܬܘܚܐ
ܒܪ ܓܪܡܘܢ
ܥܒܕܬ ܠܝ ܒܝܬ
ܥܠܡܐ ܗܢܐ
ܠܝ ܘܠܒܢܝ
ܘܠܝܪܬܝ ܠܝܘܡܝ
ܥܠܡܐ

Moi, Aptouha, fils de Garmon, j'ai fait pour moi ce tombeau, pour moi, mes fils et mes héritiers, pour les jours de l'éternité.

Les noms des trois hommes représentés dans la mosaïque étaient : 1° ܐܦܬܘܚܐ ܒܪ ܓܪܡܘܢ *Aptouha, fils de Garmon*; 2° ܓܪܡܘܢ *Garmon*; 3° ܐܣܘ *Assou*. Les noms des trois femmes étaient : 1° ܫܘܡܘ *Choumou*; 2° ܫܠܡܬ *Chelmath*; 3° ܒܠܠܗܐ ou ܒܝܠܠܗܐ *Billaha* (il semble qu'il y avait un ܝ après le ܒ). Ce nom paraît être une contraction de ܒܠ et de ܐܠܗܐ.

L'abbé Chabot a publié par l'héliogravure, dans le *Journal asiatique* (mars-avril 1906, p. 281), le cliché fait par le Frère Raphaël; il a lu à tort, dans la grande inscription, au lieu de ܥܒܕܬ ܠܝ ܒܝܬ ܥܠܡܐ ܗܢܐ «j'ai fait pour moi ce tombeau», ܥܒܕܬ ܠܠ ܒܝܬ ܥܠܡܐ ܗܢܐ, ce qui ne signifie absolument rien. Enfin, il a supposé que le nom de femme ܒܠܠܗܐ, qui est, du reste, illisible sur le cliché du Frère Raphaël, devait être ܐܡܬܐܠܗܐ, nom propre que l'on ne trouve à ma connaissance nulle part et qui n'a probablement jamais existé à l'époque païenne.

Lorsque je suis allé à Ourfa en 1906, on m'a affirmé que les mosaïques avaient été envoyées au Musée de Constantinople; si le fait est exact, j'ai peur qu'elles n'y soient arrivées en bien mauvais état.

[1] *Corpus inscriptionum semiticarum*, Pars secunda, Tomus primus, pl. XI, n° 85.

[2] Il n'est pas absolument prouvé que le pays appelé [illegible] était situé en Syrie, mais cela me paraît probable.

[3] A peu de distance d'Ourfa, se trouve une grande caverne que les carriers appellent *Mál-meghárasse*. En face de cette caverne, on voit une inscription en grands caractères et en partie brisée, gravée verticalement au-dessus de l'entrée d'une autre caverne dont on a extrait de la pierre; elle a déjà été publiée par M. Sachau (voir *Zeitschrift der deutschen morgenländischen Gesellschaft*, 1882, p. 160 et 161). Bien que les photographies que j'ai prises de cette inscription ne soient pas très bonnes, le fac-similé suivant, fait d'après ces photographies, indique, je crois, mieux que les deux copies de M. Sachau, la forme exacte des caractères.

Lorsque, partant du tombeau d'Ayou, on gravit verticalement le flanc de la montagne en obliquant un peu à gauche, on trouve, à quelques minutes de marche du tombeau d'Ayou, mais beaucoup plus haut, à gauche, une grotte funéraire au-dessus de la porte de laquelle sont gravées les deux *inscriptions auxquelles j'ai donné les numéros 45 et 46*. Elles sont écrites de haut en bas sur deux stèles oblongues et arrondies par le haut sculptées en relief sur le rocher. Ces deux stèles, ou plutôt ces deux bas-reliefs représentant des stèles se trouvent à quelques centimètres l'un de l'autre, très haut au-dessus de la porte; l'inscription n° 45 est gravée sur la stèle de gauche et l'*inscription n° 46 sur celle de droite*. Au-dessus de cette dernière inscription est sculpté, sur la stèle, un objet rond qui paraît être une couronne. M. Sachau a déjà publié l'inscription n° 45, mais la copie qu'il en donne n'est pas très exacte[1]; il semble n'avoir pas vu l'inscription n° 46, bien qu'elle se trouve à côté de la première.

INSCRIPTION N° 45.

1 ܡܓܕܠ ܒܪܬ ܥܒܕܐܠܬ
2 ܟܬܐ ܡܚܒܠ

Magdal, fille d'Abd-Allat, poussière! hélas!

Je lis ܡܓܕܠ le nom propre de la première ligne, mais on pourrait tout aussi bien le lire ܡܓܕܠܬ.

Le dernier caractère de la première ligne, en partie effacé, est certainement un ܬ. Le nom propre ܥܒܕܐܠܬ (l'esclave d'Allat) existe en palmyrénien (voir De Vogüé, *Inscriptions sémitiques*, pl. IX, n° 94, l. 3).

Le premier mot de la seconde ligne peut être un nom propre et il faudrait, dans ce cas, traduire : «Magdal, fille d'Abd-Allat Kata, hélas!» Il est possible aussi que ܟܬܐ soit le substantif ܟܬܐ, ܟܬܬܐ «terre, motte de terre» employé comme interjection.

Le substantif ܡܚܒܠܐ «corruption» s'emploie parfois, avec un suffixe, tant au singulier qu'au pluriel, comme interjection, avec le sens de «malheur!». On trouve, par exemple, ܡܚܒܠܝ ou ܡܚܒܠ ܠܝ «malheur à moi!», ܡܚܒܠܢ «malheur à nous!», ܡܚܒܠܟܝ ܐܘܪܗܝ «malheur à Édesse!», mais je ne crois pas avoir jamais rencontré, dans les textes de l'époque chrétienne, l'état simple du singulier employé comme interjection. Notre inscription prouve que cette forme était employée comme interjection dans l'ancien dialecte d'Édesse; on sait, au reste, que l'interjection אבל existe en palmyrénien et que les inscriptions funéraires palmyréniennes ne contiennent souvent que le nom propre du mort précédé ou suivi de אבל.

Je lis ce texte ainsi :

ܕܟܝܪ ܐܢܐ (?).....
ܘܐܪܘܩ ܒܪ....
ܘܪܚܡܝܢ
ܕܟܝܪ

Qu'on garde le souvenir d'Ana...... et Arouq(?).... et Rahmin, qu'on garde son souvenir!

On pourrait, à la première ligne, lire ܐܢܐ ܕܟܝܪ «je mentionne», car ܕܟܝܪ a à la fois un sens actif et un sens passif, mais je croirais plutôt que les lettres ܐܢܐ (les deux dernières sont du reste, douteuses) sont le commencement d'un nom propre d'origine grecque. Les mots ܘܐܪܘܩ ou ܘܐܪܘܦ (seconde ligne) et ܘܪܚܡܝܢ (3e ligne) paraissent être des noms propres, mais je n'oserais pas l'affirmer : cette inscription est, en effet, tellement mutilée qu'il est impossible de la traduire avec certitude.

[1] Voir *Zeitschrift der deutschen morgenländischen Gesellschaft*, 1882, p. 163.

INSCRIPTION N° 46.

: ܒܝܠ ܘܝ ܘܝ
: ܟܠܝܐ ܢܗܝܠ

L'interjection ܘܝ, répétée deux fois à la fin de la première ligne, se trouve fréquemment en syriaque.

Le premier mot de la seconde ligne, ܟܠܝܐ, me paraît être également une interjection indiquant le désespoir ou la douleur; on ne la rencontre pas dans les textes syriaques de l'époque chrétienne, mais on la trouve dans les inscriptions nabatéennes (כלא).

Quant au premier mot de la première ligne, ܒܝܠ, je crois que c'est le nom du dieu Bel employé comme interjection. Une inscription palmyrénienne publiée par M. de Vogüé et par M. Euting[1] commence par les mots בלי דכירן ירחי בר נשא «Ô Bel! Que le souvenir de Yarhaï, fils de Nécha, soit conservé!» On admet généralement que, dans cette phrase, בלי est une interjection venant de la même racine que l'interjection nabatéenne כלא ou כלו qui indique la douleur, mais je ne le crois pas. Cette dernière interjection qui, si j'ai bien lu l'inscription n° 46, existait en vieux syriaque sous la forme ܟܠܝܐ, vient, selon moi, d'un thème à troisième radicale défectueuse (ܐܫܬܟܠܝ «être consommé»), et בלי ne peut pas venir d'un tel thème. En outre, le nom du dieu Bel est toujours écrit sans *youd* en palmyrénien et avec un *youd* en syriaque; בלי me paraît donc être, dans la phrase palmyrénienne citée ci-dessus, de même que ܒܝܠ dans l'inscription n° 46, le nom du dieu Bel employé comme interjection. Je suis, du reste, hors d'état de dire pourquoi, dans certaines inscriptions funéraires, on invoquait Bel, au lieu d'invoquer une divinité infernale quelconque, par exemple Rab-Assirê[2]; les anciennes religions syriennes nous sont à peu près complètement inconnues et il est possible que Bel ait été le protecteur des tombeaux. Je traduirais donc l'inscription n° 46 de la manière suivante : «Bel! Malheur! Malheur! Désolation! Hélas!»

On m'objectera qu'une inscription ne peut pas se composer uniquement d'interjections, mais je crois que l'inscription n° 46 est la suite de l'inscription n° 45, bien que les caractères soient plus petits dans l'une que dans l'autre et qu'elles paraissent avoir été gravées par deux sculpteurs différents. Je suppose que la stèle sculptée à côté de celle qui porte le nom de Magdal, fille d'Abd-Allat,

[1] Voir De Vogüé, *Syrie centrale, Inscriptions sémitiques*, pl. VII, n° 68, et *Sitzungsberichte der Königlich Preussischen Akademie der Wissenschaften zu Berlin*, 1885, p. 675.

[2] On trouve dans le *Ginza* (édition Petermann, partie de droite, p. 377, l. 3, 4, 5, 6) la phrase suivante : [illegible]
«Lorsque vous sortirez de vos corps pour aller vers la Grande Vie, quel certificat donnerez-vous? Que direz-vous au messager qui vous aura dé[...]és du monde? Que direz-vous aux génies infernaux et à Rab-Essiré qui réside là-bas? Que direz-vous au génie Anouche?» On pourrait supposer que, dans ce passage, [illegible] signifie «geolier», comme le syriaque ܪܒ ܐܣܝܪܐ, mais je croirais plutôt que ces mots, qui signifient au propre «le maître de ceux qui sont liés», étaient le nom d'un ancien génie infernal devenu le gardien des enfers dans la religion mandéenne. On lit, en effet, dans le tarif des douanes de Palmyre, que l'ancien tarif et le nouveau avaient été gravés sur une table de pierre placée en face du temple de רב אסירא, nom propre qui est transcrit dans le texte grec par ΡΑΒΑΣΕΙΡΗ; les Palmyréniens adoraient donc un dieu ou un génie infernal appelé *Rab-Assiré*, et ce dieu ou ce génie était probablement le gardien des enfers.

Les rédacteurs du *Corpus inscriptionum semiticarum* paraissent considérer comme admissible l'hypothèse de M. Halévy qui voit dans Rab-Assiré un composé formé de l'ancien nom de dieu [illegible] qu'on trouve dans l'inscription de Teïma. Le ν final de ΡΑΒΑΣΕΙΡΗ prouve, selon moi, que, dans רב אסירא, le second mot était un pluriel.

était destinée à recevoir le nom d'une autre personne qui devait être ensevelie ultérieurement dans le même tombeau, et que cette autre personne ayant été ensevelie ailleurs, pour ne pas laisser la seconde stèle sans inscription, on y a gravé une série d'interjections qui formaient la suite de l'inscription de Magdal.

Lorsqu'on sort du tombeau de Magdal, qu'on tourne à droite et qu'on se dirige du côté de la citadelle, on trouve, sur le flanc de la montagne, à une centaine de mètres environ du tombeau de Magdal et à peu près à la même hauteur, un grand tombeau creusé dans le roc. Au-dessus de sa porte, neuf stèles arrondies par le haut ont été sculptées en relief sur le rocher qui a été, au préalable, assez profondément entamé et aplani. Sur la première stèle à gauche, on distingue une urne sculptée en relief; sur la troisième stèle à gauche, une inscription en très mauvais état à laquelle j'ai donné le n° 47 est tracée horizontalement, et il semble que des ornements, et peut-être des inscriptions, étaient sculptés sur les autres stèles, mais ces sculptures ont presque complètement disparu.

INSCRIPTION N° 47.

ܗܢܐ ܨܠܡܐ 1
ܕܒܪ ܥܬܐ 2
ܒ(?) . . . . . . ܬܐ 3

Ceci est l'image de Bar-Ata, fils de(?) . . . . . .

Je serais porté à croire que cette inscription est très ancienne et date du IIe ou peut-être du Ier siècle. Le ܗ initial ressemble plus au ܗ de l'inscription du tombeau de Manou qu'au ܗ estranghélo de l'époque chrétienne; la quatrième lettre de la première ligne était certainement un ܠ et ce ܠ ressemble un peu à celui de l'inscription de la reine Sadan (voir p. 19, n. 2), bien que des cassures empêchent de distinguer sa forme exacte.

Je ne sais où était l'image dont parle l'inscription, et il est possible que des statues aient été posées sur le rocher au-dessus de chacune des stèles.

N°s 48, 49 ET 50.

(PLANCHES XXIII ET XXIV.)

INSCRIPTIONS SYRIAQUES PRÈS DE CHEÏKH MAQSOUD, DANS LES ENVIRONS D'OURFA.

Lorsqu'on sort d'Ourfa par la porte de Harrân située au sud-ouest de la ville, on aperçoit, non loin de cette porte, un faubourg appelé Keutiler, et, à peu de distance de Keutiler, plusieurs vallons qui se dirigent à peu près de l'Est à l'Ouest et s'enfoncent dans la montagne. Deux d'entre eux sont séparés l'un de l'autre par une chaîne de collines au sommet de laquelle se trouve un endroit que les gens du pays appellent Utch-Qardach «les trois frères». Si on remonte celui de ces deux vallons qui est le plus au Nord en laissant à gauche, sur la hauteur, Utch-Qardach, on arrive en vingt ou vingt-cinq minutes de marche, à partir de la porte de Harrân, à une grotte au-dessus de l'entrée de laquelle est gravée la très ancienne inscription syriaque à laquelle j'ai donné le n° 48. Cette grotte se trouve du côté gauche et presque au fond du vallon, mais je préviens ceux qui voudront voir l'inscription qu'ils auront beaucoup de peine à la trouver. D'innombrables cavernes funéraires ont, en effet, été creusées dans ce vallon, et on ne peut apercevoir l'inscription que lorsqu'on arrive à trois ou quatre mètres de la caverne au-dessus de l'entrée de laquelle elle est gravée. Ceux qui la chercheront marcheront probablement, ou trop vite, ou trop lentement, en partant de Keutiler; ils dépasseront en vingt minutes de marche l'endroit où se trouve la grotte, ou bien ils n'y arriveront pas, et, dans les deux cas, ils la chercheront en vain, pendant des heures entières, parmi les innombrables grottes qu'ils apercevront dans toutes les directions. Je conseille donc à ceux qui voudront voir cette curieuse inscription de suivre un autre itinéraire. Ils se feront conduire à un sanctuaire musulman appelé Cheïkh Maqsoud; c'est un petit bâtiment qui se trouve dans un vallon situé au nord de celui dont je viens de parler, presque sur la crête de la chaîne de collines qui sépare les deux vallons. Arrivés à Cheïkh Maqsoud, ils se dirigeront vers le Sud, en consultant une boussole et en marchant aussi droit que possible, malgré les rochers et les obstacles qu'ils rencontreront; en marchant droit au Sud, ils arriveront d'abord au sommet de la hauteur (ainsi que je l'ai déjà dit, Cheïkh Maqsoud n'est pas tout à fait au point culminant), ils descendront ensuite dans le vallon situé au sud de celui de Cheïkh Maqsoud, ils traverseront le fond de ce vallon et, avant de gravir la pente opposée, ils se trouveront très près de la grotte au-dessus de l'entrée de laquelle est gravée l'inscription [1].

Cette grotte est de forme à peu près ronde, grande, très profonde, et on y pénètre par deux ouvertures de forme irrégulière, l'une très petite, l'autre très large. Bien que la caverne ressemble plutôt à une citerne qu'à une grotte sépulcrale, on voit à l'intérieur, mais à une grande hauteur au-dessus du sol, les restes d'un sépulcre semblable à ceux que j'ai décrits dans la note de la page 76;

[1] Cheïkh Maqsoud n'étant pas tout à fait sur la hauteur, on ne peut pas, de la porte de la grotte, apercevoir Cheïkh Maqsoud, mais il m'a semblé que Cheïkh Maqsoud était exactement au nord de la grotte. On peut aller de Cheïkh Maqsoud à la grotte en dix minutes.

je crois donc que cette caverne est un ancien tombeau que l'on a agrandi et surtout approfondi, à une époque que je ne saurais déterminer, probablement pour en faire une citerne.

La plus grande des deux ouvertures paraît être l'ancienne porte que l'on a agrandie et élargie, et au-dessus d'elle se trouve l'inscription n° 48. Elle est écrite de haut en bas; la fin des lignes 6 et 7 a disparu, une niche carrée ayant été creusée dans le rocher à cet endroit; une autre niche beaucoup plus grande a été creusée au-dessus des quatre premières lignes, mais elle ne s'étend pas jusqu'à elles; enfin le bas des trois dernières lignes a été brisé par ceux qui ont agrandi la porte.

Inscription n° 48.

1 [illegible]
2 [illegible]
3 [illegible]
4 [illegible]
5 [illegible]
6 [illegible] (?)......
7 [illegible] (?)........
8 [illegible]
9 [illegible]
10 [illegible]
11 [illegible]
12 [illegible]
13 [illegible]
14 [illegible]
15 [illegible]
16 [illegible] (?)...
17 [illegible]......
18 [illegible]........

Agréable est le séjour de Chalmân, fils de Kaoukab! Salut à toi! Toi(?), tu fais partie des?..... .... Ils t'ont évoqué et appelé et tu leur as répondu à eux que tu as touchés. Tu as vu l'élévation et la profondeur, l'éloigné et le proche, le caché et l'apparent. Et eux, ils comprennent l'utilité de tes comptes.........; ils commencent............

On pourrait croire que ܗܢܐܐ est une faute pour ܗܢܐ et traduire les deux premières lignes ainsi : «ceci est le séjour», mais il est peu vraisemblable que le sculpteur ait pu mal orthographier un mot aussi usité que ܗܢܐ. Je croirais plutôt que ܗܢܐܐ est l'état simple masculin singulier d'un mot dérivé de la même racine que ܗܢܝܐܐ «agréable». L'état simple de ܗܢܝܐܐ, à l'époque chrétienne, est ܗܢܐ, mais la forme emphatique ܗܢܝܐܐ prouve que, dans ce mot, la troisième radicale ܐ n'avait pas complètement disparu; l'état simple a donc dû être primitivement ܗܢܝܐ. Payne-Smith mentionne, du reste, dans son grand dictionnaire, la forme ܗܢܝܐ qui, dans les passages où on la trouve, signifie «il est agréable» et qui est par conséquent l'état simple masculin singulier d'un mot de la même racine dont les autres formes ont disparu. Je serais porté à croire que ܗܢܐܐ, que nous trouvons à la première ligne de notre inscription, est, ou une faute d'orthographe pour ܗܢܝܐ, ou l'état simple d'un autre mot de la même racine qui avait le même sens et qu'on n'employait plus à l'époque chrétienne.

A la ligne 3, ܫܠܡܢ est un ancien nom propre édessénien qui existait aussi en nabatéen et en palmyrénien [1]. Le caractère qui a disparu à la fin de cette ligne était certainement un [illegible].

Le nom propre [illegible] (ligne 4) ne se trouve, à ma connaissance, dans aucun autre texte.

Le dernier mot de la ligne 5, ܐܢܬܗ est peut-être l'ancienne forme du pronom ܐܢܬ «toi» (on trouve אנתה dans Daniel), et je serais porté à traduire le passage ainsi : «toi, tu fais partie des... »; malheureusement il ne reste du mot qui suivait la préposition ܡܢ que la première lettre qui peut être un [illegible] ou un [illegible].

Le dernier mot de la ligne 11 était très probablement [illegible], faute pour [illegible] «profondeur»; la lacune de la ligne 11 est, en effet, trop petite pour qu'on puisse supposer que le [illegible] était précédé de deux caractères [2].

Aux lignes 12 et 13, les mots [illegible], [illegible], [illegible], [illegible] doivent être lus [illegible], [illegible], [illegible], [illegible]. Il est probable qu'à l'époque à laquelle l'inscription a été gravée on n'écrivait pas beaucoup de voyelles longues qu'il a été d'usage d'écrire dans la suite. De même, à la ligne 16, [illegible] me paraît devoir être lu [illegible].

ܣܟܠ ܥܠ signifie souvent «comprendre» et je traduis ܡܣܬܟܠܝܢ ܥܠ [illegible] (lignes 14 et 15) par «ils comprennent l'utilité». On voit, à la fin de la ligne 15, un trait qui ressemble bien à un [illegible] final, mais je crois que c'est une cassure.

Enfin, à la ligne 17, on peut lire [illegible] «ils jettent» au lieu de [illegible].

Malgré les lacunes que contient cette inscription, sa traduction est à peu près certaine, et pourtant on ne comprend pas du tout ce que celui qui l'a rédigée a voulu dire; les phrases qu'il a écrites sont même si étranges, si obscures, qu'on est en droit de supposer qu'il n'a pas voulu s'exprimer trop clairement. L'inscription, d'autre part, est certainement une épitaphe, et je serais, par suite, très porté à croire que Chalmân, fils de Kaoukab, était chrétien ou appartenait à une secte gnostique quelconque, et que notre inscription est une épitaphe dans le genre de celle de saint Aberkios, évêque de Hiéropolis, c'est-à-dire une épitaphe rédigée intentionnellement en termes obscurs et compréhensibles seulement pour les chrétiens ou les adhérents de la secte gnostique à laquelle appartenait Chalmân. Il est possible aussi que Chalmân, fils de Kaoukab, ait été initié aux mystères de Mithra ou à d'autres mystères, et que le rédacteur de l'épitaphe l'ait fait savoir en employant à dessein des termes que les initiés seuls pouvaient comprendre.

Bien que certaines lettres, surtout le [illegible] et le [illegible], aient une forme archaïque, l'alphabet de l'inscription n° 48 ressemble plus à celui des inscriptions du IIIe siècle qu'à celui de l'inscription du tombeau de Manou. Je pense donc que cette inscription est du IIIe ou peut-être du IIe siècle, mais je n'oserais pas l'affirmer.

Ainsi que je l'ai déjà dit, le petit sanctuaire musulman appelé *Cheikh Maqsoud* se trouve dans un vallon situé au nord de celui où l'on voit la caverne sépulcrale de Chalmân, fils de Kaoukab, presque au sommet de la chaîne de collines qui sépare les deux vallons. A trois minutes de marche environ à l'est de Cheikh Maqsoud, plus bas que Cheikh Maqsoud, mais bien au-dessus du fond du vallon, près d'une ancienne carrière, on voit une petite grotte qui contient, si mes souvenirs sont exacts,

(1) Voir *Corpus inscriptionum semiticarum*, Pars secunda, Tomus I, pl. 42, n° 302; pl. 51, n° 426 A; — De Vogüé, *Inscriptions sémitiques*, pl. 5, n° 33 a, l. 5; pl. 6, n° 49, l. 1; pl. 8, n° 76, l. 1.

(2) Je me suis demandé s'il ne fallait pas lire [illegible] au lieu de [illegible], et traduire en conséquence la phrase de la façon suivante : «tu as vu celui qui est élevé et profond, éloigné et rapproché, caché et apparent»; mais je ne crois pas que le mot [illegible] «élevé» ait jamais été écrit [illegible].

trois sépulcres semblables à ceux que j'ai décrits dans la note de la page 76. Sur celui qui est en face de la porte sont gravées les deux inscriptions auxquelles j'ai donné les nos 49 et 50. La première se trouve à droite de la niche creusée au-dessus de la cuve, assez haut, la seconde au-dessus de la niche; toutes les deux sont écrites horizontalement. Le dessin suivant fait de mémoire indiquera la place de chacune d'elles.

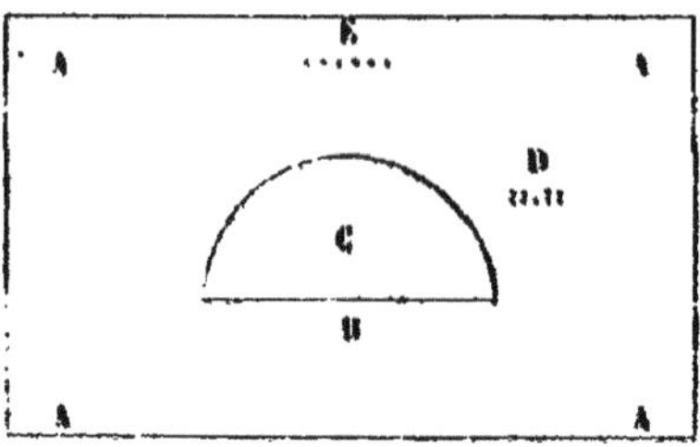

A A A A Paroi de la grotte du côté opposé à la porte.
B Paroi de la cuve creusée dans le roc.
C Niche creusée dans le roc au-dessus de la cuve.
D Inscription no 49.
E Inscription no 50.

INSCRIPTION No 49.

1 ܗܢܐ ܒܝܬ ܓܪܡܐ
2 ܕܪܥܒ ܒܪ ܫܒܪܐ (?)

Ceci est le sépulcre de Raab, fils de Chabra (?).

ܒܝܬ ܓܪܡܐ «sépulcre» (ܒܝܬ est une faute pour ܒܝܬ) signifie littéralement «maison des ossements». Le mot ܓܪܡܐ «ossements» (en chaldaïque [illegible] ou [illegible]) n'était plus employé à l'époque chrétienne et on ne le trouve pas dans le dictionnaire de Payne-Smith, mais notre inscription prouve qu'il a existé en vieux syriaque; nous l'avons vu, du reste, à la ligne 7 de l'inscription du tombeau de Manou.

La seconde ligne est très difficile à lire, bien que les caractères soient très nets et très profondément gravés. La première lettre ne peut être qu'un ܕ quoiqu'elle ressemble plutôt à un ܪ; je lis ܪܥܒ le nom propre qui vient ensuite, mais ce nom ne se trouve nulle part et on peut le lire [illegible] et même [illegible]. Après ce nom propre, nous voyons le mot ܒܪ «fils de», puis un second nom propre encore plus mal écrit que le premier; on peut le lire ܫܒܪܐ, [illegible], ou même [illegible].

INSCRIPTION No 50.

ܪܫ ܓܒܥܬܐ (?)

chef de la butte (?).

Je crois que cette inscription qui ne contient pas de nom propre est la suite de l'inscription no 49 et qu'elle indique une charge ou une magistrature dont Raab était titulaire.

Le premier mot est ܪܫ «chef de». Le mot suivant est très mal écrit; on pourrait le lire ܣܥܪܬܐ, mais ܣܥܪܬܐ signifie «cheveu» et il est peu vraisemblable que, dans le royaume d'Édesse, un fonctionnaire quelconque ait été appelé «le chef du cheveu». Je me demande si la troisième lettre n'est pas un ܒ mal fait et s'il ne faut pas lire ܓܒܥܬܐ «la butte». Le personnage dont l'inscription no 49 mentionne le nom aurait été, dans ce cas, le chef d'un quartier ou d'un faubourg d'Édesse qu'on appelait «la butte», mais ce quartier ou ce faubourg n'est mentionné nulle part, à ma connaissance, et je reconnais que ma traduction est tout à fait conjecturale.

Il m'est impossible de dire de quelle époque sont les inscriptions n°s 49 et 50, mais je les crois antérieures au IIIe siècle; elles peuvent même être antérieures à l'ère chrétienne.

N° 51.

(Planche XXIV.)

INSCRIPTION SYRIAQUE DE L'ÉGLISE DE KAFAR-ZÉ.

Le village de Kafar-Zé se trouve dans le Tour-Abdin, entre Mediad et Hah, à une heure et demie environ d'Arnas, à une heure de Halakh. La grande église de Kafar-Zé est dédiée à saint Azaziel et m'a paru être extrêmement ancienne; elle ressemble beaucoup à l'église d'Arnas et se compose :

1° D'une galerie longue et assez étroite située au sud et recouverte d'une voûte en berceau[1]; une porte est percée entre cette galerie et la cour de l'église.

2° D'une nef rectangulaire située au nord de la galerie et dans laquelle on pénètre de la galerie par deux portes placées à peu de distance l'une de l'autre. Cette nef est recouverte par une voûte en berceau supportée par le mur du sud (celui qui sépare la galerie de la nef) et le mur du nord.

3° Du chœur, petit hémicycle placé à l'est de la nef, et recouvert par une voûte en cul-de-four appliquée contre le mur oriental de la nef.

La nef est coupée en deux par un petit mur très bas montant à peu près jusqu'aux genoux d'un homme; une des deux moitiés de la nef est réservée aux hommes, l'autre aux femmes. Au milieu de ce petit mur, juste au milieu de la nef, se trouve la chaire, plate-forme ronde en pierre, sans balustrade, supportée par quatre piliers également en pierre; on y monte par des degrés placés dans la partie de la nef réservée aux hommes.

Le chœur, un peu plus élevé que la nef, est séparé d'elle par un ܩܢܟܠܝܣܐ ressemblant beaucoup à celui de l'église d'Arnas (voir page 95). Ce ܩܢܟܠܝܣܐ est formé par quatre petites colonnes supportant une architrave; la première colonne à droite se trouve à l'endroit où le mur du chœur rejoint celui de la nef à droite; la dernière colonne à gauche, à l'endroit où le mur du chœur rejoint celui de la nef à gauche. La partie supérieure de l'architrave n'atteint pas le sommet de la voûte, de sorte que le chœur est complètement ouvert par en haut. L'espace compris entre la première colonne à droite, l'architrave et la seconde colonne, est fermé par un mur peu épais dans le milieu duquel est percée une grande fenêtre; l'espace compris entre la troisième colonne, l'architrave et la quatrième colonne, est fermé également par un mur peu épais dans lequel sont percées deux petites fenêtres en haut, au-dessous de l'architrave, et une grande un peu plus bas, au centre; enfin l'espace compris entre les deuxième et troisième colonnes, au-dessous de l'architrave, n'est pas fermé et c'est par là qu'on monte, au moyen de quelques degrés, de la nef dans le chœur. En somme, le ܩܢܟܠܝܣܐ de l'église de Kafar-Zé ressemble énormément à l'iconostase des églises grecques, sauf qu'il n'a qu'une porte au lieu de trois. Des rideaux qui pendent de l'architrave masquent la porte et toutes les ouvertures[2].

[1] Cette galerie couverte m'a paru être très postérieure à l'église, et je crois qu'à la place où elle se trouve il y avait jadis une galerie à arcades semblable à celle que l'on voit au sud de l'église d'Arnas.

[2] La plupart des anciennes églises jacobites que j'ai vues dans le Tour-Abdin peuvent être divisées en deux catégories, d'après la forme du chœur.

Dans les églises de la première catégorie (par exemple l'église de Saint-Gabriel de Kartmin), le chœur est très vaste; il est au même niveau que la nef dont il se trouve

Une porte est percée dans le mur oriental de la nef, à droite du chœur, pour la personne qui, placée dans la nef, regarde le chœur. Par cette porte, on descend, par un couloir en pente, dans

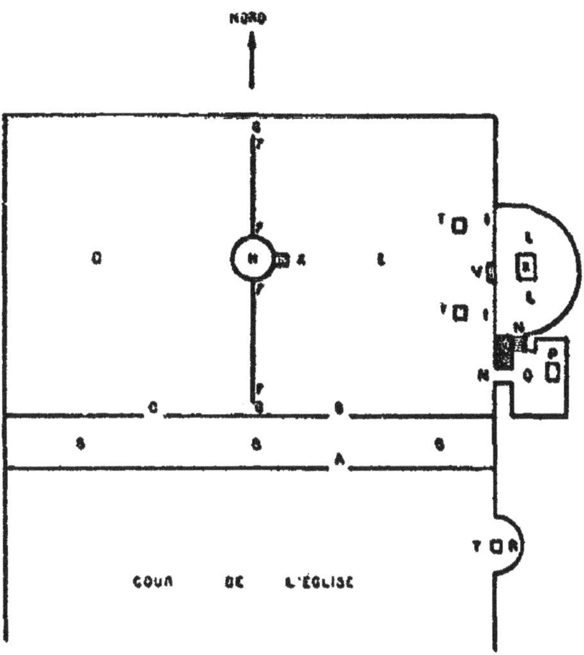

A Porte par laquelle on entre de la cour dans la galerie couverte.
B Porte par laquelle les hommes entrent dans la nef.
C Porte par laquelle les femmes entrent dans la nef
D Partie de la nef réservée aux femmes.
E Partie de la nef réservée aux hommes.
F F F F Petit mur s'élevant jusqu'aux genoux d'un homme, qui sépare la partie de la nef réservée aux femmes de la partie de la nef réservée aux hommes.
G G Passages permettant d'aller d'une partie de la nef à l'autre.
H Chaire.
I I ܩܢܟܠܐ (mur de refend peu élevé avec colonnes et architrave qui sépare le chœur de la nef; une porte est percée au centre).
K Autel.
L L Chœur un peu plus élevé que la nef (on y monte par des degrés).
M Porte par laquelle on descend dans l'église de Saint-Chalito.
N Porte par laquelle on descend, par quelques degrés, du chœur dans l'église de Saint-Chalito.
O Église de Saint-Chalito (elle a deux étages).
P Autel de l'église de Saint-Chalito.
R Hémicycle couvert par une voûte en coquille ([illegible]).
S S S Galerie couverte par une voûte en berceau.
T T T Tables de pierre ([illegible]).
V Degrés devant la porte du chœur.
X Degrés devant la chaire.

une petite pièce peu éclairée dont le pavage est un peu plus bas que celui de la nef; une autre porte percée dans le mur du chœur permet également d'y descendre du chœur par quelques degrés. Cette

séparé par un mur massif supportant la toiture et percé de trois portes. Enfin il est divisé en trois chapelles communiquant entre elles et contenant chacune un autel.

Dans les églises de la seconde catégorie (par exemple l'église de Kafar-Zé), le chœur est plus élevé que la nef et on y monte par des degrés. Il en est séparé par des colonnettes et un léger mur de refend (ܩܢܟܠܐ), qui ne monte pas jusqu'à la voûte et ressemble un peu à l'iconostase des églises grecques; enfin il est semi-circulaire, fort petit, ne contient qu'un seul autel et n'en a probablement jamais contenu trois en raison de son exiguïté.

Les églises de la première catégorie sont fort anciennes, puisque l'église de Saint-Gabriel de Kartmin a été construite sous Anastase; mais celles de la seconde catégorie m'ont paru être fort anciennes aussi, et elles res-

pièce est peu élevée et contient un autel; dans un coin, un petit escalier conduit dans une pièce située au-dessus et tout aussi petite qui contient également un autel. Ces deux chambres, la chambre supérieure et la chambre inférieure, sont considérées comme formant une église qu'on appelle ܒܝܬ ܨܠܘܬܐ.

Enfin, dans la cour de l'église, du côté de l'est, on voit une petite chambre en forme d'hémicycle qui s'enfonce dans le mur et est recouverte par une voûte en coquille. Elle est complètement ouverte du côté de l'ouest et ressemble à l'abside d'une petite église qu'on aurait laissé subsister en démolissant l'église elle-même (voir la planche IV). Dans cette chambre se trouve une de ces tables de pierre qu'on appelait ܦܬܘܪܐ (voir la note 1 de la page 42), et c'est là que, pendant l'été, le clergé récite les prières canoniques. L'inscription à laquelle j'ai donné le n° 51 est gravée de haut en bas dans cette chambre.

Le plan que l'on voit à la page précédente, plan que je n'ose pas donner comme très exact parce que je l'ai dressé en quelques minutes, sans prendre de mesures, fera comprendre la disposition de l'église de Kafar-Zé.

INSCRIPTION N° 51 (XIe siècle).

1 ܐܬܒܢܒܢܝܬ ܗܢܐ ܒܝܬ
2 ܨܠܘܬܐ ܕܬܫܡܫܬܐ ܒܫܢܬ
3 ܐܠܦ ܘܐܪܒܥܝܢ
4 ܘܫܬ ܕܝܘܢܝܐ ܒܝܘܡܝ
5 ܡܪܝ ܝܘܐܢܝܣ ܐܦܝܣܩܘܦܢ
6 ܘܕܡܪܝ ܐܕܝ ܪܝܫܐ
7 ܕܥܕܬܐ ܘܕ
8 ܡܪܝ ܐܦ
9 ... ܘܕ ...
10 ....

Cet oratoire pour la récitation des offices a été construit en l'an 1046 des Grecs, au temps de Mr Iwannis, notre évêque, et de Mr Addaï, chef de l'église, et.....

A la première ligne, le sculpteur a voulu écrire ܐܬܒܢܝܬ « elle a été construite », mais, ayant fait un ܢ beaucoup trop grand et qui était en réalité un ܠ, il a récrit les quatre dernières lettres de ce mot.

Bien que très courte, l'inscription de Kafar-Zé est intéressante parce qu'elle nous apprend ce qu'on appelait ܒܝܬ ܨܠܘܬܐ, au moyen âge : on donnait ce nom à une sorte de chambre généralement recouverte par une voûte en coquille et complètement ouverte d'un côté qui était construite dans la cour de l'église. Sous la voûte se trouvait une de ces tables de pierre qu'on appelait ܦܬܘܪܐ, et c'était là que le clergé récitait les offices, pendant les chaleurs de l'été. Pendant l'hiver et lorsqu'il faisait mauvais temps, on récitait l'office autour des ܦܬܘܪܐ placés dans la nef, devant la porte du chœur (voir la note 1 de la page 42)[1].

semblent beaucoup, pour la forme du chœur, aux nombreuses églises en ruines de l'époque romaine qu'on voit dans la région d'Alep. Il est possible que les églises de la première catégorie soient des églises de couvents et celles de la seconde catégorie des églises de villes et de villages.

[1] Dans beaucoup d'anciennes églises du Tour-Abdin il y a, dans la cour, un ܒܝܬ ܨܠܘܬܐ à peu près semblable à celui de Kafar-Zé. J'en ai vu à Arnas, à Bassibrina, à Hachtarak, à Hah. Dans d'autres églises, par exemple dans l'église de Saint-Gabriel de Kartmin et dans celle de Saint-Jacques-le-Reclus, il n'y a pas de ܒܝܬ ܨܠܘܬܐ et on récite l'office, pendant l'été, autour d'un ou de plusieurs ܦܬܘܪܐ placés dans la cour, devant la porte de l'église.

On peut se demander pourquoi le rédacteur de l'inscription a employé le pronom féminin [illegible], puisque le mot [illegible] est masculin. L'état construit [illegible] forme souvent, avec un autre substantif, de véritables mots composés, comme [illegible] [illegible] «le front», [illegible] [illegible] «le tombeau», et je serais porté à croire que, dans la langue parlée au moyen âge, lorsque le second mot était féminin, le mot composé l'était également; on trouve, en effet, dans l'inscription de Dehhes : [illegible] [illegible] [illegible] «ce baptistère».

Ainsi que je l'ai dit à la page 48, le Tour-Abdin ne formait qu'un seul diocèse jusqu'à la fin du du XIe siècle. L'évêque Iwannis mentionné dans notre inscription avait été moine du couvent de Saint-Gabriel de Kartmin et fut sacré évêque par Basile Ier qui devint patriarche en 923 (voir page 47).

A la ligne 6, [illegible] est une faute pour [illegible]. Enfin, il m'est impossible de restituer le dernier mot de l'inscription.

Nos 52, 53 ET 54.

(Planches XXIV et XXV.)

INSCRIPTIONS DE L'ÉGLISE D'ARNAS.

Le village d'Arnas (ܐܪܢܣ)[1] est situé dans le Tour-Abdin, au nord-est de Mediad, au sud-ouest de Hah, à un peu plus d'une heure de marche du couvent de Saint-Jacques-le-Reclus, à une heure environ d'Aïn-Warda[2]; il est habité par cent familles musulmanes, quatre-vingts familles jacobites et dix familles protestantes environ, et on y voit une église jacobite dédiée à saint Cyriaque qui paraît être ancienne, bien qu'elle ait été partiellement rebâtie à différentes époques.

Cette église ressemble beaucoup à celle de Kafar-Zé. Elle se compose d'une galerie à arcades située au sud, d'une nef rectangulaire, au nord de la galerie à arcades et communiquant avec elle par deux portes, et enfin du chœur qui se trouve à l'est de la nef. Le chœur est un petit hémicycle dont le pavage est un peu plus élevé que celui de la nef et qui est recouvert par une voûte en cul-de-four appliquée contre le mur Est de la nef. L'hémicycle du chœur est séparé de la nef par quatre petites colonnes supportant une sorte d'architrave en pierre, unie, sans aucun ornement, qui elle-même ne supporte rien et est loin d'atteindre le sommet de la voûte, de sorte que le chœur est complètement ouvert par le haut. Entre la première colonne à gauche, qui se trouve au point où le mur de l'hémicycle rejoint le mur de la nef, et la seconde colonne, il y a un garde-fou massif en pierre; il y en a un autre entre la troisième et la quatrième colonne qui se trouve au point où le mur de l'hémicycle rejoint celui de la nef à droite; mais, entre la seconde colonne et la troisième colonne, il n'y a pas de garde-fou, car c'est par là qu'on monte, au moyen de degrés, de la nef dans le chœur. Ces quatre colonnes, l'architrave et le garde-fou ne suffisant pas à masquer l'autel, des rideaux pendent de l'architrave et empêchent que les fidèles placés dans la nef ne puissent voir l'intérieur du chœur.

Un peu à droite de la première des quatre colonnes à droite, sur le mur Est de la nef, par conséquent, mais tout près du point où le mur du chœur rejoint celui de la nef, et à une grande hauteur, est gravée de haut en bas l'inscription à laquelle j'ai donné le n° 52. Sur un bloc de pierre posé sur l'architrave, du côté droit, et faisant saillie en l'air, est gravée, également de haut en bas, l'inscription à laquelle j'ai donné le n° 53. Enfin, en dehors de l'église, dans le mur de la cour, est encastrée une pierre sur laquelle est gravée l'inscription à laquelle j'ai donné le n° 54. Cette inscription se lit aujourd'hui de haut en bas, mais il est peu probable que la pierre soit à sa place primitive; on ne sait donc pas si, à l'origine, elle était placée de manière à être lue horizontalement ou verticalement.

Inscription n° 52 (fin du viiie siècle ou commencement du ixe).

ܒܫܘܒܚ ܐܠܗܐ ܘܡܫܡܫ ܘܐܬܬܡܡ 1

ܠܩܘܕܫܐ ܕܗܢܐ ܒܝܬ ܡܕܒܚܐ ܗ 2

[1] Au sujet de la prononciation de ce nom propre, voir p. 42.

[2] Je ne suis pas allé à Aïn-Warda, mais, d'Arnas, on aperçoit distinctement Aïn-Warda au Sud-Est.

3 [illegible]
4 [illegible]
5 [illegible]
6 [illegible]
7 [illegible]
8 [illegible]
9 [illegible]
10 [illegible]
11 [illegible]
12 [illegible]
13 [illegible]

En l'an 1072 d'Alexandre, le prêtre Élie, chef de l'église, a fait cette clôture du chœur, au temps de notre bienheureux patriarche Mᵃʳ Isaac et au temps du saint évêque Mᵃʳ Cyriaque. Que Dieu, pour le saint nom de qui il a couru et a agi, accorde une bonne commémoration à ses morts à jamais! Ainsi soit-il! Le prêtre Élie, chef de l'église, est sorti de ce monde, dans la chancellerie de feu Mᵃʳ Abraham, en l'an 1058, le 4 avril. Son repos avec les justes est à jamais tranquille! Ainsi soit-il!

Bien que cette inscription soit de la fin du VIIIᵉ ou du commencement du IXᵉ siècle, elle contient un grand nombre de fautes, savoir : [illegible] pour [illegible] (ligne 2), [illegible] pour [illegible] (ligne 2), [illegible] pour [illegible] (ligne 3), [illegible] pour [illegible] (ligne 3), [illegible] pour [illegible] (ligne 5), [illegible] pour [illegible] (ligne 10), [illegible] pour [illegible] (ligne 12), [illegible] pour [illegible] (ligne 13), [illegible] pour [illegible] (ligne 13).

A la seconde ligne, le mot [illegible] écrit fautivement [illegible], désigne évidemment les quatre colonnes, l'architrave et le garde-fou que j'ai décrits ci-dessus. Les Jacobites du VIIIᵉ siècle appelaient donc [illegible] le mur de refend ou les clôtures de quelque nature qu'elles fussent qui, dans certaines églises, par exemple dans celle d'Arnas et celle de Kefar-Zé, séparaient le chœur de la nef[1].

Quant aux Nestoriens, il semble bien qu'ils appelaient [illegible], non seulement la porte ou la clôture du chœur, mais encore une sorte de terre-plein en maçonnerie construit au même niveau que le chœur, entre la nef proprement dite et la porte du chœur. Bar-Bahloul dit entre autres choses au sujet de ce mot : [illegible] الدرج .... [illegible] التي تكلم المذبح [illegible] التي تدام المذبح والدكان «d'après certains manuscrits, [illegible] désigne la banquette en maçonnerie qui est devant le sanctuaire[2] .... les degrés qui sont devant le sanctuaire et

[1] Les Jacobites appelaient [illegible], non seulement le mur de refend qui séparait le chœur de la nef, mais encore la partie de la nef située devant le chœur où se trouvaient les deux tables de pierre autour desquelles on récitait les offices. Dans le récit de l'assassinat du patriarche Denys, en 1261, Bar-Hebraeus dit qu'il fut tué dans la nef, pendant qu'il psalmodiait l'office de la nuit ([illegible]), et il ajoute : [illegible] «ils le mirent en pièces à coups de sabre devant le chœur, dans le [illegible]». Comme on ne récitait jamais l'office dans le chœur, mais dans la nef, autour des deux tables de pierre dont j'ai parlé dans la note 1 de la page 42, il est évident que, dans cette phrase, les mots [illegible] ne veulent pas dire «devant l'autel», mais «devant le sanctuaire», et que [illegible] désigne la partie de la nef ([illegible]) qui se trouvait devant la porte du chœur (voir l'*Histoire ecclésiastique de Bar-Hebraeus*, édition Lamy et Abbeloos, t. II, p. 737).

[2] Le mot مذبح signifie au propre «autel», mais je crois que, dans le passage ci-dessus cité de Bar-Bahloul, il désigne plus spécialement l'endroit où se trouve l'autel, c'est-à-dire le *chœur*; [illegible] a souvent ce sens en syriaque.

l'estrade[1] ». Au chapitre II du livre II de son ouvrage inédit sur les offices de l'Église, l'auteur nestorien Georges d'Arbèle, après avoir dit que beaucoup d'églises anciennes ne ressemblaient pas à celles que l'on construisait à son époque, ajoute ce qui suit :

[illegible]

Lorsque le bienheureux Nestorius fut choisi pour le siège de Byzance, dans son zèle divin, il réfléchit aux mystères que célèbre l'église et, ayant vu ce qu'ils sont, il disposa l'église d'après les mystères qu'elle célèbre. Or, comme Notre Seigneur passa sa vie humaine dans la région de Jérusalem, après être descendu du ciel et avoir revêtu notre humanité, et qu'ensuite il remonta de Jérusalem au ciel, Nestorius disposa l'église ainsi : il posa le sanctuaire à la place du ciel et le [illegible] à celle du paradis qui est aussi haut que l'éther et qui, placé dans les hauteurs avec le ciel, est pourtant sur les limites de la terre. Ainsi le [illegible], tout en étant aussi haut que le chœur, est pourtant attaché à la nef et une porte est formée entre lui et le chœur lequel est le ciel; il est associé au ciel dans sa hauteur et pourtant adhérent à la terre dans son essence. Les lecteurs montent jusqu'à ce [illegible].................... Quant à la nef, c'est la terre entière; le trône qui est au milieu de la nef remplace Jérusalem et ce qui est au milieu du trône et tient lieu du Golgotha, c'est le siège de l'évêque.

On peut conclure, je crois, de ce galimatias qu'à l'époque de Georges d'Arbèle, les églises nestoriennes se composaient :

1° Du chœur qui était plus élevé que la nef et formé par un mur de refend avec une porte.

2° Du [illegible], prolongation du chœur en maçonnerie qui se trouvait entre le mur de refend fermant le chœur et la nef proprement dite, et où l'on montait de la nef par quelques degrés mais qu'aucun mur ne séparait d'elle. Les lecteurs pouvaient pénétrer jusque là.

3° De la nef proprement dite qui s'étendait devant le [illegible] et au milieu de laquelle se trouvait le trône de l'évêque[2].

[1] Voir Rubens Duval, *Lexicon syriacum auctore Bar Bahlule*, col. 1815.

[2] Il est probable qu'à une très ancienne époque beaucoup d'églises en Syrie avaient, devant la porte du chœur, un terre plein en maçonnerie semblable à celui des églises nestoriennes du moyen âge, car on trouve dans Jean d'Asie la phrase suivante : [illegible] « ils la firent asseoir (il est question d'une femme) sur le trône des évêques qui, d'après la coutume, est placé dans les églises ou dans les martyriums célèbres sur le [illegible] du chœur » (Land, *Anecdota syriaca*, t. II, p. 124, l. 25, 26, 27). On ne peut pas admettre que, dans ce passage, les mots [illegible] désignent « la base » ou « la plate-forme de l'autel » ou même « la plate-forme du chœur », car Jean d'Asie ajoute que les moines, en entrant dans l'église, aperçurent la femme assise sur le trône de l'évêque; or, si le trône de l'évêque s'était trouvé dans le chœur, le chœur étant séparé de la nef par un mur, et des rideaux étant placés devant les portes du chœur, les moines n'auraient pas pu voir le trône de l'évêque en entrant dans la nef. Il est donc probable que, dans ce passage, les mots [illegible]

Le second mot en partie effacé de la ligne 10 paraît être [illegible]; je crois que c'est une transcription du mot arabe ou plutôt persan [illegible] et que le rédacteur de l'inscription a voulu dire qu'au moment de sa mort, le prêtre Élie était employé dans les bureaux du haut fonctionnaire ecclésiastique qu'il appelle *le défunt Mr Abraham*.

Le dernier mot de la 11e ligne est [illegible] (on distingue le [illegible] qui est très petit dans l'inscription nº 52 et s'étend très peu au-dessous de la ligne). Le prêtre Élie serait donc mort en l'année 1058 des Grecs, mais, s'il est mort en l'an 1058, il n'a pas pu édifier le [illegible] de l'église en l'an 1072. La date de la mort du prêtre Élie est donc certainement erronée.

A la fin de la ligne 12, après le mot [illegible], on voit un [illegible] suivi d'un [illegible] en partie effacé; il semble qu'à cet endroit la pierre a été martelée et je crois que le sculpteur avait commencé à écrire un mot qu'il a voulu ensuite effacer.

Nous avons vu que la date de la mort du prêtre Élie est erronée; la date à laquelle il construisit la clôture du chœur de l'église d'Arnas l'est également. En effet, le patriarche jacobite Iwannis mourut en l'an 1066 des Grecs et, la même année, Isaac, moine du couvent de Kartmin, fut sacré patriarche par l'ordre du khalife Abou-Djâfar; moins d'un an après, le khalife le fit étrangler et Athanase Sandaloyo lui succéda, toujours par l'ordre d'Abou-Djâfar. Athanase n'exerça pas longtemps ses nouvelles fonctions, il fut assassiné par les Jacobites de Harrân à qui il voulait imposer un évêque qu'ils n'acceptaient pas et, au mois de décembre de l'année 1070 des Grecs (en l'année 758 de notre ère), un concile réuni à Maboug élut le patriarche Georges (voir Lamy et Abbeloos, *Gregorii Barhebraei chronicon ecclesiasticum*, t. I, p. 315, 317, 319 et 321). Le patriarche Isaac était donc mort depuis longtemps en l'an 1072 des Grecs et, si le prêtre Élie a véritablement construit sous son patriarcat la clôture du chœur de l'église d'Arnas, il a dû la construire en l'an 1066 ou 1067 des Grecs.

L'évêque nommé Cyriaque que mentionne notre inscription était évêque du Tour-Abdin, car, au VIIIe siècle, le Tour-Abdin ne formait qu'un seul diocèse dont l'évêque résidait au couvent de Saint-Gabriel de Kartmin (voir la note 5 de la page 45). La chronique anonyme longtemps attribuée à Denys de Tell-Mahré nous apprend, en effet, qu'un certain Cyriaque, évêque du Tour-Abdin, assista, en l'an 1070 des Grecs, au concile qui élut le patriarche Georges[1] et il semble que cet évêque vivait encore en l'an 1081 des Grecs, car nous lisons dans la même chronique qu'en cette année-là un fou ou un imposteur se donna comme prophète dans un village du Tour-Abdin appelé [illegible][2], que tous les habitants de la région crurent en lui, qu'ils voulurent même tuer l'évêque Cyriaque qui essayait de les détromper et qu'à la fin le prétendu prophète fut emprisonné à Harrân.

Quant au personnage que notre inscription appelle «le défunt Mr Abraham», ce fut peut-être un des successeurs de Cyriaque. J'ai donné à la page 47 la liste des évêques du Tour-Abdin à partir de Nana de Harrân. Les trois premiers prédécesseurs de Nana de Harrân furent : Thomas, le premier des évêques du Tour-Abdin cités dans les listes de Michel, puis Sergius et enfin Ézéchiel, le prédécesseur immédiat de Nana de Harrân; tous les trois furent ordonnés par Cyriaque qui devint patriarche en l'année 1104 des Grecs. Il m'est impossible de dresser la liste des évêques du Tour-

désignent une sorte de terre-plein en maçonnerie aussi élevé que celui du chœur et adhérent à lui, qui était séparé du chœur proprement dit par un mur de refend.

[1] Voir *Chronique de Denys de Tell-Mahré*, IVe partie, par J.-B. Chabot, p. 68 du texte syriaque, l. 24.

[2] Le texte publié par l'abbé Chabot porte [illegible], mais je crois qu'il est fautif et qu'il faut lire [illegible], ce qui serait le nom mal orthographié du village de Hah ([illegible]). Il est possible, du reste, que cette faute se trouve dans l'unique manuscrit que l'on possède de la chronique (voir *Chronique de Denys de Tell-Mahré*, IVe partie, par J.-B. Chabot, p. 142, l. 17).

Abdin antérieurs à Thomas et tout ce que je peux dire c'est qu'entre Cyriaque qui vivait encore en l'année 1081 des Grecs et Thomas qui ne fut pas ordonné antérieurement à l'année 1106, il y eut un évêque nommé Georges, lequel vivait en l'année 1088 des Grecs, comme le prouve l'inscription n° 48. Il est possible qu'entre Cyriaque et Georges ou entre Georges et Thomas, il y ait eu un évêque nommé Abraham.

Notre inscription semble avoir été gravée longtemps après la mort du prêtre Élie, et c'est pour cela qu'elle contient tant d'inexactitudes; elle doit être de la fin du VIIIe siècle ou des premières années du IXe.

INSCRIPTION n° 53 (XVIe siècle).

1 ܐܫܬܪܪ ܘܐܬܒܢܝ ܫܘܪܐ
2 ܓܪܒܝܝܐ ܘܩܛܪܐ ܕܡܛܠܬ
3 ܥܕܬܐ ܒܫܢܬ ܐܨܓ ܕܝܘܢܝܐ
4 ܒܝܘܡܝ ܡܪܝ ܐܝܓܢܐܛܝܘܣ
5 ܦܛܪܝܪܟܐ ܦܝܠܛܘܣ
6 ܒܝܘܨܦܢܐ ܘܥܡܠܐ ܕܝܘܣܦ
7 ܡܩܕܫܝܐ ܒܪ ܥܡܢܘܐܝܠ
8 ܘܩܫܝܫܐ ܗܒܝܠ
9 ܘܓܘܠܒܝ ܒܪܗ
10 ܐܠܗܐ ܢܚܣ ܠܢܦܫܬܗܘܢ
11 ܘܠܢܦܫܬܐ ܕܟܠܗܘܢ ܕܫܘܬܦܘ
12 ܥܡܗܘܢ ܐܡܝܢ ܘܐܡܝܢ

Le mur septentrional a été restauré et bâti, ainsi que la voûte en berceau de la toiture de l'église, en l'an 1903 des Grecs, au temps de Mgr Ignace, le patriarche aussi nommé Pilate, grâce aux soins et aux peines de Joseph, fils d'Emmanuel, qui avait fait le pèlerinage de Jérusalem (?), du prêtre Abel et de Goulawi, son fils. Que Dieu pardonne à leurs âmes et aux âmes de tous ceux qui se sont associés à eux! Amen! Ainsi soit-il!

Les mots ܩܛܪܐ ܕܡܛܠܬ ܥܕܬܐ, littéralement « le nœud de la toiture de l'église », désignent « la voûte en berceau de la toiture de l'église ». La nef de l'église d'Arnas est, en effet, recouverte par une voûte en berceau construite en briques qui est supportée par le mur septentrional et le mur méridional de la nef, celui qui sépare la nef de la galerie à arcades.

Le mot ܡܩܕܫܝܐ (ligne 7) signifie « sanctifié », mais je crois que le rédacteur de notre inscription lui a donné le sens du mot arabe مقدسي; on donne aujourd'hui le titre de المقدسي aux Chrétiens qui ont fait le pèlerinage de Jérusalem.

Le patriarche jacobite Ignace ou Pilate, d'après Assemani, fut le successeur d'Ignace, aussi appelé Pierre David ou David Chah, qui mourut en l'an 1589 de notre ère. D'après une petite chronique sur les derniers patriarches jacobites en arabe qu'un prêtre syrien m'a jadis donnée à Bagdad et qu'il avait écrite, m'a-t-il dit, d'après des documents qu'il avait vus au couvent de Zâfaran, le patriarche Ignace ou Pilate était du village appelé قلعة المنصورية, près de Mardin; il succéda à Ignace Daoud Chah, habita Alep, y mourut en l'année 1911 des Grecs et y fut enterré dans l'église de Sainte-Marie[1].

[1] L'église de Sainte-Marie est située dans le quartier de Salibeh, à Alep, et appartient aux Syriens catholiques. Elle a été en partie détruite par les Musulmans, au cours d'une émeute survenue au milieu du siècle dernier; mais elle a été reconstruite peu de temps après.

Inscription n° 55 (xiiie siècle).

1 [illegible]
2 [illegible]
3 [illegible]
4 [illegible]
5 [illegible]
6 [illegible]
7 [illegible]
8 [illegible]
9 [illegible]
10 [illegible]
11 [illegible]
12 [illegible]
13 [illegible]
14 [illegible]

Pour la glorification de Dieu, l'honneur de son saint nom, et en souvenir de saint Cyriaque, le glorieux martyr, Gabriel, le pécheur, fils de Massoud, a pris soin de faire cet autel. Que quiconque lira ceci prie pour lui et pour ses parents! Ces choses ont eu lieu en l'an 1518 des Grecs. Moïse le pécheur a gravé.

N° 55 ET 56.

(Planches XXV et XXVI.)

INSCRIPTIONS SYRIAQUES DE BUYUK-KACHICHLUK.

(VIIIe SIÈCLE.)

Le village de Buyuk-Kachichluk est situé à trois heures de marche environ d'Ourfa, dans la direction du Nord-Ouest. On y voit un certain nombre de grottes creusées dans le rocher, les ruines de plusieurs bâtiments, dont l'un m'a paru avoir été une église; et il semble qu'un très grand couvent a existé dans cet endroit au moyen âge.

A un quart d'heure de marche du village, au fond d'un vallon, on aperçoit un rocher dans lequel trois chambres ont été creusées; deux se trouvent à la base même du rocher et on y pénètre facilement, la troisième est beaucoup plus élevée et il est plus difficile d'y pénétrer. Toutes ces chambres n'ont que trois côtés et sont complètement ouvertes du côté de l'extérieur; il est probable qu'un bâtiment avait été construit jadis contre le rocher et que les trois grottes formaient chacune le fond d'une pièce en partie bâtie, en partie creusée dans le roc.

La grotte qui se trouve en bas à gauche est très grande; entre elle et la grotte de droite on remarque une auge creusée dans le roc, qui a probablement servi de mangeoire. La grotte de droite est beaucoup plus petite et a à peu près la forme suivante :

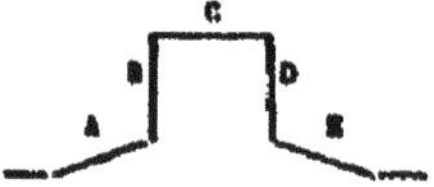

Sur la paroi du fond, à l'endroit indiqué par la lettre C, on remarque une sculpture très grossière représentant peut-être un autel; à gauche de cet autel, deux lignes d'écriture tracées de haut en bas et, à droite, une ligne également tracée de haut en bas. Sur la paroi de gauche, à l'endroit indiqué par la lettre B, on voit quatre lignes tracées de haut en bas, et on en voit quatre autres, toujours tracées de haut en bas, sur la paroi de droite, à l'endroit indiqué par la lettre D. Ces onze lignes ne forment qu'une seule inscription à laquelle j'ai donné le n° 55, et on doit lire d'abord les quatre lignes de la paroi de gauche, puis les trois lignes de celle du fond et enfin les quatre lignes de celle de droite. Les caractères, qui ont de 4 à 8 centimètres de hauteur, ont été gravés dans le roc, et leurs bords ont été ensuite peints en noir, mais la couleur a en partie disparu. Enfin, sur la paroi de gauche, à l'endroit indiqué par la lettre A, et, sur la paroi de droite, à l'endroit indiqué par la lettre E, on distingue des traces de caractères; l'inscription n° 55 est donc le milieu d'une longue inscription dont le commencement et la fin sont illisibles.

Inscription n° 55.

1 ܚܠܘܗܝ

2 ܒܥܘܡܪܢ

3 ܒܥܘܡܪܢ ܡܫܝܚܝܐ.

IMPRIMERIE NATIONALE.

4 [illegible]
5 [illegible]
6 [illegible]
7 [illegible]
8 [illegible]
9 [illegible] (?) [illegible]
10 [illegible] ....
11 [illegible] .....

.....pour lui, de grâce, le prêtre et supérieur du couvent, Makim, originaire des campagnes des gens de l'Adiabène et du couvent de Saint-Silas, et que quiconque verra et lira........ prie.....

[illegible] ne se rencontre, à ma connaissance, nulle part, et je crois que c'est une forme dialectale du mot [illegible]. Les deux points qui se trouvent sur le [illegible] n'ont pas été gravés, mais sont seulement peints en noir.

Les mots «les campagnes de l'habitant de l'Adiabène» n'ont guère de sens, et je crois qu'au lieu de [illegible] [illegible], il faut lire [illegible] [illegible] «les campagnes des gens de l'Adiabène», c'est-à-dire «les campagnes de l'Adiabène». Le point du second [illegible] du mot [illegible] n'a pas été gravé, mais est seulement peint en noir.

Il y avait, dans la région de Saroug, un couvent de Saint-Silas, mais rien ne prouve que le prêtre Makim en ait été originaire, car il est possible qu'il y ait eu plusieurs couvents de Saint-Silas. Le premier mot de la dixième ligne était probablement [illegible].

Dans la grotte placée au-dessus de celles dont je viens de parler, on voit une belle inscription gravée de haut en bas sur une des parois; le fond des lettres a été, en outre, peint en rouge; je lui ai donné le n° 56. Voici le texte de cette inscription :

Inscription n° 56.

1 [illegible]
2 [illegible]
3 [illegible]
4 [illegible]
5 [illegible]
6 [illegible]
7 [illegible]
8 [illegible]
9 [illegible]

En l'an 1059, ce couvent fut fait et établi grâce à la sollicitude et aux soins du prêtre Makim.

Ce texte ne nous fait pas connaître le nom du couvent fondé par Makim, mais il nous apprend que les inscriptions de Buyuk-Kachichluk sont du milieu du VIIIe siècle.

Le nom propre de la ligne 8 se lisait certainement [illegible]; un évêque de Circesium dont le nom est écrit [illegible] est mentionné dans les listes d'évêques qui terminent la chronique de Michel.

N° 57 ET 58.

(Planche XXVI.)

INSCRIPTIONS DU COUVENT DE SAINT-JACQUES DANS LA MONTAGNE D'ÉDESSE.

Les chrétiens d'Ourfa donnent le nom de «Couvent de Saint-Jacques» à des ruines qui existent dans la montagne à environ une heure et demie de marche de la ville, dans la direction du Sud. Ces ruines paraissent bien être, en effet, celles du couvent jacobite qu'on appelait, au moyen âge, ܕܝܪܐ ܕܡܪܝ ܝܥܩܘܒ ܕܩܒܘܪ̈ܬܐ «couvent de Saint-Jacques-des-tombeaux» et, par abréviation, ܕܝܪܐ ܕܡܪܝ ܝܥܩܘܒ «couvent de Saint-Jacques», et ܕܝܪܐ ܕܩܒܘܪ̈ܬܐ «couvent des tombeaux».

Le couvent de Saint-Jacques-des-tombeaux était très ancien, et Jean d'Asie mentionne ses moines (ܕܝܪ̈ܝܐ ܕܩܒܘܪ̈ܬܐ) parmi les moines monophysites qui furent expulsés d'Édesse et des environs par l'évêque Asclepios (ܐܣܩܠܦܝܘܣ) sous le règne de Justin Ier [1]. Au XIIe siècle, il tombait en ruines et fut restauré par un certain Jean, natif de Saroug, qui en devint le supérieur; Jean fut ensuite sacré métropolitain de Takrit et primat d'Orient [2], et nous ignorons la date de la ruine définitive du couvent. Enfin, une chronique anonyme publiée par Mgr Rahmani cite parmi les couvents et les églises construits à Édesse sous les premiers empereurs chrétiens [3] : ܗܝܟܠܐ ܡܫܒܚܐ ܕܒܫܡ ܡܪܝ ܝܥܩܘܒ ܕܩܒܘܪ̈ܬܐ ܠܓܘ ܡܢ ܛܘܪ̈ܐ ܐܝܟܐ ܕܐܝܬܘܗܝ ܗܘܐ ܒܝܬ ܡܕܒܚܐ ܪܒܐ ܕܚܢ̈ܦܐ ܕܐܝܬܘܗܝ ܥܕܡܐ ܠܝܘܡܢܐ ܒܗ ܒܕܝܪܐ ܘܥܕܬܐ ܕܒܫܡ ܝܠܕܬ ܐܠܗܐ ܒܛܘܪܐ ܡܢ ܬܝܡܢܐ ܕܕܝܪܐ ܕܡܪܝ ܝܥܩܘܒ «la magnifique église dédiée à Saint-Jacques-des-tombeaux, à l'intérieur, au milieu des montagnes, à l'endroit où était construit le grand autel des païens qui existe encore aujourd'hui dans ce couvent, et une église dédiée à la Mère de Dieu, dans la montagne, au sud du couvent de Saint-Jacques [4]».

Les ruines du couvent de Saint-Jacques sont peu importantes : on voit seulement les traces d'une cour carrée entourée de murailles presque complètement détruites, et, au sud de la cour, un certain nombre de petites chambres. Il semble qu'au premier étage, au-dessus de ces chambres, il y avait une grande pièce, peut-être une église, recouverte par une voûte en berceau, mais il n'en reste presque rien. A l'angle nord-ouest de la cour, se trouve une tour carrée qui est certainement la base

[1] *Anecdota syriaca*, collegit, edidit, explicuit J. P. N. Land, t. II, p. 293, l. 11.

[2] Voir l'*Histoire ecclésiastique de Bar-Hebraeus* (édition Lamy et Abbeloos), t. III, p. 359.

[3] *Chronicon civile et ecclesiasticum* anonymi auctoris quod ex unico codice edesseno primo edidit Ignatius Ephraem II Rahmani, 1904, p. 107.

[4] J'ai trouvé à quinze ou vingt minutes de marche, au sud des ruines du couvent de Saint-Jacques, un grand nombre de cavernes creusées de main d'homme qui paraissaient avoir été habitées et avoir servi de cellules; dans quelques-unes d'entre elles j'ai vu des inscriptions syriaques écrites à l'encre rouge, presque complètement illisibles. Il y a donc eu un couvent en cet endroit, et ce couvent était celui que les Jacobites appelaient «le couvent de la Mère de Dieu». Il est vrai que l'auteur anonyme cité ci-dessus parle d'une église de la Mère de Dieu et non d'un couvent, mais il est très probable qu'un couvent existait à côté de l'église; la chronique anonyme longtemps attribuée à Denys de Tell-Mahré mentionne, en effet, un couvent jacobite de la Mère de Dieu situé dans la montagne, au sud d'Édesse (*Chronique de Denys de Tell-Mahré*, IVe partie, publiée et traduite par J.-B. Chabot, p. 74 du texte syriaque, l. 22, 23).

d'un ancien tombeau bien antérieur à l'église et au couvent de Saint-Jacques. Ce tombeau était un ܢܦܫܐ, c'est-à-dire une tour à deux étages avec une toiture en forme de pyramide, contenant une ou plusieurs chambres où se trouvaient des sarcophages. L'étage inférieur subsiste seul aujourd'hui; c'est un parallélipipède en pierres de taille orné de pilastres aux angles. Le mur de l'est est en bon état (voir pl. V), celui de l'ouest s'est écroulé, ceux du nord et du sud sont en partie détruits. A l'intérieur, on voit des traces de la chambre qui contenait le sarcophage, et sa porte, percée dans le mur de l'est, est intacte, mais la dalle qui la fermait a disparu. Comme la porte de la chambre inférieure du tombeau de Manou près du village de Serrin (voir p. 15), cette porte est assez élevée au-dessus du sol et ressemble, par suite, plus à une fenêtre qu'à une porte.

Au-dessous de cette porte, est tracée horizontalement une inscription bilingue, grecque et syriaque, que M. Sachau a déjà publiée[1], et à laquelle j'ai donné le n° 57. Une autre inscription syriaque, que M. Sachau semble n'avoir pas vue, est tracée horizontalement, au-dessus de la porte, sur la frise qui se trouve au sommet du premier étage, le seul qui existe aujourd'hui; je lui ai donné le n° 58.

Inscription n° 57. — Texte grec :

ΑΜΑССΑΜСΗС СΑΡΕΔΟΥ ΤΟΥ ΜΑΝΝΟΥ ΓΥΝΗ

Amassamsès, femme de Sarédos, fils de Mannos.

Texte syriaque :

ܐܡܫܡܫ ܐܢܬܬܗ ܫܪܝܕܘ ܒܪ ܡܢܘ

Amachaméche, femme de Charédou, fils de Manou.

Le nom d'homme ܫܪܝܕܘ et le nom de femme ܐܡܫܡܫ n'étaient plus portés à l'époque chrétienne; le second est une contraction de ܐܡܬ ܫܡܫ «servante du soleil».

Inscription n° 58. ܐܡܫܡܫ ܐܢܬܬ ܫܪܝܕܘ ܒܪ ܡܢܘ

Amachaméche, femme de Charédou, fils de Manou.

Les sixième et septième caractères de cette inscription, qui se trouvent après une petite cassure, ont une forme singulière. Je crois que le sculpteur avait gravé un ܐ suivi d'un ܢ immédiatement après le mot ܐܡܫܡܫ, mais, la pierre s'étant brisée et la première partie de la lettre ܐ ayant, par suite, disparu, il réunit par un trait horizontal la seconde partie de cette lettre au ܢ qui venait ensuite et traça ainsi un ܐ fort peu lisible, après quoi il grava un trait presque vertical ressemblant plus ou moins à un ܢ. Le second mot de l'inscription me paraît donc être ܐܢܬܬ, mais il est peu lisible, et c'est peut-être pour ce motif que le sculpteur grava une seconde inscription, cette dernière bilingue, au-dessous de la porte.

Ainsi que je l'ai dit à la page 19, les caractères des deux inscriptions du tombeau d'Amachaméche, femme de Charédou, ont une forme très archaïque; ces inscriptions sont probablement les

[1] Voir *Zeitschrift der deutschen morgenländischen Gesellschaft*, 1882, p. 145.

plus anciennes de toutes les inscriptions syriaques connues jusqu'à ce jour, et je les crois antérieures à l'ère chrétienne. M. Sachau, qui a le premier publié l'inscription n° 57, a supposé qu'Amachaméche était une princesse de la famille royale d'Édesse, ce qui me paraît tout à fait invraisemblable. Le nom de Manou était porté par beaucoup d'hommes à Édesse, à l'époque païenne, et si le beau-père d'Amachaméche avait été roi, le rédacteur de l'inscription n'aurait pas manqué de le dire. Amachaméche devait être une grande dame d'Édesse, appartenant à une famille riche, puisqu'on l'ensevelit dans un de ces coûteux tombeaux qu'on appelait ܢܦܫܬܐ, mais rien ne prouve qu'elle ait été apparentée à la famille royale. Son tombeau avait été probablement construit à proximité d'un temple païen[1] qui fut transformé en une église dédiée à saint Jacques, sous un des premiers empereurs chrétiens, église près de laquelle fut établi un couvent également consacré à saint Jacques, et, pendant de longues années, on conserva dans ce couvent l'autel de l'ancien temple païen. Enfin, il est possible que d'autres tombeaux païens aujourd'hui détruits se soient trouvés dans les environs du couvent; le nom qu'on lui donnait, ܕܝܪܐ ܕܡܪܝ ܝܥܩܘܒ ܕܢܦܫܬܐ, est en effet bien étrange, si l'on traduit ces mots par «couvent de Saint-Jacques-des-âmes», et je croirais plutôt qu'ils signifient «couvent de Saint-Jacques-des-tombeaux».

[1] Il est possible que les ܢܦܫܬܐ aient été construits à proximité des temples; peut-être aussi bâtissait-on souvent, à côté du ܢܦܫܐ, un petit sanctuaire dédié à une divinité qui devenait la protectrice du tombeau. Le tombeau de Manou semble bien, en effet, avoir été construit à côté d'un autre monument aujourd'hui détruit, et le tombeau de Kasr-el-bénat, dans le Djébel Taktaka, était certainement bâti dans une sorte de cour entourée de murailles élevées qui contenait un autre monument aujourd'hui détruit, peut-être plus considérable que le tombeau lui-même. La porte du mur d'enceinte existe encore aujourd'hui (voir la note de la page 16).

N° 59.

(Planche XXVI.)

INSCRIPTION ASSYRIENNE D'ANAZ.

Le village appelé Anaz se trouve sur le Djoullab[1], à un peu plus de quatre heures de marche d'Ourfa, dans la direction de l'Est. En allant du Djebel Taktaka à Ourfa, en 1901, je passai par Anaz et j'appris qu'une pierre sur laquelle était gravée une inscription avait été placée dans l'intérieur du mur d'une maison; comme cette maison était bâtie en boue, j'obtins de son propriétaire, en lui donnant quelques piastres, qu'il fit une brèche dans le mur et en retirât la pierre.

Cette pierre, de couleur noire, avait la forme d'une borne de très grande dimension, plate d'un côté et arrondie de l'autre. Sur le côté plat était sculpté un bas-relief représentant le haut du corps d'un personnage vu de profil, la tête tournée à gauche, le coude droit replié, la main droite à la hauteur de la figure, le bras gauche appliqué contre la poitrine, le coude gauche plié, et la main gauche tenant la poignée d'un sabre supporté par un baudrier. Ce bas-relief était en très mauvais état; de plus la pierre avait été brisée à la hauteur du ventre du personnage dont les cuisses et les jambes n'existaient plus (voir pl. V).

Du côté opposé au bas-relief, sur la partie arrondie de la borne, était gravée horizontalement une inscription assyrienne très courte; les quatre dernières lignes étaient seules lisibles, mais ces quatre lignes étaient précédées d'au moins deux autres lignes dont les caractères étaient presque complètement effacés.

Voici le texte de l'inscription assyrienne d'Anaz :

1 . . . .

2 . . . .

3 [illegible]

[1] Les Syriens appelaient cette rivière ܢܗܪܐ ܕܓܠܠܒ ou ܢܗܪܐ ܕܡܕܝܐ «la rivière des Mèdes» (voir Martin, *La chronique de Josué le stylite*, Leipzig, 1876, p. 52, l. 11). On lit dans le *Grand Dictionnaire géographique* de Yakout (édition Wüstenfeld, t. II, p. 96) : جُلّابُ ....اسم نهر بمدينة حران التي بالجزيرة مسمّى باسم قرية يقال لها جلاب ويخرج هذا النهر من قرية تعرف بذبّ بينها وبين جلاب اربعة اميال ومنتهاه الى البليخ نهر الرقة يصبّ فيه ان فضل منه شيء في الشتاء وامّا في غير الشتاء فلا يفي ببعض ما عليه من الاراضي المزدرعة لانه صغير «Djoullab, ...nom d'une rivière dans la ville de Harrân située en Mésopotamie. Cette rivière a reçu le nom d'un village appelé Djoullab; elle sort d'un village appelé Dabb, qui est à quatre milles de Djoullab, et elle arrive au Balikh, fleuve de Raqqah, dans lequel elle se déverse, si elle a encore de l'eau pendant l'hiver, car, dans les saisons autres que l'hiver, elle ne suffit même pas à une partie des champs cultivés situés sur son parcours, parce que c'est une petite rivière.» J'ignore si le Djoullab sort d'un village nommé *Dabb*, mais tous les autres renseignements donnés par Yakout sont absolument exacts : pas très loin de sa source, le Djoullab est partagé en plusieurs branches creusées de main d'homme pour l'arrosage des terres; aussi, pendant une partie de l'année, l'eau de cette rivière n'arrive même pas jusqu'à Harrân, et c'est seulement pendant l'hiver, à l'époque des grandes pluies, qu'elle parvient au Balikh. Enfin Yakout dit que cette rivière a reçu le nom d'un village appelé *Djoullab*, et les habitants d'Anaz racontent que leur village aurait jadis été une ville qui se serait appelée *Djoullab;* il me paraît donc très probable que le village d'Anaz portait au moyen âge le nom de *Djoullab*.

4 [cuneiform]

5 [cuneiform]

6 [cuneiform] [1]

Mouchézib-Chamache, gouverneur de la ville de Dour, a fait, et, pour sa propre vie, pour la longueur de ses jours, pour l'établissement de son trône, il a placé à jamais l'image de sa propre personne devant Adad, son maître. Le nom de cette image est : « Pour la garde (?) de mes fondations, son nom est stable. »

Le caractère [cuneiform] peut être l'idéogramme du verbe [cuneiform] qui signifie « il a jeté » et aussi « il a fondé, il a établi ». On trouve dans un texte de Teglath-Phalasar III : [cuneiform] « au milieu du palais de Toutamoû, j'établis mon trône » (R., v. III, p. 9, n° 1, l. 8); et je lis les caractères [cuneiform], à la ligne 5, *nadi koussichou* « la fondation, l'établissement de son trône ».

Le P. Scheil a reconnu le premier, je crois, que l'on donnait parfois des noms aux bornes portant des inscriptions qui indiquaient les limites des propriétés [2]; notre inscription prouve qu'on en donnait aussi aux stèles que les rois et les grands personnages consacraient aux dieux dans les temples et sur lesquelles ils faisaient graver leur propre image, mais le nom propre de la ligne 6 est difficile à lire.

Le caractère [cuneiform] ne peut être que l'idéogramme de la préposition [cuneiform], et le caractère suivant [cuneiform] peut se lire de bien des manières différentes. D'après un syllabaire, [cuneiform] pouvait être l'idéogramme du mot [cuneiform] (R., v. V, p. 36, col. 1, l. 50), et je lis le nom propre de la ligne 6 *ana niçirti ichdeya ikan choumchou* « pour la garde de mes fondations son nom sera stable ». J'ajouterai toutefois que je ne connais aucun texte historique où [cuneiform] doive être lu [cuneiform], et je reconnais que ma lecture du nom propre de la ligne 6 est très douteuse. On pourrait, du reste, considérer les caractères [cuneiform] comme ne faisant pas partie du nom propre et traduire ainsi : « pour la garde de mes fondations il sera stable; tel est son nom ».

Une ville appelée Dour se trouvait dans le pays d'Élam ou sur ses frontières, du côté de l'Assyrie (R., v. I, p. 21, l. 59; p. 40, l. 52), mais Teglath-Phalasar III mentionne une autre ville portant le même nom qui devait se trouver en Syrie (R., v. III, p. 9, l. 43), et c'est peut-être cette dernière ville dont le nom est écrit [cuneiform] sur deux fragments de tablettes qui contiennent des listes de villes syriennes et phéniciennes (R., v. II, p. 53 n° 1, l. 40, n° 4, l. 57). Notre inscription prouve que la ville de Dour citée par Teglath-Phalasar III était située dans l'Osrhoène, à l'endroit où est aujourd'hui le village appelé Anaz [3]. Quant au gouverneur de Dour appelé Mouchézib-Chamache, il n'est cité, à ma connaissance, dans aucun texte, et je ne saurais dire à quelle époque il a vécu. L'inscription n° 59 étant écrite en caractères assyriens, ce personnage a dû vivre avant la fin du royaume d'Assyrie, c'est-à-dire au plus tard au VIIe siècle avant notre ère.

[1] Je lis ce texte ainsi : *Mouchézib-Chamach bel pahat Douri epouchma çalam pouananichou ana balath napchâtechou arak oumechou nadi koussichou ina pan Adad belichou ana darate ouchziz choum çalmi aani ana niçirti (?) ichdeya ikan choumchou.*

[2] Voir *Délégation en Perse, Mémoires*, publiés sous la direction de M. J. de Morgan, t. II, *Textes élamites sémitiques*, Première série, par V. Scheil, O. P., p. 91.

[3] On voit à Anaz un tumulus occupant une vaste superficie qui doit recouvrir des ruines considérables, et je crois qu'une colonie assyrienne importante a existé dans l'antiquité à l'endroit où se trouve aujourd'hui Anaz.

N° 60.

(Planches VI et XXVII.)

INSCRIPTION ARAMÉENNE DE SARI.

En 1891, j'allai de Bagdad à Alexandrette par Kerkouk, Erbil, Djézireh, Mediad, Mardin, Ourfa et Alep; je traversai donc le Tour-Abdin et je passai par Bassibrina. J'y appris qu'une pierre sur laquelle était gravée une inscription se trouvait tout près du village de Sari, à quinze ou vingt minutes de marche au sud de Bassibrina, et j'allai la voir. C'était une sorte de borne rectangulaire, avec des moulures en haut et en bas; j'oubliai de la mesurer, mais, d'après les photographies que j'ai prises, elle paraît avoir un peu moins d'un mètre de hauteur. Sur une des faces, on voyait une inscription incomplète (la fin des lignes manquait); sur une autre face, l'image d'un homme debout au fond d'une niche, avec une petite inscription, dans le haut, à droite et à gauche de la niche (voir pl. VI); sur la troisième face, l'image d'un homme debout au fond d'une niche; enfin une sculpture et peut-être une inscription avaient dû exister sur la quatrième face, mais la surface de la pierre avait été creusée et on ne distinguait à peu près rien. Je pris un estampage de la grande inscription, des photographies des quatre faces, mais je négligeai malheureusement de prendre un estampage de la petite inscription.

Lorsque plus tard j'étudiai l'inscription de Sari, je reconnus qu'elle était écrite en un alphabet absolument inconnu, mais certainement araméen, et je ne pus pas la déchiffrer en entier; en outre, la petite inscription était beaucoup trop petite et, par suite, peu nette sur les photographies que j'avais prises. Aussi, lorsque je retournai dans le Tour-Abdin, en 1905, je résolus d'aller à Sari pour revoir l'inscription, mais cela me fut impossible pour les raisons que je vais exposer.

Les villages du Tour-Abdin étaient autrefois en guerre les uns contre les autres, par suite de vendettas qui quelquefois remontaient à un siècle; les paysans ne cultivaient que de petites étendues de terrain et osaient à peine s'éloigner de leur village, de peur de rencontrer des hommes d'un clan ennemi; aussi on voyait, entre chaque village, d'immenses étendues de terrains qui restaient incultes et désertes parce que personne n'osait s'y aventurer. Ces vendettas n'étaient redoutables que pour les indigènes; les fonctionnaires turcs, les marchands, les étrangers circulaient sans courir de danger et, en 1891, j'avais traversé sans difficulté tout le Tour-Abdin. Depuis quelques années, de grands chefs curdes ont soumis à leur domination un grand nombre de villages, ils en ont forcé les habitants à se réconcilier les uns avec les autres, mais ils se font la guerre entre eux, et ces guerres font plus de victimes que les anciennes. En 1905, l'anarchie était complète dans le Tour-Abdin, les habitants de Mediad osaient à peine sortir de la ville, on ne respectait guère l'autorité turque, et quand les gendarmes de Mediad étaient envoyés dans un village un peu éloigné, ils ne prenaient pas leur fusil, de peur qu'on ne le leur enlevât. Enfin, beaucoup de villages avaient reconnu l'autorité d'un chef curde nommé Serkhân, contumace dangereux, et étaient devenus des repaires de brigands. Les villages de Bassibrina et de Kafar-Bé, en guerre l'un avec l'autre depuis plus d'un siècle, avaient reconnu l'autorité de Serkhân et s'étaient réconciliés, tandis que Sari, distant d'environ quinze minutes de Bassibrina, n'avait pas voulu reconnaître Serkhân et était en guerre avec Bassibrina. A Mediad, tout le monde me conseilla de ne pas aller à Bassibrina, où le qaïm-maqam de Djéziréh avait été dévalisé en plein jour, peu de temps auparavant. Néanmoins, comme j'avais avec moi deux soldats réguliers d'Alep que l'autorité militaire avait bien voulu mettre à ma disposition, et que j'avais trouvé à Mediad deux gendarmes qui consentaient à m'accompagner, je résolus d'aller à Bassibrina et à Sari.

Je partis donc de Mediad le 25 mai 1905; j'allai au couvent de Saint-Gabriel de Kartmin, où je m'arrêtai pendant quelques heures, et, vers quatre heures de l'après-midi, ma petite caravane était arrivée tout près de Bassibrina, lorsque nous rencontrâmes une troupe de gens de Sari partis pour guerroyer contre ceux de Bassibrina. Les gens de Sari firent mine de nous attaquer, mais on mit pied à terre, on chargea les fusils, on les mit en joue, et ils envoyèrent un parlementaire qui finit par consentir à nous laisser passer moyennant une somme insignifiante qui fut fixée à un peu moins de deux médjidis. La somme payée, nous passâmes et, vingt minutes après environ, nous arrivions aux premières maisons de Bassibrina. Là, nous trouvâmes des femmes éplorées qui nous dirent que les hommes étaient partis depuis le matin pour livrer bataille dans la campagne aux gens de Sari, qu'ils n'étaient pas revenus et qu'elles avaient peur que le village ne fût attaqué. Nous nous rendîmes au vieux couvent jacobite de Saint-Dodo et il fallut parlementer pendant plusieurs minutes pour que l'unique moine qui l'occupait consentît à nous ouvrir la porte. Quinze ou vingt minutes après, nous entendîmes des coups de feu du côté ouest du village; des femmes et un vieillard nommé Marôké[1], cheikh du village, vinrent nous dire que le village était attaqué, qu'étant leurs hôtes, nous devions les défendre et que, si nous ne le faisions pas, les hommes, à leur retour, ne nous donneraient pas l'hospitalité et nous considéreraient comme des ennemis. Mes deux soldats et mes deux gendarmes allèrent donc participer à la défense du village et moi, très contrarié de cette aventure mais ne voulant pas me rendre ridicule en laissant mes hommes se battre sans moi, je fis comme eux.

Le combat fut plus curieux à voir que meurtrier; mes hommes et moi nous n'y courûmes aucun

[1] Les Jacobites du Tour-Abdin ont une grande vénération pour saint Eugène, le fondateur du célèbre couvent qui porte son nom; le nom propre *Eugène* n'est pourtant plus porté aujourd'hui, mais les deux mots ܡܪܝ ܐܘܓܝܢ «saint Eugène» sont devenus un nom propre, beaucoup d'hommes sont appelés ܡܪܝ ܐܘܓܝܢ dans le Tour-Abdin, et les Curdes prononcent ce nom *Marôkè*.

Le couvent de Saint-Eugène appartenait aux Nestoriens et il est souvent cité dans leurs auteurs. On m'a montré, à Mardin, un livre liturgique nestorien qui avait été écrit au couvent de Saint-Eugène au mois de février de l'année 1816 des Grecs; les Nestoriens occupaient donc encore le couvent en 1505, mais le nestorianisme disparut complètement du Tour-Abdin à une époque que je ne saurais déterminer, le couvent fut abandonné et tomba en ruines. A une époque récente (je crois qu'il n'y a pas plus de cent ans), les Jacobites occupèrent les ruines du couvent de Saint-Eugène et quelques moines jacobites y habitent aujourd'hui.

Le couvent de Saint-Eugène est situé sur les premières pentes du Tour-Abdin, dans un ravin, très près du sommet de la montagne, à cinq ou six heures de marche au nord-est de Nisibe; du couvent, on aperçoit toute la plaine de Nisibe. La région environnante avait reconnu l'autorité de Serkhân; elle était, en 1905, peuplée de brigands et il était très dangereux de s'y aventurer; j'ai pu pourtant, en venant de Nisibe, visiter le couvent, le 9 mai 1905. Toute une partie du ravin a été murée et forme le couvent qui s'étend sur un espace assez considérable; dans ce vaste espace, on voit les ruines informes de nombreux bâtiments, des grottes et enfin l'église qui est à peu près en bon état, mais qui m'a paru être peu ancienne et qui a dû être presque complètement rebâtie par les Jacobites. Dans une cour carrée, devant la porte de l'église, j'ai vu quelques inscriptions récentes et une inscription ancienne, l'épitaphe d'un métropolitain nestorien de Nisibe nommé Sabrichô (ܨܒܪܝܫܘܥ), mort en l'année 1430 des Grecs. Les Jacobites ont trouvé cette inscription dans les ruines et l'ont placée dans le mur de la cour de l'église, sans se douter que c'était l'épitaphe d'un Nestorien; ils l'ont, du reste, en partie recouverte d'un badigeon tellement épais que je n'ai pas pu la lire en entier.

IMPRIMERIE NATIONALE.

danger, mais, par contre, nous ne nous y couvrîmes pas de gloire. Les défenseurs de Bassibrina, très peu nombreux, étaient quelques habitants du village, pour la plupart des vieillards et de très jeunes gens, presque des enfants, mes deux gendarmes, mes deux soldats et moi; nous étions retranchés derrière des blocs de rochers et des murs en ruines un peu en avant du village, du côté de l'ouest. Pour ma part, je m'étais agenouillé, en arrivant, derrière une grosse pierre qui me couvrait jusqu'au menton et je pouvais facilement épauler et tirer en me penchant un peu à droite. Je ne tirai, du reste, que cinq ou six coups dans la direction d'une masure en ruines où les gens de Sari avaient placé des tirailleurs; cette masure fut évacuée quelques minutes après et, jugeant que j'avais suffisamment payé l'hospitalité du village, je restai en tirailleur l'arme chargée, mais sans faire feu. Mes hommes brûlèrent chacun une douzaine de cartouches.

Les gens de Sari occupaient un terrain à découvert et étaient très nombreux; ils me parurent être de bons tirailleurs, ils évoluaient avec une extrême rapidité et savaient admirablement se dissimuler derrière les pierres, les buissons et les touffes d'herbe, mais il me sembla que personne ne les commandait et que chacun faisait ce qu'il voulait. Il était évident, en outre, qu'aucun d'eux ne se souciait de s'exposer sérieusement; ils tiraient à grande distance et comme ils étaient, pour la plupart, armés de fusils à pierre [1], je crois que bien peu de leurs balles arrivaient jusqu'aux défenseurs du village; pendant toute la durée de ce petit combat, je n'ai, du reste, pas entendu le sifflement d'une seule balle. Le feu ne fut continu que pendant quelques minutes et devint intermittent lorsque les tirailleurs de Sari qui avaient occupé la masure en ruines dont j'ai parlé eurent été obligés de l'évacuer. En somme, il me sembla que les gens de Sari cherchaient surtout à tuer quelques-uns de leurs adversaires et pas du tout à prendre d'assaut le village; un combat corps à corps eût, du reste, été difficile, car assaillants et défenseurs n'avaient, en fait d'armes blanches, que des poignards.

L'escarmouche dura peu de temps; au bout de quinze ou vingt minutes, les gens de Sari s'éloignèrent lentement dans la direction du sud, et je retournai avec mes hommes au couvent de Saint-Dodo [2]. Pendant près d'une demi-heure, je n'entendis plus que de rares coups de feu, puis il me sembla qu'une nouvelle escarmouche avait lieu, mais très loin dans la campagne. La fusillade ne dura que quelques minutes et on nous dit que très probablement les gens de Sari avaient rencontré une colonne de secours envoyée par les alliés de Bassibrina. En effet, les contingents de Kafar-Bé et d'autres villages alliés musulmans, yézidis et jacobites ne tardèrent pas à arriver, ainsi qu'une cinquantaine d'hommes de Serkhân, brigands de profession, qui vinrent coucher au couvent de Saint-Dodo, apportant avec eux le corps d'un Yézidi de Kivokh mortellement blessé. Ces bandits

[1] Ils devaient pourtant avoir aussi des fusils se chargeant par la culasse, car un de mes domestiques qui, n'ayant pour toute arme qu'un revolver, était resté au couvent et regardait le combat du haut des murs du couvent, entendit le sifflement d'une balle qui passa très près de lui; cette balle ne pouvait pas, vu la distance, venir d'un fusil à pierre.

[2] Pendant toute cette journée, les gens de Bassibrina et leurs alliés n'eurent que deux blessés, une femme du village qui reçut une balle dans le haut de la cuisse, et un homme du village yézidi de Kivokh qui reçut une balle dans la poitrine et mourut au couvent de Saint-Dodo. Aucun d'eux, du reste, ne fut blessé dans l'escarmouche à laquelle j'ai assisté. La femme travaillait aux champs avec son fils, lorsqu'elle ap[er]çut soudain des hommes de Sari qui s'avançaient da[ns] la brousse et l'un d'eux qui mettait son fils en joue; elle se précipita devant lui et reçut une balle dans le haut de la cuisse, son fils la chargea sur ses épaules et parvint à rentrer au village en courant. Quant au Yézidi de Kivokh, il fut mortellement blessé en allant, avec les alliés, au secours de Bassibrina. Il m'a été impossible de savoir si les gens de Sari avaient eu des tués ou des blessés dans l'escarmouche en question.

commencèrent à se montrer très insolents, mais je dois reconnaître que, lorsqu'on leur eut dit que nous nous étions battus pour le village, ils devinrent presque gracieux. Leur chef me pria d'aller voir le blessé, ce que je fis; il était évanoui, râlait, et il me sembla qu'il avait un des poumons perforé; ne sachant que faire à ce malheureux, je déclarai qu'il était perdu, et ce diagnostic se trouva être juste, car il mourut pendant la nuit.

Lorsque tout le monde fut endormi, je tins conseil avec mes soldats, mes gendarmes et le vieux Marôkô. Tous déclarèrent qu'après nous être battus contre les gens de Sari, il serait insensé d'essayer d'aller le lendemain dans leur village et, bien que furieux d'être arrivé à quinze ou vingt minutes de marche de l'endroit où se trouvait l'inscription sans pouvoir la revoir, je dus reconnaître qu'ils avaient raison. Nous partîmes donc de Bassibrina, le 26 mai au matin, en compagnie du contingent de Kafar-Bê venu au secours du village la veille au soir, trop tard pour participer au combat, nous nous séparâmes des gens de Kafar-Bê tout près du couvent de Saint-Gabriel de Kartmin et nous arrivâmes le soir à Mediad sans encombre.

Je n'ai jamais ennuyé jusqu'à présent le lecteur du récit de mes voyages et de mes aventures, je n'ai pas décrit avec indignation la malpropreté des khâns où j'ai couché, je n'ai pas parlé de la mauvaise eau que j'ai bue, des indigestions ou des douleurs d'estomac que j'ai pu avoir, enfin je n'ai pas, comme beaucoup de voyageurs, déploré, en termes élégiaques, la maigreur des poulets orientaux. Si j'ai cru devoir parler du petit combat auquel j'ai pris part, ce n'est nullement pour faire connaître au lecteur mes mérites militaires (ils sont tout à fait nuls, et le grade le plus élevé que j'ai jadis eu dans l'armée a été celui de caporal d'infanterie), c'est pour lui exposer les raisons pour lesquelles il m'a été absolument impossible de revoir l'inscription de Sari en 1905. J'ai, du reste, commis une maladresse : au lieu de me rendre à Bassibrina pour aller ensuite à Sari, j'aurais dû essayer d'aller de Mediad à Sari, sans passer par le village de Bassibrina. Les gens de Sari sont très honnêtes et ne se livrent pas au brigandage comme ceux de Bassibrina, et si j'étais allé directement à Sari, si surtout j'étais parti de Mediad un autre jour que le 25 mai, j'aurais probablement pu revoir l'inscription; il est vrai qu'au retour j'aurais peut-être été attaqué par les gens de Bassibrina.

Il est fort possible qu'en apprenant qu'un Européen était allé jusqu'à Bassibrina et s'était même battu contre eux pour tenter de voir leur inscription, les habitants de Sari aient cru que la pierre contenait de l'or et qu'ils l'aient brisée en petits morceaux. Elle n'existe peut-être plus aujourd'hui et je crois bien faire de la publier, bien que je ne puisse pas donner un bon fac-similé de la petite inscription gravée sur une des quatre faces.

Ainsi que je l'ai déjà dit, cette petite inscription commence à droite et finit à gauche d'une niche au fond de laquelle on voit l'image d'un personnage debout. Les trois premiers caractères très peu distincts, surtout le premier, me paraissent être [illegible], et je les transcris הדן; ce mot signifierait «celui-ci, ceci». Le second mot [illegible] est, au contraire, très distinct, et je le transcris צלמא (voir pl. VI). Je traduis donc les deux mots écrits à droite de la niche ainsi : «Ceci est l'image.» Si cette traduction est exacte, nous devons trouver, du côté gauche de la niche, un nom propre précédé du pronom relatif indiquant le génitif. Le pronom relatif ne peut-être que זי ou די, et le premier caractère paraît être fait ainsi [illegible]; on pourrait donc croire que ce caractère est un ז. Néanmoins, le pronom relatif étant די dans l'inscription n° 61, je suppose que la première lettre tracée à gauche de la niche est un ד, et que le trait oblique que l'on voit au bas de cette lettre est une cassure. Après cette première lettre se trouve une cassure suivie de quelques caractères qu'il m'est impossible de déchiffrer.

La grande inscription est très difficile à lire, et je la transcrirais ainsi en caractères hébreux carrés, en indiquant par la lettre X les caractères dont j'ignore la valeur :

1 שנת 547 .....

2 כו (ou י) תבא.......

3 XXXב נשXX.....

4 ו (ou י) Xו (ou י) Xאל(?) שמ (ou ם) ע(?).......

5 ....ל חי (ou ו) א.......

6 Xי (ou ו) י (ou ו) ד (ou ר) א(?)פכבא(?)....

Il m'est impossible de donner la traduction d'un pareil texte. La première ligne commence par une date et les chiffres qui suivent le mot שנת «année» me paraissent devoir être lus 547; mais, comme la fin de la ligne a disparu, il est possible que les deux traits verticaux que l'on voit après le chiffre 5 aient été suivis d'un ou de deux autres traits verticaux; la date écrite à la première ligne était donc 547, 548 ou 549.

A la ligne 2, je lis כותבא ou כיתבא mot qui pourrait signifier «base, piédestal»; la pierre sur laquelle est gravée l'inscription a peut-être été le piédestal d'une statue.

A la fin de la ligne 4, il faut peut-être lire לשמע «qu'il entende».

A la ligne 5, se trouve un mot que je lis להיא ou להוא. C'est peut-être le nom d'une divinité, car, à la ligne 7 de l'inscription de Hassan-Kef, se trouve un nom propre d'homme que je transcrirais בר להיא ou בר להוא, nom qui signifierait «don de Lahia» ou «de Lahwa».

Je ne crois pas que cette inscription soit datée de l'an 547, 548 ou 549 de l'ère d'Alexandre, car, dans ce cas, elle serait du milieu du IIIe siècle, et il est très probable qu'on parlait le syriaque à cette époque dans le Tour-Abdin. Certains auteurs grecs ont parlé d'une ère usitée en Babylonie, qu'ils appellent l'ère de Nabonassar, et qui aurait commencé en l'an 747 avant notre ère, mais nous ne connaissons aucun texte assyrien, babylonien ou araméen qui porte une date quelconque de l'ère de Nabonassar.

Je me demande si notre inscription n'est pas datée d'après l'ère de Nabonassar; elle serait en ce cas de l'an 200 avant l'ère chrétienne, si le chiffre de la première ligne était 547, de l'an 199, si ce chiffre était 548, ou enfin de l'an 198, si ce chiffre était 549.

N° 61.

(Planches VII et XXVII.)

INSCRIPTION ARAMÉENNE DE HASSAN-KEF.

En 1893, j'étais consul de France à Bagdad, et, après un long congé dont j'avais passé la durée en France, je retournai dans cette ville. J'allai par mer de Marseille à Alexandrette, et à cheval d'Alexandrette à Diarbékir; là, je fis faire un *kélek*, je m'y embarquai et je me rendis de Diarbékir à Bagdad en naviguant sur le Tigre.

J'arrivai à Hassan-Kef le 28 mai et, ce même jour, un indigène me montra, à peu de distance du village, une inscription araméenne gravée sur le rocher et écrite avec le même alphabet que l'inscription que j'avais vue près de Sari en 1891. J'en pris d'assez bonnes photographies et un estampage qui est aujourd'hui en fort mauvais état, mais je ne parvins pas à le déchiffrer et à la traduire en entier; aussi, en 1905, pendant un voyage que je fis dans le Tour-Abdîn, je voulus revoir cette inscription. Je partis donc de Hah, le 20 mai 1905, j'allai à Zaz, puis à Erdeh où je couchai et, le 21 mai, j'arrivai à Hassan-Kef. Je constatai que l'inscription était en plus mauvais état encore que lorsque je l'avais vue en 1893; les chercheurs de trésors avaient creusé la pierre en certains endroits, la fin de la première ligne avait presque complètement disparu et certains caractères lisibles sur mes photographies étaient devenus complètement illisibles.

Si les chercheurs de trésors continuent à creuser le rocher, l'inscription disparaîtra d'ici à quelques années; néanmoins, pour permettre aux Européens qui passeront par Hassan-Kef de voir ce qui en restera, je vais indiquer aussi exactement que possible l'endroit où elle se trouve.

Le village moderne de Hassan-Kef[1] est bâti, sur la rive droite du Tigre, au sommet d'un rocher coupé à pic de tous les côtés, et on y arrive par un chemin en lacet taillé dans le roc. Ce chemin commence au fond d'une vallée qui aboutit au Tigre, tout près des ruines d'un pont, vallée dans laquelle on aperçoit des milliers de cavernes creusées dans le roc. Pour trouver l'inscription, on partira de l'ancien pont et on remontera la vallée; on apercevra d'abord le chemin en lacet qui conduit au village, on le laissera à droite et on continuera à remonter la vallée en longeant la base du rocher sur lequel est bâti Hassan-Kef. Ce rocher se termine, du côté opposé au Tigre, par une sorte de pointe qui ressemble un peu à la proue d'un navire. Dès qu'on arrivera au-dessous de cette pointe, on verra la vallée s'élargir et on apercevra, à gauche, les ruines d'un bâtiment à peu près carré, très bas et de dimensions médiocres; ces ruines sont celles d'une église peu ancienne qu'on appelle, si mes souvenirs sont exacts, l'*Église des quarante martyrs*.

A une soixantaine de pas de cette ruine, se trouvent des rochers de peu d'élévation, mais coupés à pic et disposés à peu près en demi-cercle. On se placera à l'angle de la ruine le plus rapproché de ces rochers, on marchera tout droit entre l'est et le nord-est, et on arrivera ainsi à l'entrée d'une

[1] Le village moderne est bâti à l'emplacement de l'ancienne citadelle; la ville que l'on appelait au moyen âge Hassan-Kef (ܚܣܢܐ ܟܐܦܐ, حصن كيفا) était un peu en aval de la citadelle, entre le Tigre et les rochers, et on en voit encore les ruines.

caverne qui paraît avoir été une citerne; à côté de l'entrée de cette citerne, on verra des trous creusés dans la pierre[1], on grimpera le long de la surface du rocher en mettant les mains et les pieds dans ces trous et, à trois ou quatre mètres de hauteur seulement, si mes souvenirs sont exacts, on trouvera une rigole taillée dans le rocher, assez large pour qu'on puisse la suivre en marchant sur les mains et les genoux[2]. Cette rigole n'a que quelques mètres de longueur et, en la suivant, on atteindra le sommet des rochers; on gravira alors le flanc de la montagne, en obliquant un peu à gauche, et en trois ou quatre minutes, je crois, on arrivera à l'inscription.

Lorsqu'on sera parvenu au sommet des rochers, près des ruines de l'Église des quarante martyrs, et qu'on commencera à gravir la pente de la montagne, on ne devra pas essayer d'apercevoir l'inscription à droite ou à gauche; on devra uniquement chercher un petit tunnel[3] au fond duquel est creusée une rigole[4] destinée à recueillir l'eau de pluie qui tombe au milieu des rochers et à la conduire à une citerne. L'inscription est gravée au milieu de ce tunnel, sur la paroi opposée à celle qui est formée par le flanc de la montagne[5], et on ne peut la voir que quand on est dans le tunnel.

Il me paraît très probable que l'inscription a été gravée en cet endroit, parce qu'il y était question de travaux exécutés pour recueillir les eaux de pluie qui tombaient dans les rochers et les conduire dans un torrent ou dans une citerne quelconque; malheureusement elle est très mutilée, très difficile à lire et encore plus difficile à comprendre.

Je la transcrirais ainsi en caractères hébreux carrés, en remplaçant par des X les caractères dont j'ignore la lecture :

1 .... נ.... ב[6]ירח אלול כדי אתא

2 .... ד(ר ou) X .... X נציבין חני(ו ou)י(ו ou)ך(?) ....

...ד(ר ou)............

3 אכטרת זברא דיזהב(?)..............................

4 נבד(ר ou) בזססין בר זגיזהב(?)..............................

5 נ(?)זבנבו בר ברנני X X יחו(י ou) בר סד(ר ou)..............................

6 איתימלך בר בריכסו(י ou) נ(?)..... א(?)סם בר נתן ס..............................

[1] Entre l'angle de la ruine et l'endroit où se trouvent ces trous, j'ai compté cinquante-sept pas.

[2] Cette rigole conduit probablement l'eau de pluie qui tombe sur les rochers dans la citerne creusée plus bas.

[3] Je n'ai pas songé à examiner les parois du tunnel pour savoir s'il avait été creusé de main d'homme; c'est très probablement un tunnel naturel. Il a dû être formé par un énorme bloc de pierre qui a roulé du sommet de la montagne et s'est arrêté en cet endroit; l'une de ses extrémités a reposé sur le sol, l'autre extrémité s'est appuyée contre le rocher. Je n'ai pas mesuré le petit tunnel qui se trouve entre cet énorme bloc de pierre et le rocher; d'après mes souvenirs, il a 4 ou 5 mètres de longueur, 2 mètres de largeur, et un homme peut s'y tenir debout.

[4] J'ai oublié de rechercher à quel endroit aboutissait cette rigole.

[5] Je veux dire que l'inscription est gravée à l'intérieur du tunnel, non pas sur le rocher, mais sur la pierre qui a roulé du haut de la montagne.

[6] Sur les photographies que j'ai prises en 1893, cette lettre paraît être un [glyphe] (א) plutôt qu'un [glyphe] (ב), mais mes estampages prouvent que c'est un [glyphe].

7 וברלחי(ו ou) א .... לד(ר ou) מר(ר ou) ...... א .... א בר ס ....

...י(ו ou) חי(ג ou ו ou) ב(?) ....

8 .... בי(ז ou) תר(ד ou) בר כר עזי X X X ...... X .... אב(?)א בר

X פלחי(ז ou) ....

9 בר גא בר XXתא

(l. 1) .... au mois d'Eloul, lorsque vint (l. 2) ....
Nisibe .... (l. 3) elle a fait pleuvoir un présent d'or (?) ....
(l. 4) Nabadbarasamin (?), fils de Zagisabab (?) ....
(l. 5) Nasib-Nabou, fils de Bar-Nanaï, ... fils de ....
.... (l. 6) Itat-Mélek, fils de Bar-Ikaou (?), G. . .asm, fils de .iathan-S..................
..... (l. 7) Zabd-Labia (?) .... fils de .... (l. 8) ..... fils de Bar-Athi
.... Aba (?), fils de .... (l. 9) fils de ....

Il semble qu'à partir de la 4ᵉ ligne l'inscription ne contient qu'une énumération de noms propres, et la plupart de ces noms propres paraissent être des noms composés, mais je m'empresse d'ajouter que je ne garantis ni l'exactitude de ma transcription, ni celle de ma traduction.

Quelques-unes des lettres des inscriptions de Sari et de Hassan-Kef, par exemple l'*aleph* et le *beth* ressemblent énormément aux lettres de l'alphabet pehlevi, et j'ai la conviction que l'alphabet des inscriptions de Sari et de Hassan-Kef a été l'ancêtre de l'alphabet pehlevi. Le tableau suivant montrera tous les caractères dont je crois pouvoir indiquer la lecture.

[caractère]	א	[caractère]	ל
[caractère]	ב	[caractère]	מ
[caractère] (?)	ג	[caractère]	נ
[caractère]	ד	[caractère]	ס
[caractère], [caractère] (?)	ה	[caractère] (?)	ע
[caractère]	ו	[caractère], [caractère]	פ
[caractère]	ז	[caractère]	צ
[caractère]	ח	[caractère] (?)	ק
[caractère]	ט	[caractère]	ר
[caractère]	י	[caractère]	ש
[caractère]	כ	[caractère], [caractère]	ת

On sait combien il est difficile de distinguer certains caractères de l'alphabet pehlevi les uns des autres; il semble que, dans l'alphabet des inscriptions de Sari et de Hassan-Kef, le ד se confondait déjà avec le ר, et le י avec le ו. Enfin je serais porté à croire que l'inscription de Sari est un peu plus ancienne que celle de Hassan-Kef.

N° 62.

(PLANCHE XXVII.)

INSCRIPTION SYRIAQUE DU COUVENT DE SAINT-DODO À BASSIBRINA.

(XIIe SIÈCLE.)

Le village que les Curdes appellent Bassibrina, les Jacobites Bassorino, et dont l'ancien nom syriaque était ܒܝܬ ܣܒܪܝܢܐ, est situé dans le Tour-Abdin, à sept heures environ de Modiad, dans la direction de l'Est, à trois heures du couvent de Saint-Gabriel de Kartmin; sa position est, du reste, indiquée dans beaucoup de cartes géographiques.

On voit à Bassibrina une vingtaine d'églises, si mes souvenirs sont exacts, mais toutes m'ont paru être presque modernes, sauf celle du couvent de Saint-Dodo. Ce couvent se compose de quelques bâtiments peu anciens et d'une église qui, sans être moderne, n'est pas, je crois, fort ancienne. Dans la cour de cette église, j'ai vu encastrée dans un mur l'inscription suivante qui se lit horizontalement :

1 ܐܬܚܕܬܬ ܥܕܬ
2 ܗܕܐ ܘܕܪܬܐ ܕܩܕܡܝܗ̇
3 ܘܚܣܡ ܐܙܓܠܐ ܘܓܒܐ
4 ܕܒܓܘ ܕܪܬܐ ܪܒܢ
5 ܫܡܥܘܢ ܒܪ ܬܐܘܡܐ
6 ܒܫܢܬ ܐܦܝ. ܘܡܢ ܕܩܪܐ
7 ܢܨܠܐ. ܥܠ ܗܕܐ ܠܗ
8 ܥܠܘ. ܘܥܠ ܟܠ ܕܐܫܬܘܬܦܘ
9 [ܐܘ ܒܡܠܬܐ ܐܘ ܒܥܒܕܐ.

Cette église a été restaurée, ainsi que la cour qui est devant elle, et notre maître Simon, fils de Thomas, a fait don de la construction voûtée et de la citerne qui est dans la cour, en l'an 1510 des Grecs[1]. Que quiconque lira ceci prie pour lui et pour tous ceux qui y ont participé, soit par la parole, soit par des actes !

A la 1re ligne, le sculpteur a oublié le ܐ final du mot ܥܕܬܐ.

Le verbe ܚܣܡ signifie, au pael, « faire un don, donner », et je crois qu'à la ligne 3 l'auteur de notre inscription a voulu dire que Simon avait fait faire à ses frais la voûte et la citerne.

Le mot ܐܙܓܠܐ signifie au propre « voûte, construction voûtée », mais je ne saurais dire de quelle construction voûtée l'auteur de l'inscription a voulu parler.

Le commencement de la dernière ligne doit être restitué ainsi : ܐܘ ܒܡܠܬܐ.

[1] Entre le 1er octobre 1198 et le 30 septembre 1199.

N° 63 ET 64.

(Planches XXVII et XXVIII.)

INSCRIPTIONS SYRIAQUES DU COUVENT DE SAINT-ABHAÏ.

Les ruines du couvent de Saint-Abhai (ܕܝܪܐ ܕܡܪܝ ܐܒܚܝ), aussi nommé *Couvent des échelles* (ܕܝܪܐ ܕܣܒܠܬܐ), sont situées sur la rive droite de l'Euphrate, dans la région qu'on appelait jadis la Comagène, à une demi-heure de marche environ du village d'Elbèche[1]. A cet endroit, l'Euphrate coule au pied d'une chaîne de rochers assez élevés et souvent à pic du côté du fleuve; entre le fleuve et les rochers, il y a une bande de terre ou plutôt une sorte de banquette de pierre recouverte de terre végétale très longue et très étroite, presque partout peu élevée au-dessus de l'eau et entourée de tous les autres côtés par des rochers à pic. C'est sur cette banquette rocheuse que se trouvait le couvent, qui comprenait une église assez bien conservée encore aujourd'hui et un certain nombre de bâtiments dont plusieurs étaient construits contre la paroi du rocher. Bien que le couvent se trouve dans une sorte de bas-fond, il est plus inaccessible que s'il était situé au sommet d'une montagne[2] et on ne peut y arriver que par un unique chemin. On descend d'abord des rochers qui bordent l'Euphrate, par une pente très raide, jusqu'à un endroit où la pente aboutit à un précipice. Au-dessous coule l'Euphrate, mais, entre le lit du fleuve et l'endroit où l'on est forcé de s'arrêter, un sentier étroit a été creusé dans le roc. L'extrémité de ce sentier est à quatre ou cinq mètres au-dessous de l'endroit où le rocher est coupé à pic, et il faut y descendre au moyen de cordes ou en mettant les pieds et les mains dans des trous creusés dans le roc; c'est un passage très dangereux, car, si on tombe, on peut tomber dans l'Euphrate[3]. Par ce sentier on arrive rapidement au couvent dont, à l'exception de l'église, tous les bâtiments sont en ruines[4].

[1] D'Elbèche on peut aller en une heure au village de Gargar, qui se trouve à peu près à l'ouest de Diarbékir, sur la rive droite de l'Euphrate, mais assez loin du fleuve.

[2] Bar-Hebraeus raconte en ces termes comment le seigneur de Sévérak, qui pilla le couvent de Saint-Abhaï, parvint à s'en emparer : [illegible] «et il marcha contre le Couvent de Saint-Abhaï, aussi appelé Couvent des échelles. N'ayant pas pu entrer du côté des rives de l'Euphrate, il monta au-dessus du rocher d'où il fit descendre des hommes au moyen de cordes. Les moines eurent peur et sortirent pour aller vers lui» (*Gregorii Barhebraei Chronicum syriacum*, édition Bedjan, p. 301, l. 27; p. 302, l. 1, 2, 3).

[3] Il est probable qu'il y avait jadis en cet endroit des échelles fixées au rocher par le moyen desquelles on descendait sur le sentier, échelles qu'on enlevait en cas de danger. C'est sans doute pour ce motif que le couvent de Saint-Abhaï était aussi appelé *Couvent des échelles*.

[4] D'après la légende, le couvent avait été fondé par un certain Abhaï, évêque de Nicée, peu de temps après la mort de Théodose II (voir la *Chronique ecclésiastique de Bar-Hebraeus*, édition Lamy et Abbeloos, t. I, p. 135).

En amont du couvent de Saint-Abhaï, à peu de distance et également sur la rive droite de l'Euphrate, on trouve les ruines d'un autre couvent situé, comme celui de Saint-Abhaï, sur une bande de terrain entre l'Euphrate et les rochers. On y voit un certain nombre de cavernes creusées dans le roc à une grande hauteur et complètement inaccessibles; on devait y monter par des échelles fixées au rocher. Des bâtiments paraissent, en outre, avoir été construits contre la paroi du rocher, mais ils n'existent plus aujourd'hui. Ce couvent est appelé par les gens du pays *Couvent de Saint-Dimat* ou

Au milieu des ruines, on m'a montré un petit bâtiment dont la partie supérieure n'existe plus et dont l'intérieur est complètement rempli de pierres de taille et de déblais; là se trouverait, m'a-t-on dit, le tombeau de saint Abhai, et, lorsque les derniers moines qui vécurent dans le couvent furent forcés de l'évacuer, on aurait enfoui le tombeau sous les décombres pour qu'il ne fût pas violé par les Musulmans.

Je n'ai trouvé dans les ruines du couvent de Saint-Abhai que deux inscriptions, toutes les deux peu intéressantes. L'une, celle à laquelle j'ai donné le n° 63, est gravée sur une muraille près de l'église et se lit horizontalement; l'autre, à laquelle j'ai donné le n° 64, se lit verticalement et est encastrée au-dessus d'une porte dans un mur.

INSCRIPTION N° 63.

1 [illegible]
2 [illegible]
3 [illegible]
4 [illegible]

Cyriaque, supérieur du couvent, avec le reste de sainte confrérie, à l'époque de Mr Athanase, patriarche, et de Mr Grégoire, évêque. Que quiconque lira ceci prie!

L'évêque nommé Grégoire dont il est question dans cette inscription était probablement évêque de Gargar ([illegible], [illegible]), car Gargar se trouve à moins de deux heures de marche de Saint-Abhai. Malheureusement six évêques seulement de Gargar sont mentionnés dans les listes d'évêques qui terminent la chronique de Michel; parmi eux on trouve un certain Grégoire sacré par Athanase VI qui devint patriarche en 1058, et il est possible que notre inscription ait été gravée de son temps, mais cela n'est nullement certain.

INSCRIPTION N° 64 (XIIe siècle). Le sculpteur a gravé la première ligne beaucoup trop bas, de sorte qu'il n'a pas eu de place pour écrire les quatre dernières lignes, et il les a gravées au-dessus de la première. Il faut donc lire la cinquième ligne et les lignes suivantes, puis, après la dix-septième ligne, la première ligne, la seconde, la troisième et enfin la quatrième.

Cette inscription est très mutilée et j'en restitue ainsi le texte :

5 [illegible]
6 [illegible] (1)
7 [illegible]
8 [illegible]
9 [illegible]
10 [illegible] . . . .
11 [illegible] . . . . [illegible] (2)
12 [illegible] . . . . [illegible]
13 [illegible]

Couvent de Peskon, et c'est très probablement celui qui est appelé dans les chroniques [illegible]; il fut fondé au XIIe siècle, à côté des ruines d'un ancien couvent appelé [illegible] (voir la *Chronique ecclésiastique de Bar-Hebraeus*, édition Lamy et Abbeloos, t. II, p. 479, 481). Je n'y ai trouvé aucune inscription.

(1) Ce mot était probablement écrit en abrégé.

(2) Peut-être faut-il lire [illegible] «le mur».

14 [illegible]
15 [illegible]
16 [illegible] . . .
17 [illegible]
1 ܘܟܠܗ ܐܚܘܬܐ
2 ܩܕܝܫܬܐ ܒܫܢܬ
3 [illegible]
4 [illegible]

Pour l'honneur et la glorification de la Trinité Sainte, identique en essence, du Père, du Fils et du Saint-Esprit, ... le mur (?) . . . . a été construit au temps de Mgr Michel, patriarche, et de Mgr Marc, par les soins de David, supérieur du couvent, de Bousso (?) . . . . . , de Basile, l'économe, et de toute la sainte confrérie, en l'an 1492. Que quiconque lira ceci prie!

L'année 1492 des Grecs a commencé le 1er octobre 1180 et fini le 30 septembre 1181.

N°s 65, 66, 67, 68, 69, 70 ET 71.

(PLANCHES XXVIII ET XXIX.)

INSCRIPTIONS SYRIAQUES DE HAH.

Le village de Hah est situé dans le Tour-Abdin, au nord-est de Modiad; il n'est plus habité que par quelques familles jacobites et, si mes souvenirs sont exacts, par quelques familles musulmanes; mais les ruines nombreuses qu'on y voit prouvent qu'au moyen âge Hah était une ville.

Au XIIe siècle, Hah était un siège épiscopal et je crois que, lorsque le diocèse du Tour-Abdin fut partagé, en 1089 ou 1090, entre deux évêques dont l'un porta le titre d'évêque du couvent de Saint-Gabriel de Kartmin, et l'autre celui d'évêque du Tour-Abdin (voir p. 48), Hah devint la résidence des évêques du Tour-Abdin. Bar-Hebraeus raconte, en effet, l'histoire d'un évêque qu'il appelle Ignace de Hah, lequel, après avoir causé, par ses dénonciations, la mort de plusieurs habitants de cette localité, périt de la manière suivante : un samedi soir, en l'an 1485 des Grecs, c'est-à-dire entre le 1er octobre 1173 et le 30 septembre 1174, pendant qu'on récitait l'office, il partit de Hah pour se rendre auprès du gouverneur musulman, probablement auprès du gouverneur de Hassan-Kef; la nuit suivante, il rencontra une troupe de Curdes, fut abandonné par sa suite et tomba entre les mains des Curdes qui le torturèrent et l'abandonnèrent grièvement blessé. Il expira le lendemain matin et on raconta que les parents de ses victimes avaient soudoyé ses meurtriers[1]. Il y avait donc un évêque à Hah en l'année 1485 des Grecs; or, aucun évêque de Hah n'est mentionné dans les listes d'évêques qui terminent la chronique de Michel, mais nous y voyons qu'un certain Gabriel fut sacré, sous le nom d'Ignace, évêque du Tour-Abdin, par le patriarche Athanase VIII, lequel mourut en 1166, et cet Ignace mourut certainement au temps du patriarche Michel qui succéda à Athanase VIII et vécut jusqu'à la fin de l'année 1199, puisque Michel sacra un certain Isaac, moine du couvent de Saint-Bar-Saoumo, évêque du Tour-Abdin, sous le nom d'Iwannis. Il est donc très probable que l'évêque nommé Ignace, qui résidait à Hah et dont Bar-Hebraeus raconte les méfaits et la mort en l'an 1485 des Grecs, à l'époque du patriarche Michel, était Ignace, évêque du Tour-Abdin, qui avait été sacré antérieurement à l'année 1166 par Athanase VIII. Enfin, on est en droit de supposer que, lorsque le couvent de Saint-Gabriel fut séparé du diocèse du Tour-Abdin, ce fut à Hah qu'habitèrent les évêques du Tour-Abdin. Je crois même que les premiers d'entre eux portèrent le titre d'évêques du Tour-Abdin et de Hah car, dans les listes d'évêques qui terminent la chronique de Michel, le 28e évêque sacré par Athanase VII est ainsi désigné :

[illegible]

La ville appelée en arabe حاني et en syriaque ܚܐܢܝ se trouve à une soixantaine de kilomètres au nord de Diarbékir, et il est impossible qu'elle ait été annexée, à une époque quelconque, au diocèse

(1) Voir la *Chronique ecclésiastique de Bar-Hebraeus*, éd. Lamy et Abbeloos, t. II, p. 569, 571.

du Tour-Abdin; ܘܚܚ est donc une faute pour ܘܚܚ dans le texte cité ci-dessus[1], et il faut le traduire ainsi :

28. Ignace, évêque pour Hah et le Tour-Abdin.

A une époque postérieure, le Tour-Abdin fut divisé en plusieurs diocèses, mais Hah continua à être un siège épiscopal.

On voit à Hah les ruines de l'église de Saint-Sovo (ܥܕܬܐ ܕܡܪܝ ܣܒܐ). C'était une très grande église dont le chœur avait la forme d'un hémicycle et qui devait ressembler beaucoup aux églises de Kafar-Zé et d'Arnas (voir la note 2 de la page 91). Elle existait encore à la fin du XVe siècle car, d'après le continuateur anonyme de l'*Histoire ecclésiastique de Bar-Hebraeus*, le patriarche du Tour-Abdin Jean d'Aïn-warda y fut enterré en 1493[2]; aujourd'hui la toiture est tombée et les murs se sont en grande partie écroulés. On voit, à quelques mètres de l'église, à l'est, les restes d'une tour qui paraît avoir été un clocher[3] et, dans la cour de l'église ou plutôt dans l'endroit où devait être la cour de l'église, un ܒܝܬ ܨܠܘܬܐ, c'est-à-dire un oratoire où l'on récitait les offices pendant l'été. C'est une petite chambre en forme d'hémicycle, recouverte par une voûte en coquille et complètement ouverte du côté de l'ouest, qui s'enfonçait dans le mur oriental de la cour ou était bâtie contre le mur oriental de la cour; en un mot, ce ܒܝܬ ܨܠܘܬܐ ressemble absolument à celui de l'église de Kafar-Zé que j'ai décrit à la page 93, mais il est un peu plus grand.

A l'intérieur de ce ܒܝܬ ܨܠܘܬܐ, on voit gravées sur les pierres de la voûte sept inscriptions syriaques qui toutes se lisent de haut en bas; je leur ai donné les n°s 65, 66, 67, 68, 69, 70, 71. Ces inscriptions sont à leur place primitive; en d'autres termes, la voûte du ܒܝܬ ܨܠܘܬܐ n'a pas été construite avec des pierres sur lesquelles des inscriptions avaient été gravées à une époque antérieure, mais, au contraire, les inscriptions ont été gravées sur les pierres de la voûte, longtemps après sa construction. Elles étaient destinées à rappeler le souvenir des personnages illustres dont les corps avaient été ensevelis dans les hypogées de l'église (voir p. 69).

INSCRIPTION N° 65 (XIIe siècle).

1 ܢܦܩ ܡܢ ܥܠܡܐ
2 ܗܢܐ ܡܥܢܝܐ ܠܘܬ
3 ܡܪܝܗ ܪܒܢ، ܫܡܥ̄
4 ܘܪܚܡܢܘܬܐ ܫܩܠ
5 ܐܠܦܐ ܘܐܪܒܥ
6 ܡܐܐ ܘܐܪ̈ܒܥܝܢ
7 ܘܫܒܥ ܫܢ̈ܝܐ

(1) Ainsi que je l'ai déjà dit, je cite toujours les listes d'évêques qui terminent la chronique de Michel d'après les photographies que j'ai faites de la copie du manuscrit d'Ourfa que possède Mgr Rahmani. La faute que je signale paraît se trouver également dans la copie de l'abbé Chabot, ce qui prouve qu'elle existe dans le manuscrit d'Ourfa (voir *Les évêques jacobites du VIIIe au XIIIe siècle, d'après la chronique de Michel le Syrien*, par J.-B. CHABOT, p. 35).

(2) Voir *Gregorii Barhebraei chronicon ecclesiasticum*, éd. Lamy et Abbeloos, t. II, p. 843.

(3) Les anciennes églises ayant des clochers sont extrêmement rares en Orient. Il n'y a de clocher, ni à Saint-Gabriel de Kartmin, ni à Saint-Jacques-le-Reclus, ni à Saint-Behnam, ni dans les églises de Kafar-Zé, d'Arnas, de Hachtarak et de Nisibe. Il semble que les Arabes ont presque partout détruit les clochers et que, sous la domination arabe, on construisait généralement des églises sans clocher

8 ܒܥܣܪܝܢ ܘܬܪܝܢ

9 ܒܬܫܪܝܢ ܐܚܪܝ

10 ܡܢ ܕܩܪܐ ܢܨܠܐ

11 ܥܠ ܚܛܗܘܗܝ

12 ܢܗܘܐ ܠܗ

13 ✠ ܓܠܦ ܐܒܪܗܡ

Zébédée, prêtre et chef de l'église, est sorti de ce monde et s'est rendu auprès de son maître en l'an 1447 des Grecs, le 22 novembre, un lundi. Que quiconque lira ceci dise une prière pour le pardon de ses péchés! Abraham a gravé.

Cette inscription contient certainement une erreur : le 22 novembre 1447 des Grecs correspond au 22 novembre 1135 de notre ère; or, d'après les tables de Wüstenfeld [1], le 1er Safar de l'année 530 de l'hégire correspond au dimanche 10 novembre 1135, et, puisque le 10 novembre 1135 était un dimanche, le 22 novembre de cette même année était un vendredi et pas un lundi.

INSCRIPTION N° 66 (XIIe siècle).

1 ܢܦܩ ܡܢ ܥܠܡܐ

2 ܗܢܐ ܡܠܝܐ ܥܩܬܐ

3 ܘܐܙܠ ܠܘܬ ܡܪܗ ܒܪ[ܝ]ܟܐ

4 ܡܫܡܫܢ ܒܪ ܩܫܝܫ [illegible]

5 ܫܢܬ ܐܠܦܐ ܘܐܪܒܥ

6 ܡܐܐ ܘܬܡܢܝܢ ܘܫܬ

Le diacre Brikho (?), fils du prêtre Jean, est sorti de ce monde plein d'angoisses et s'est rendu auprès de son maître en l'an 1486 [2].

Je crois que le nom propre qui terminait la 3e ligne était ܒܪܝܟܐ, mais ce n'est pas certain.

INSCRIPTION N° 67 (XIIe siècle).

1 ܢܦܩ ܡܢ ܥܠܡܐ ܘܐܙܠ

2 ܠܘܬ ܡܪܗ ܡܫܡܫܢܐ

3 ܡܫ̄ . . . .

4 ܡܫܡܫܢ̄ ܫܡܥܘܢ ܫܢܬ

5 [ܘ]ܐܪ̈ ܘܬܫܥܝܢ ܒܬܠܬܐ

6 ܒܫܒܬܐ ܒܬܫܪܝܢ

7 ܐܚܪܝ ܡܢ ܕܩܪܐ

8 ܥܠ ܗܕܐ ܢܨܠܐ ܥܠܘܗܝ

Le diacre . . . . le diacre Simon est sorti du monde et s'est rendu auprès de son maître en l'an 1490 des Grecs, le 3 novembre, un samedi. Que quiconque lira ceci prie pour lui!

La ligne 3 paraît avoir été effacée par le sculpteur lui-même, mais il a oublié d'effacer le premier mot.

(1) F. WÜSTENFELD, *Vergleichungs-Tabellen der Muhammedanischen und Christlichen Zeitrechnung*, Leipzig, 1854.

(2) En l'an 1486 de l'ère des Grecs, c'est-à-dire entre le 1er octobre 1174 et le 30 septembre 1175.

De même que l'inscription n° 65, l'inscription n° 67 contient une erreur. Le 3 novembre de l'année 1490 des Grecs correspond au 3 novembre 1178 de notre ère, et, d'après les tables de Wüstenfeld, le 1er Djoumada-el-oukhra de l'année 574 de l'hégire correspond au mardi 14 novembre 1178; puisque le 14 novembre 1178 était un mardi, le 3 novembre de cette année était un vendredi et pas un samedi.

INSCRIPTION N° 68 (XIIe siècle).

1 ܐܬܩܛܠ
2 ܘܫܢܝ ܠܘܬ ܡܪܗ
3 [illegible]
4 [illegible]
5 [illegible]
6 [illegible]
7 [illegible]
8 [illegible] ܕܐܝܪ
9 ܡܢ ܕܩܪܐ ܢܨܠܐ
10 ܥܠܘܗܝ.
11 [illegible]

Le diacre Jonathan a été tué et s'est rendu auprès de son maître en l'an 1511 des Grecs, un lundi, à la fin de mai[1]. Que quiconque lira ceci prie pour lui, pour l'amour de Notre-Seigneur!

A la ligne 8, il faut évidemment lire [illegible] ܕܐܝܪ «à la fin de mai», au lieu de [illegible] ܕܐܝܪ. D'après les tables de Wüstenfeld, le 29 mai 1200 a été un lundi.

INSCRIPTION N° 69 (XIIIe siècle).

1 ܢܦܩ ܡܢ ܥܠܡܐ
2 ܗܢܐ ܕܟܠܗ ܥܩܬܐ
3 ܘܫܢܝ ܠܘܬ ܡܪܗ
4 ܡܪܝ ܐܝܘܐܢܝܣ ܐ
5 ܐܦܝܣܩܘܦܐ ܒܫܢ[ܬ]
6 ܐܠܦ ܘܚܡܫܡܐܐ
7 ܘܬܫܥܝܢ ܘܐܪܒܥ
8 ܒܝܪܚܐ ܕܐܝܪ
9 [illegible] ܒܗ
10 ܟܠ ܡܢ ܕܩܪܐ ܢܨܠܐ
11 ܥܠܘܗܝ, [illegible] (?)
12 ܟܠ ܕܡܨܠܐ [illegible]
13 [illegible]|

L'évêque Mar Iwannis est sorti de ce monde plein d'angoisses et s'est rendu auprès de son maître en l'an 1594 des Grecs, au mois de mai, le 19[2]. De grâce, que tous ceux qui liront ceci prient pour lui! Quiconque prie pour le pardon des péchés d'autrui, on priera pour le pardon de ses péchés.

A la fin de la 4e ligne, le sculpteur a gravé un ܐ, la première lettre du mot ܐܦܝܣܩܘܦܐ, puis,

[1] En l'an 1200 de notre ère. — [2] Le 19 mai 1283.

s'apercevant qu'il n'avait pas assez de place pour écrire ce mot, il l'a gravé en entier à la ligne suivante.

Le dernier mot de la ligne 11 est très mal écrit; je crois que c'est ܛܝܒܘ «de grâce».

L'évêque du Tour-Abdin ou de Hab dont il est question dans cette inscription m'est tout à fait inconnu.

Inscription n° 70 (xiiie siècle).

1 ܢܦܩ ܡܢ ܥܠܡܐ
2 ܗܢܐ ܡܠܝܐ ܐܘܠܨܢܐ
3 ܘܐܙܠ ܠܘܬ ܡܪܗ
4 ܡܪܢ ܒܪܚܕܒܫܒܐ
5 ܩܫܝܫܐ ܢܨܝܚܐ ܘܡܠܦܢܐ
6 ܡܝܬܪܐ ܒܫܢܬ ܐܠܦܐ
7 ܘܚܡܫܡܐܐ ܘܬܫܥܝܢ
8 [ܘ]ܫܬ ܕܝܘܢܝܐ ܗܢܘ ܕܝ
9 [ܫܢ]ܬ ܬܪ̈ܬܝܢ ܕܐܪܓܘܢ
10 ܡܠܟܐ ܙܟܝܐ ܒܚܙܝܪܢ
11 ܒܛ̄ ܒܗ ܡܢ ܛܠ
12 ܕܩܪܐ ܢܨܠܐ ܥܠܘܗܝ
13 ܒܛܝܒܘ

Notre maître Bar-Hadbchabo, prêtre illustre et professeur éminent, est sorti de ce monde plein d'angoisses et s'est rendu auprès de son maître en l'an 1596 des Grecs, c'est-à-dire en l'an 2 d'Argoun, le roi victorieux, le 9 juin[1]. De grâce, que quiconque lira ceci prie pour lui!

Inscription n° 71 (xiiie siècle).

1 ܢܦܩ ܡܢ ܥܠܡܐ ܗܢܐ
2 ܕܡܠܐ ܥܩܬܐ ܘܐܙܠ
3 ܠܘܬ ܡܪܗ ܡܪܝ
4 ܣܐܘ[ܝܪܐ] ܐܦܣܩܦܐ
5 ܒܫܢܬ ܠܠ[ܦ] ܘܫܬܡܐܐ
6 ܘܫܒܥ ܕܝܘܢܝܐ ܒܬܫܪܝܢ
7 [ܐܚܪܝܐ ܒܟܚ ܒܗ
8 ܒܝܘܡ ܬܪ[ܝܢ] ܒܫܒܐ
9 [ܟܠ] ܕܩܪܐ ܢܨܠܐ
10 ܥܠܘܗܝ ܡܛܠ
11 ܡܪܢ

L'évêque Mar Sévère est sorti de ce monde plein d'angoisses et s'est rendu auprès de son maître en l'an 1607 des Grecs, le 28 du mois de novembre, un lundi[2]. Que quiconque lira ceci prie pour lui, pour l'amour de Notre-Seigneur!

A la ligne 4, le sculpteur a écrit ܐܦܣܩܦܐ au lieu de ܐܦܣܩܘܦܐ, et, à la ligne 5, ܠܠ (le dernier caractère a disparu) au lieu de ܐܠܦ.

(1) Le 9 juin 1285. Le prédécesseur d'Argoun, Ahmed, fut tué le 10 août 1284, et il est probable que l'auteur de notre inscription a considéré l'année 1596 des Grecs comme la seconde année du roi Argoun, parce que l'avènement de ce prince avait eu lieu en l'an 1595 des Grecs.

(2) Le 28 novembre 1295 correspond, en effet, à un lundi.

Sévère, évêque de Hah, dont il est question dans cette inscription, est mentionné par le continuateur anonyme de l'*Histoire ecclésiastique de Bar-Hebraeus* [1]. Lui et les autres évêques de la région de Mardin, obéissant probablement aux ordres des autorités musulmanes, reconnurent comme patriarche, en 1298, Bar-Wahib Baderakho qui fut le premier patriarche de Mardin, bien que deux autres patriarches eussent déjà été sacrés presque simultanément, l'un à Diarbékir ou dans les environs, l'autre en Cilicie.

[1] Voir la *Chronique de Bar-Hebraeus*, édition Lamy et Abbeloos, t. II, p. 785.

N° 72.

(Planche XXIX.)

INSCRIPTION SYRIAQUE DE L'ÉGLISE DE SAINT-JEAN-LE-DÉILÉMITE, PRÈS DE KARAKOCHE.

(XVIe SIÈCLE.)

On voyait jadis, à vingt minutes de marche environ, au nord et un peu à l'ouest du village de Karakoche (ܒܝܬ ܟܘܕܝܕܐ), une église jacobite, probablement l'église d'un ancien couvent; on l'appelait Deir-Mkourtaya ou ܥܕܬܐ ܕܡܪܝ ܝܘܚܢܢ ܡܩܘܪܬܝܐ et elle a, m'a-t-on dit, été démolie il y a quelques années.

Lorsque je la visitai, en 1891, je pris un estampage d'une inscription gravée verticalement près de la porte du chœur, dans la nef. En voici le texte :

1 ܒܫܡ ܐܠܗܐ ܚܝܐ ܘܡܚܝܢܐ
2 ܐܬܒܢܝ ܘܐܬܚܕܬ ܡܕܒܚܐ ܩܕܝܫܐ ܕܩܕܝܫܐ ܡܪܝ ܝܘܚܢܢ ܕܡܬܟܢܐ ܕܝܠܡܝܐ
3 ܒܫܢܬ ܐܦܥܕ ܕܝܘܢܝܐ ܩܫܝܫܐ ܓܝܘܪܓܝܣ ܒܪ ܪܝܫܐ
4 ܘ..... ܡܢ ܩܪܝܬܐ ܒܪܝܟܬܐ ܒܓܕ
5 ܫܬܬܦ ܒܒܢܝܢܐ ܕܬܪܥܐ

Au nom de Dieu, le vivant et le vivificateur, le saint sanctuaire de saint Jean surnommé le Déilémite a été construit et restauré en l'an 1874 des Grecs[1]. Le prêtre Georges, fils du notable W......., du village béni de Karakoche, a participé à la construction de cette porte.

Ainsi que je l'ai déjà dit, le mot ܡܕܒܚܐ «autel» a souvent le sens de «sanctuaire, chœur» et désigne la partie de l'église où se trouve l'autel.

Il m'est impossible de lire, à la 4e ligne, le nom du père du prêtre Georges; le dernier mot de cette ligne paraît être ܒܓܕ, abréviation qui doit se lire ܒܓܕܝܕܐ.

Il est singulier qu'une église jacobite ait été dédiée à Jean le Déilémite qui était un saint nestorien; je serais porté à croire que le couvent appelé Deir-Mkourtaya était, à l'origine, un couvent nestorien qui fut pris par les Jacobites à une époque que je ne saurais déterminer.

[1] Entre le 1er octobre 1562 et le 30 septembre 1563.

N° 73.

(PLANCHE XXIX.)

INSCRIPTION SYRIAQUE DE TAKRIT.

(XII° SIÈCLE.)

L'inscription n° 73 a été trouvée à Takrit[1], à une époque que je ne saurais déterminer, et a été achetée par M. Siouffi, jadis vice-consul de France à Mossoul, qui me la donna lors d'un voyage que je fis dans cette ville en 1898. Elle est gravée sur une dalle de pierre qui a 0 m. 53 de longueur, 0 m. 29 de largeur et un peu plus de 0 m. 03 d'épaisseur; un des angles a été brisé et le ܩ initial du premier mot a en partie disparu.

Voici le texte de cette inscription :

1 [illegible]
2 [illegible]

L'Esprit Saint a consacré par les mains de son serviteur Denys, primat de Takrit, en l'an 1435.

Les Jacobites, de même que les Catholiques romains, les Grecs et les Nestoriens, encastrent toujours dans la partie supérieure de l'autel une tablette en bois ou en pierre sur laquelle le calice doit reposer pendant la célébration de la messe. Les Syriens appellent cette tablette ܛܒܠܝܬܐ; elle doit être consacrée par un évêque et, dans son ouvrage intitulé ܟܬܒܐ ܕܗܘܕܝܐ, Bar-Hebraeus dit à ce sujet : « [illegible] » Lorsque nous oignons des tablettes, nous indiquons sur elles le nom du consécrateur et la date en ces termes : *La Sainte Trinité a consacré par les mains d'un tel en telle année*[2]. » Bien que le texte de cette formule diffère un peu de celui de notre inscription, la dalle sur laquelle elle est gravée est certainement une pierre d'autel; c'est, du reste, l'opinion de plusieurs prêtres orientaux à qui je l'ai montrée.

L'année 1435 des Grecs a commencé le 1er octobre 1123. Le primat Denys dont il est question

[1] Takrit (ܬܓܪܝܬ, تكريت), sur la rive droite du Tigre, à peu près à mi-chemin entre Mossoul et Bagdad, est aujourd'hui un grand village uniquement habité par des Musulmans, que j'ai visité en 1890 et en 1893.

Le mur d'enceinte de l'ancienne ville construit en terre avec des revêtements en briques cuites s'est écroulé et forme une espèce de talus qui délimite assez exactement la superficie de la ville. Elle m'a paru avoir été fort grande.

L'ancienne citadelle, où se trouvait une grande église construite au VII° siècle par Maroutha, s'élevait sur une sorte de falaise en terre et en cailloux roulés, plus longue que large, qui s'étend sur les bords du Tigre, du nord-ouest au sud-est, à peu près au centre de l'ancienne ville, en amont du village moderne. Elle était entourée de tous les côtés, sauf du côté du Tigre, d'un fossé très large et très profond qui est encore visible aujourd'hui. À l'exception d'une des portes du mur d'enceinte qui était construite en briques et dont on voit les ruines au sud-est, c'est-à-dire du côté du village moderne, il ne reste pas un pan de mur de la grande église et des bâtiments qui s'élevaient dans la citadelle, ni des murailles qui la défendaient.

Quant aux ruines de l'ancienne ville, elles sont insignifiantes, et il m'a été impossible d'y trouver aucune inscription.

[2] Voir *Nomocanon Gregorii Barhebraei*, edidit Paulus Bedjan, 1898, p. 13, l. 7, 8, 9.

dans l'inscription était un moine nommé Moïse que le patriarche Athanase sacra primat de Takrit en 1112. Quelques années auparavant une persécution contre les Jacobites avait eu lieu à Takrit, la grande église de Saint-Ahoudemmeh avait été prise par les Musulmans et il ne restait presque plus de Jacobites dans cette ville. Denys se rendit d'abord dans la région de Mossoul où il fut fort mal reçu par le métropolitain du couvent de Saint-Matthieu qui, comme beaucoup de ses prédécesseurs, aurait voulu ne plus dépendre du siège de Takrit; il alla ensuite à Nisibe, à Djézireh, puis dans le Beth-Nouhadré, où il faillit être assassiné par les moines de Saint-Matthieu, et enfin à Takrit où il restaura les églises et fit revenir les Jacobites qui s'étaient enfuis pendant la persécution. Il mourut à Bagdad en 1142.

N° 74.

(Planche XXX.)

INSCRIPTION DE KARAKOCHE.

(XIIIe siècle.)

Le village de Karakoche est appelé en syriaque ܒܝܬ ܟܕܝܕܐ; il est situé à l'est de Mossoul, à peu près à mi-chemin entre cette ville et le Zab supérieur, et est habité par des Syriens catholiques. J'y ai vu jadis, dans une église qui tombait en ruines, bien qu'elle ne fût pas très ancienne, une inscription syriaque gravée sur deux blocs de pierre; ces pierres n'étaient certainement pas à leur place primitive; elles avaient dû, à l'origine, être encastrées dans le mur d'un couvent ou d'une église de couvent, et c'est sans doute après la ruine de ce couvent qu'elles avaient été placées dans l'église où je les ai vues [1]. Cette église a elle-même été démolie tout récemment, mais l'inscription existe toujours et a été confiée à un prêtre du village. Lorsque je les vis, les deux blocs étaient encastrés dans une grande niche qui ressemblait un peu à celle du tombeau de saint Behnam (voir pl. VIII), et ils avaient été mal placés : le second bloc qui aurait dû être sous le premier avait été mis au-dessus. Voici le texte de cette inscription à laquelle j'ai donné le n° 74.

PREMIER BLOC.

Inscription n° 74 (XIIIe siècle).

1 [illegible]
2 [illegible]
3 [illegible]
4 [illegible]
5 [illegible]
6 [illegible]
7 [illegible]
8 [illegible]
9 [illegible]
10 [illegible]
11 [illegible]
12 [illegible]
13 [illegible] [2] [illegible]

SECOND BLOC.

14 [illegible]
15 [illegible]
16 [illegible]

[1] Il est possible aussi que l'église aujourd'hui détruite dans laquelle j'ai vu l'inscription ait été à l'origine l'église d'un couvent, ou qu'elle ait été construite sur l'emplacement de l'église d'un ancien couvent.

[2] Il faut lire : [illegible].

Voici la cause de l'établissement de ce tombeau : Il arriva que les Tartares survinrent avec une grande colère pour faire une brèche dans le mur du couvent et piller tout ce qui s'y trouvait. Mais, lorsqu'ils eurent percé le mur, ils trouvèrent les os du saint; ils se calmèrent et, au lieu d'être des loups, ils devinrent des agneaux; au lieu d'être des perturbateurs et des ravisseurs, ils devinrent des hommes pacifiques et gracieux. Ils ne firent de mal et ne causèrent de préjudice à personne. Cela eut lieu grâce à l'intervention divine et aux prières du saint. Que ses prières soient avec nous, ainsi soit-il!

Ces événements eurent lieu au temps de notre père Mar Grégoire, l'illustre Primat d'Orient.

Il est regrettable que l'auteur anonyme de notre inscription ne nous ait pas donné de renseignements plus précis sur l'événement auquel il fait allusion. Il est probable que des Tartares païens s'étant imaginé que le tombeau d'un saint contenait un trésor envahirent le couvent où se trouvait ce tombeau, firent des fouilles et se retirèrent lorsqu'ils eurent constaté que le tombeau ne contenait que des os; les moines durent, par suite, réédifier le tombeau et, attribuant leur salut à un miracle, ils voulurent en perpétuer le souvenir par une inscription placée sur le tombeau restauré. Le primat d'Orient (ܡܦܪܝܢܐ) appelé «Grégoire» ne peut être que Bar-Hebraeus, et il est probable que l'inscription n° 74 a été gravée à la fin du XIIIe siècle.

Dans une église de Karakoche, j'ai vu deux inscriptions relatives à des primats d'Orient enterrés dans les souterrains de cette église. Voici le texte de ces deux inscriptions dont il m'est impossible de donner un fac-similé.

. . . .
ܡܚܝܢܐ ܕܡܝܬܐ
ܥܢܕ ܡܢ ܥܠܡܐ ܐܪܥܢܝܐ
ܘܐܙܠ ܠܥܠܡܐ ܪܘܚܢܝܐ
ܐܒܘܢ ܢܨܝܚܐ ܘܛܘܒܬܢܐ
ܒܣܝܠܝܘܣ ܡܦܪܝܢܐ ܒܫܢܬ
ܐܨܨܚ ܕܝܘܢܝܐ ܒܐܝܠܘܠ
ܟܠܡܢ ܕܩܪܐ ܥܠ ܗܕܐ ܠܘܚܐ
ܕܘܟܪܢܐ ܢܐܡܪ ܡܪܝܐ
ܡܪ. . . ܢܚܣܐ ܚܛܗܘ̈ܗܝ

. . . . et vivificateur des morts, notre père illustre et bienheureux, le primat Basile, est parti de ce monde terrestre et est allé dans le monde spirituel en l'année 1798 de l'ère d'Alexandre, au mois de septembre. Que quiconque lira cette inscription commémorative dise : «Que le Seigneur miséricordieux lui pardonne ses fautes[1].»

Le primat d'Orient Basile, de son vrai nom Aziz, était le neveu du patriarche de Mardin Khalef. Il fut sacré primat d'Orient dans les derniers mois de l'année 1470 ou dans le courant de l'année 1471 et mourut le 10 septembre 1487, d'après le continuateur de l'*Histoire ecclésiastique* de Bar-Hebraeus qui dit à tort qu'il fut enterré au couvent de Saint-Behnam (édition Lamy et Abbeloos, t. III, p. 545 et 547).

ܒܫܡ ܡܫܝܚܐ ܡܚܝܢܐ ܕܡܝܬܐ
ܢܚ ܡܢ ܥܠܡܐ ܐܪܥܢܝܐ
ܘܐܙܠ ܠܥܠܡܐ ܪܘܚܢܝܐ

(1) Je crois qu'il faut lire ainsi la dernière ligne : ܡܪܚܡܢܐ ܢܚܣܐ ܚܛܗܘ̈ܗܝ.

ܐܒܘܢ ܗܢܐ ܩܬܘܠܝܩܐ
ܒܣܝܠܝܘܣ ܫܢܝܐ
ܡܢ ܥܠܡܐ ܗܢܐ
ܕܐܠܟܣܢܕܪܘܣ ܗܘ ܩܪܢܝܐ
ܒܝܪܚܐ ܫܡܫܝܐ
ܒܬܫܥ ܘܥܣܪܝܢ ܗܘ ܬܫܪܝܢ

Au nom du vivant et du vivificateur des morts, notre père illustre et bienheureux, le primat Basile, est sorti du monde terrestre et s'est rendu dans le monde spirituel en l'année 1819 de l'ère d'Alexandre le Cornu[1], le 29 du mois solaire d'octobre (le 29 octobre 1507).

Le primat d'Orient mentionné dans cette inscription m'est complètement inconnu.

[1] ܐܠܟܣܢܕܪܘܣ ܗܘ ܩܪܢܝܐ est la traduction du nom que les Arabes donnent à Alexandre le Grand, اسكندر ذو القرنين.

N°s 75 ET 76.

(Planches XXX et XXXI.)

INSCRIPTIONS SYRIAQUES DU COUVENT DE SAINT-BEHNAM.

Le couvent appelé ܕܝܪܐ ܕܡܪܝ ܒܗܢܡ ܣܗܕܐ ܕܓܘܒܐ «couvent de Saint-Behnam-de-la-Crypte» et aussi ܕܝܪܐ ܕܡܪܝ ܒܗܢܡ ܣܗܕܐ «couvent de Saint-Behnam», ܕܝܪܐ ܕܒܝܬ ܓܘܒܐ, ܕܝܪܐ ܕܓܘܒܐ «couvent de la crypte[1]» est un ancien couvent jacobite qui appartient aujourd'hui aux Syriens catholiques. Il est situé entre le Tigre et le Zab supérieur, à sept heures de marche environ de Mossoul, au sud de la route que l'on suit généralement lorsqu'on va de Mossoul à Erbil, au sud de Karakoche, au nord-est de Nimroud, à quelques minutes de marche d'un village appelé El-Kheder (الخضر). Il se composait, lorsque je le visitai pour la dernière fois, en 1893, de masures peu anciennes et pourtant tombant en ruines disposées en rectangle avec une cour centrale[2]. Les murs étaient très élevés et pouvaient servir de remparts; enfin au milieu de ces masures se trouvait l'église, très beau monument du XIIe ou du XIIIe siècle.

L'église du couvent de Saint-Behnam m'a paru avoir eu primitivement la forme de celle de Saint-Gabriel de Kartmin. Elle devait être composée, par conséquent, d'une nef rectangulaire entourée de trois côtés d'une galerie à arcades, et du chœur situé à l'est de la nef et séparé d'elle par un mur épais percé de trois portes; le chœur lui-même devait être composé de trois pièces communiquant entre elles et contenant chacune un autel. Au XIIe ou au XIIIe siècle, l'église fut agrandie, embellie et peut être presque entièrement rebâtie; il m'a semblé que la nef avait été élargie du côté du nord. Par suite de cet élargissement, le chœur s'est trouvé avoir moins de largeur que la nef, et sa porte centrale avait cessé d'être au centre du mur Est de la nef; aussi a-t-on construit, au nord du chœur, une pièce communiquant avec lui par une petite porte et avec la nef par une grande porte; cette pièce était certainement un ܒܝܬ ܕܝܩܘܢܘܢ (voir p. 69). Le spectateur qui, placé dans la nef, regardait le chœur voyait donc devant lui, non pas trois, mais quatre portes, savoir : à droite, une petite porte par laquelle on entrait dans la chapelle contenant l'autel de droite; à gauche de cette petite porte, la grande porte de la chapelle contenant le maître autel; à gauche de cette dernière, une

[1] D'après une vie de saint Behnam publiée par Bedjan, ce couvent avait été construit par un riche Persan chrétien nommé Isaac, à la distance d'un *jet de pierre* à l'ouest de la crypte (ܓܘܒܐ) dans laquelle avaient été déposés les os de saint Behman, fils d'un roi d'Assyrie nommé Sennachérib (ܣܢܚܪܝܒ), de sa sœur Sara et de leurs compagnons martyrisés par l'ordre de Sennachérib parce qu'ils avaient embrassé le christianisme, et c'est pour ce motif qu'on l'appelait *couvent de la crypte* (voir Bedjan, *Acta martyrum et sanctorum*, t. II, p. 432, 434, 440).

Le mot ܓܘܒܐ désigne une chambre souterraine, une crypte creusée en forme de citerne, mais le plus souvent il signifie «citerne»; aussi les Arabes appelaient-ils le couvent de Saint-Behnam : دير الجب «couvent de la citerne». Yakout le mentionne en ces termes : دير الجب دير في شرق الموصل بينها وبين اربل مشهور يقصده الناس لاجل الصرع ويبرأ منه بذلك كثير «le couvent de la citerne est un couvent célèbre à l'est de Mossoul, entre cette ville et Erbil, où l'on se rend à cause de l'épilepsie, et beaucoup de personnes y sont guéries de cette maladie» (voir le *Dictionnaire géographique de Yakout*, édition Wüstenfeld, t. II, p. 651).

[2] Lorsque je visitai pour la dernière fois, en 1893, le couvent de Saint-Behnam, il n'était habité que par un gardien. Depuis cette époque, le patriarche syrien Mgr Rahmani l'a restauré et y a établi des religieux.

petite porte par laquelle on entrait dans la chapelle contenant l'autel de gauche; enfin tout à fait à gauche, la grande porte du ܒܝܬ ܩܕܝܫܐ. A une époque postérieure on a muré la petite porte par laquelle on entrait dans la chapelle contenant l'autel de gauche et, pour masquer cette porte murée, on a appliqué contre le mur, dans la nef, un horrible bas-relief en stuc représentant saint Georges terrassant le dragon[1]. Ce bas-relief est grotesque et il serait à désirer qu'on le détruisît; j'ai la conviction que, derrière le stuc, on trouverait intacte l'ancienne porte avec ses élégantes arabesques et ses inscriptions.

Par suite des divers changements qu'elle a subis, l'église de Saint-Behnam se compose aujourd'hui :

1° D'une galerie à arcades située à l'ouest, s'étendant du nord au sud, et percée de deux portes par lesquelles on entre dans la nef (cette galerie m'a paru être peu ancienne);

2° D'une nef rectangulaire située à l'est de la galerie à arcades, à l'ouest du chœur et du ܒܝܬ ܩܕܝܫܐ. Elle en est séparée par un mur solide dans lequel sont percées trois portes; une petite porte à droite et une grande porte, à gauche de la petite, permettent d'entrer dans le chœur, une autre grande porte percée tout à fait à gauche permet d'entrer dans le ܒܝܬ ܩܕܝܫܐ;

3° Du chœur et du ܒܝܬ ܩܕܝܫܐ situés à l'est de la nef, le ܒܝܬ ܩܕܝܫܐ au nord, le chœur au sud[2]; une petite porte permet d'entrer du ܒܝܬ ܩܕܝܫܐ dans le chœur.

Enfin deux portes sont percées dans le mur du nord de la nef et deux autres dans le mur du sud; ces quatre portes permettent d'entrer de la nef dans des chambres à peu près carrées. Un Européen pourrait prendre ces chambres pour des chapelles latérales, mais, à l'exception des trois pièces formant le chœur que l'on peut appeler des chapelles, puisqu'elles contiennent chacune un autel, les anciennes églises orientales n'ont pas de chapelles, et l'église de Saint-Behnam est la seule dans laquelle j'aie vu des chambres construites à droite et à gauche de la nef. Il est probable que ces quatre portes ont été faites, à l'origine, pour permettre d'entrer de la galerie à arcades qui se trouvait au nord et au sud de la nef dans la nef elle-même, mais j'ignore pourquoi on a détruit cette partie de la galerie à arcades et construit quatre chambres sur son emplacement[3]. Il m'est également impossible de dire à quoi servaient ces quatre pièces; peut-être chacune d'elles était-elle un ܒܝܬ ܩܕܝܫܐ, mais les inscriptions qu'elles contenaient ont complètement disparu.

L'église de Saint-Behnam est certainement la plus belle des anciennes églises orientales qu'il m'a été donné de voir; les chambranles et les linteaux de la plupart des portes, les murs eux-mêmes, en certains endroits, sont ornés de moulures, d'arabesques et d'inscriptions en relief en magnifiques caractères estranghélos, et je ne crois pas qu'il existe en Orient un aussi beau monument arabe du XIIe ou du XIIIe siècle. Il serait, par suite, à désirer qu'un photographe plus habile que moi publiât des

(1) Près de ce bas-relief une inscription est peinte en rouge sur le stuc. Elle est en partie effacée, mais j'ai pu déchiffrer les mots [illegible] «en l'an 1861 des Grecs»; le bas-relief représentant saint Georges terrassant le dragon est donc antérieur à l'année 1550 de notre ère.

(2) A une époque que je ne saurais déterminer les murs qui séparaient les trois chapelles du chœur ont été détruits, de sorte que le chœur ne contient plus aujourd'hui qu'une seule pièce.

(3) Bar-Hebraeus rapporte, dans sa *Chronique ecclésiastique* (édition Lamy et Abbeloos, t. III, p. 329), que le moine Khosroun, mort le 17 décembre 1139, fut enterré devant la porte mérionale de la nef, dans l'angle (ܩܕܡ ܬܪܥܐ ܬܝܡܢܝܐ ܕܗܝܟܠܐ ܒܙܘܝܬܐ). Il faut en conclure qu'en 1139 on pouvait entrer dans *la nef du côté du sud*, tandis qu'on n'y entre plus aujourd'hui que du côté de l'ouest; les deux pièces situées au sud de la nef n'existaient donc pas, et la galerie à arcades qui n'existe plus qu'à l'ouest se prolongeait, à cette époque, au sud et probablement aussi au nord de la nef.

IMPRIMERIE NATIONALE.

vues des différentes parties de cette église. Quant aux nombreuses inscriptions qu'on y voit, elles n'ont été sculptées que pour servir d'ornements et n'ont, pour la plupart, aucun intérêt. Elles contiennent des phrases extraites de la liturgie, les louanges du saint, des prières, comme le *Credo* et le *Pater noster* en syriaque, quelquefois les noms des personnes qui ont participé à la construction de l'église. Dans le [illegible] qui se trouve au nord du chœur, quelques inscriptions font connaître les noms des personnes qui y sont enterrées. L'une d'entre elles est relative au primat d'Orient ([illegible]) Dioscore, qui mourut en 1417 [1]; en voici le texte :

[illegible]
[illegible]
[illegible]
[illegible]
[illegible]
[illegible]
[illegible]
[illegible]
[illegible]
[illegible]

Notre père illustre et saint, le vénérable Mgr Dioscore, primat d'Orient, dont le nom était Behnam l'Arabe, est sorti de ce monde de douleur et s'est rendu au Paradis de joie en l'année 1728 des Grecs, le 21e jour de juillet, le mois des chaleurs. Que Dieu fasse reposer son âme avec les Pères! Ainsi soit-il!

Dans le chœur, à gauche du maître-autel, sur une pierre encastrée dans le mur à une grande hauteur, on lit une inscription écrite horizontalement à laquelle j'ai donné le n° 75. Elle nous apprend que le chœur a été restauré en l'année 1164 de notre ère et je serais porté à croire que l'église a été en grande partie rebâtie à cette époque.

Enfin, sur le mur de la nef, du côté droit, pour la personne qui regarde le chœur, à peu de hauteur au-dessus du pavage, on voit une longue inscription écrite de haut en bas sur quatre blocs de pierre; je lui ai donné le n° 76.

INSCRIPTION N° 75 (XIIe siècle).

1 [illegible]
2 [illegible]
3 [illegible]
4 [illegible]
5 [illegible]
6 [illegible]
7 [illegible]
8 [illegible]
9 [illegible]
10 [illegible]
11 [illegible]

[1] Voir l'*Histoire ecclésiastique de Bar-Hebraeus* (édition Lamy et Abbeloos), t. III, p. 541.

12 [illegible]
13 [illegible]
14 [illegible]
15 [illegible]
16 [illegible]
17 [illegible] . . .
18 [illegible]

Au nom de Dieu, le vivant et le saint, ce chœur a été restauré et reconstruit par les soins des moines, du prêtre en chef Joseph, des diacres Abou-l-Fadl et Gabriel et du frère Hassan, en l'an 1475 des Grecs qui est l'an 559 des Arabes, au temps de nos bienheureux pères, les patriarches Mar Athanase d'Antioche de Syrie et Mar Iwannis d'Alexandrie, l'année de la mort de Mar Ignace, primat d'Orient. Que quiconque lira ceci prie pour eux!

Le mot ܒܫܕܝܪܝܐ (ligne 4) est formé du mot turc باش «tête, chef» et du mot syriaque ܕܝܪܝܐ; il est singulier qu'un pareil mot se trouve dans une inscription du XIIe siècle, et il faut en conclure qu'on parlait le turc, à cette époque, dans certains districts de la région de Mossoul.

L'année 1475 des Grecs a commencé le 1er octobre 1163, et l'année 559 de l'hégire le 30 novembre 1163; enfin le primat d'Orient Ignace est mort le 14 juin 1164[1]. Le chœur de l'église du couvent de Saint-Behnam a donc été restauré entre le 15 juin 1164 et le 30 septembre 1164, dernier jour de l'année 1475 des Grecs. Le patriarche jacobite qui vivait à cette époque était Athanase Bar Kétreh; il mourut en 1166, ainsi que le patriarche copte d'Alexandrie Iwannis qui est mentionné dans notre inscription[2].

INSCRIPTION N° 76 (XIIIe siècle).

1 [illegible]
2 [illegible]
3 [illegible]
4 [illegible]
5 [illegible]
6 [illegible]
7 [illegible]
8 [illegible]
9 [illegible]
10 [illegible]
11 [illegible]
12 [illegible]
13 [illegible]
14 [illegible]
15 [illegible]
16 [illegible]
17 [illegible]
18 [illegible]
19 [illegible]

(1) Voir la *Chronique ecclésiastique de Bar-Hebraeus* (édition Lamy et Abbeloos), t. III, p. 355.

(2) Voir la *Chronique ecclésiastique de Bar-Hebraeus* (édition Lamy et Abbeloos), t. II, p. 533.

20 ܘܠܐ ܦܫ(1) ܒܩܢܟܝܐ
21 ܐܠܐ ܐܘܢܓܠܝܘܢ ܘܩܒ
22 ܡܥܘܪܢܐ ܥܘܝܪܐ
23 ܐܠܗܐ ܦܩܕ ܠܥܝܢܝܗܘܢ
24 ܘܐܙܠ ܪܒܢܐ ܐܒܘܢ ܝܥܩܘܒ
25 ܠܘܬ ܡܠܟܐ ܙܟܝܐ
26 ܘܐܗܦܟܗ(2) ܟܠ ܡܕܡ
27 ܕܫܩܠܘ ܘܐܦ ܚܢܐ
28 ܩܘܪܒܢܐ ܠܩܕܝܫܐ(3)
29 ܗܘ ܡܢ ܩܢܝܢܗ
30 ܕܢܦܫܗ
31 ܣܓܕܬܗ ܠܩܕܝܫܐ(4)
32 ܘܡܠܟܐ ܟܪܝܐ
33 ܟܪܝܬܗ ܡܠܟܐ

En l'an 1606 des Grecs, le roi vainqueur Khan Baïdou vint au-dessous d'Assyrie, la ville de Saint-Behnam; il la prit, y commit des massacres, alla à Mossoul et n'y entra pas. Ensuite il se rendit dans la région d'Arbèle et laissa derrière lui des chefs qui pillèrent les pays et les couvents. Les chefs envoyèrent des hommes au grand couvent, et ils prirent les mules du moulin ainsi que beaucoup d'argent et d'or. L'un d'entre eux vint au Couvent de la Crypte, ouvrit la porte et entra; il mit la main sur les ustensiles du chœur, les voiles et tout le reste, il s'en empara, et il ne resta dans le chœur que l'évangile et la châsse du saint (Dieu avait aveuglé leurs yeux!). Notre maître, le moine Jacques, alla auprès du roi vainqueur et fit restituer au couvent tout ce qu'il avait pris. Le Khan fit même au saint un présent qu'il prit sur sa propre fortune et offrit ses hommages au saint, et le roi fut affligé.

Ce texte contient plusieurs fautes et est très mal rédigé.

ܐܬܘܪ (ligne 4) est le nom de l'Assyrie et, ainsi que je l'ai déjà dit, saint Behnam aurait été, d'après la légende, le fils d'un roi d'Assyrie nommé Sennachérib. Le rédacteur de l'inscription a pris ܐܬܘܪ pour un nom de ville et il a peut-être désigné sous ce nom la petite ville de Ninive.

A la ligne 5, ܐܚܪܒܗ est une faute pour ܐܚܪܒܗ et, à la ligne 13, ܘܣܝܡܐ est une faute pour ܘܣܝܡܐ.

Je ne sais quel est le couvent que le rédacteur de l'inscription a appelé *Le grand couvent*, à la ligne 12. Le continuateur de l'*Histoire ecclésiastique de Bar-Hebraeus* appelle le couvent de Saint-Behnam: ܕܝܪܐ ܬܚܬܝܐ ܕܡܪܝ ܒܗܢܡ ܕܓܘܒܐ «le couvent inférieur de Saint-Behnam-de-la-Crypte» (édition Lamy et Abbeloos, II, p. 825); il est donc possible qu'un autre couvent dédié à saint Behnam et construit sur une hauteur ait existé dans les environs du Couvent de la Crypte et ait été appelé *le couvent supérieur* ou *le grand couvent de Saint-Behnam*.

A la ligne 17, ܘܐܬܠܗ est une faute pour ܘܐܬܠܗ.

A la ligne 19, le mot ܘܐܠܐ «les voiles» désigne les voiles qui pendaient dans la nef au-dessus des portes du chœur.

A la fin de la ligne 32, le sculpteur avait commencé à écrire le mot ܘܐܬܝܬܗ, mais, ne pouvant pas l'écrire en entier avant la fin de la ligne, il l'a écrit au commencement de la ligne 33.

La fin de l'inscription est très mal rédigée et on pourrait en traduire les dernières lignes ainsi :

(1) Il faut évidemment lire ܦܫ ou ܦܫܬ.

(2) Le sculpteur a oublié de graver la queue du ܦ.

(3) Il faut évidemment lire ܠܩܕܝܫܐ.

(4) Il faut lire ܠܩܕܝܫܐ.

« Notre maître, le moine Jacques, se rendit auprès du roi vainqueur, il fit restituer au couvent tout ce que le roi avait pris (*c'est-à-dire* avait pris par le moyen de ses pillards), le Khan (*c'est-à-dire* Baïdou) fit même au saint un don prélevé sur ses propres biens, il lui offrit ses hommages, et le roi se repentit. » Je croirais plutôt que le rédacteur de l'inscription a voulu dire que le moine Jacques obtint la restitution au couvent de tout ce que le chef qui y était allé avait pris, que ce khan, c'est-à-dire ce chef, dut en outre offrir un présent au saint et faire amende honorable, et que le roi lui-même fut affligé de ce qui avait eu lieu.

Il n'est pas surprenant que le moine Jacques ait obtenu de Baïdou la restitution de ce qui avait été volé au couvent. Baïdou se donnait parfois comme chrétien, et il ne se convertit à l'islamisme que parce que presque tous les grands chefs mongols étaient devenus musulmans; il y avait, du reste, encore à son époque beaucoup de chrétiens parmi les troupes mongoles et turques.

L'évêché chaldéen de Diarbékir possède un bel évangéliaire écrit en caractères d'or sur papier noir; l'alphabet ne diffère en rien de celui qu'emploient aujourd'hui les Nestoriens et les Chaldéens catholiques. A la fin de cet évangéliaire se trouve une note que je reproduirai ici parce qu'elle n'est pas très longue et qu'elle peut intéresser ceux qui s'occupent de l'histoire des Mongols et des Turcs chrétiens. Voici le texte de cette note :

[illegible]
[illegible]
[illegible] [illegible] (1) [illegible]
(2) [illegible]
[illegible]
[illegible]
[illegible]
[illegible]
[illegible]
[illegible] (3) [illegible]
[illegible]
[illegible]
[illegible] (4) [illegible]
[illegible] (5)

(1) Les lettres [illegible] proviennent d'une erreur de copiste.

(2) Je suppose que la lettre [illegible] est l'abréviation du mot [illegible] « fin ».

(3) Ce nom propre très effacé est en partie illisible.

(4) Le mot [illegible] a été répété deux fois.

(5) Abréviation qu'il faut lire [illegible].

[illegible]

Ce saint livre des quatre évangélistes a été achevé en l'année 1609 des Grecs, le neuf mars[1], quatrième dimanche du carême[2], (louange à celui par la force duquel nous avons commencé et par la grâce secourable duquel nous avons terminé!). Fin. Il a été écrit avec grand soin et beaucoup de zèle pour la Dame pieuse, juste, illustre, habile à observer les commandements évangéliques, à marcher dans la voie des œuvres spirituelles, à rivaliser avec ses compagnes, Onésime[3], la fille des rois, la chaste Hélène, la pieuse Fébronie, ainsi que Mélanie et ses compagnes, pour Sara, surnommée Araonoul, la croyante illustre parmi les reines, la sœur du célèbre roi des Chrétiens, illustre parmi les guerriers, brave parmi les braves, Georges, appelé aussi Gantou.... ou ....., roi des Ouyangéens. Grâce aux prières de la vierge des lumières, de la mère des deux mondes, de la bienheureuse Vierge Marie, à celles de la troupe des apôtres et à celles de saint Eugène, le saint illustre par ses actes, une longue durée, des années nombreuses leur sont gardées et réservées par le Seigneur Dieu qui les fait croître et leur donne la victoire, jusqu'à ce que le monde cesse sa course. Amen! Ainsi soit-il! Il a été écrit par Paul, homme faible et pécheur, prêtre et solitaire par le nom, mais pas par les actes. Je vous demande, ô mes frères et mes maîtres, si vous trouvez dans ce livre quelque faute ou quelque erreur, de ne pas me prodiguer le blâme, mais de la corriger pour l'amour de Dieu. Ainsi soit-il! Priez pour ma pécheresse et faible personne! Ainsi soit-il!

Je ne saurais dire si l'évangéliaire de Diarbékir a été écrit dans l'Asie centrale ou dans les provinces asiatiques de l'Empire Ottoman; je suppose qu'on donnait le nom de ܐܘܝܓܢܝܐ à une tribu turque ou mongole qui s'était peut-être établie dans l'Iraq ou la Mésopotamie, et il semble qu'elle était encore nestorienne en 1298.

[1] C'est-à-dire le 9 mars 1298.

[2] Littéralement : «Au mois de mars, le neuf, le dimanche dont l'hymne est : *A l'admiration*.»

Les Nestoriens intercalaient dans l'office du samedi soir un hymne qu'ils appelaient ܥܘܢܝܬܐ ܕܡܘܬܒܐ; cet hymne variait chaque samedi et il y en avait autant qu'il y avait de samedis dans l'année. Comme anciennement la journée commençait le soir au coucher du soleil et finissait le jour suivant au coucher du soleil, le lundi commençait le dimanche soir; l'office récité le samedi soir était donc considéré comme l'office du soir du dimanche et on l'appelait ܪܡܫܐ ܕܢܓܗ ܚܕܒܫܒܐ (au sujet du mot ܢܓܗ voir l'inscription n° 99). Enfin les Nestoriens désignaient chacun des dimanches de l'année par le premier mot ou les deux ou trois premiers mots de l'hymne (ܥܘܢܝܬܐ ܕܡܘܬܒܐ) de ce dimanche ou plutôt du samedi soir qui avait précédé ce dimanche.

L'hymne propre à l'office du samedi soir qui précède le quatrième dimanche du carême commence par la phrase : [illegible] «ce monde par sa structure pousse et incite chaque jour les êtres doués de raison à l'admiration et à la glorification de ce sage créateur»; aussi les Nestoriens appelaient le quatrième dimanche du carême [illegible] «le dimanche dont l'hymne est : *A l'admiration*.»

[3] Sainte Onésime descendait, d'après la légende, de rois égyptiens; sa vie a été publiée par Bedjan (*Acta martyrum et sanctorum*, edidit BEDJAN, t. V, p. 405). La vie de sainte Fébronie a été publiée dans le même volume à la page 573.

N°s 77, 78, 79 ET 80.

(PLANCHES XXXII ET XXXIII.)

INSCRIPTIONS DU TOMBEAU DE SAINT BEHNAM.

(XIVe SIÈCLE.)

En dehors de l'enceinte du couvent de Saint-Behnam, à environ quarante cinq pas de l'angle sud-est, se trouve un petit bâtiment qui paraît avoir été un baptistère; en voici le plan :

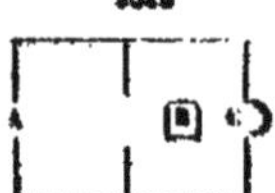

A Porte.
B Entrée du couloir souterrain.
C Endroit où se trouve la cuve de pierre.

Ce bâtiment est vide, mais on y voit encore la cuve de pierre qui contenait l'eau avec laquelle on baptisait les néophytes. A peu de distance de cette cuve, on aperçoit, dans le sol, une ouverture et des marches qui permettent d'y descendre. Cette ouverture est l'entrée d'une galerie par laquelle on va du baptistère au tombeau de saint Behnam; à la sortie du baptistère, ce couloir se bifurque et aboutit à deux couloirs souterrains qui tous les deux se réunissent un peu plus loin avant l'entrée du tombeau. Le tombeau est un petit édifice bâti presque en entier sous terre, ne contenant qu'une seule chambre octogonale; on y pénètre par le passage souterrain dont je viens de parler; il est recouvert d'une petite coupole construite au-dessus de la surface du sol et est faiblement éclairé par deux petites fenêtres percées dans la muraille, sous la coupole.

Dans l'un des côtés de cette chambre octogonale est percée une petite fenêtre par laquelle on apercevait, en 1893, l'intérieur d'une autre chambre entièrement souterraine, beaucoup plus profonde et moins élevée que celle du tombeau et presque complètement remplie de pierres, de sorte qu'on ne pouvait savoir ni quelle était sa forme, ni par où on y entrait, ni ce qu'elle contenait[1]. Je suppose que cette seconde chambre contenait jadis le tombeau de sainte Sara, sœur de saint Behnam, martyrisée en même temps que lui, et que, les ossements de sainte Sara ayant été enlevés ou ayant disparu d'une manière quelconque, on remplit de pierres la chambre qui les avait contenus et on en condamna l'entrée. J'ai dit que le passage souterrain qui part du baptistère aboutit à deux couloirs qui se réunissent ensuite; si mes souvenirs sont exacts, un de ces couloirs se dirige en droite ligne vers le tombeau de saint Behnam, tandis que le second fait un détour avant d'aboutir au premier. Je serais donc porté à croire que ce dernier couloir conduisait à la seconde chambre, à celle qui contenait le tombeau de sainte Sara[2], et que, lorsque ce tombeau eut disparu, on mura l'extrémité

[1] Sur ma demande, le patriarche syrien, Mgr Rahmani, a fait enlever récemment les pierres qui remplissaient cette chambre et on a constaté qu'elle était vide. J'ignore si on en a découvert l'entrée.

[2] L'auteur anonyme de la vie de saint Behnam dont j'ai parlé dans la note 1 de la page 132 dit formellement que, lorsque le persan Isaac eut construit l'église et le couvent, on transporta dans l'église (ܗܝܟܠܐ) les ossements de saint Behnam et ceux de sainte Sara et qu'on laissa dans la crypte ([illegible]) ceux de leurs compa-

du couloir qui y conduisait et on prolongea ce couloir, à partir de l'endroit muré, de manière à le faire aboutir au premier[1].

Le tombeau de saint Behnam se trouve sur le côté oriental de la chambre octogonale, à peu de distance de l'entrée. C'est une sorte de petit autel enfoncé dans le mur et ne faisant pas saillie dans la chambre dont le sommet, au lieu d'être horizontal, s'incline vers le spectateur. Au-dessus de ce petit autel est une grande niche qui s'enfonce dans le mur, et le tout est entouré d'une sorte de cadre contenant des ornements sculptés et de belles inscriptions[2] en caractères arabes, syriaques et ouïgours (voir pl. VIII). Ces inscriptions sont au nombre de quatre[3], savoir :

Une longue inscription sculptée en relief dont le début est en syriaque et la fin en arabe; je lui ai donné le n° 77;

Une inscription arabe également sculptée en relief à laquelle j'ai donné le n° 78;

Une inscription turque en caractères ouïgours sculptée en relief à laquelle j'ai donné le n° 79;

Enfin une petite inscription arabe gravée en creux (n° 80) dont le commencement est à droite, et la fin à gauche de la niche.

Le dessin suivant indique la place de ces quatre inscriptions :

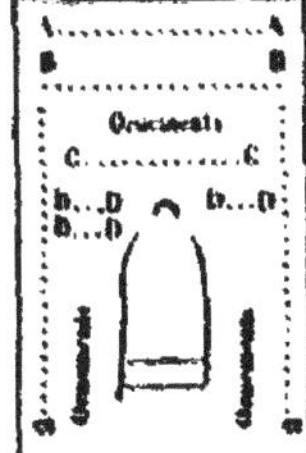

A.......A. Inscription arabe n° 78.

B...B...B...B. Inscription syriaque et arabe n° 77.

C.......C. Inscription turque n° 79.

D...D...D...D. Inscription arabe n° 80.

gnons (voir Bedjan, *Acta martyrum et sanctorum*, t. II, p. 440, l. 14, 15, 16, 17).

Cette vie est donc antérieure au XIV° siècle, puisque le tombeau actuel de saint Behnam construit au mois de janvier 1306 se trouve, non pas dans l'église, mais dans la crypte. On peut, par suite, supposer qu'au XII° ou au XIII° siècle le couvent fut pillé et peut-être en grande partie détruit, que presque toutes les reliques disparurent et que les moines bâtirent le tombeau qui existe actuellement pour y déposer ce qu'ils avaient pu conserver des reliques de saint Behnam. Quant aux reliques de sainte Sara, elles avaient dû disparaître à une époque plus ancienne encore, car, dans les nombreuses inscriptions de l'église qui paraissent être des XII et XIII° siècles, elle n'est mentionnée qu'une seule fois dans la phrase suivante : ܫܠܡܐ ܥܡܟ ܐܘ ܡܪܝ ܒܗܢܡ ܣܗܕܐ ܒܪܝܟܐ ܫܠܡܐ ܥܡܟ ܘܥܡ ܩܕܝܫܬܐ ܣܪܐ ܚܬܟ «Que la paix soit avec toi, à saint Behnam, martyr béni, que la paix soit avec toi et avec sainte Sara ta sœur!» (Inscription sculptée au-dessus d'une des deux portes de la nef dans la galerie à arcades.) Il semble donc que, lorsque l'église actuelle a été construite, les moines n'avaient plus les reliques de sainte Sara qu'à une époque plus ancienne ils se vantaient de posséder, comme le prouve la vie de saint Behnam citée ci-dessus, vie qui paraît bien avoir été écrite pour les moines de Saint-Behnam et par l'un d'entre eux.

[1] Je dois dire pourtant que l'auteur anonyme de la vie de saint Behnam ne parle que d'une seule crypte. Il est donc possible que la crypte que j'ai vue presque complètement remplie de pierres soit l'ancienne crypte dont parle l'auteur de la vie de saint Behnam, et qu'au XIV° siècle on ait construit à côté d'elle une seconde crypte moins profonde et recevant la lumière du jour pour y placer les reliques de saint Behnam que l'on avait pu conserver.

[2] Outre les inscriptions sculptées sur le tombeau, on voit quelques autres inscriptions, dont une en arménien, qui sont encastrées dans les murs de la chambre octogonale. Elles ne sont pas intéressantes et je crois inutile de les publier.

[3] Ces inscriptions ont été déjà publiées par moi dans le *Journal asiatique* (8° série, t. XIX, 1892, p. 153 et 336).

INSCRIPTION n° 77 (elle est sculptée en relief). — (À droite de la niche) [illegible] (au-dessus de la niche) [illegible] (à gauche de la niche) [illegible] كتبه تمور(!) الصانع

(*En syriaque*) Ces pierres sculptées de ce tombeau[1] de saint Behnam ont été mises à la place qu'elles occupent par les soins de notre maître Massoud, fils de Jacques, fils de Moubarak Darig, du village de Bartelli. Que tous ceux qui liront ceci prient pour lui et pour ses pères! Ces choses ont eu lieu à la fin de janvier, en l'an 1617 des Grecs[2]. Louange à Dieu! Ainsi soit-il! (*En arabe*) Timour l'artisan l'a écrit.

Le verbe [illegible] signifie «disposer, agencer, mettre les différentes parties d'une chose à la place qu'elles doivent occuper». L'auteur de l'inscription a donc voulu dire que les pierres du tombeau qui avaient été taillées et sculptées dans un chantier avaient été mises à leur place et que le tombeau avait été construit à la fin de janvier en l'an 1617 des Grecs.

Le mot [illegible] qui signifie au propre «demeure» a souvent, dans les textes du moyen âge, le sens de «tombeau», mais on ne l'employait que pour désigner le tombeau d'un saint ou d'un personnage vénérable; quelquefois même on appelait [illegible] les reliquaires, les châsses, les coffres contenant des reliques.

Le village de Bartelli ([illegible], [illegible]) est situé à peu près à l'est de Mossoul, au nord-ouest de Karamlès ([illegible]) et est habité aujourd'hui par des Jacobites et des Syriens catholiques. Dans une vie de Bar-Ita ([illegible]) qui a, je crois, été publiée en Angleterre, ce village est appelé [illegible] (la maison du fils de Telli), et c'est probablement là son nom primitif.

Le dernier mot de la ligne sculptée au-dessus de la niche ne pouvait être que [illegible] «son père», ou plus probablement [illegible] «ses pères» (la lacune est assez grande et il semble que deux lettres ont disparu).

Le premier des trois mots arabes qui terminent l'inscription est certainement كتبه «il l'a écrit» (le point du ب a été omis); le second ne peut être qu'un nom propre et je le lis تمور «Timour», mais ce mot était généralement écrit تيمور.

INSCRIPTION n° 78. — هذا مّا تطوّع بعمله العبد الخاطى الربان مسعود بن يعقوب بن مبارك بن نازك رحم الله من ترحم عليه

Voici le travail qu'a volontairement fait l'esclave pécheur Rabban Massoud, fils de Jacques, fils de Moubarak, fils de Nazik. Que Dieu fasse miséricorde à quiconque demandera à Dieu d'avoir pitié de lui!

تطوُع est une faute pour تطوّع, et le sculpteur a gravé par erreur un *damma* au lieu d'un *techdid*.

Lorsque je vis cette inscription pour la première fois, je lus لعله, et le texte publié par moi dans le *Journal asiatique* en 1892 porte لعله; la première lettre de ce mot est beaucoup trop petite pour être un ل, et, bien que le sculpteur ait oublié le point, je crois qu'il faut lire بعمله.

[1] Littéralement : «qui sont dans ce tombeau».

[2] C'est-à-dire au mois de janvier 1306 de notre ère. Le texte de cette inscription publié par moi, en 1892, dans le *Journal asiatique* d'après une copie que j'avais prise en 1890 ou 1891, porte à tort [illegible]. Comme on peut le voir en examinant le fac-similé publié à la planche XXXII, le dernier chiffre est [illegible] et non pas [illegible], et ce que j'avais pris pour la queue d'un [illegible] isolé est un [illegible]; le [illegible] isolé ou final n'a pas de queue dans l'inscription.

IMPRIMERIE NATIONALE.

Le sculpteur a oublié également un certain nombre de points dans les mots عمل, العبد, الولي, ابن, عليه, من, مبارك, يعقوب.

Le mot ربن vient du syriaque ܪܒܢ «notre maître», et est encore usité dans la région de Mossoul où on donne à tous les moines le titre de ربن, tandis qu'on donne aux prêtres celui de ابونا «notre père».

Enfin Massoud est appelé dans notre inscription «fils de Jacques, fils de Moubarak, fils de Nazik», tandis qu'il est appelé dans l'inscription n° 77 «fils de Jacques, fils de Moubarak Dazig».

Inscription n° 79. — Cette inscription qui est sculptée en relief sur cinq blocs de pierre serait, m'a-t-on dit, la seule inscription turque en caractères ouigours qui aurait été découverte jusqu'à présent dans l'Empire Ottoman. D'après M. Halévy, elle contiendrait une prière pour que saint Georges (Kheder-Ilias) bénisse le souverain mongol et toute sa famille[1], et il est bien singulier qu'un pareil texte ait été sculpté sur le tombeau de saint Behnam. Il est possible que, pour obtenir que les Mongols et les Turcs respectassent leur couvent, les moines de Saint-Behnam aient identifié saint Behnam à El-Kheder et leur aient fait croire que leur couvent était dédié à saint Georges. Ainsi que je l'ai déjà dit, on voit, dans la nef de l'église, un grand bas-relief en stuc représentant saint Georges terrassant le dragon qui est certainement antérieur à l'année 1550, et le village situé à peu de distance du couvent est appelé El-Kheder.

Inscription n° 80. عمل استاد مسعود (du côté droit de la niche)
ابن يوسف الفشال رحم الله من ترحم عليه (du côté gauche de la niche)

Œuvre du maître ouvrier Massoud[2], fils de Joseph, le tailleur de pierres. Que Dieu fasse miséricorde à quiconque demandera à Dieu d'avoir pitié de lui!

Le mot فشّال «tailleur de pierres» (ܦܣܘܠܐ) n'existe pas en arabe littéral et n'est usité aujourd'hui, à ma connaissance, dans aucun dialecte vulgaire, mais il était employé au moyen âge, tout au moins par les Chrétiens dans certaines régions, car dans un ancien dictionnaire syriaque-arabe le mot ܦܣܘܠܐ est expliqué par ܥܒܕ ܦܣܘܠܐ الفشال قطّاع حجارة (voir le dictionnaire de Payne Smith, col. 3190).

[1] Voir le *Journal asiatique* de 1892 (8e série, t. XX, p. 291).

[2] Littéralement : «Le maître ouvrier Massoud, fils de Joseph, le tailleur de pierres, a fait.»

Nos 81 ET 82.

(Planche XXXIII.)

INSCRIPTIONS SYRIAQUES DE KHIRBET-HASSAN.

(VIe siècle.)

A vingt minutes de marche environ au nord-ouest de Dehhes (voir p. 152, n. 1), on aperçoit les ruines d'un certain nombre de constructions de l'époque romaine. Les gens du pays appellent ces ruines Khirbet-Hassan et je crois qu'un grand couvent a existé jadis en cet endroit. On remarque, dans les ruines de Khirbet-Hassan, une petite chambre très obscure construite à peu près au niveau du sol en grosses pierres de taille, dans laquelle on pénètre par une porte étroite, et qui contient trois sarcophages sans couvercles. Cette chambre qui était certainement un ܒܝܬ ܩܒܘܪܐ (voir p. 69) forme une sorte de soubassement sur lequel est posé en plein air, à peu de hauteur au-dessus du sol, un très grand sarcophage dont le couvercle est en partie brisé. Une inscription complètement illisible aujourd'hui était gravée sur un de ses côtés, et je suppose que ce sarcophage était celui d'un saint ou celui du fondateur du couvent. Il se trouve aujourd'hui en plein air, mais il devait jadis être protégé contre la pluie par une toiture légère supportée par des piliers en bois dont il ne reste plus trace.

On voit également, au milieu des ruines, un bâtiment moderne dont la façade percée de deux portes est celle d'une ancienne église. Sur la pierre qui forme le linteau de la porte que l'on aperçoit à droite, une inscription syriaque est écrite de haut en bas, non pas au-dessus de la baie, mais à gauche, au-dessus du jambage de gauche; je lui ai donné le no 81 [1].

Sur le linteau de la porte de gauche sont sculptées trois rosaces et, au-dessous d'elles, une inscription syriaque de vingt lignes. Elle est également écrite de haut en bas et je lui ai donné le no 82.

Inscription no 81.

1 ܝܘܚܢܢ
2 ܩܘܙܡܐ
3 ܒܪ ܡܪܘܢܐ (?)
4 ܚܠܒܘܢ (?) ܥܒܕ
5 ܗܠܝܢ.....

Jean Cosmas, fils de Marouno (?) Khalbôn (?), a fait ces.....

Je lis ܡܪܘܢܐ le second mot de la troisième ligne et je suppose que, comme ܡܪܘܢ, c'est un nom d'homme; je n'ai trouvé, jusqu'à présent, ce nom propre dans aucun texte.

[1] Ces deux inscriptions ont déjà été publiées et traduites par M. Littmann, mais le fac-similé qu'il publie de la première n'est pas très exact, et il a mal lu, je crois, la dernière ligne de la seconde inscription (voir *Publications of an American archaeological expedition to Syria*, Part IV: *Semitic inscriptions*, by Enno Littmann, p. 15 et 21).

Le premier mot de la ligne 4 paraît être également un nom propre; je le lis ܡܠܟܝ, mais il n'est nullement certain que la première lettre soit un ܡ.

Enfin le dernier mot de la ligne 5 est absolument illisible; M. Littmann le lit ܚܫܒܐ.

Inscription n° 82. — Cette inscription est très mal écrite et très difficile à lire; les deux points indiquant le pluriel sont omis et le point du ܕ et celui du ܪ le sont également. Bien qu'elle soit du commencement du vi^e siècle, quelques ܐ finaux ont la forme d'un trait vertical, et je crois qu'elle est écrite dans l'alphabet cursif dont on se servait à cette époque; enfin elle contient beaucoup de fautes.

Je la lis ainsi :

1 ܒܫܢܬ
2 ܚܡܫܡܐܐ
3 ܘܚܡܫܝܢ
4 ܘܫܬ ܒܚܘܫܒܢܐ
5 ܕܐܢܛܝܘܟܝܐ
6 ܐܫܬܠܡܬ
7 ܗܕܐ ܥܕܬܐ
8 ܘܢܦܩ
9 ܥܠܝܗ
10 ܚܡܫܡܐܐ
11 ܘܬܡܢܝܢ
12 ܕܝܢܪܐ
13 ܘܡܘܕܝܐ
14 ܐܪܒܥܡܐ
15 ܘܬܠܬܝܢ
16 ܕܦܘܠܐ
17 ܘܕܚܛܬܐ
18 ܘܥܕܫܐ
19 ܠܒܪ ܡܢ
20 ܚܡܫܡܐܐ

En l'an 556 de l'ère d'Antioche[1], cette église a été terminée, et on a dépensé pour elle[2] cinq cent quatre-vingts sous d'or et quatre cent trente modius de haricots, de froment et de lentilles, outre les cinq cent (*c'est-à-dire :* outre les cinq cent quatre-vingts sous d'or).

A la ligne 3, au lieu de ܘܚܡܫܝܢ, il faut lire ܘܚܡܫܝܢ; à la ligne 4, ܒܚܘܫܒܢܐ est une faute pour ܒܚܘܫܒܢܐ; à la ligne 5, il faut lire ܕܐܢܛܝܘܟܝܐ; à la ligne 8, ܘܢܦܩܘ; à la ligne 9, ܥܠܝܗ̇; à la ligne 10, ܚܡܫܡܐܐ; à la ligne 12, ܕܝܢܪ̈ܐ; à la ligne 13, ܘܡܘ̈ܕܝܐ; à la ligne 14, ܐܪܒܥܡܐܐ; à la ligne 15, ܘܬܠܬܝܢ; à la ligne 16, ܕܦܘ̈ܠܐ; à la ligne 17, ܘܕܚܛܬܐ; à la ligne 20, ܚܡܫܡܐܐ.

L'année 556 de l'ère d'Antioche a commencé le 1er octobre 507; notre inscription et l'inscrip-

[1] Littéralement : «selon le comput des gens d'Antioche».

[2] Ou bien aussi : «et cinq cent quatre-vingts sous d'or, etc., ont été dépensés pour elle» (on peut lire en effet ܢܦܩܘ «et ils ont dépensé», ou ܐܬܢܦܩܘ «et ils ont été dépensés»).

tion n° 81, qui est de la même époque et paraît être l'œuvre du même sculpteur, ont donc été gravées sous le règne d'Anastase.

Le mot ܕܪܟܡܘܢܐ désignait primitivement la monnaie d'or appelée *darique* et, sous la domination arabe, on l'employait pour désigner la moitié du *dinar* ([illegible]) et même parfois le *dinar* entier. A partir du règne de Constantin, la monnaie d'or la plus employée fut le sou d'or (*solidus aureus*)[1], et notre inscription prouve que, sous les empereurs chrétiens, les Syriens appelaient cette monnaie ܕܪܟܡܘܢܐ.

[1] On a frappé également des pièces qui pesaient la moitié et le quart du sou d'or, mais on comptait généralement les grosses sommes en sous d'or.

N° 83.

(Planche XXXIII.)

INSCRIPTION SYRIAQUE D'ALEP.

Dans un khân nouvellement construit à Alep, près de la citadelle, on voit un couvercle de sarcophage en pierre posé à l'envers par terre près d'une citerne et servant d'abreuvoir.

Ce couvercle a seulement 1 m. 10 de longueur et 60 centimètres de largeur; il recouvrait donc le sarcophage d'un enfant. A l'intérieur il est creusé en forme d'auge; à l'extérieur il paraît être arrondi en dos d'âne, mais, comme la partie supérieure repose sur le sol, il est difficile de juger de sa forme; aux quatre angles se trouvent des saillants à peu près triangulaires mais arrondis d'un côté. Sur le bord de ce couvercle est gravée, d'un côté, une inscription d'une ligne. Une seconde inscription qui fait connaître le nom du sculpteur est gravée, du même côté, sur le saillant de droite; enfin une troisième inscription dont une seule lettre est lisible était gravée sur le saillant de gauche qui est en partie brisé.

Voici le texte de l'inscription gravée, d'un côté, sur le bord du couvercle, après une croix :

ܢܗܘܐ ܕܘܪܢܐ ܛܒܐ

Qu'un bon souvenir soit.......

Il est évident que la phrase est incomplète et que la suite de l'inscription était gravée sur le sarcophage; elle faisait connaître le nom de l'enfant pour qui avait été fait le sarcophage et dont le souvenir devait être gardé.

ܕܘܪܢܐ est une faute pour ܕܘܟܪܢܐ, et on remarquera que le ܕ initial de ce mot a tout à fait la même forme que le ܕ estranghélo de l'époque chrétienne mais n'a pas de point, et que le ܪ, qui n'a pas de point non plus, a la forme d'un demi-cercle, comme dans certaines inscriptions très archaïques. Je me demande si, dans la région d'Alep, à une époque très ancienne, certains scribes ne donnaient pas au ܕ une forme anguleuse et au ܪ une forme arrondie, tandis que, dans d'autres régions, par exemple dans l'Osrhoène, on mettait un point à l'intérieur du ܕ et un point sur le ܪ.

L'inscription gravée sur le saillant de droite est écrite de bas en haut et je la lis ainsi :

ܕܥܒܕ ܐܘܪܢܝܣ(?)

Ce qu'a fait Uranius(?).

Le nom propre est très difficile à lire : la seconde lettre a une forme singulière et est peut-être un ܘ, la troisième paraît être un ܪ et la quatrième un ܝ ou un ܢ. ܐܘܪܢܝܣ peut être une faute pour ܐܘܪܢܝܘܣ « Uranius », mais je m'empresse d'ajouter que la lecture de ce mot est fort douteuse.

Sur le saillant de gauche on ne distingue qu'un ܐ et un autre caractère en partie brisé.

Le fait que les lettres ne sont pas liées, l'absence des points diacritiques du ܕ et du ܪ, enfin l'emploi de la formule « ce qu'a fait un tel », pour faire connaître le nom du sculpteur, formule que je n'ai trouvée dans aucune inscription du moyen âge, me porteraient à croire que cette inscription est ancienne. Il est certain néanmoins que l'enfant pour lequel le sarcophage a été fait était chrétien, comme le prouve la croix tracée avant la première lettre; l'inscription me paraît donc être de l'époque de Constantin ou d'un de ses premiers successeurs, et je la crois du IVe siècle.

N° 84.

(PLANCHE XXXIV.)

INSCRIPTION SYRIAQUE D'EHNÈCHE.

Le village d'Ehnèche est situé à environ deux heures et demie de marche au sud de Roumkaleh, sur la rive droite de l'Euphrate, mais assez loin des bords du fleuve; il est bâti sur les flancs d'une montagne et habité par des Arméniens qui sont presque tous carriers. A quelques centaines de mètres du village, sur les bords d'un torrent, on voit les ruines d'une petite église. Elle était formée d'une nef rectangulaire sur un des côtés de laquelle était appliquée une voûte en cul-de-four recouvrant le chœur qui était très petit. La porte d'entrée de l'église ainsi que la toiture ont complètement disparu; enfin, à droite de l'église, lorsqu'on regarde le chœur, on voit les ruines d'une pièce qui communiquait par une porte avec le chœur, et il est possible que d'autres chambres contiguës à cette pièce aient existé, en dehors de la nef, du côté droit de l'église, mais les murs sont presque complètement détruits.

Sur le mur de l'église ou plutôt de la pièce contiguë au chœur, à l'extérieur, du côté du torrent, on voit une longue inscription syriaque écrite de haut en bas sur quatre blocs de pierre[1]. L'inscription d'Ehnèche a déjà été publiée par l'abbé Chabot dans le *Journal asiatique*[2], mais, comme sa copie est fautive, je crois devoir la publier et la traduire de nouveau. En voici le texte :

1 ܒܫܢܬ ܬܠܬܡܐܐ
2 ܘܬܫܥ ܐܬܐ
3 ܡܫܝܚܐ ܠܐܠܦܘܪܩܢܐ
4 ܘܒܫܢܬ
5 ܬܠܬܡܐܐ ܘܚܕ
6 ܐܬܘ ܡܓܘܫܐ
7 ܠܐܪܥܐ
8 ܘܒܫܢܬ
9 ܬܠܬܡܐܐ ܘܫܬ
10 ܗܘܐ ܡܪܢܐ
11 ܒܝܬܐ
12 ܘܒܫܢܬ
13 [ܬܠܬܡܐܐ]
14 ܥܡ ܗܘܐ
15 ܫܠܡܐ ܐܪܥܐ
16 ܘܒܫܢܬ

[1] Les trois premiers blocs font partie d'une même assise, tandis que le quatrième fait partie d'une autre assise et est placé sous les second et troisième blocs; le sculpteur n'a gravé sur ce quatrième bloc qu'un seul mot, qu'il avait oublié à la fin de la trentième ligne.

[2] Voir le *Journal asiatique* de septembre-octobre 1900, p. 285 et suivantes.

17 ܐܬܐ ܗܘ
18 ܡܫܝܚܐ ܠܥܠܡܐ
19 ܘܒܫܢܬ ܛܠܓ
20 ܐܬܘ ܥܠ ܛ[ܝ]ܝܐ
21 ܘܒܫܢܬ ܛܣܚ ܗܘܐ
22 ܩܪܒܐ ܒܨܦܝܢ
23 ܘܒܫܢܬ ܛܨܗ ܗܘܐ
24 ܟܦܢܐ
25 ܘܒܫܢܬ ܐܗ
26 ܗܘܐ(1) ܟܣܝ
27 ܫܡܫܐ ܘܒܫ
28 ܢܬ ܐܦܚ ܢܦܩܘ
29 ܘܒܫܢܬ ܐܨܐ(2) ܐ
30 ܐܬܐ ܐܡܝܪ ܡܗܝܡܢܐ
31 ܘܥܠ ܥܕܡܐ ܠܓܝܚܢ
32 ܘܗܦܟ ܘܦܩܕ ܕܢܬܥܩܪܢ
33 ܥܕܬܐ ܘܢܬܚܢܦܘܢ
34 ܬܢܘܟܝܐ

En l'an 309[3] le Christ vint dans le monde; en l'an 933[4] les Arabes vinrent dans le pays; en l'an 968[5] il y eut la guerre à Sifin; en l'an 995[6] il y eut une grande famine; en l'an 1005[7] il y eut une éclipse; en l'an 1088[8] les gens de la plaine(?) de Marache entrèrent dans le pays des Romains, pour piller, à cause de nos péchés; en l'an 342 à la date du 6 mars[9](?), eut lieu la passion du Christ; en l'an 1091 le Commandeur des croyants Mahdi vint et pénétra jusqu'au Djihân, puis il revint et ordonna que les églises fussent détruites et que les gens de la tribu de Tannoukh devinssent musulmans.

Le dernier mot de la ligne 3 est certainement ܠܠܟܠܐ.

A la ligne 9, ܕܠܐܗܘܐ est une faute pour ܕܠܐܗܘܐ (ܕܠܐܗܘܐ).

Le mot ܨܦܝܢ (ligne 11) est un pluriel; c'est le nom que les Syriens donnaient à une localité que les Arabes appelaient صِفِّين et صِفُّون[10] et qui était située sur les bords de l'Euphrate, entre Raqqah et Balis, à peu de distance de Raqqah. Le 1er Safar de l'an 37 de l'hégire (le 9 juillet 657) et les jours suivants, Ali et son compétiteur Moawiah se livrèrent dans cette localité de sanglants combats, sans qu'aucune des deux armées remportât une victoire décisive.

(1) Après cette lettre, on voit sur la pierre une petite cassure, mais aucun caractère n'a disparu.

(2) Après cette lettre on voit une assez grande cassure, mais elle existait déjà lorsque l'inscription a été gravée et aucun caractère n'a disparu.

(3) L'an 309 de l'ère d'Alexandre a commencé le 1er octobre de l'an 3 avant notre ère.

(4) L'an 933 de l'ère d'Alexandre a commencé le 1er octobre 621.

(5) L'an 968 de l'ère d'Alexandre a commencé le 1er octobre 656.

(6) L'an 995 de l'ère d'Alexandre a commencé le 1er octobre 683.

(7) L'an 1005 de l'ère d'Alexandre a commencé le 1er octobre 693.

(8) L'an 1088 de l'ère d'Alexandre a commencé le 1er octobre 776.

(9) C'est-à-dire le 6 mars de l'an 31 de notre ère.

(10) Comme plusieurs autres noms géographiques dérivés d'un pluriel syriaque, ce mot avait deux formes différentes, une forme صِفُّون (pluriel) et une forme صِفِّين (singulier); cette dernière forme était plus usitée (voir le *Dictionnaire géographique* de Yakout, édition Wüstenfeld, t. III, p. 402).

L'extrémité droite du premier bloc de pierre a été assez profondément creusée et une ligne entière (la treizième de l'inscription) a disparu; elle contenait certainement le mot [illegible] *neuf cent* qui était probablement écrit [illegible].

Le dernier mot de la ligne 20 commence par les lettres [illegible], puis on voit le commencement d'un caractère qui pourrait être un [illegible], la fin d'un autre caractère qui était certainement un [illegible] et enfin, à la fin de la ligne, un trait presque vertical qui paraît bien être un [illegible] cursif[1]; je crois donc que le dernier mot de cette ligne était [illegible]. On appelait et on appelle encore aujourd'hui وطا مرعش «la plaine de Marache» la plaine fertile mais marécageuse où se trouve le village de Bazardjik, entre Aïntab et Marache, et je crois qu'il est question, aux lignes 19, 20, 21, 22, 23 et 24 de notre inscription, d'une incursion que les Musulmans de la plaine de Marache firent sur le territoire de l'Empire grec en l'année 1088 d'Alexandre, c'est-à-dire entre le 1er octobre 776 et le 30 septembre 777. Ils durent causer de grands dommages aux Grecs, car, d'après Lebeau, pour obliger les Arabes à cesser leurs incursions, Léon le Khazare, fils de Constantin Copronyme, envoya du côté de la Syrie, en 778, une armée de 100,000 hommes commandée par Michel Lachanodracon[2] qui assiégea Marache et l'aurait prise s'il ne s'était pas laissé corrompre[3]. Je reconnais que la phrase *la plaine de Marache entra dans le pays des Romains* est aussi singulière en syriaque qu'en français, mais il ne faut pas oublier que le style des inscriptions du moyen âge n'est pas celui de saint Ephrem; il est possible, du reste, que le graveur ait oublié un ou deux mots.

La première lettre de la ligne 28 paraît bien être un [illegible], bien que, probablement par suite d'un coup de ciseau maladroitement donné par le sculpteur, ce [illegible] soit lié par le haut au caractère suivant; je lis donc : [illegible]. Il semble que, dans la langue parlée au moyen âge, on employait parfois [illegible], sans aucun verbe, pour indiquer une date, et on lit dans une des inscriptions de Hachtarak (inscription n° 99) : [illegible], mots qui signifient certainement : «le vendredi 10 du mois d'octobre». Je traduis donc les lignes 25, 26, 27 et 28 ainsi : «en l'an 342 à la date du 6 mars» (littéralement : *lorsque le 6e jour fut dans mars*), eut lieu la passion du Christ». Il est singulier qu'après avoir parlé d'une invasion arabe l'inscription donne la date de la Passion, et il est possible que le sculpteur, ayant omis cette phrase au commencement de l'inscription, l'ait gravée plus loin.

A la ligne 33 [illegible] est une faute pour [illegible].

Les renseignements que nous donne notre inscription sur l'arrivée du khalife Mahdi et sur la conversion forcée des Arabes de la tribu de Tannoukh sont absolument exacts. D'après Ibn-al-Athir, le khalife Madhi conduisit lui-même, en l'an 163 de l'hégire, une expédition sur le territoire de l'empire grec. Il passa par Mossoul, Djéaireh, Alep, où il fit tuer beaucoup de Manichéens (زنادقة), et pénétra jusqu'au Djihan[1]; or l'année 163 de l'hégire commença le 17 septembre 779, et l'année 1091 d'Alexandre commença le 1er octobre 779. Bar-Hebraeus mentionne aussi, dans sa chronique syriaque, cette expédition de Mahdi, mais il prétend à tort que Mahdi arriva à Alep en l'an 1090 d'Alexandre. Il raconte en outre que, les Arabes de la tribu de Tannoukh qui habitaient

[1] Le [illegible] était trop rapproché de l'extrémité du bloc de pierre pour que le sculpteur pût graver, après cette lettre, un [illegible] estranghélo.

[2] Voir *Histoire du Bas-Empire*, par Lebeau, nouvelle édition augmentée d'après les historiens orientaux, par M. de Saint-Martin, Paris, 1831, t. XII, p. 310, 311.

[3] Ibn-al-Athir mentionne également le siège de Marache par les Grecs, qui eut lieu en l'an 161 de l'hégire, c'est-à-dire entre le 9 octobre 777 et le 27 septembre 778 (voir *Ibn-el-Athiri, Chronicum quod perfectissimum inscribitur*, edidit Carolus Johannes Tornberg, t. VI, p. 37).

[1] Voir la *Chronique d'Ibn-al-Athir*, édition Tornberg, t. VI, p. 40 et 41.

dans les environs d'Alep étant allés à la rencontre du khalife, celui-ci, en apprenant qu'ils étaient de race arabe, força 5,000 d'entre eux à embrasser l'islamisme, mais que leurs femmes restèrent chrétiennes[1]. Dans un autre passage de sa chronique, Bar-Hebraeus nous apprend que Mahdi fit détruire toutes les églises chrétiennes construites depuis l'occupation arabe, notamment l'église des Chalcédoniens à Alep[2].

L'inscription d'Ehnèche n'a que 34 lignes et le passage commençant par [illegible] .... [illegible], qui, d'après l'abbé Chabot, serait gravé sur un quatrième bloc de pierre, n'existe pas. Les murs de l'église sont, en plusieurs endroits, couverts de noms propres et de *graffitis* tracés au couteau par des Syriens qui ont visité les ruines; parmi ces graffitis, j'ai cru distinguer les lettres [illegible] . . . [illegible] . . . . [illegible] . . . , mais elles sont tracées sur un mur autre que celui sur lequel a été gravée la grande inscription.

[1] Voir *Gregorii Barhebraei chronicon syriacum*, édition Bedjan, p. 127.

[2] Voir *Gregorii Barhebraei chronicon syriacum*, édition Bedjan, p. 126.

N° 85.

(Planche XXXIV.)

INSCRIPTION DE DEHHÈS.

L'inscription de Dehhès[1] a été découverte, je crois, par M. de Vogüé qui en publia un fac-similé peu exact dans son ouvrage intitulé *Inscriptions sémitiques*. En 1896, il fit paraître dans le *Journal asiatique*[2] un article consacré à cette même inscription et accompagné d'une planche en héliogravure qui la représentait, ou plutôt qui en représentait un estampage. Autant qu'il est possible d'en juger, cet estampage était trop mince, il avait été froissé, les parties saillantes avaient été écrasées et il est bien difficile de reconnaître la forme exacte des lettres, d'autant plus que l'estampage a été photographié du côté qui avait été appliqué contre la pierre et que, par conséquent, tous les caractères sont inversés. Je crois donc devoir publier de nouveau l'inscription de Dehhès[3].

L'inscription est gravée en creux sur une grande pierre qui forme le linteau de la porte d'un baptistère[4], et elle est coupée en deux par une rosace sculptée au milieu du linteau. Les douze premiers mots doivent être lus de gauche à droite, et les lettres qui ne sont pas liées les unes aux autres sont couchées. En d'autres termes, il semble que le sculpteur, après avoir donné à la pierre la forme d'un parallélipipède allongé, la posa debout sur un de ses petits côtés, grava les caractères des douze premiers mots l'un au-dessous de l'autre en leur donnant leur forme habituelle, et que la pierre fut ensuite placée au-dessus de la porte, couchée sur un de ses grands côtés pour servir de linteau[5]. Quant aux quatre derniers mots qui sont gravés sur la partie droite de la pierre, ils doivent être lus de haut en bas; les caractères de ces quatre derniers mots sont liés les uns aux autres et sont disposés de la même manière que dans toutes les inscriptions écrites verticalement.

(1) Les ruines de Dehhès sont situées, dans la montagne, à quatre heures de marche environ du village de Sarméda, dans la direction de l'Ouest, et à six heures et demie de marche de Tell-Adeh (voir p. 52). Les ruines de Dehhès occupent un espace considérable; on y voit deux églises et un grand nombre de maisons et de bâtiments. Toutes ces constructions m'ont paru être antérieures à l'invasion arabe, et je serais porté à croire que la petite ville de Dehhès a été détruite par les Arabes au VIIe siècle et n'a jamais été rebâtie depuis.

(2) *Journal asiatique*, septembre-octobre 1896, p. 311. 317 et suiv.

(3) Au moment où l'impression de cet ouvrage allait commencer, j'ai appris que M. Littmann avait publié l'inscription de Dehhès (voir *Publications of an American archaeological expedition to Syria*, Part IV ; *Semitic inscriptions*, by Enno Littmann, New York, 1905, p. 23). Le texte de M. Littmann est exact, sauf qu'au lieu de [illegible] il a lu [illegible], et il a reconnu que l'inscription de Dehhès n'avait pas pu être écrite par un chrétien orthodoxe. J'ai la conviction que c'est une inscription marcionite, et je crois bien que l'église dont on voit les ruines près du baptistère de Dehhès a été primitivement une église marcionite, transformée plus tard en église chrétienne. M. Littmann n'ayant pas dit tout ce qu'il y avait à dire sur cette curieuse inscription et sur les ruines que l'on voit près du baptistère, j'ai cru utile d'imprimer l'article que j'avais consacré à l'inscription de Dehhès, mais je m'empresse d'ajouter que M. Littmann a reconnu avant moi le véritable sens de cette inscription.

(4) Cette pierre a été cassée en deux parties probablement par un tremblement de terre; on voit une fente d'environ deux centimètres entre la dixième lettre et la onzième, et le haut de la onzième lettre qui était un ܐ a à peu près complètement disparu.

(5) Ainsi que l'a remarqué M. de Vogüé, les caractères des douze premiers mots de l'inscription de Dehhès sont disposés de la même manière que ceux de l'inscription syriaque de Zébed.

Le baptistère au-dessus de la porte duquel se trouve l'inscription est un petit bâtiment carré dont la toiture est tombée; son unique porte est percée dans le mur de l'ouest, et il était éclairé par dix fenêtres, trois à l'ouest, trois à l'est, deux au nord et deux au sud. Enfin la cuve servant au baptême, qui devait se trouver à l'intérieur, a disparu.

A l'angle sud-ouest du baptistère, on voit la base d'un très petit bâtiment qui m'a paru avoir été un clocher. Tout près de là, au nord et au nord-ouest du baptistère, se trouvent les ruines d'une église et, entre le mur de l'église et celui du baptistère, on aperçoit enfoncée dans le sol une grande cuve de pierre rectangulaire; elle m'a paru trop large pour être un sarcophage et je serais porté à croire qu'elle servait de *réservoir*.

Les ruines de l'église sont en très mauvais état : les voûtes qui supportaient la toiture se sont écroulées, l'intérieur est rempli de déblais et il est difficile de reconnaître comment l'église était disposée. Il m'a semblé que, comme presque toutes les églises du IVe et du Ve siècle dont on voit les ruines dans la région située à l'ouest d'Alep, elle était composée d'une nef rectangulaire, à l'ouest, et du chœur, à l'est, qui avait, à l'intérieur, la forme d'un hémicycle et devait être séparé de la nef par un iconostase ou un léger mur de refend. Il semble qu'au nord et au sud du chœur il y avait deux sacristies carrées communiquant avec le chœur par une porte et avec la nef par une autre porte. On voit encore des vestiges de la sacristie du nord, et la porte par laquelle on allait de cette sacristie dans la nef existe toujours; quant à celle du sud, son emplacement est presque complètement recouvert par des déblais.

On entrait dans l'église par deux portes percées dans le mur méridional de la nef; il est possible que d'autres portes aient été percées dans le mur de l'ouest, mais ce qui subsiste encore de ce mur est tellement recouvert par des déblais, qu'il est impossible de le constater. A droite et à gauche de la porte de la nef la plus rapprochée du baptistère, on voit, à l'extérieur, deux ornements ou plus probablement deux emblèmes singuliers sculptés sur le mur à une certaine hauteur; celui qui se trouve à droite de la porte ressemble un peu à un fer de lance, et celui qui se trouve à gauche à un panier.

Enfin, lorsqu'on examine, à l'extérieur, le mur septentrional de l'église, on remarque qu'à l'endroit où finit la nef et où commence le chœur ou plutôt la sacristie située au nord du chœur, les pierres du mur de la nef ne s'entrecroisent point avec celles du mur de la sacristie[1]; le dessin suivant indiquera approximativement au lecteur comment sont disposées les pierres en cet endroit.

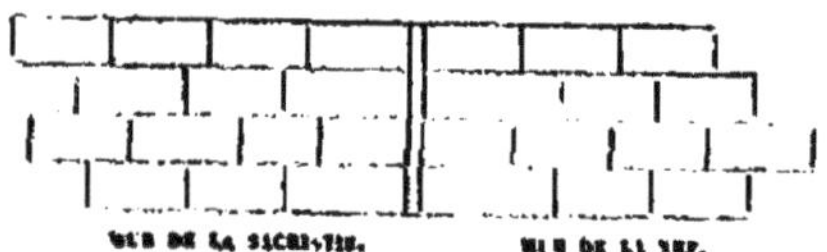

Il semble donc que la nef et le chœur n'ont pas été construits à la même époque. Du reste, la cour des églises avait généralement la même longueur que la facade de l'église devant laquelle elle se trouvait; l'angle formé par le mur occidental du baptistère et le mur septentrional du clocher devait être un des quatre angles de l'ancienne cour et, comme le mur occidental du baptistère n'est pas sur le prolongement du mur oriental du chœur, nous devons en conclure que l'église a été agrandie du côté de l'est.

[1] Il est probable que les pierres du mur de la sacristie du sud et celles du mur de la nef ne s'entrecroisaient pas non plus, mais je n'ai pas pu le constater, car il ne reste presque rien des murs de la sacristie du sud.

Le plan suivant, que j'ai dressé rapidement et sans prendre de mesures, fera comprendre au lecteur la disposition de l'église et du baptistère de Dehhès.

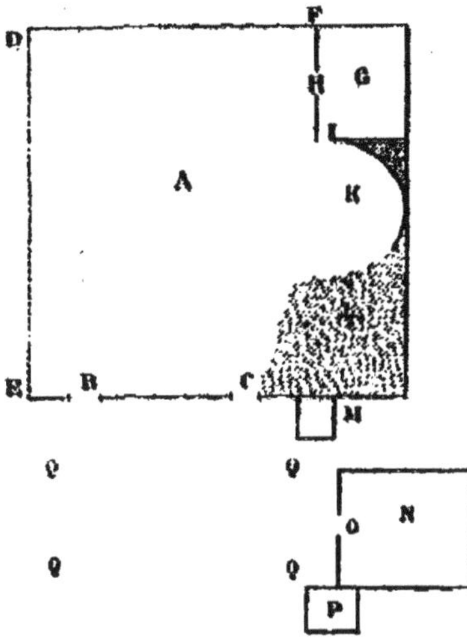

A Nef de l'église.
B Porte de l'église.
C Porte de l'église (à droite et à gauche de cette porte, à l'extérieur, sont sculptés les deux emblèmes dont il a été question à la page 153).
D... E Mur complètement recouvert par des déblais.
F Endroit où, à l'extérieur, les pierres du mur de la nef et celles du mur de la sacristie du nord ne sont point entrecroisées.
G Sacristie du nord.
H Porte de la sacristie du nord permettant d'aller dans la nef.
I Porte de la sacristie du nord permettant d'aller dans le chœur.
K Chœur semi-circulaire à l'intérieur.
L Endroit où devait se trouver une sacristie (cet endroit est complètement recouvert par les déblais).
M Grande cuve rectangulaire de pierre enfoncée dans le sol.
N Baptistère (il était éclairé par dix fenêtres, deux au nord, deux au sud, trois à l'est, trois à l'ouest).
O Porte du baptistère (l'inscription est gravée sur le linteau).
P Clocher.
QQQQ Emplacement de l'ancienne cour de l'église.

Voici comment je lis l'inscription de Dehhès :

[illegible]

La seconde lettre en partie brisée ne peut être qu'un [illegible], et [illegible] pour [illegible] se trouve fréquemment dans les anciennes inscriptions.

Au sujet de l'emploi du pronom féminin [illegible] avec [illegible], voir page 94.

Le sixième mot, [illegible], pourrait être considéré comme une abréviation de [illegible], mais, comme on peut s'en assurer en examinant le fac-similé, le sculpteur aurait très bien pu graver un [illegible] avant la rosace, et je crois qu'il a oublié de le faire[1].

Le septième mot, [illegible], me paraît être une faute pour [illegible] «qui a suscité».

Enfin le douzième mot, [illegible], est une faute pour [illegible].

Voici donc comment je traduis l'inscription de Dehhès :

Voici le baptistère de Dieu, le père et le saint, qui a suscité Notre-Seigneur Jésus-Christ et toute son église. Priez pour Jean l'ouvrier!

Une pareille phrase n'a pas pu être écrite par un chrétien orthodoxe, et il est probable que le baptistère de Dehhès a été construit par les adhérents d'une secte gnostique quelconque. Je serais très porté à croire que c'est un baptistère marcionite.

[1] On remarque, sur le fac-similé publié par M. Littmann, une petite cassure après le mot [illegible]; je n'ai vu de cassure ni sur la pierre, ni sur mes estampages.

On sait que, d'après Marcion, le monde était l'œuvre du Démiurge, une des émanations les plus imparfaites du bon principe qui, pour le créer, avait emprunté la matière au mauvais principe. Les hommes ayant cessé de croire en lui, à l'exception des Juifs, le Démiurge avait eu l'intention d'envoyer son fils sur la terre pour réunir les tribus d'Israël et punir le reste des hommes, et il avait fait annoncer l'arrivée de son fils par les prophètes, mais le dieu suprême ne voulut pas permettre cette injustice; il envoya aux hommes Jésus, comme rédempteur, et celui-ci, prenant le nom et l'apparence du fils du Démiurge, traversa les cieux supérieurs, apparut soudainement dans la synagogue de Capharnaüm, abolit la loi mosaïque et donna à l'humanité entière les moyens d'arriver à la vie bienheureuse. Enfin, non seulement Marcion admettait le baptême, mais il permettait même de baptiser jusqu'à trois fois une même personne, lorsqu'après avoir été baptisée une première fois, elle avait commis des fautes graves. La phrase : «Dieu, le père et le saint, qui a suscité Notre-Seigneur Jésus-Christ et toute son église» peut donc très bien avoir été employée dans la liturgie marcionite, et j'ajouterai qu'au commencement du ve siècle les Marcionites étaient extrêmement nombreux dans la région située à l'ouest d'Alep, puique Théodoret, qui devint évêque de Cyr en 420 ou quelques années après, en convertit dix mille dans son diocèse.

On pourra me faire l'objection suivante : Si le baptistère de Dehhès est un baptistère marcionite, l'église dont on voit les ruines à côté doit être une église marcionite, or elle a absolument la forme d'une église chrétienne. Je crois que l'église de Dehhès a bien été construite par les Marcionites, mais qu'elle a été ensuite transformée en église chrétienne. La nef seule, selon moi, a appartenu à l'ancienne église marcionite, et les singuliers emblèmes sculptés à droite et à gauche d'une de ses portes sont peut-être des emblèmes marcionites. Quant au chœur, il a dû être construit, ainsi que la sacristie du nord et celle du sud, par les Chrétiens; ceux-ci firent de l'ancienne église marcionite la nef de leur nouvelle église, et ils abattirent la partie centrale du mur oriental de l'église marcionite à l'endroit où le chœur bâti par eux rejoignait la nef, mais ils en conservèrent les extrémités qui servirent à séparer la nef des deux sacristies. L'ancienne église marcionite ne devait donc pas s'étendre aussi loin, du côté de l'Est, que celle dont nous voyons aujourd'hui les ruines, et c'est pour ce motif, je crois, que le mur occidental du baptistère n'est pas construit sur le prolongement du mur oriental de l'église, et qu'à l'endroit où finit la nef et où commence la sacristie du nord, les pierres du mur de la sacristie et celles du mur de la nef ne sont point entrecroisées (voir p. 153).

N° 86.

(Planches XXXV et XXXVI.)

INSCRIPTION ARAMÉENNE DE ZAKIR, ROI DE HAMAT ET DE LAACHE.

(VIIIe SIÈCLE AVANT NOTRE ÈRE.)

Pendant un voyage que je fis en Syrie, en 1903, j'arrivai un jour, vers onze heures et demie du matin, dans un petit village dont je ne dirai pas le nom. Comme il faisait très chaud et que j'étais en route depuis quatre heures et demie du matin, je résolus de m'arrêter le reste du jour dans ce village et d'y coucher, et je dis aux hommes qui m'accompagnaient de chercher un endroit où l'on dresserait les tentes. Mes hommes me montrèrent une petite hauteur située à quelques minutes du village et me dirent que, sur cette hauteur, nous aurions probablement moins chaud et serions beaucoup mieux que dans le village lui-même. Nous montâmes donc sur cette hauteur et, après être descendu de cheval, je me promenai autour de mon futur campement pendant que mes hommes dressaient les tentes. J'aperçus, dans un mur, une grosse pierre noirâtre sur laquelle je distinguai des caractères phéniciens. Je l'achetai pour une somme modique et, en l'arrachant, on trouva dans l'épaisseur du mur deux autres blocs de pierre sur lesquels il y avait aussi des caractères phéniciens. Enfin un de mes hommes découvrit, près de là, une quatrième pierre sur laquelle il y avait encore des caractères phéniciens; elle était placée en travers de l'orifice d'un puits ou d'une citerne et on faisait glisser sur elle les cordes supportant les seaux avec lesquels on puisait de l'eau. Je reconnus plus tard, lorsque j'étudiai l'inscription écrite sur ces quatre blocs de pierre, que ce n'était pas une inscription phénicienne, comme je l'avais cru tout d'abord, mais une inscription araméenne, et qu'elle était très intéressante parce qu'il y était question de Bar-Hadad, fils de Hazaël, roi d'Aram.

Ainsi que je le montrerai plus loin, j'ai trouvé un peu moins de la moitié de la stèle sur laquelle cette inscription était gravée, mais, pour des raisons qu'il est inutile d'indiquer, je crois bien qu'on trouverait le reste en faisant des fouilles, ce qu'on ne peut pas faire sans un firman, ou peut-être même en démolissant le mur dans lequel trois des fragments ont été trouvés. Je ne peux pas songer à faire des fouilles en ce moment, mais je compte bien en faire un jour; j'ai, d'autre part, la conviction que, si je commettais l'immense maladresse de dire où j'ai découvert la stèle de Zakir, il se trouverait certainement quelqu'un qui irait immédiatement faire des fouilles, découvrirait sans aucune difficulté les fragments qui manquent, et s'empresserait de publier complète l'inscription qu'à mon grand regret je ne peux publier qu'en partie. Je n'ai qu'un moyen de rendre une spoliation impossible, mais ce moyen me paraît excellent : c'est de ne pas dire où j'ai trouvé la stèle de Zakir. Le lecteur ne s'étonnera donc pas que je garde le silence sur ce point; je dirai seulement, pour que l'on comprenne pourquoi on rencontre dans l'inscription de Zakir des mots hébreux et des tournures hébraïques, qu'elle a été trouvée à moins de 200 kilomètres de la Méditerranée, pas très loin, par conséquent, des régions où on a parlé jadis le phénicien, l'hébreu, le moabite et d'autres dialectes sémitiques appartenant au groupe palestinien.

Les quatre blocs de pierre dont j'ai parlé sont des fragments d'une stèle monolithe qui avait une largeur de 54 centimètres environ à sa base[1], une épaisseur de 27 à 30 centimètres et une hauteur de plus de 2 mètres. La stèle était probablement arrondie par le haut et devait avoir à peu près la même forme que beaucoup de stèles assyriennes, par exemple que la stèle d'Assarhaddon trouvée à Zendjirli. Un bas-relief était sculpté dans le haut et dans le milieu de la stèle; l'inscription commençait immédiatement au-dessous du bas-relief et couvrait le bas de la stèle; le texte continuait dans une seconde colonne gravée sur le côté gauche de la stèle et finissait très probablement au bas de cette seconde colonne. Enfin une autre inscription peut-être très courte était, ainsi que je le dirai plus loin, gravée sur le côté droit de la stèle. Les quatre blocs de pierre que j'ai découverts se juxtaposent l'un sur l'autre sans aucune interruption, et ils formaient le bas de la stèle dont le haut manque complètement[2].

Sur le premier bloc, je veux dire le bloc supérieur, on distingue les pieds et le bas de la robe d'un personnage qui était représenté de profil, la figure tournée vers la droite du spectateur. Les pieds ont à peu près disparu, mais on voit très bien que leur extrémité était à droite; le bas de la robe est assez bien conservé, ainsi que le bas d'une écharpe qui pendait derrière la robe. Le bas des jambes est complètement recouvert par la robe, et le premier bloc a été brisé à peu près à la hauteur du bas des mollets du personnage. Ce personnage ayant, du bas des mollets à la plante des pieds, 20 ou 21 centimètres, devait être haut de 1 m. 25 ou 1 m. 30 environ. Comme, d'autre part, des pieds du personnage au bas de la stèle on mesure 85 ou 86 centimètres, on peut affirmer que la stèle avait plus de 2 m. 10 de hauteur; je dis *plus de 2 m. 10*, car il devait y avoir un espace vide entre l'extrémité supérieure de la stèle et le haut de la tête du personnage, lequel était peut-être coiffé d'une tiare d'une certaine hauteur.

Ce personnage était debout sur une espèce de tabouret ou de socle orné de croix de Saint-André et de barres verticales que l'on voit sur le second bloc. L'inscription dont nous avons le début commence sur le troisième bloc, immédiatement au-dessous des pieds du tabouret, et il en reste deux fragments. Le premier fragment, gravé sur le troisième bloc et le quatrième bloc, au-dessous du bas-relief, a 17 lignes dont une est presque complètement fruste et dont plusieurs autres sont incomplètes (voir pl. IX).

Après ce premier fragment il y a une longue lacune. L'inscription, ainsi que je l'ai déjà dit, continuait dans une seconde colonne gravée sur le côté gauche de la stèle, et nous n'avons même pas la moitié de la stèle; comme on compte 28 lignes sur le côté gauche des quatre blocs et que deux lignes environ ont complètement disparu dans le bas, on peut affirmer que plus de 30 lignes manquent au commencement de la seconde colonne[3]. Le second fragment commence donc en haut du premier bloc, sur le côté gauche de la stèle, et continue sur les deuxième, troisième et qua-

[1] Le milieu de la stèle devait être un peu plus large que le bas; le bloc supérieur mesuré tout à fait en haut, au-dessous de la cassure, a entre 61 et 62 centimètres de largeur.

[2] Le dessous du quatrième bloc n'est pas poli, il est aussi rugueux que le dessous des trois premiers blocs et je ne suis pas absolument certain que le quatrième bloc soit la base de la stèle; il est donc possible qu'on retrouve un jour un cinquième bloc de pierre qui devra être placé au-dessous du quatrième.

[3] Si nous ne possédons pas le bas de la stèle (voir la note qui précède), tout ce que je dis est inexact : la première colonne avait plus de 17 lignes; la lacune qui suit la première colonne est beaucoup plus grande que je ne le suppose; enfin la stèle avait beaucoup plus de 2 m. 10 de hauteur.

trième bloc. Il contient, ainsi que je viens de le dire, 28 lignes, mais beaucoup de ces lignes sont incomplètes et il y a de nombreuses lacunes; les deux dernières lignes ont disparu.

Les dernières lignes du second fragment contenant des malédictions contre ceux qui détruiraient la stèle et l'enlèveraient de sa place, il semble que l'inscription finissait au bas de la seconde colonne. On distingue pourtant, sur le côté droit du premier bloc, c'est-à-dire du bloc supérieur, tout à fait dans le haut et immédiatement au-dessous de la cassure, deux lignes d'écriture dont la première est complètement effacée et dont la seconde n'a que trois mots lisibles. On pourrait donc supposer que l'inscription ne finissait pas au bas de la seconde colonne et qu'il y avait une troisième colonne gravée sur le côté droit de la stèle, mais je ne le crois pas. Je croirais plutôt qu'une seconde inscription, dont la dernière ligne subsiste seule, était gravée sur le côté droit de la stèle. Elle devait être très courte et n'avait probablement que quelques lignes; peut-être indiquait-elle ce que représentait le bas-relief (voir pl. X).

Après avoir décrit la stèle de Zakir, je donnerai le texte de l'inscription phrase par phrase, en accompagnant chaque phrase d'un court commentaire philologique; j'écrirai entre crochets les caractères qui ont disparu mais qu'il est facile de restituer.

PREMIER FRAGMENT.

L. 1 : [נ]צבא | זי | שם | זכר | מלך | [ח]מת | ולעש | לאלו[ר]

Stèle que Zakir, roi de Hamat et de Lasche, a consacrée à Alour.

Je ferai remarquer d'abord que, dans l'inscription de Zakir, les mots sont séparés par un petit trait vertical, mais que parfois le graveur a oublié de graver ce trait; on sait que, dans l'inscription de Mécha, les mots sont séparés par un point.

Le verbe שם se trouve dans une des deux inscriptions de Nérab (lignes 3, 6 et 7) et existe en syriaque sous la forme ܣܳܡ. Il signifie au propre «poser, placer», mais il semble que, dans notre passage, il a le sens de «consacrer». Nous verrons plusieurs formes de ce verbe dans l'inscription de Zakir, savoir : שמו, 3e personne du pluriel masculin du prétérit (1er fragment, ligne 9); שמת, 1re personne du singulier du prétérit (2e fragment, ligne 13); שמתה, 1re personne du singulier du prétérit avec le suffixe de la 3e personne du singulier (2e fragment, ligne 6).

Je lis *Zakir* le nom propre זכר parce que le nom Zakir se trouve dans les textes assyriens, mais je reconnais que les voyelles que j'attribue à ce mot ne sont nullement certaines.

Le trait vertical qui séparait מלך du mot suivant et la première lettre de ce mot ont disparu. On voit, en lisant la seconde ligne, que ce mot était certainement חמת, le nom de la ville de Hamat ([cuneiform], ܚܡܬ, חֲמָת, حماة).

לעש est évidemment un autre nom de ville, mais j'ignore où cette ville était située; elle ne devait pas être très éloignée de Hamat[1].

Enfin אלור est le nom d'une divinité complètement inconnue jusqu'à présent; nous le retrouverons à la ligne 20 du second fragment.

[1] La ville de Homs (ܚܡܨ, حمص), appelée par les Grecs τὰ Ἔμισα, paraît être très ancienne, et pourtant on ne trouve dans la Bible aucun nom de ville ayant les trois consonnes חמץ, et je n'ai pas, jusqu'ici, trouvé dans les textes assyriens de nom de ville ou de pays ayant ces trois consonnes. Je serais donc porté à croire qu'à une époque très ancienne la ville de Homs portait un autre nom. Il est possible que ce nom ait été לעש.

L. 1, 2 : [illegible] . . . .

Moi Zakir, roi de Hamat et de Laache, je parle aujourd'hui (?) à tout le monde.

A la fin de la première ligne on voit une petite lacune et il semble que quatre ou cinq caractères ont disparu. Le premier caractère de la ligne 2 est très effacé mais paraît être un [illegible]; le premier mot de cette ligne était donc le pronom [illegible]. On pourrait supposer que le participe [illegible], dont je parlerai plus loin, était construit avec deux accusatifs, et traduire la phrase ainsi : « Moi Zakir, roi de Hamat et de Laache, je dis ceci à tout le monde »; mais une pareille construction me paraît bien singulière, et je croirais plutôt qu'il y avait, à la fin de la première ligne et au commencement de la seconde, un mot signifiant « aujourd'hui ». Le mot syriaque ܝܘܡܢܐ « aujourd'hui » est une contraction de ܝܘܡܐ et de ܗܢܐ, et le pronom ܗܢܐ vient lui-même d'un ancien pronom [illegible] dont la forme primitive était [illegible]. La forme araméenne ancienne de ܝܘܡܢܐ devait donc être | [illegible] | [illegible], et je crois que ces deux mots se trouvaient à la fin de la première ligne et au commencement de la seconde.

Je considère [illegible] comme l'état simple employé comme collectif du mot qui existe en syriaque sous la forme ܐܢܫܐ « homme ». Le *noun* était peut-être tombé parce qu'il n'avait pas de voyelle, mais il existait probablement à l'état emphatique. On trouve dans la grande inscription de Teïma (ligne 20) : [illegible] [illegible] « et les dieux et les hommes », et l'emploi du mot [illegible] (état simple du singulier), à côté de [illegible] (état simple du pluriel), prouve que, dans le dialecte de Teïma, ce mot s'employait comme nom collectif; il est vrai que l'ancien dialecte de Teïma n'était certainement pas le même que celui dans lequel l'inscription de Zakir a été écrite, mais si l'état simple du mot ܐܢܫܐ s'employait dans un dialecte araméen comme collectif, on ne saurait s'étonner qu'il ait été employé comme collectif dans un autre dialecte; du reste, en syriaque, ܟܠ ܐܢܫ se trouve souvent avec le sens de « tout le monde ».

[illegible] est l'état simple masculin singulier du participe d'un verbe qui signifie « répondre, exaucer » et aussi « adresser la parole à quelqu'un »; il existe en syriaque (ܥܢܐ), en chaldaïque (ענא), en mandaïte (*Ginza*, édition Petermann, partie de droite, p. 98, l. 11, partie de gauche, p. 94, l. 20 : p. 121, l. 16), en samaritain et en palmyrénien[1]. Nous trouverons, à la ligne 11 du premier fragment, [illegible] « et il m'exauça ».

L. 2, 3 : [illegible] . . . . . [illegible]

et Baal-Chamaïn m'a . . . . et s'est tenu avec moi, et Baal-Chamaïn m'a fait régner.

A la fin de la ligne 2, on voit un [illegible] puis une lacune, et il semble que trois ou quatre caractères ont disparu; au commencement de la ligne 3, un caractère a également disparu et la première lettre lisible est un [illegible] suivi du trait de séparation. Je crois que la ligne 2 finissait par un verbe signifiant « protéger » ou ayant un sens analogue, à la troisième personne du singulier du prétérit, précédé de la conjonction [illegible] et suivi du suffixe de la première personne du singulier [illegible]. Les trois consonnes de ce verbe (ses quatre consonnes, s'il était à l'*aphel*) étaient gravées à la fin de la seconde ligne et

(1) Voir de Vogüé, *Syrie centrale, inscriptions sémitiques*, pl. IX, n° 92, l. 6; pl. X, n° 103, l. 5.

le ן du suffixe était la première lettre de la troisième. On peut, je le reconnais, trouver étrange que la proclamation de Zakir à ses sujets commence par la conjonction «et», mais on rencontre souvent de pareilles constructions en hébreu, par exemple dans la phrase : וַיָּבֵא הַסֵּפֶר אֶל־מֶלֶךְ יִשְׂרָאֵל לֵאמֹר וְעַתָּה כְּבוֹא הַסֵּפֶר הַזֶּה אֵלֶיךָ «et il apporta au roi d'Israël la lettre écrite en ces termes : Dès que cette lettre t'arrivera (*littéralement :* et dès que cette lettre t'arrivera)» [II *Rois*, chap. v, verset 6].

On remarquera que, dans le nom de dieu בעלשמין que l'on trouve plusieurs fois dans notre inscription, le trait de séparation est toujours omis entre בעל et שמין. Le groupe בעלשמין «le maître des cieux» était donc un nom propre et ne formait qu'un seul mot.

L. 4, 5 : | ארם | מלך | חזאל | בר | ברהדד | עלי | הוחד | [illegible]....
| מלכן | עשר | .....ש

..... Bar-Hadad, fils de Haraël, roi d'Aram, unit et rassembla contre moi dix ...... rois.

A la fin de la ligne 3 et au commencement de la ligne 4, on voit une petite lacune; il devait y avoir en cet endroit un mot signifiant «or, voici que», et la disparition de ce mot n'empêche pas de comprendre le sens de la phrase.

Le second caractère de la quatrième ligne est très effacé mais paraît bien être un ה. Le verbe [illegible] n'existe, ni dans les langues araméennes, ni en hébreu, mais il est facile d'en deviner le sens; il devait être à peu près synonyme du verbe qui le suit et signifiait, par conséquent, «unir, rassembler» ou quelque chose d'analogue.

הוחד est un aphel (on sait que dans les anciennes inscriptions araméennes, la préformante de cette conjugaison est un *hé* comme en hébreu) dérivé du thème ܚܕ d'où viennent les mots syriaques ܝܚܝܕܐ «seul», ܝܚܝܕܝܐ «solitaire», ܐܬܚܝܕ «il s'est uni, il a été uni». Ce verbe signifie donc «unir, réunir, rassembler».

A la fin de la quatrième ligne, après le mot | ארם, nous voyons la lettre ש suivie d'une lacune d'une lettre environ, et la ligne 5 commence par une lacune de trois ou tout au plus quatre lettres. Il manque donc un mot de quatre ou cinq lettres dont la première était un ש, et ce mot était certainement un nom de nombre. En effet, dans toutes les langues sémitiques, la forme masculine du nom de nombre *dix* s'emploie avec les substantifs féminins, et la forme féminine avec les substantifs masculins, mais, dans les noms de nombre composés, 11, 12, 13, etc., c'est la forme masculine du nom de nombre *dix* qui s'emploie avec les substantifs masculins; en syriaque, par exemple, on dit ܥܣܪܐ ܡܠܟܝܢ «dix rois», ܥܣܪ ܡܠܟܢ «dix reines», ܬܠܬܥܣܪ ܡܠܟܝܢ «treize rois». La forme masculine עשר devant le substantif masculin מלכן prouve donc qu'avant עשר il y avait un autre nom de nombre; ce nom de nombre commençait par un ש et avait, outre le ש initial, trois ou quatre consonnes, puisque trois ou quatre caractères semblent avoir disparu à la fin de la ligne 4 et au commencement de la ligne 5. Les seuls noms de nombre qui commencent par un ܫ en syriaque sont ܫܬܐ «six» et ܫܒܥܐ «sept», mais ܬܠܬܐ «trois» (שלש) et ܬܡܢܝܐ «huit» (ثمانية) avaient originairement un ש comme première consonne, et il est fort possible que ܬܪܝܢ «deux» vienne d'une ancienne forme שנין. Il me paraît, par suite, impossible de dire si Bar-Hadad avait réuni contre Zakir douze, treize, seize, dix-sept ou dix-huit rois. Enfin מלכן «des rois» (ܡܠܟܝܢ) est un masculin pluriel à l'état simple; la dernière syllabe des substantifs masculins pluriels à l'état simple étant une syllabe fermée, il est très probable que la voyelle *i* était brève et c'est pour ce motif que la désinence du pluriel simple masculin est toujours écrite sans 𐤉, non seulement dans l'inscription de Zakir, mais encore dans l'inscription araméenne de Bar-Rékoub[1] et dans la grande inscription de Teima (voir p. 165).

L. 5, 6, 7 : 𐤁𐤓𐤄𐤃𐤃 | 𐤅𐤌𐤇𐤍𐤄 | 𐤁𐤓𐤂𐤔 | 𐤅𐤌𐤇𐤍𐤄 | 𐤅[𐤌𐤋𐤊 |] 𐤒𐤅𐤄 |
𐤅𐤌𐤇𐤍𐤄 | 𐤅𐤌𐤋𐤊 | 𐤏𐤌𐤒 | 𐤅𐤌𐤇𐤍𐤄 | 𐤅𐤌𐤋𐤊 | 𐤂𐤓𐤂[𐤌 | 𐤅𐤌[𐤇𐤍𐤄 | 𐤅𐤌𐤋𐤊 |
𐤔𐤌𐤀𐤋 | 𐤅𐤌[𐤇𐤍]𐤄 | 𐤅𐤌𐤋𐤊 | 𐤌𐤋𐤆 | [𐤅𐤌]𐤇[𐤍𐤄]

Bar-Hadad et son armée, Bar-Gache et son armée, le roi de Qaweh et son armée, le roi d'Amq et son armée, le roi de Gourgoum et son armée, le roi de Chamal et son armée, le roi de Melaz et son armée.

𐤌𐤇𐤍𐤄 signifie «son armée, son camp»; nous trouverons le pluriel 𐤌𐤇𐤍𐤕𐤄𐤌 «leurs armées» à la ligne 9 du premier fragment. Ce mot n'existe pas en syriaque et en mandaïte, mais se trouve en hébreu (מַחֲנֶה «camp, armée», pluriel מַחֲנִים, מַחֲנוֹת et מַחֲנֹת).

Le nom propre d'homme 𐤁𐤓𐤂𐤔 *paraît signifier* «fils de Gache», et je crois que 𐤂𐤔 était un nom de divinité. On voit, à la planche VI du tome Ier de la seconde partie du *Corpus inscriptionum semiticarum* (no 105), le fac-similé de l'empreinte d'un cachet araméen dont les rédacteurs du *Corpus* ont transcrit la légende ainsi : חתם ברגש בר שרש. La quatrième lettre paraît, en effet, être un 𐤁, mais elle ressemble pourtant beaucoup à la huitième lettre qui est certainement un 𐤓, et j'ajouterai qu'on ne sait pas où se trouve le cachet et qu'on n'en possède qu'une empreinte en cire, d'après laquelle le fac-similé a été fait et sur laquelle les caractères sont peut-être un peu déformés. *Je serais porté à* croire que la légende de ce cachet doit être transcrite ainsi : חתם ברגש בר שכי[2] «sceau de Bar-Gache, fils de Chaki(?)».

A la fin de la ligne 5 et au commencement de la ligne 6, on voit une petite lacune de trois ou quatre caractères et, immédiatement après, les lettres 𐤒𐤅𐤄. Il n'y avait certainement pas, à la fin de la ligne 5, le commencement d'un nom propre d'homme finissant par les lettres 𐤒𐤅𐤄, car ce nom aurait eu six ou sept consonnes; je crois que le texte portait | 𐤅𐤌𐤋𐤊 | 𐤒𐤅𐤄 |, et que 𐤒𐤅𐤄

[1] L'inscription araméenne de Bar-Rékoub a été publiée par M. Sachau (*Sitzungsberichte der Königlich Preussischen Akademie der Wissenschaften zu Berlin*, 1896, vol. XLI, p. 1051). Quant à l'inscription de Bar-Rékoub en l'honneur de son père Panamou et à l'inscription de Panamou gravée sur la statue du dieu Hadad (*Mittheilungen aus den orientalischen Sammlungen*, Heft XI, Berlin, 1893, p. 51 et 68), je ne les considère ni l'une ni l'autre comme araméennes.

Le nombre de mots araméens qu'une inscription peut contenir ne prouve rien, selon moi, et ce sont surtout les formes grammaticales qui nous indiquent à quel groupe sémitique appartenait un dialecte que nous ne connaissons que par quelques inscriptions. L'inscription de Zakir contient autant de mots hébreux que de mots syriaques, et pourtant il n'est pas douteux que cette inscription est écrite en un dialecte fort corrompu, si l'on veut, mais certainement araméen; je ne peux pas, par contre, considérer comme araméen un dialecte dans lequel le substantif n'a, ni état simple, ni état emphatique, et ne possède qu'une seule forme.

M. Halévy considère, du reste, l'inscription de Panamou et la plus longue des inscriptions de Bar-Rékoub comme écrites en un dialecte appartenant au groupe palestinien, mais cela me paraît bien douteux. Pour moi, ces deux *inscriptions sont écrites en un dialecte sémitique* qui n'est ni palestinien, ni araméen, ni arabe, ni assyrien.

[2] Ou שכש; la lecture de ce nom propre me paraît bien douteuse.

est un nom de pays. Une inscription un peu antérieure à la nôtre, celle de l'obélisque de Salmanasar, fils d'Achour-nassir-abal, nous fait connaître la vocalisation de ce mot. Salmanasar nous apprend que, dans sa 18e année de règne, il vainquit Hazaël, roi de Damas, et pénétra dans l'Amanus; puis il ajoute : [cuneiform] «dans ma 20e année de règne, pour la vingtième fois, je traversai l'Euphrate, je descendis vers le pays de Qaoué[1]» (L., p. 92, l. 100, 101). Un autre passage de la même inscription nous apprend qu'une des principales villes du pays de Kaweh se nommait *Timour;* en voici le texte : [cuneiform] «j'envahis l'Amanus, je descendis vers les villes de Katê du pays de Kaweh, je pris, je subjuguai Timour sa place forte» (L., p. 94, l. 127, 128, 129). D'après ce passage, il semblerait que la principale ville du pays de Kaweh se nommait *Timour;* pourtant je serais porté à croire que le mot Kaweh désignait originairement une ville qui avait donné son nom au pays tout entier. En effet, sur un fragment de brique qui paraît contenir un texte relatif au tribut que les villes de l'Ouest payaient aux rois d'Assyrie, à une époque inconnue, on trouve les noms de villes : [cuneiform] «Kar-Gamiche», [cuneiform] «la ville de Kaweh», [cuneiform] «Mageddo» (R., v. II, p. 53, n° 3, l. 54, 55, 56). Les deux passages de Salmanasar cités ci-dessus prouvent que le pays de Kaweh était situé dans l'Amanus; un autre passage de l'inscription de l'obélisque de Salmanasar fait connaître sa position d'une manière un peu plus exacte. En voici la traduction :

Dans la 26e année de mon règne, pour la 7e fois, j'envahis l'Amanus, pour la 4e fois, j'allai vers les villes appartenant à Katê du pays de Kaweh, j'assiégeai Tanakoun, place forte de Toulli; la terreur que lui inspira la gloire d'Achour, mon maître, le renversa, les habitants sortirent, ils saisirent mes pieds, je pris ses otages et je reçus son tribut composé d'argent, d'or, de fer, de bœufs, de moutons. Je partis de Tanakoun et j'allai dans les montagnes de Laména; ses habitants s'échappèrent, ils occupèrent une montagne escarpée. Je pris, j'occupai le sommet des montagnes, je tuai leurs guerriers, je fis descendre du milieu des montagnes le butin pris sur eux, leurs bœufs, leurs moutons, je détruisis, j'anéantis leurs villes, les brûlai par le feu, et j'allai à Tarse ([cuneiform])[2] dont les habitants prirent mes pieds. Je reçus leur tribut composé d'argent et d'or, et je fis régner sur eux Kiri, frère de Katê. (L., p. 94-95, l. 132, 133, 134, etc.)

Salmanasar dit d'abord que, pour la 4e fois, il se dirigea vers les villes appartenant à Katê du pays de Kaweh, puis, sans parler de nouveau, ni de ce personnage, ni des villes qui lui appartenaient, il ajoute qu'un certain Toulli dont la capitale était Tanakoun se soumit, qu'il dévasta les montagnes de Laména, arriva à Tarse et fit régner sur eux (la phrase est si mal rédigée qu'on ne sait pas si c'est sur les gens de Tarse ou sur les habitants de toute la région) Kiri, frère de Katê. Soit que Salmanasar ait nommé Kiri roi de Tarse, soit qu'il l'ait nommé roi de toute la région à la place de Katê, ce qui

[1] On trouve le nom de ce pays écrit [cuneiform] dans Sargon (voir Lyon, *Keilschrifttexte Sargon's*, p. 4, l. 21 et 24); on trouve en outre l'adjectif [cuneiform], [cuneiform], dans Teglath-Phalasar III (R., v. III, p. 9, l. 61; R., v. II, p. 67, l. 57).

La plupart des gutturales n'existent pas en assyrien et la prononciation de cette langue différait beaucoup de celle des autres langues sémitiques; c'est pourquoi les noms propres étrangers sont souvent complètement défigurés dans les textes assyriens. Aussi la forme [cuneiform] (Qaoué) me paraît être une transcription aussi exacte qu'une transcription assyrienne pouvait l'être du nom de pays [Phoenician]; plus tard, lorsque les Assyriens eurent définitivement conquis ce pays, ils en écorchèrent le nom et l'appelèrent [cuneiform] (Qoué).

[2] L'ancien nom de la ville de Tarse était [Aramaic], comme le prouvent les légendes araméennes de certaines monnaies frappées dans cette ville; en syriaque, la forme ܛܪܣܘܣ (ΤΑΡΣΟΣ) est seule usitée, et la forme arabe طرسوس en dérive.

me paraît plus probable, il est évident qu'il avait au préalable vaincu et peut-être tué Katè; toute cette expédition de Salmanasar a par conséquent été faite dans les territoires appartenant à Katè, c'est-à-dire dans le pays de Kaweh. Toulli devait être un petit prince vassal de Katè, et les montagnes de Laména, ainsi que Tarse, lui appartenaient. Je crois donc que le pays de Kaweh commençait, à l'Est, dans l'Amanus, et s'étendait, à l'Ouest, jusqu'à Tarse et peut-être un peu au delà.

Le pays appelé 𐤏𐤌𐤒 dans notre inscription est appelé aujourd'hui العمق; c'est le territoire bas et marécageux qui se trouve sur les bords du lac d'Antioche, entre le Kara-sou et la rivière nommée Afrin. Voici ce que dit Yakout, dans son grand ouvrage, au sujet de cette région : والعمق ايضا كورة بنواحي حلب بالشام الآن وكان اولا من نواحي انطاكية ومنه اكثر ميرة انطاكية «l'Amq est aussi un canton compris aujourd'hui parmi les districts dépendant d'Alep en Syrie, mais primitivement parmi les districts dépendant d'Antioche; de là vient la plus grande partie des denrées d'Antioche» (voir Wüstenfeld, *Jacut's Geographisches Wörterbuch*, t. III, p. 727). Le même géographe indique mieux, dans ce passage du *Mouchtarik*, la position de ce pays : والعمق كورة بالعواصم من اعمال حلب بين انطاكية وبين حلب «l'Amq est un district sur la frontière du côté de l'Empire Grec, compris dans les dépendances d'Alep, entre Antioche et Alep» (voir Wüstenfeld, *Jacut's Moschtarik*, p. 316).

A la fin de la sixième ligne, on voit, avant la lacune, la hampe d'un caractère en partie effacé qui était certainement un 𐤌. Le pays appelé 𐤂𐤓𐤂𐤌 «Gourgoum» est cité dans l'inscription non araméenne de Bar-Rékoub et dans les textes assyriens; j'indiquerai plus loin sa situation géographique. La ville appelée 𐤔𐤌𐤀𐤋 est connue par l'inscription araméenne de Bar-Rékoub et par les textes assyriens. Le seul texte assyrien où, à ma connaissance, on trouve le nom de la ville de «Chamal» est une liste de villes; ce mot y est écrit [illegible], et le déterminatif [illegible] prouve qu'il désignait une ville et pas un pays (R., v. II, p. 53, n° 1, l. 43). L'adjectif [illegible] «originaire de Samal, habitant de Samal» (on trouve aussi [illegible], [illegible]) se rencontre plusieurs fois dans les textes d'Achour-nassir-abal et de Teglath-Phalasar III.

L'inscription araméenne de Bar-Rékoub dans laquelle ce prince se qualifie lui-même de *roi de Chamal* ayant été trouvée à Zindjirli, il est probable que ce village est situé à l'emplacement de l'ancienne ville de Chamal, et il semble que le royaume dont Chamal était la capitale était appelé indifféremment *royaume de Chamal* ou *royaume de Yadaï*, puisque, dans l'inscription non araméenne de Bar-Rékoub, fils de Panamou, le pays habité par ce prince est appelé Yadaï (𐤉𐤀𐤃𐤉) et que, dans l'inscription de Gerdjin, Panamou se donne à lui-même le titre de *roi de Yadaï*[1].

Salmanasar, fils d'Achour-nassir-abal, nous apprend, dans l'inscription du monolithe trouvé à Kourkh, que le roi de Chamal qui régnait de son temps était Hayân (R., v. III, p. 7, l. 42 et 53), et, dans un autre passage de la même inscription (R., v. III, p. 7, col. II, l. 24), il dit qu'il reçut le tribut de Hayân, fils de Gabbar, qui habitait au pied de l'Amanus ([illegible]). Le royaume de Chamal ou de Yadaï se trouvait donc au pied de l'Amanus, et je pense qu'il comprenait toute la plaine qui s'étend le long du Giaour-Dagh, au sud de Marache, plaine où se trouvent aujourd'hui Zindjirli, Salahyieh et Bazardjik.

Quant au pays de Gourgoum[2], il est plus difficile d'indiquer sa position. Il était limité d'un côté

[1] Le fait que l'inscription araméenne de Bar-Rékoub a été trouvée à Zindjirli même et que les inscriptions non araméennes de Bar-Rékoub et de Panamou ont été trouvées, l'une à Takhtali, l'autre à Gerdjin, au nord-est de Zindjirli, me porterait à croire [illegible]ue le pays de Yadaï était habité par des populations sémitiques non araméennes, mais que la capitale Chamal était une colonie araméenne.

[2] Dans les textes de Salmanasar, fils d'Achour-nassir-abal, le nom propre «Gourgoum» et l'adjectif

par le royaume de Yadaï, car, dans l'inscription non araméenne de Bar-Rékoub, il est dit que Teglath-Phalasar accorda à Panamou, père de Bar-Rékoub, des territoires qui faisaient partie du pays de Gourgoum (ligne 15), et je serais porté à croire qu'il se trouvait au nord du royaume de Yadaï. Salmanasar raconte, en effet, qu'après avoir complétement battu Ahouni, fils d'Adini, il franchit l'Euphrate, reçut le tribut de Katazil, roi de la Comagène ([illegible]), saccagea les villes appartenant à Ahouni, fils d'Adini, qui se trouvaient sur la rive droite de l'Euphrate, puis qu'il partit d'une ville qu'il appelle Pagarrouhboun ([illegible]) et s'approcha des villes appartenant à Moutalli de Gourgoum ([illegible]). Il ajoute qu'il reçut le tribut de Moutalli, qu'il partit de la ville de Gourgoum ([illegible]), qu'il approcha de Loutibou, place forte de Hayân, roi de Chamal ([illegible]), et qu'alors Hayân de Chamal, Sapaloulmé du pays de Patin, Ahouni, fils d'Adini, et Sangara de Kar-Gamiche, coalisés contre lui, lui livrèrent bataille, mais furent complètement vaincus; il ajoute enfin qu'il sculpta sa statue à la source d'une rivière au pied de l'Amanus, puis qu'il traversa l'Oronte (R., v. III, p. 7, l. 36, 37, 38, 39, 40, 41, 42, 43, 44, 45, 46, 47, 48, 49, 50, 51). Il semble bien que, dans cette campagne, Salmanasar franchit l'Euphrate non loin de Birédjik ou de Samosate, traversa les montagnes de la Comagène, livra bataille aux confédérés dans la région de Marache, et se rendit ensuite de Marache à l'Oronte à travers le royaume de Yadaï, c'est-à-dire par la vallée du Kara-Sou, en longeant le Giaour-dagh. Enfin la ville et le royaume de Gourgoum devaient se trouver au nord-est de Chamal, puisque Salmanasar, parti de Gourgoum et se dirigeant vers le Sud, approcha de Loutibou, ville qui appartenait au roi de Chamal [1].

J'ignore complètement où se trouvait la ville ou le pays appelé [illegible] (ligne 7); le [illegible] final est, du reste, douteux.

Le mot qui suivait [illegible] était certainement [illegible] «et son armée» (le [illegible] est encore visible). Les derniers caractères de la ligne 7 ont disparu et quelques lettres sont seules visibles à la fin de la ligne 8. Il y a donc là une lacune de plus de trente lettres, et on pourrait supposer que Zakir continuait à énumérer les alliés de Bar-Hadad. Je ne le crois pas, car les noms de tous ces alliés n'auraient pas pu remplir moins de deux lignes, et, si l'on admet la restitution que je proposerai pour la fin de la ligne 8, Zakir ne citait que les noms de sept de ses ennemis. Il est donc probable qu'à la fin de la ligne 7 et au commencement de la ligne 8, Zakir expliquait ce qu'avaient fait ceux des douze, treize, seize, dix-sept ou dix-huit rois coalisés contre lui, dont il ne citait pas les noms. Peut-être avaient-ils attaqué une autre ville que Hazrak, peut-être aussi n'avaient-ils pas envoyé de troupes et devaient-ils entrer ultérieurement en campagne.

qui en dérive sont précédés du déterminatif des noms de villes ([illegible]), tandis que, dans ceux de Teglath-Phalasar III (R., v. II, p. 67, l. 58; R., v. III, p. 9, l. 52) et de Sargon (Lyon, *Keilschrifttexte Sargon's*, p. 14, l. 25), ils sont précédés du déterminatif des noms de pays ([illegible]). Il semble donc que Gourgoum était une ville qui avait donné son nom au pays environnant.

[1] On peut lire au sujet de la ville de Chamal et du pays de Gourgoum un intéressant article de M. Sachau intitulé *Zur historischen Geographie von Nord-Syrien*, qui a paru, en 1892, dans les *Sitzungsberichte der Königlich Preussischen Akademie der Wissenschaften zu Berlin*.

D'après M. Sachau, le pays de Gourgoum se serait trouvé dans les environs de la ville appelée par certains auteurs arabes جرجومة, et cette ville se trouvait elle-même entre Payas et Antioche. Je n'oserais certainement pas affirmer que M. Sachau s'est trompé, mais le récit de la campagne de Salmanasar dont j'ai parlé ci-dessus me porterait à croire que la ville et le pays appelés «Gourgoum» par les Assyriens se trouvaient bien au nord de la ville appelée par les Arabes «Djourdjoumah».

L. 8, 9, 10 : [illegible]

[illegible]

ils étaient sept rois(?) avec (*littéralement :* et) leurs armées, et tous ces rois-là établirent des retranchements contre Hazrak, ils élevèrent un mur plus haut que le mur de Hazrak et creusèrent un fossé plus profond que son fossé.

Après la longue lacune de la ligne 8, nous voyons les lettres [illegible] suivies de deux caractères dont la partie supérieure a disparu et dont la queue est dirigée obliquement de droite à gauche; ces deux caractères ne pouvaient donc être que [illegible], [illegible], [illegible] ou [illegible]; après ces deux caractères en partie effacés se trouve une petite lacune. A la ligne suivante, le premier caractère visible est un [illegible] et il était certainement précédé d'un [illegible], car on distingue très bien un des crochets supérieurs et la queue de ce caractère; enfin un ou deux caractères manquent au commencement de cette ligne. Je crois que le texte portait : [illegible] «ils étaient sept rois».

La forme [illegible] serait un état construit; l'état construit de [illegible] existe encore en syriaque dans l'expression [illegible] «une semaine» et dans le mot composé [illegible] «dix-sept». Quant au mot [illegible] «eux», il *n'existe plus en syriaque, mais* on le trouve dans Esdras ([illegible]) et dans une des inscriptions araméennes de Nérab, dans la phrase : [illegible] «et voici qu'ils étaient cent».

C'est par erreur que le graveur a tracé un trait de séparation entre [illegible] et [illegible]; [illegible] ne forme évidemment qu'un seul mot et signifie «et leurs armées». Par contre, ce même graveur a oublié un peu plus loin deux traits de séparation et, au lieu de [illegible], il faut lire [illegible] «tous ces rois-là».

A la ligne 9, [illegible] est l'état simple d'un substantif signifiant «retranchement, circonvallation», comme l'hébreu [illegible]; le verbe [illegible] *signifiant* «peindre, dessiner» *en syriaque, ce substantif a* probablement été emprunté à un idiome du groupe palestinien.

Le dernier mot de la ligne 9 était le nom propre [illegible] que l'on trouve à la ligne 10.

Le premier caractère de la ligne 10, en partie effacé, était certainement un [illegible]. [illegible] «ils élevèrent» ne peut être que la 3ᵉ personne du pluriel *masculin du prétérit* aphel du verbe [illegible] «être élevé». En syriaque on écrirait [illegible], et je crois que le graveur a oublié un [illegible] après le [illegible]; il est possible aussi qu'à l'époque de Zakir on n'ait pas employé le [illegible] pour indiquer l'*i* long aussi souvent qu'on l'a fait aux époques postérieures. On pourrait se demander également si [illegible] n'est pas la 3ᵉ *personne du pluriel* masculin du prétérit aphel du verbe [illegible] «jeter», mais cela me paraît peu probable. On pouvait dire en syriaque [illegible] «il a posé (*littéralement :* il a jeté) les fondations», mais je ne crois pas qu'on aurait pu dire [illegible] «il a construit un mur».

[illegible] est l'état simple d'un mot signifiant «mur» ([illegible]), dont nous verrons l'état emphatique [illegible] à la ligne 17 du premier fragment. L'orthographe [illegible] prouve qu'à l'époque de Zakir une voyelle longue ne pouvait pas, comme en arabe, exister dans une syllabe fermée; à l'état emphatique, la première syllabe de ce mot étant une syllabe ouverte, sa voyelle était longue, et on écrivait [illegible].

Le mot 𐤇𐤆𐤓𐤊 est un nom de ville que nous retrouverons aux lignes 1 et 4 du second fragment, et il me paraît très probable que c'est cette ville qui est appelée חדרך au chapitre IX de Zacharie. Il est vrai que le ז ne se change pas en ד en hébreu; mais Zacharie écrivait à l'époque de la domination persane, la ville de Hazrak était située dans une région où on parlait un dialecte araméen, et il est fort probable qu'à l'époque de Zacharie le ז de ce nom propre était déjà devenu un ד; 𐤇𐤆𐤓𐤊 serait donc la forme araméenne ancienne, et חדרך la forme araméenne récente passée en hébreu d'un même nom de ville. Le mot חדרך ne se trouve dans la Bible qu'une seule fois, au verset 1 du chapitre IX de Zacharie, dans la phrase : *teneur de la parole du Seigneur contre la terre de Hadrakh et contre Damas*. Ce passage semble prouver que Hazrak n'était pas loin de Damas, et on est en droit de supposer que cette ville se trouvait entre Damas et Hamat, puisqu'elle fut assiégée par Bar-Hadad et ses alliés. Dans son ouvrage intitulé : *La Géographie du Talmud*, Neubauer dit au sujet de cette ville : «חדרך, Hadrakh, endroit dans le voisinage de Damas, d'après le témoignage de R. Yosé, originaire de Damas. Le docteur ne paraît pas être un grand admirateur de l'interprétation agadique de la Bible. Il interpelle R. Yéhoudah, qui explique le mot *Hadrakh* par : *le Messie qui est dur pour les païens et doux pour les Juifs*, dans les termes suivants : *Rabbi, pourquoi détournes-tu le sens des versets bibliques? Je suis de Damas, et je prends à témoin le ciel et la terre qu'il y a une localité près de Damas qui s'appelle Hadrakh*. Un Arabe, Yoseph Abassi, dit également qu'un endroit peu important, appelé Hadrakh, existe encore aujourd'hui. Cyrille d'Alexandrie place Hadrakh entre Hamath (Épiphanie) et Damas[1].» J'ajouterai que, sur un fragment de brique contenant une liste de villes de Syrie, avec l'indication du tribut qu'elles payaient aux rois d'Assyrie, une ville appelée [cunéiforme] est mentionnée avec Arpad, Kar-Gamiche, Mageddo, Simyra, Chamal et plusieurs autres villes (R., v. II, p. 53, n° 3, l. 59). Bien que le changement du ז ou du ד en ת soit singulier, il est possible que la ville que les Assyriens appelaient *Hatark*[2] ait été celle qui nous occupe.

𐤇𐤓𐤑 est l'état simple d'un substantif signifiant «fossé» qui n'existe pas dans les langues araméennes connues. Ce mot existe en hébreu sous la forme חרוץ, et en assyrien sous la forme [cunéiforme]; il n'est donc pas certain qu'il ait été emprunté à un dialecte palestinien.

Enfin le dernier mot de la ligne 10 était certainement 𐤇𐤓𐤑𐤄 «son fossé».

L. 11 : 𐤅𐤀𐤔𐤀 | 𐤉𐤃𐤉 | 𐤀𐤋 | 𐤁𐤏𐤋𐤔[𐤌𐤉]𐤍 | 𐤅𐤉𐤏𐤍𐤍𐤉 𐤁𐤏𐤋𐤔𐤌𐤉[𐤍 |]

et j'élevai mes mains vers Baal-Chamain, et Baal-Chamain m'exauça.

Cette phrase est très intéressante, car on y trouve deux fois le ו conversif; [3]𐤅𐤀𐤔𐤀 veut certainement dire «et j'élevai», et 𐤅𐤉𐤏𐤍𐤍𐤉 ne peut pas être traduit autrement que par : «et il m'exauça». On employait donc le ו conversif dans l'ancien dialecte araméen parlé à Hamat au VIIIe siècle avant notre ère; nous verrons un troisième ו conversif à la ligne 15 du premier fragment, dans 𐤅𐤉𐤀𐤌𐤓 «et il a dit».

[1] Voir *La Géographie du Talmud*, par Adolphe Neubauer, Paris, 1868, p. 297.

[2] On trouve également ce nom propre écrit [cunéiforme] et [cunéiforme] (R., v. II, p. 53, n° 1, l. 38; R., v. II, p. 52, n° 1, l. 46; R., v. III, p. 9, n° 3, l. 28; R., v. III, p. 10, n° 3, l. 34); il est probable que les Assyriens le prononçaient *Hatark*.

[3] Le premier caractère de la ligne 11 qui est en partie effacé était certainement un 𐤅.

𐤀𐤔𐤀 est la première personne du singulier de l'aorsite d'un verbe dérivé d'un thème نشأ qui signifiait « élever, porter »; il existe en hébreu (נשׂא) et en assyrien ([illegible] « il a porté »).

La préposition 𐤀𐤋 « vers, à » existe en hébreu sous la forme אֶל. Il est possible qu'elle ait existé dans certains dialectes araméens anciens, car on la trouve dans un papyrus araméen d'Égypte (*Corpus inscriptionum semiticarum*, Pars secunda, t. I, n° 144, l. 1). Nous verrons de nouveau cette préposition à la ligne 12 du premier fragment.

Il semble que le graveur avait oublié le 𐤉 final de 𐤉𐤏𐤍𐤍𐤉; il l'a ajouté après coup et n'a pas eu assez de place pour graver le trait qui aurait dû séparer ce mot du mot suivant.

L. 11, 12 : .... | 𐤁𐤏𐤋𐤔𐤌𐤉𐤍 | 𐤀𐤋𐤉 | [𐤁]𐤉𐤃 | 𐤇𐤆𐤉𐤍 | 𐤅𐤁𐤉𐤃 | 𐤏𐤃𐤃𐤍 [𐤅]

Baal-Chamaïn m'a.......par le moyen des voyants et par le moyen des.....

A la fin de la 11ᵉ ligne et au commencement de la 12ᵉ on voit une petite lacune; là devait se trouver un verbe à la 3ᵉ personne de l'aoriste précédé du ו conversif; ce verbe signifiait probablement « aider, secourir, venir en aide » et se construisait avec la préposition 𐤀𐤋.

Le sens des mots 𐤇𐤆𐤉𐤍 et 𐤏𐤃𐤃𐤍 n'est pas certain. Je considère 𐤇𐤆𐤉𐤍 comme l'état simple pluriel du substantif qui existe en syriaque sous la forme ܚܙܝܐ « spectateur » et aussi « voyant, devin, prophète ». Baal-Chamaïn serait donc venu au secours de Zakir par le moyen de ses prophètes, c'est-à-dire que plusieurs prophètes ou devins de Baal-Chamaïn lui auraient prédit la victoire. Quant à 𐤏𐤃𐤃𐤍 c'est également un substantif pluriel masculin à l'état simple, mais j'ignore le sens de ce mot[1].

L. 12, 13, 14, 15 : 𐤁𐤏𐤋𐤔𐤌𐤉𐤍 | 𐤀𐤋 | 𐤕𐤆𐤇𐤋 | 𐤊𐤉 | 𐤀𐤍𐤄 |

𐤄𐤌𐤋............ 𐤌 | 𐤏𐤌𐤊 | 𐤅𐤀𐤍𐤄 | 𐤀𐤇𐤑𐤋𐤊 | 𐤌𐤍 | 𐤊𐤋 [𐤅]..............

𐤌𐤇𐤀𐤅 | 𐤏𐤋𐤉𐤊 | 𐤌𐤑𐤓 |

Baal-Chamaïn me dit(?) : « N'aie pas peur, car moi je t'ai fait régner, moi je me tiendrai(?) avec toi, et moi je te délivrerai de tous..........qui ont élevé des retranchements contre toi. »

[1] Salmanasar, fils d'Achour-nassir-abal, appelle le roi de Damas qui régnait avant Hazaël « Adad-idri » ([illegible]), nom propre qui signifie très probablement « le dieu Adad est mon aide », et on trouve sur un cachet araméen qui, d'après la forme des caractères, paraît être très ancien, le nom 𐤔𐤌𐤔𐤏𐤃𐤓𐤉 qui signifie « le dieu Chamache est mon aide » (*Corpus inscriptionum semiticarum*, Pars secunda, t. I, pl. VI, n° 87). Il est donc très probable que déjà au VIIIᵉ siècle avant notre ère le ז était devenu un ד dans tous les mots araméens dérivés de la racine עזר. On pourrait, par suite, se demander si 𐤏𐤃𐤃𐤍 n'est pas une faute pour 𐤏𐤃𐤓𐤍, mot qui serait l'état simple pluriel du substantif qui existe en syriaque sous la forme ܥܘܕܪܢܐ « secours, aide », ou celui du participe du verbe ܥܕܪ « aider », et si Zakir n'a pas voulu dire que Baal-Chamaïn lui était venu en aide en lui faisant prédire la victoire par les prophètes et en lui envoyant des secours ou des alliés.

Cette hypothèse est admissible, mais je doute beaucoup qu'il y ait une faute dans le texte, car le fait que le mot עדרן n'existe dans aucun dialecte araméen connu ne prouve pas qu'il n'a pas existé dans les dialectes du VIIIᵉ siècle avant notre ère.

Le verbe qui a disparu à la fin de la ligne 12 et au commencement de la ligne 13 devait être 𐤅𐤀𐤌𐤓, ou plus probablement 𐤅𐤉𐤀𐤌𐤓 «et il dit».

La négation prohibitive 𐤀𐤋 existe en hébreu et dans Daniel sous la forme אַל, et en assyrien sous la forme 𒌑; on ne la trouve ni en syriaque, ni dans les langues araméennes[1].

𐤕𐤆𐤇𐤋 est la seconde personne masculine du singulier de l'aoriste d'un verbe qui existe en syriaque sous la forme ܕܚܠ «craindre, avoir peur».

𐤊𐤉 «parce que» (en hébreu כִּי) n'existe pas en syriaque et est encore un mot emprunté à une langue du groupe palestinien.

A la ligne 13, le mot qui suivait 𐤀𐤍𐤄 était très probablement 𐤄𐤌𐤋𐤊𐤕𐤊 «je t'ai fait régner», et je crois qu'après ce mot le texte portait : | 𐤅𐤀𐤍𐤄 | 𐤀𐤒𐤌 | «et moi je me tiendrai»; le 𐤌 final de 𐤀𐤒𐤌 est, du reste, lisible au commencement de la ligne 14.

𐤀𐤇𐤋𐤑𐤊 «je te délivrerai» est la première personne du singulier de l'aoriste avec le suffixe de la seconde personne du singulier d'un verbe qui signifiait «délivrer». Ce verbe existe en arabe sous la forme خلص, et en hébreu sous la forme חלץ; en syriaque, ܚܠܨ existe mais signifie «dépouiller, spolier», sens qu'a, du reste, également le verbe hébreu חלץ.

A la fin de la ligne 14 se trouve une lacune d'environ onze ou douze lettres; je crois que le texte portait | 𐤌𐤋𐤊𐤉𐤀 | 𐤀𐤋 | 𐤆𐤉 | «ces rois qui».

𐤌𐤇𐤀𐤅 est la troisième personne du pluriel masculin du prétérit d'un verbe signifiant «frapper» qui existe en syriaque (ܡܚܐ), en chaldaïque (מְחָא, au pael מַחָא) et dans tous les dialectes araméens. En syriaque, ܡܚܐ est un verbe défectueux, mais la 3ᵉ radicale était primitivement un *alif hamzé*, comme le prouve la forme 𐤌𐤇𐤀𐤅.

J'ai déjà parlé, à la page 165, du substantif 𐤌𐤑𐤓 (état simple) «siège, retranchement»; | 𐤌𐤇𐤀𐤅 | 𐤌𐤑𐤓 | 𐤏𐤋𐤉𐤊 | «ils ont frappé un retranchement contre toi» paraît être une locution signifiant «ils ont élevé des retranchements contre toi», ou «ils t'ont assiégé». En syriaque, on trouve fréquemment l'expression ܡܚܐ ܩܪܒܐ ܥܡ «il a fait la guerre à».

L. 15. 16. 17 : . . . 𐤅𐤉𐤀𐤌𐤓 | 𐤋. . . . . 𐤊𐤋 | 𐤌𐤋𐤊𐤉𐤀 | 𐤀𐤋 | 𐤆𐤉 | 𐤌𐤇𐤀𐤅 [|𐤅] . . .

. . . . 𐤅𐤔𐤅𐤓𐤀 | 𐤆𐤍𐤄 | 𐤆. . . .

et il dit à . . . . tous ces rois qui ont élevé des fortifications contre . . . . et ce mur. . . . .

Le premier caractère de la ligne 16 était certainement un 𐤊.

Après | 𐤆𐤉, à la ligne 16, le texte portait probablement : 𐤌𐤇𐤀𐤅 | 𐤏𐤋. . . . | 𐤌𐤑𐤓 «ils ont élevé des retranchements contre», mais je ne saurais dire si le mot 𐤏𐤋 était suivi du suffixe de la troisième personne du singulier ou du nom propre *Zakir*.

[1] On la trouve dans l'inscription de Panamou, aux lignes 22, 23, 29, mais j'ai déjà dit que je ne considérais pas la langue dans laquelle est écrite cette inscription comme un dialecte araméen.

SECOND FRAGMENT.

L. 1, 2, 3, 4, 5, 6, 7 : .... [illegible] .... [illegible]

[illegible] ..... [illegible] ..... [illegible]

.... [illegible] ...... [illegible]

Ce passage est tellement mutilé qu'il est bien difficile de le traduire. Je crois que Zakir parlait d'abord de ce qu'une certaine personne, peut-être Bar-Hadad, avait fait à Hazrak, et exposait ensuite ce qu'il avait fait lui-même dans cette ville, lorsque les alliés de Bar-Hadad s'en étaient éloignés.

La ligne 1 contenait certainement le mot חזרך et, à la ligne 2, il faut lire ולפרש, mais il me paraît impossible de restituer en entier le texte de ce passage, et voici comment je le restituerais partiellement (je remplace chacune des lettres disparues par un X, lorsque je crois possible d'en compter le nombre) :

...... [illegible] 1

[illegible] 2

[illegible] 3

[illegible] XXX [illegible] 4

[illegible] 5

[illegible] 6

.... [illegible] 7

(L. 1).......... Hazrak ......(L. 2).......... aux chars et aux chevaux (L. 3) il .... son roi dedans (*littéralement :* dans elle). Moi (L. 4) je ...... *Hazrak et j'ajoutai* (L. 5) à cette ville (*littéralement :* à elle) tout le territoire (?) (L. 6) de .... a[1], je l'établis comme roi (L. 7).......................

Les mots רכב et פרש (ligne 2) sont des substantifs à l'état simple employés comme collectifs;

[1] Je suppose que le premier mot de la ligne 6 était *un nom de* pays ou de ville. Ce mot se terminait par un א, mais, avant cette lettre, on voit un trait presque vertical qui pourrait être la queue d'un ר.

Ainsi que je le dirai à la page 177, le successeur de Bar-Hadad paraît avoir été un certain Marih ([illegible]), que *le* roi d'Assyrie Adad-nérar assiégea dans Damas. Le [illegible] se prononçant très faiblement en assyrien et étant devenu un [illegible], on pourrait se demander si le premier mot de la ligne 6 n'était pas מרא, nom du successeur de Bar-Hadad, et si Zakir ne racontait pas qu'après la mort de Bar-Hadad, peut-être tué à la guerre, il avait donné au roi de Hazrak, remis par lui sur le trône, tous les territoires que possédait dans *les environs de cette ville, Marih, successeur de* Bar-Hadad.

Je ne crois pas qu'il en soit ainsi, et j'ajouterai que le trait qu'on voit au commencement de la ligne 6 ressemble plus à la queue d'un [illegible], d'un [illegible], ou d'un [illegible], qu'à celle d'un ר.

le premier existe en hébreu sous la forme רֶכֶב «char de guerre», le second existe en syriaque sous la forme [illegible] «cavalier», et en hébreu sous la forme פָּרָשׁ «cheval» et aussi «cavalier».

A la ligne 5 [illegible] indique l'accusatif, ainsi que je le dirai plus loin.

[illegible] me paraît être un substantif féminin singulier à l'état construit, mais le sens de ce mot m'est inconnu. Le verbe [illegible] signifie «entourer», [illegible] veut dire «cercle», et je serais porté à croire que ce mot signifiait «territoire, canton, district».

L. 7, 8, 9, 10, 11, 12 : [illegible] . . . .

. . . . [illegible] . . . . [illegible] . . . . [illegible]

. . . . [illegible] . . .

. . . . ces ennemis de tous les côtés, je construisis les temples des dieux dans tous mes . . . . et je construisis . . . . Apache . . . . la maison.

Il est probable qu'à la fin de la ligne 7 et au commencement de la ligne 8 se trouvaient deux ou trois mots signifiant : «lorsque j'eus vaincu». Au commencement de la ligne 9, il ne manque certainement qu'une seule lettre, le [illegible] du mot [illegible] «j'ai construit», et, après ce mot, le sculpteur a oublié le trait de séparation; il a oublié un autre trait de séparation, à la ligne 8, après [illegible].

Je crois que le dernier mot de la ligne 9 était [illegible] «dans tous», et que la ligne 10 commençait par un substantif au pluriel de deux ou trois consonnes tout au plus, suivi du suffixe de la première personne du singulier; le [illegible] du suffixe est, du reste, encore lisible.

Le mot [illegible], aux lignes 10 et 11, est une préposition indiquant l'accusatif, comme אֶת en hébreu, et [illegible] en phénicien. Cette préposition a dû exister dans les dialectes araméens primitifs, ou, tout au moins, dans ceux de l'Ouest et du Sud, car יָת en chaldaïque indique l'accusatif, ainsi que [illegible] en palmyrénien[1], [illegible] en nabatéen, et [illegible] en palestinien[2]. Elle a disparu en mandaïte et en syriaque, mais je crois qu'elle a existé en ancien syriaque, car on trouve [illegible] indiquant l'accusatif dans quelques passages de la version pechitto[3]. Il est inutile de dire que l'ancienne préposition [illegible] ne dérive pas du tout de la même racine que le mot syriaque [illegible] (chaldaïque אִית, mandaïte [illegible] ou [illegible]), dans lequel le [illegible] vient de l'altération d'un ש primitif (assyrien [illegible] «il est», arabe أَيْسَ «il est»); on trouve, à la seizième ligne de l'inscription araméenne de Bar-Rékoub, la forme [illegible] «il n'est pas» (en syriaque [illegible]).

A la ligne 11, le mot [illegible] (le second caractère paraît bien être un [illegible]), n'ayant pas la terminaison de l'état emphatique, me paraît être le nom d'une ville que Zakir aurait rebâtie.

(1) Voir de Vogüé, *Inscriptions sémitiques de la Syrie centrale*, n° 15, l. 4.

(2) Dans tous les textes nabatéens où on la trouve, la préposition [illegible] est suivie d'un pronom suffixe, mais rien ne prouve qu'on ne l'employait pas également sans suffixe (*Corpus inscriptionum semiticarum*, Pars secunda, t. I, pl. 28, n° 198, l. 5; pl. 33, n° 217, l. 6; pl. 34, n° 212, l. 6, 7; pl. 35, n° 226, l. 10; pl. 35, n° 211, l. 8). En palestinien, [illegible] ne s'emploie jamais sans un pronom suffixe.

(3) Ce mot a dû disparaître de très bonne heure en syriaque, car saint Ephrem ne comprenait pas le vrai sens de la phrase : [illegible] «Dieu créa le ciel et la terre», et il expliquait [illegible] par [illegible] «la personne du ciel et la personne de la terre».

L. 13, 14, 15 : | 𐤅𐤔𐤌𐤕 | 𐤒𐤃𐤌 | 𐤀𐤋𐤅𐤓 | 𐤍𐤑𐤁𐤀 | 𐤆𐤍𐤄 | 𐤅[𐤊𐤕𐤁𐤕 | 𐤁]𐤄 | 𐤀𐤉𐤕 | [𐤀]𐤔𐤓 | 𐤉𐤃𐤉 [|]

et j'ai placé devant Alour cette stèle et j'ai écrit sur elle mes exploits (ou mon inscription).

Après les caractères 𐤒𐤃, à la fin de la ligne 13, on voit une lettre en partie brisée qui paraît *bien être un* 𐤌; *elle est suivie d'une lacune d'environ deux lettres*, et, au commencement de la ligne 14, on voit une lacune d'environ trois lettres. Comme, à la ligne 1 du premier fragment, Zakir dit qu'il plaça sa stèle devant le dieu Alour, et qu'à la ligne 20 du second fragment il parle de celui qui l'enlèverait de devant Alour, je crois qu'il faut restituer le texte ainsi, à la fin de la ligne 13 et au commencement de la ligne 14 : | 𐤒𐤃𐤌 | 𐤀𐤋𐤅𐤓 «devant Alour».

A la fin de la ligne 14, nous voyons un 𐤅 suivi d'une lacune d'une ou deux lettres, puis une lacune d'environ deux lettres, au commencement de la ligne 15, et enfin un 𐤄 suivi du trait de séparation; je crois que le texte portait : | 𐤅𐤊𐤕𐤁𐤕 𐤁𐤄.

Le sens des mots 𐤉𐤃𐤉 | 𐤀𐤔𐤓 n'est pas certain : 𐤉𐤃𐤉 ne peut signifier que «ma main» ou «mes mains», et 𐤀𐤔𐤓 paraît être l'état construit d'un substantif qui signifiait «endroit», comme le syriaque ܐܬܪܐ, et peut-être aussi «trace», comme l'arabe أثر; on trouve dans une des inscriptions de Nérab : 𐤉𐤌𐤇𐤅 𐤔𐤌𐤊 𐤅𐤀𐤔𐤓𐤊 𐤌𐤍 𐤇𐤉𐤉𐤍 «ils effaceront ton nom et ta trace (?) d'entre les vivants». Il semble que | 𐤉𐤃𐤉 | 𐤀𐤔𐤓 «la trace de mes mains» était une expression qui signifiait «mon écrit, mon inscription» ou bien «mes hauts faits, mes exploits», et je restitue le texte ainsi : | 𐤉𐤃𐤉 | 𐤀𐤔𐤓 | 𐤀𐤉𐤕 | 𐤅𐤊𐤕𐤁𐤕 𐤁𐤄 «et j'écrivis sur elle mes hauts faits *ou* mon inscription», littéralement : «et je l'inscrivis mes hauts faits *ou* mon inscription». Je reconnais, du reste, que le verbe ܟܬܒ ne s'emploie jamais avec deux accusatifs en syriaque, mais on trouve de pareilles tournures en hébreu, et il ne faut pas oublier, d'abord que notre inscription est antérieure d'environ huit siècles aux plus anciens textes syriaques, et ensuite qu'elle est écrite en un dialecte araméen fort corrompu qui contenait beaucoup de mots empruntés aux langues palestiniennes. Je m'empresse d'ajouter que je ne donne nullement ma traduction comme certaine.

L. 16, 17, 18, 19, 20, 21, 22 : | 𐤌𐤍 | 𐤉𐤄𐤏𐤃𐤄 | 𐤀𐤉𐤕 | 𐤀[𐤔𐤓 | 𐤉𐤃𐤉] | 𐤆𐤊𐤓 | 𐤌𐤋𐤊

| 𐤇𐤌[𐤕 | 𐤅]𐤋𐤏𐤔 | 𐤌𐤍 | 𐤍𐤑𐤁𐤀 | 𐤆𐤍𐤄 | 𐤅𐤌𐤍 | 𐤉𐤄𐤏[𐤃𐤄] | 𐤍𐤑𐤁𐤀 | 𐤆𐤍𐤄 | 𐤌𐤍 | [𐤒𐤃]𐤌 |

𐤀𐤋𐤅𐤓 | 𐤅𐤉𐤄𐤍𐤎𐤍𐤄 | [𐤌𐤍 | 𐤀𐤔]𐤓𐤄 | 𐤀𐤅 | 𐤌𐤍 | 𐤉𐤔𐤋𐤇 | 𐤁 . . . . . .

Quiconque enlèvera l'inscription (*ou* les hauts faits) de Zakir, roi de Hamat et de Laache, de cette stèle, et quiconque enlèvera cette stèle de devant Alour et l'ôtera de sa place (?), ou bien quiconque enverra . . . .

A la fin de la ligne 15, il y a une petite cassure et on peut se demander si un ou deux caractères n'ont pas disparu, mais je crois que le texte de la ligne 15 est complet et qu'il ne manque qu'un trait de séparation.

𐤉𐤄𐤏𐤃𐤄 est la troisième personne du masculin singulier de l'aoriste d'un verbe qui signifiait évidemment «ôter, enlever»; je ne saurais dire si cette forme est l'aphel d'un verbe défectueux ou si elle vient d'un thème עדה.

A la fin de la ligne 16, après | [araméen], on voit un [araméen] suivi d'un petit trait oblique qui paraît bien être le commencement d'un [araméen], puis une lacune d'une ou deux lettres. La ligne 17 commence par une lacune d'une ou deux lettres, et je crois que le texte doit être restitué ainsi : | [araméen] | [araméen] | [araméen] | [araméen] | [araméen] | [araméen] «quiconque enlèvera l'écrit (*ou* les hauts faits) de Zakir (*littéralement* : la trace des mains de Zakir)».

A la fin de la ligne 17 et au commencement de la ligne 18, il faut certainement lire : | [araméen] | [araméen]; à la fin de la ligne 18 et au commencement de la ligne 19, il faut lire : | [araméen] | [araméen]; enfin le mot [araméen] «devant» se trouvait certainement à la fin de la ligne 19 et au commencement de la ligne 20 (on voit, du reste, une partie du [araméen] initial de ce mot et le [araméen] final).

[araméen] est la troisième personne masculine du singulier de l'aoriste de [araméen] avec le suffixe de la troisième personne du singulier masculin. Il semble que, dans le dialecte araméen parlé à Hamat au VIIIe siècle et probablement dans tous les dialectes araméens de l'Ouest, les suffixes de la troisième personne s'ajoutaient à l'aoriste, non pas comme en syriaque, mais comme en chaldaïque avec un [araméen] intercalé entre le suffixe et le verbe. Le verbe [araméen] veut certainement dire «enlever, ôter», et on en trouve les formes suivantes dans les deux inscriptions araméennes de Nérab : [araméen] «tu enlèveras», [araméen] «tu n'enlèveras pas», [araméen] «tu m'enlèveras».

A la fin de la ligne 20 et au commencement de la ligne 21, se trouve une lacune d'environ quatre lettres; je crois que le texte portait : | [araméen] | [araméen] «de sa place».

La ligne 22 est en si mauvais état qu'il est impossible d'en restituer le texte.

L. 23, 24, 25, 26, 27, 28 : . . . [araméen] . . . . [araméen]

. . . . . . [araméen] . . . . [araméen]

. . . . [araméen]

Baal-Chamaïn et Alour . . . . . et Chamach et Chahar . . . . et les dieux du ciel et les dieux de la terre, et Baal-A . . . .

Zakir énumérait, dans ce passage, les divinités qui maudiraient celui qui détruirait ou enlèverait son inscription.

A la fin de la ligne 23, le caractère [araméen] est suivi d'une lettre brisée qui paraît bien être un [araméen], et je crois que le nom de divinité [araméen] se trouvait à la fin de la ligne 23 et au commencement de la ligne 24.

Au milieu de la ligne 25, on voit une lettre très effacée qui est certainement un [araméen]. A la fin de la ligne 25 et au commencement de la ligne 26, le texte portait probablement : | [araméen] | [araméen] | [araméen]. Enfin le dernier mot de la ligne 26 qui se continuait à la ligne 27 était un nom de divinité composé de [araméen] et d'un autre mot commençant par un [araméen].

Les lignes 27 et 28 sont en si mauvais état qu'aucune restitution ne me paraît possible.

Le mot [araméen] «terre» (état simple) paraît avoir existé dans tous les anciens dialectes araméens. On le trouve à la ligne 4 de l'inscription araméenne de Bar-Rékoub, dans les légendes araméennes de certains contrats assyriens (voir *Corpus inscriptionum semiticarum*, Pars secunda, t. I, pl. I, n°s 2, 3, 4, 7), et il existe encore en mandaïte ([mandaïte]). En syriaque il est devenu [syriaque]; en chaldaïque on trouve les deux formes ארקא et ארעא.

INSCRIPTION TRACÉE SUR LE CÔTÉ DROIT DE LA STÈLE.

שם [|] זכר | ושם [|] . . . .

Le nom de Zakir et le nom de . . . . .

Ainsi que je l'ai déjà dit, cette ligne est la dernière d'une inscription qui devait être gravée sur le côté droit de la stèle. Au-dessus d'elle, tout à fait à la partie supérieure du bloc de pierre, on voit les traces d'une autre ligne, mais aucun caractère n'est lisible.

Après avoir expliqué phrase par phrase l'inscription de Zakir, j'en donnerai ici le texte complet accompagné d'une traduction française. J'imprimerai entre crochets en caractères araméens les lettres qui ont disparu, mais qu'on restitue avec certitude; quant aux lettres et aux mots dont la restitution me paraît probable, mais ne saurait être considérée comme certaine, je les imprimerai entre crochets et en caractères hébreux carrés. J'indiquerai les lacunes par des points et, lorsque le nombre des caractères disparus me paraîtra certain, je remplacerai chacun de ces caractères par la lettre X. Enfin j'imprimerai entre crochets la traduction des mots et des passages restitués.

PREMIER FRAGMENT.

1 [illegible] [ח | יזכא |]

2 [illegible]

3 [illegible] . . . . . .

4 [illegible] . . . .

5 [illegible] . . .

6 [illegible] [| לך |]

7 [illegible] . . . .

8 . . . . [illegible] [ת | מלכן |]

9 [illegible]

10 [illegible]

(1) Au sujet du nom de nombre commençant par un ש qui se trouvait à la ligne 4, voir p. 160.

(2) Ici le sculpteur a gravé par erreur un trait de séparation.

(3) Après [illegible], le sculpteur a oublié un trait de séparation.

(4) Après [illegible], le sculpteur a oublié un trait de séparation.

IMPRIMERIE NATIONALE.

11 ..... [illegible] [ו] [illegible] [ו] [illegible] ... 11

12 [ויאמר ו] [illegible] 12

13 [א ו ראנה ו כתך] [illegible] [אלי ו] 13

14 [ו ח ו אל ו מלכיא ו] [illegible] 14

15 .... [illegible] 15

16 .... [מצר] ..... (2)[על ו] [illegible] 16

17 .... [illegible] ... 17

SECOND FRAGMENT.

1 ..... [illegible] ... 1

2 [illegible] ... 2

3 [illegible] ... 3

4 [illegible] [ו ה ו] 4

5 [ו] [illegible] [ו לה ו ה ו] 5

6 [כא] [illegible] 6

7 .... [illegible] .. 7

8 [ו] [illegible] [ו] (3) [illegible] .. 8

9 [ו ל] [illegible] [ו] (4) [illegible] 9

10 ... [ו] [illegible] ... 10

11 ... [illegible] ... 11

12 .... [ו] [illegible] ... 12

(1) Après [illegible], le sculpteur a oublié un trait de séparation.

(2) Ce mot devait être suivi, ou bien du pronom suffixe masculin de la troisième personne du singulier, ou bien du nom propre «Zakir».

(3) Le sculpteur a oublié un trait de séparation après [illegible].

(4) Le sculpteur a oublié un trait de séparation après [illegible].

13 ... [illegible]

14 [illegible]

15 [illegible]

16 [illegible]

17 [illegible]

18 [illegible]

19 [illegible]

20 [illegible]

21 ...[illegible]

22 .... [illegible] ....

23 ..... [illegible]

24 [illegible] .... [illegible]

25 [illegible] ..... [illegible]

26 [illegible]

27 .. [illegible] ....

28 .. [illegible] ....

INSCRIPTION GRAVÉE SUR LE CÔTÉ DROIT DE LA STÈLE.

1 ....

2 .... [illegible]

TRADUCTION.

PREMIER FRAGMENT. — Stèle que Zakir, roi de Hamat et de Laache, a consacrée à Alour. Moi Zakir, roi de Hamat et de Laache, j'adresse [aujourd'hui] à tout le monde la proclamation suivante[1] : Baal-Chamaïn m'a .... et s'est tenu avec moi, Baal-Chamaïn m'a fait roi ...... Bar-Hadad, fils de Hazaël, roi d'Aram,

[1] *Littéralement :* « J'adresse [aujourd'hui] la parole à tout le monde. »

ressembla et unit contre moi ...... [1] rois. Bar-Hadad et son armée, Bar-Gache et son armée, [le roi de] Kaweh et son armée, le roi d'Amq et son armée, le roi de Gourgoum et son armée, le roi de Chamal [et son armée], le roi de Melaz (?) [et son armée.] .... [2]. [Ils étaient] sept [rois] avec leurs armées [3], et tous ces rois établirent des retranchements contre [Hazrak]. Ils élevèrent un mur plus haut que le mur de Hazrak et creusèrent un fossé plus profond que [son fossé]. J'élevai mes mains vers Baal-Chamaïn et Baal-Chamaïn m'exauça. Baal-Chamaïn [me secourut] par le moyen des prophètes et par le moyen des ...... [4]. Baal-Chamaïn [me dit] : «N'aie pas peur, car moi [je t'ai fait régner, moi je me tiens] avec toi, et moi je te délivrerai de tous [ces rois qui] ont élevé des retranchements contre toi.» Il dit à .... tous ces rois qui ont élevé [des retranchements contre Zakir [5]] .... et ce mur.. ....

SECOND FRAGMENT. — .... Hazrak .... aux chars et aux chevaux ..... son roi ..... dedans. [Moi je] .... Hazrak, [j'y] ajoutai tout le territoire (?) de ......a [6] et je l'établis [comme roi] .... [Lorsque j'eus défait tous] ces ennemis de tous les côtés, je construisis les temples des dieux dans tous mes .... Je construisis .... Apacha et .... le temple de .... Je plaçai devant [Alour] cette stèle et [j'écrivis sur elle] mon inscription (*ou* mes hauts faits). Quiconque ôtera [l'inscription (*ou* les hauts faits)] de Zakir, roi de Hamat et de Laache, de dessus cette stèle, et quiconque ôtera cette stèle de [devant] Alour et l'enlèvera de [sa place], ou quiconque enverra [7] .... Baal-Chamaïn, [Alour] .... Chamache, Chahar, ..., les dieux du ciel, [les dieux de] la terre et Baal-A.......................... ....

INSCRIPTION GRAVÉE SUR LE CÔTÉ DROIT DE LA STÈLE. — .... le nom de Zakir et le nom de ....

Il me reste, avant de terminer, à dire à quelle époque la stèle de Zakir a été gravée. Le roi d'Aram, Hazaël, le père de Bar-Hadad, est mentionné dans le *Livre des rois* et dans les inscriptions assyriennes de Salmanasar, fils d'Achour-nassir-abal. Le *Livre des rois* nous apprend qu'il assassina Ben-Hadad, roi d'Aram, et s'empara du trône à l'époque de Joram, roi d'Israël, fils et second successeur d'Achab, qui régna entre 854 et 843 environ, qu'il battit Joram et son allié Achazia, roi de Juda, à Ramoth, qu'il remporta de nombreuses victoires sur Jehu, successeur de Joram, et sur Joachaz, fils de Jehu, et s'empara de villes et de vastes territoires qui appartenaient auparavant aux rois d'Israël.

Les textes assyriens nous permettent de déterminer d'une manière un peu plus précise la date de l'avènement de Hazaël. Salmanasar nous apprend que, dans la 14e année de son règne, c'est-

(1) «Douze», ou «treize», ou «seize», ou «dix-sept», ou «dix-huit rois» (voir p. 160).

(2) Ici se trouvait probablement une phrase dans laquelle Zakir racontait pourquoi sept seulement des douze, treize, seize, dix-sept ou dix-huit rois coalisés contre lui assiégèrent Hazrak, et ce que firent les autres.

(3) *Littéralement* : «et leurs armées».

(4) Voir la note de la page 167.

(5) *Ou* : «contre lui».

(6) Ici devait se trouver un nom de ville ou de pays finissant par la lettre 𐤀; voir ci-dessus la note de la page 169.

(7) Il semble qu'après avoir parlé de ceux qui détruiraient son inscription ou enlèveraient la stèle, Zakir parlait de ceux qui la feraient détruire ou enlever par d'autres.

à-dire en 846, il vainquit Adad-idri[1], roi d'Aram ([illegible][2]), et que, dans la 18e année de son règne, c'est-à-dire en 842, il vainquit Hazaël (L., p. 16, l. 44, p. 92, l. 97); c'est donc postérieurement à l'année 846 et antérieurement à l'année 842 que Hazaël monta sur le trône.

A la fin du règne de Joachaz, roi d'Israël, ou tout à fait au commencement du règne de Joas, fils et successeur de Joachaz, c'est-à-dire vers 801 ou 800, Hazaël mourut après un très long règne, et il eut pour successeur son fils Bar-Hadad qui est appelé בֶּן־הֲדַד dans le texte hébreu du *Livre des rois*, ΥΙΟΣ ΑΔΕΡ dans les Septante, [illegible] dans la version *pechitto*, Benadad dans saint Jérôme (IIe *Livre des rois*, chap. XIII, v. 24) et enfin ΑΔΑΔΟΣ dans l'historien Joseph. Bar-Hadad n'avait probablement, ni l'intelligence, ni les mérites de son père, et il semble avoir été un médiocre général, car Joas, roi d'Israël, le battit trois fois et reprit toutes les villes du royaume d'Israël que Hazaël avait enlevées à Joachaz (IIe *Livre des rois*, chap. XII, v. 25). Joas régna de 800 environ à 785, mais Bar-Hadad eut un règne très court et mourut avant lui; nous savons, en effet, par une inscription du roi d'Assyrie Adad-nérar, qui régna de 812 environ à 784, qu'il assiégea dans sa capitale un roi de Damas nommé Marih ([illegible]), et ce Marih était très probablement le successeur de Bar-Hadad (R., v. I, p. 35, n° 1, l. 15).

Nous ne savons absolument rien sur Zakir, roi de Hamat et de Laache, que ce qu'il nous apprend lui-même. Comme il ne dit pas le nom de son père, il est probable qu'il usurpa le trône ou succéda à un roi mort sans postérité. Dans l'inscription de l'obélisque de Koyoundjik, Salmanasar, fils d'Achour-nassir-abal, dit que, dans la 6e année de son règne, c'est-à-dire en 854, il vainquit Irhoulène de Hamat (L., p. 90, l. 60-61 et suivantes[3]), mais il est peu probable que ce roi ait été le prédé-

[1] Le roi que Salmanasar appelle Adad-idri est certainement celui que le *Livre des rois* appelle *Ben-Hadad*, mais il m'est impossible de dire pourquoi il est appelé dans les textes assyriens autrement que dans les textes hébreux.

[2] On a reconnu depuis longtemps que la région de Damas était appelée par les Assyriens [illegible], [illegible], et ce groupe a été lu jusqu'à présent de différentes manières.

Il est très probable que le groupe [illegible] se lisait *Dimachqou*, mais le groupe [illegible] ne se lisait certainement pas ainsi, car Adad-nérar III dit qu'il assiégea Marih, roi de [illegible], dans Damas ([illegible]) sa capitale (R., v. I, p. 35, n° 1, l. 15, 16).

Zakir donne à Bar-Hadad, fils de Hazaël, le titre de *roi d'Aram*, la Bible donne à Hazaël le titre de *roi d'Aram* (אֲרָם) et nous apprend qu'il résidait à Damas, enfin Salmanasar appelle ce même Hazaël *roi de* [illegible] et dit qu'il l'assiégea dans Damas. Il me paraît, par suite, sinon prouvé, du moins très probable que les idéogrammes [illegible], [illegible] doivent être lus *Aram* ou *mat Aram*. L'idéogramme [illegible] se lisant [illegible] «âne» et aussi [illegible] (Brünnow, *A classified list of all simple and compound cuneiform ideographs*, nos 4983, 4904), on l'employait aussi pour écrire le nom propre *Aram*, parce que *Aram* est l'anagramme de *amar*. Enfin, comme le mot *imeron* «âne» s'écrivait aussi [illegible], on écrivait quelquefois le nom propre *Aram* [illegible], [illegible].

Je reconnais, du reste, que les assyriologues qui croient à l'existence de l'accadien ont le droit de lire l'idéogramme en question *Kour Imerichou* et, comme certaines populations de Madagascar appellent leur île *Imerina*, ils peuvent même supposer que, quelques milliers d'années avant notre ère, des tribus malgaches ont émigré dans la région de Damas. On a déjà trouvé en accadien des mots turcs, finnois, hongrois et même chinois, et je pense être agréable à ceux qui s'occupent d'accadien en leur signalant un mot accadien dérivé du malgache. S'ils achetaient un bon dictionnaire malgache, j'ai la conviction qu'ils en découvriraient bien d'autres!

[3] Dans un autre texte, dans l'inscription de l'obélisque de Kourkh, Salmanasar s'exprime ainsi : [illegible] «J'approchai des deux villes d'Irhoulène le Hamatéen, je pris la ville d'Adem, la ville de Barga (ou Machga), la ville d'Argana, ville de sa royauté.» (R., v. III, p. 8, l. 87, 88.) Cette phrase renferme en apparence un non-sens; comment se fait-il que Salma-

cesseur immédiat de Zakir. Il est possible qu'une grave défaite infligée par Zakir à Bar-Hadad ait permis à Joas, roi d'Israël, de conquérir les villes perdues par son père; il est possible que ce soit, au contraire, une victoire de Joas qui ait forcé Bar-Hadad à lever le siège de Hazrak; il est possible enfin (et c'est ce qui me paraît le plus probable) qu'une invasion assyrienne ait délivré Zakir, Joas et tous les petits rois opprimés par Bar-Hadad. La découverte de nouvelles inscriptions assyriennes d'Adad-nérar nous fera probablement connaître un jour les véritables causes de l'affaiblissement du royaume de Damas sous Bar-Hadad.

La seule chose certaine aujourd'hui, c'est que Zakir fut le contemporain d'Adad-nérar, roi d'Assyrie, de Bar-Hadad, roi de Damas, de Joas, roi d'Israël, de Joas et d'Amasias, rois de Juda. L'inscription de la stèle de Zakir est donc du commencement du VIIIe siècle avant notre ère; elle a été gravée moins de cent ans après l'inscription de Mécha, roi de Moab, et elle est la plus ancienne de toutes les inscriptions araméennes actuellement connues.

nasar se soit approché *des deux villes* d'Irhouléna le Hamatéen, puis lui ait pris *trois villes*?

Je crois que Salmanasar a voulu dire qu'il s'approcha des deux villes principales d'Irhouléna, des deux villes dont il s'intitulait *le roi*, c'est-à-dire de Hamat et de Laache; mais que, soit que ces villes fussent trop fortes, soit qu'elles ne se trouvassent point sur sa route, Salmanasar ne les assiégea pas et se contenta de prendre les trois petites villes ou les trois villages appartenant à Irhouléna, qu'il appelle *Adm*, *Masga* ou *Barga*, et *Argana*. Il est vrai que Salmanasar qualifie *Argana* de *ville royale*, mais il est possible qu'Irhouléna ait possédé un palais à Argana et même qu'il y ait résidé habituellement.

Ce passage de Salmanasar me porterait à croire qu'Irhouléna portait déjà le titre de *roi de Hamat et de Laache*.

N° 87, 88, 89 ET 90.

(Planche XXXVI.)

INSCRIPTIONS SYRIAQUES DANS UNE GROTTE FUNÉRAIRE, PRÈS DE KARA-KEUPRU.

Lorsque, partant du village de Kara-Keupru[1], on prend le chemin de Sévérak, on ne tarde pas à apercevoir, sur la droite, une chaîne de collines orientées à peu près du nord au sud. Au sommet d'une de ces collines, à une heure de marche environ de Kara-Keupru, on voit quelques grottes funéraires creusées dans le rocher; de l'endroit où elles se trouvent on aperçoit Kara-Keupru au Sud, un peu à l'Ouest. Une de ces grottes contient des bas-reliefs et des inscriptions syriaques.

On y pénètre par une petite porte basse et étroite, et on se trouve dans une chambre à peu près carrée où l'on voit deux banquettes ne faisant pas saillie à l'intérieur de la chambre, qui sont taillées, l'une dans la paroi de gauche, l'autre dans celle du fond. Au-dessus de chacune de ces banquettes est une grande niche triangulaire creusée dans le roc, aussi longue et aussi profonde que la banquette elle-même[2]. Ces banquettes ne sont pas, comme on pourrait le croire, le fond de sarcophages creusés dans le roc et semblables à ceux que j'ai décrits dans la note de la page 76, dont la paroi extérieure aurait été brisée. En effet, des bas-reliefs et des inscriptions sont sculptés au fond de chaque niche, immédiatement au-dessus de la banquette, et, si la banquette était le fond d'un sarcophage brisé, le bas de ces sculptures se serait trouvé dans le sarcophage lui-même. Il semble donc que ces banquettes étaient destinées à recevoir des cadavres qui y étaient déposés couchés ou peut-être dans des cercueils de bois.

Dans le fond de la niche creusée en face de la porte de la caverne, on voit l'image d'un personnage à demi-couché sur le côté gauche; le buste est droit et la tête, qui apparaît de face, ainsi que la poitrine, est tournée vers le spectateur, les jambes sont allongées du côté gauche de la niche, les genoux légèrement repliés se soulèvent en l'air. Ce personnage a autour de la tête une sorte de couronne ou d'auréole qui ressemble absolument à un cercle de plumes d'autruche ou de paon posées horizontalement. A droite de ce personnage, du côté droit de la niche, on aperçoit le haut du corps d'une femme vue de face; elle est coiffée d'une sorte de tiare pointue au sommet de laquelle est fixé un voile qui tombe par derrière sa tête sur ses épaules et sa poitrine (voir pl. XI).

Entre l'image de la femme et celle du personnage couché, à la hauteur des épaules et de la poitrine de ce dernier, est gravée une inscription écrite de haut en bas à laquelle j'ai donné le n° 87.

[1] Le village de Kara-Keupru est situé à une heure de marche environ au nord d'Ourfa. Sévérak est à peu près à mi-chemin entre Diarbékir et Ourfa.

[2] On voit une troisième niche creusée dans la paroi de droite de la grotte, mais sans bas-relief et sans inscriptions. Cette niche était en partie remplie de pierres, je ne l'ai pas examinée avec une grande attention et je ne saurais dire si elle est creusée au-dessus d'une banquette semblable à celles que l'on voit dans la paroi du fond et dans celle de gauche, ou au-dessus d'un sarcophage semblable à ceux que j'ai décrits dans la note de la page 76.

A droite de l'image de la femme, à la hauteur de sa tête et de ses épaules, est gravée de haut en bas une seconde inscription à laquelle j'ai donné le n° 88.

INSCRIPTION N° 87. ܒܪ........ܒܪ 1
ܐܕܝ 2

Bar........, fils d'Addaï.

Cette inscription fait probablement connaître le nom du personnage dont le corps avait été déposé sur la banquette du fond; il commençait par ܒܪ, mais est illisible.

Le nom de son père, ܐܕܝ, est un des rares noms propres de l'époque païenne qui restèrent usités à l'époque chrétienne. D'après la légende, Édesse aurait été convertie au christianisme par l'apôtre Addaï.

INSCRIPTION N° 88. ܕܥܒܕ ܕܪܕܘ ܓܠܦܐ ܨܠܡܬܐ 1
ܠܡܬܙܬ (?) ܚܠܬܗ 2

Œuvre du sculpteur Dardou (*littéralement* : ce qu'a fait le sculpteur Dardou). Image en l'honneur de (*littéralement* : pour) Metazat (?), sœur de sa mère (*ou peut-être sa* concubine)[1].

Le ܕ et le ܪ n'ayant pas de point, le nom propre de la première ligne peut être lu : ܕܪܕܘ, ܪܕܪܘ, ܪܪܪܘ, ܕܕܪܘ, etc.; je ne l'ai rencontré nulle part, et il m'est impossible d'en indiquer la vraie lecture.

ܓܠܦܐ est une faute pour ܓܠܘܦܐ, mot que nous verrons écrit correctement dans l'inscription n° 89.

Je lis le nom propre de femme de la seconde ligne ܡܬܙܬ, mais il n'est pas certain que la seconde lettre soit un ܬ.

Dans le syriaque de l'époque chrétienne, ܚܠܬܐ ne signifie pas autre chose que « tante maternelle, sœur de la mère », mais il est étrange que, sur le tombeau du fils d'Addaï, on ait sculpté l'image de sa tante, et je me demande si, à l'époque païenne, le mot ܚܠܬܐ ne signifiait pas aussi « concubine » (خَلِيل « ami intime », خَلِيلَة « amie sincère, maîtresse »). On sait que, chez les Romains, le *concubinatus* était presque un mariage et ressemblait en somme beaucoup, dans certains cas, à ce que nous appelons le *mariage morganatique*.

Enfin le mot ܨܠܡܬܐ « image de femme », que nous voyons à la première ligne, était complètement inusité au moyen âge, et on ne le trouve ni dans Bar-Bahloul, ni dans le grand dictionnaire de Payne-Smith[2]. J'ai pourtant rencontré ce mot dans deux passages du ܟܬܒܐ ܕܣܟܘܠܝܘܢ de Théodore Bar-Koni. Au sujet de la phrase d'Ézéchiel : « Et il m'amena à l'entrée de la porte de la

[1] La phrase est mal rédigée, et on pourrait croire que Metazat était la tante ou la concubine du sculpteur Dardou. Il est très probable que le rédacteur de l'inscription a voulu dire qu'elle était la tante ou la concubine, non pas du sculpteur Dardou, mais bien du fils d'Addaï, dont l'image était sculptée au milieu de la niche.

[2] Le pluriel de ce mot (ࡑࡀࡋࡌࡀࡕࡀ, ࡑࡀࡋࡌࡀࡕࡉࡀ) se trouve en mandaïte (*Ginza*, édition Petermann, partie de droite, p. 14, l. 9; p. 16, l. 21; p. 24, l. 20). On trouve également צלמתא dans les inscriptions palmyréniennes (voir DE VOGÜÉ, *Inscriptions de la Syrie centrale*, n° 13, l. 1, n° 29, l. 1; SIMONSEN, *Sculptures et inscriptions de Palmyre*, p. 32 et 69).

maison du Seigneur, qui est située au Nord, et je vis là des femmes assises qui pleuraient Tamouza » (chap. viii, vers. 14), cet auteur écrit ce qui suit :

[illegible]

Ce Tamouza était, dit-on, un berger, et il aimait une femme célèbre et vantée à cause de sa beauté. Elle était de l'île de Chypre et se nommait Balthi, son père se nommait Héraclès, sa mère Arnis et son mari Hefaistos. Elle s'enfuit avec Tamouza, son amant, dans les montagnes du Liban; c'est elle que l'on appelait aussi « la planète Vénus », car, à cause de sa corruption, son père lui avait donné ce nom. Son père la pleura sept jours pendant le mois de Tébet qui est le mois de janvier; on fit cuire du pain sur la terre, on le mangea et c'est ce pain que, chez les païens, on appelle aujourd'hui encore « la galette de la maison de Tébet ». Hefaistos, son mari, la poursuivit dans les montagnes du Liban, Tamouza le rencontra et le tua, mais lui aussi mourut déchiré par un sanglier. Cette prostituée, par suite de l'amour qu'elle avait pour Tamouza, mourut de douleur sur son cadavre. Son père, en apprenant sa mort, institua un deuil au mois de juillet et, de leur côté, les parents de Tamouza le pleurèrent. Tels furent les pleurs que répandirent sur Tamouza des impies que le peuple hébreu imita. Nous ajouterons encore que Héraclès, le père de cette malheureuse, fit son image, en y employant beaucoup d'or, et que, comme il était le chef du pays, il força tout le monde à l'adorer. A la fin, pour que sa réputation se répandît davantage dans tous les pays, il paya Hamor, roi du pays d'Arab, fit fondre une image de « la planète de Vénus » et la lui envoya pour qu'il l'adorât lui aussi. Ce Hamor la reçut et la remit à un de ses serviteurs nommé Mouna pour qu'il veillât sur elle; quelque temps après, on la lui vola et, dans sa terreur, il raconta à son maître que *l'image de femme avait été mécontente,* qu'elle s'était envolée et était allée résider dans l'étoile elle-même. Hamor se leva à l'aube, dressa une tente, créa un prêtre de la planète Vénus et fit de grandes réjouissances (c'est la fête que célébraient chaque année les habitants du pays d'Arab). Quant à ce serviteur, craignant qu'il ne fût reconnu que l'image de femme n'était pas allée dans l'étoile, il s'enfuit, vint sur le Tigre,

(1) Mon manuscrit porte [illegible], leçon évidemment fautive.

(2) Mon manuscrit porte [illegible].

(3) Le mot [illegible] ne se trouve que dans la version syriaque de Daniel (ch. iii, v. 2, 3), et je crois que, dans le passage cité ci-dessus, il faut lire [illegible].

IMPRIMERIE NATIONALE.

prit du bois de chêne et fit une image d'homme qu'il appela «Bel», et une image de femme qu'il appela «la planète Vénus de ....[1]».

Dans un autre passage relatif au livre d'Esther, Théodore Bar-Koni raconte qu'Esther avait fondé, en lui donnant son nom, la ville de Perse appelée [illegible], et que, lorsqu'elle mourut, le roi fit faire son image en or, puis il ajoute :

[illegible]

Et lorsque vint le moment de sa mort, il ordonna aux serviteurs d'Esther d'emporter cette image de femme et de la placer dans sa ville; lorsqu'ils allèrent la porter, la nouvelle se répandit dans sa ville que la maîtresse du pays arrivait, et l'image fut appelée dans la langue du pays «Anhid», mot qui veut dire «voici qu'elle arrive[2]».

Deux inscriptions et un bas-relief sont également sculptés dans le fond de la niche creusée dans la paroi de gauche de la caverne. On distingue à droite un personnage à demi couché, vu de face, à peu près dans la même position que celui qui est sculpté dans la niche de la paroi du fond. Il s'appuie sur le bras gauche et tient dans la main gauche un objet informe, peut-être un oiseau ou une coupe, il a la tête nue, étend le bras droit et donne la main droite à une femme. Cette femme représentée debout, jusqu'à la ceinture, fait face au spectateur, elle a la même coiffure et le même voile que la femme sculptée dans le bas-relief de la paroi du fond et elle donne la main gauche au personnage à demi couché; le coude droit est plié à hauteur de la taille et la main droite levée en l'air tient un objet informe qui ressemble à une pomme ou à un fruit quelconque. Enfin, entre les deux personnages, dans le haut de la niche, on voit l'image d'une divinité ailée (voir pl. XI).

Au-dessous de cette divinité, au-dessus du bras droit de l'homme et du bras gauche de la femme, se trouve une inscription écrite horizontalement à laquelle j'ai donné le n° 89.

[1] [illegible] est un nom de plante et il est probable que le texte de mon manuscrit est fautif, mais il m'est impossible de le corriger.

Tout le passage ci-dessus a dû être emprunté par Théodore Bar-Koni à un très ancien apologiste syrien qui cherchait à prouver que les dieux du paganisme étaient des hommes divinisés. C'est pour cela que nous y trouvons le mot [illegible] qui était certainement inusité à la fin du VIIIe siècle, époque à laquelle Théodore écrivit son ouvrage. Bien que ce passage contienne des noms de divinités grecques, la mention d'un mois appelé *Tébet* me porterait à croire qu'il n'a pas été emprunté à la traduction d'un apologiste grec, mais bien à un apologiste syrien extrêmement ancien; on sait, en effet, que les Juifs, les Palmyréniens et les Nabatéens nommaient Tébet (טבת, [illegible]) le mois que les Syriens appelaient [illegible], et il est possible qu'à une époque très ancienne ce mois ait été également appelé [illegible] dans certaines provinces où l'on parlait syriaque.

Il me paraît, du reste, peu probable que Théodore ait copié mot à mot le texte de l'ancien apologiste. Le récit de ce dernier devait être plus long et surtout plus clair; peut-être même Théodore a-t-il copié tout ce passage dans un commentaire sur Ézéchiel dont l'auteur avait plagié un autre auteur qui lui-même citait un passage d'un ancien apologiste syrien.

[2] Ce passage a dû être emprunté par Théodore Bar-Koni à un auteur beaucoup plus ancien qui prétendait prouver que la déesse Anaïtis était Esther divinisée, et que le nom de ville *Istakhar* venait du nom propre *Esther*. La citation n'est probablement pas textuelle et je doute que Théodore ait connu la déesse Anaïtis et même la ville d'Istakhar.

A gauche de la femme, pour celui qui la regarde, se trouve une seconde inscription écrite de haut en bas à laquelle j'ai donné le n° 90.

Inscription n° 89. — Au milieu de cette inscription on voit une grande cassure, mais je crois qu'elle existait avant que l'inscription ne fût gravée, et que le texte est complet. Le sculpteur a commencé la première ligne à droite de la cassure et l'a terminée à gauche de la cassure; il a gravé la seconde ligne à droite de la cassure et ne l'a pas continuée à gauche; il a gravé la troisième ligne au-dessous de la seconde et, n'ayant pas de place pour graver une quatrième ligne (le bras de l'homme se trouve à peu de distance au-dessous de la troisième ligne), il l'a gravée après la cassure, à gauche de la seconde ligne. Je lirais donc cette inscription ainsi :

1 ܥܒܕ ܕܪܕܘ ܓܠܘܦܐ
2 ܨܠܡܐ ܠܐܕܝ
3 ܒܪ ܐܣܠܘ ܘܟܠܐ(?)
4 ܠܘܟܐ ܘܝܠ(?)

Œuvre du sculpteur Dardou (*littéralement* : ce qu'a fait le sculpteur Dardou). Image en l'honneur d'Addaï (*littéralement* : pour Addaï), fils d'Aslaou. Hélas! Hélas! Hélas! (?)

Le huitième caractère de la troisième ligne ressemble un peu au ܡ estranghélo de l'époque chrétienne, mais cette lettre n'est pas carrée dans les inscriptions païennes, et il est probable que le trait oblique que l'on voit à gauche est une cassure; je serais donc porté à croire que ce caractère est un ܟ ou un ܒ. Si on lit ܘܟܠܐ, on est forcé de faire de ce mot un nom propre; si on lit ܘܒܠܐ, ce mot ne peut être que l'interjection dont j'ai parlé à la page 84.

Le mot ܠܘܟܐ (la première lettre est douteuse) est incompréhensible pour moi; peut-être est-ce une faute du graveur pour ܘܒܠܐ, mot qui serait répété deux fois.

Enfin, après le ܠ de ܘܝܠ, on voit un trait oblique qui pourrait être un ܝ ou un ܐ et il faut peut-être lire ܘܝܠܝ « malheur à moi », mais je croirais plutôt que ce trait résulte d'un coup de ciseau maladroitement donné par le sculpteur. Au sujet de l'interjection ܘܝܠ, voir p. 83.

Inscription n° 90. — La lecture de cette inscription me paraît bien douteuse. La première lettre est un ܒ; la seconde, très mal gravée au fond d'une cassure, n'est pas liée à la suivante et ne peut être qu'un ܪ ou un ܕ (on sait que, dans les anciennes inscriptions, le ܕ ne se lie pas à la lettre suivante); la troisième lettre est un ܝ; la quatrième un ܠ ou un ܝ trop grand; la cinquième un ܕ; la sixième un ܘ; la septième un ܢ ou un ܬ; enfin le dernier mot est certainement le nom propre ܐܒܝ.

Au premier abord, on serait porté à lire les quatre dernières lettres ܗܝܐܒ, en supposant que le mot précédent est un substantif avec le pronom suffixe de la troisième personne du singulier, mais je doute qu'un mot comme ܒܪܝܠܕܘܬܗ, ܒܪܝܠܕܘܢܗ, ܒܕܝܕܘܬܗ ou ܒܕܝܕܘܢܗ ait jamais existé. Je croirais plutôt que l'inscription contient trois mots et qu'il faut lire ܒܪܝܠܕܘܬܗ ܐܒܝ, ce qui serait une faute pour ܒܪܝܟ ܕܘܬܗ ܐܒܝ. Le sculpteur aurait, par erreur, réuni les deux premiers mots et lié le ܟ final du premier à la lettre suivante, au lieu de donner à cette lettre la forme qu'elle avait à la fin des mots. D'après d'anciens glossaires syriaques-arabes cités par Payne-Smith dans son grand dictionnaire (col. 4075), le mot ܫܗܪܐ « veille, action de veiller » signifiait aussi « repas funèbre en l'honneur d'un mort ». Je serais donc porté à lire : ܒܪܝܟ ܫܗܪܗ ܐܒܝ ce qui voudrait dire « paisible est le repas funèbre en l'honneur d'Addaï ». Je dois ajouter que la quatrième lettre paraît être un ܠ plutôt qu'un ܥ, et je ne donne nullement ma lecture et ma traduction comme certaines.

L'alphabet des inscriptions de la caverne située près de Kara-Koupru me paraît être moins ancien que celui des inscriptions du tombeau de Manou et de Seghmatar; le ܡ et le ܢ notamment ont la même forme que dans les inscriptions de l'époque chrétienne. Je serais, par suite, porté à croire que ces inscriptions sont du IIIe ou même du IIe siècle, mais le nombre des inscriptions de l'époque païenne que nous connaissons est, en somme, si restreint, qu'il est bien difficile de déterminer, d'après la forme des caractères, l'époque à laquelle elles ont été gravées.

N° 91.

(Planche XXXVII.)

INSCRIPTION SYRIAQUE D'EL-HÉMER.

Le village d'El-Hémer est situé à peu près au sud de Djérablous, entre Djérablous et le Sadjour. J'y ai vu une petite inscription syriaque très nettement gravée sur une pierre encastrée dans le jambage de droite de la porte d'une maison moderne; en voici le texte :

ܗܐܦܬܘܚܐ

La pierre sur laquelle ces caractères sont gravés est beaucoup plus grande que l'inscription, et il n'y a de lacune ni avant la première lettre, ni après la dernière; le texte est donc complet et on pourrait le traduire ainsi : «celle-ci ouvre» (ܗܐ ܦܬܘܚܐ). Une pareille phrase est bien singulière et je crois qu'il faut lire :

ܥܘ ܐܦܬܘܚܐ

Je considère ܐܦܬܘܚܐ comme une faute pour ܐܦܛܘܚܐ, nom propre d'homme dont je parlerai ci-dessous (voir l'inscription n° 118), et ܥܘ comme une forme dialectale ou une faute pour ܥܗܘܕ «souviens-toi», impératif du verbe ܥܗܕ; on sait que, dans ce verbe, le ܗ ne se prononçait pas et une forme dialectale ܥܘܕ pour ܥܗܘܕ a très bien pu exister. Notre inscription signifierait donc : «Souviens-toi d'Aptouha!»

Si cette traduction est exacte, l'inscription d'El-Hémer est une épitaphe, et le personnage pour qui elle a été gravée devait être païen, car il ne semble pas que le nom propre «Aptouha» ait été usité à l'époque chrétienne. Sauf le ܗ, les caractères n'ont pas une forme archaïque et le ܬ est pointé; aussi je crois que cette inscription est du IVe ou même du Ve siècle.

N°s 92, 93 ET 94.

(Planches XXXVII et XXXVIII.)

INSCRIPTIONS SYRIAQUES DU COUVENT DE SAINT-ABAÏ.

Les ruines du couvent jacobite de Saint-Abaï se trouvent sur la pente d'une montagne, à vingt minutes de marche à peu près, au nord du village de Kelleth[1].

Le couvent[2] était composé de nombreux bâtiments entourés d'une muraille extrêmement haute qui pouvait servir de rempart; l'ensemble est à peu près carré. Parmi ces bâtiments, qui sont tous en très mauvais état, il y avait une église dont la nef est complètement en ruines, mais dont le chœur est mieux conservé. Il était contigu au mur oriental du couvent et composé de trois chapelles contenant chacune un autel qui communiquaient entre elles et étaient complètement séparées de la nef par un mur dans lequel étaient percées trois portes. L'église ressemblait donc à celles de Saint-Gabriel de Kartmin et de Saint-Jacques-le-Reclus (voir la note 2 de la page 91).

Dans la muraille orientale du couvent, tout près du chœur de l'église, est percée une grande porte par laquelle on pouvait entrer jadis au couvent. Elle a été murée à une époque probablement ancienne et au-dessus d'elle on voit, à l'extérieur, une niche en maçonnerie soigneusement faite; dans cette niche sont placés deux blocs de pierre sur chacun desquels une inscription est gravée. Un de ces blocs paraît être intact; les angles du second ont été brisés et il est certain qu'ils ne se trouvent pas à leur place primitive. Ces deux inscriptions qui se lisent aujourd'hui de haut en bas devaient se trouver à l'intérieur du couvent, dans l'église; à une époque postérieure, l'église a dû être rebâtie et, pour conserver le souvenir de ceux qui l'avaient jadis embellie, les deux inscriptions furent placées dans la niche où on les voit aujourd'hui. Je leur ai donné les n°s 92 et 93.

Enfin, dans le mur d'une tour en ruines qui se trouve à peu près au milieu de la muraille méridionale du couvent, on voit, à l'extérieur, une autre inscription qui se lit de haut en bas et à laquelle j'ai donné le n° 94.

Inscription n° 92 (xiiie siècle).

ܫܘܒܚܐ ܠܐܠܗܐ ܕܚܝܠܗ ܟܠ 1

ܐܫܬܟܠܠܬ ܥܕܬܐ ܗܕܐ 2

[1] Le village de Kelleth est situé entre Mardin et Hassan-Kef, à deux heures de marche environ du grand village de Sour.

[2] On m'a montré dans l'église jacobite de Kelleth l'original d'une proclamation par laquelle le patriarche ou un évêque (mes souvenirs ne sont pas précis) annonçait aux habitants de ce village que, les derniers moines du couvent de Saint-Abaï étant forcés de l'abandonner, quiconque y commettrait des dégâts serait excommunié. D'après mes souvenirs, cet acte remontait à un ou deux siècles seulement. Les Jacobites considèrent toujours les ruines de Saint-Abaï comme un couvent et n'osent même pas couper les branches des arbres qui ont poussé dans les ruines et aux environs. Par contre, les protestants (il y a quelques familles protestantes indigènes à Kelleth) y commettent des déprédations, et ils ont brisé ou enlevé, très peu de temps avant mon arrivée, deux inscriptions qui se trouvaient, m'a-t-on dit, dans les ruines de l'église. Le continuateur de l'*Histoire ecclésiastique de Bar-Hebraeus* (édition Lamy et Abbeloos, p. 565, 567) mentionne un couvent qu'il appelle ܕܝܪܐ ܕܐܒܝ ܕܫܘܪܐ et qui paraît avoir été le siège d'un évêque au xve siècle. Il est possible que ce couvent soit celui qui se trouve près de Kelleth; peut-être était-il appelé *couvent de Saint-Abaï du mur* à cause de ses murailles qui sont très élevées.

3 [illegible]
4 [illegible]
5 [illegible]
6 [illegible]
7 [illegible]
8 [illegible]
9 [illegible]
10 [illegible]
11 [illegible]
12 [illegible]
13 [illegible]
14 [illegible]
15 [illegible]
16 [illegible]
17 [illegible]
18 [illegible]
19 [illegible]

Ligne écrite horizontalement :

[illegible]

Au nom de Dieu, le maître de tout, cette porte a été restaurée, avec la voûte et avec ces autels, en l'an 1561 des Grecs, à l'époque du roi vainqueur Nedjm-ed-Din Malik-es-Saïd (que le Seigneur prolonge sa vie!), par les soins de notre maître Abraham, de notre maître le supérieur Moïse, tous les deux fils de Houmdan, et de toute la confrérie composée de 60 personnes. En cette même année, le Seigneur de Mossoul sortit et vint à Nisibe, Nedjm-ed-Din, Seigneur de Mardin, alla à sa rencontre, le battit, anéantit ses troupes et s'empara de Nisibe et de Dara. Que quiconque lira ceci prie pour tous ceux qui s'y sont associés! Que quiconque lira ceci prie pour le pécheur qui l'a écrit! Chacun est rémunéré(?) selon ses prières(?)!

A la ligne 6, c'est par erreur que les deux points indiquant le pluriel ont été placés sur le mot [illegible].

Au milieu de la ligne 7, il faut lire [illegible]; le sculpteur a gravé la partie supérieure du [illegible] final de [illegible] et a oublié d'en graver la queue.

Le dernier mot de la ligne 19 [illegible] ou [illegible] est certainement une faute pour [illegible].

Enfin je crois qu'à la fin de la ligne écrite sur le côté de la pierre il faut lire : [illegible] « il est rémunéré selon ses prières »; toute cette ligne a, du reste, été gravée en petits caractères et avec peu de soin.

L'année 1561 des Grecs a commencé le 1er octobre 1249 et a fini le 30 septembre 1250. L'historien arabe Aboulféda ne mentionne pas de guerre qui aurait eu lieu, à cette époque, entre le prince de Mossoul et celui de Mardin; par contre, il parle en ces termes d'une guerre qui eut lieu entre le prince de Mossoul et celui d'Alep en l'an 647 de l'hégire (cette année commença le 16 avril 1249 et finit le 4 avril 1250) :

وفيها وقع الحرب بين صاحب الموصل بدر الدين لولو وبين صاحب حلب فارسل اليه صاحب حلب الملك الناصر عسكرا والتقوا
مع الموصلية بظاهر نصيبين فانهزمت الموصلية هزيمة قبيحة واستولى الحلبيون على اثقال لولو صاحب الموصل وخيمه وتسلم

الحلبيين نصيبين واخذوها من صاحب الموصل ثم ساروا الى دارا ونازلوها وتسلّموها وخرّبوها بعد حصار ثلاثة اشهر ثم تسلّموا قرقيسيا وعادوا الى حلب

En cette même année, la guerre éclata entre le prince de Mossoul, Badr-ed-Din Loulou, et le prince d'Alep. Le prince d'Alep Malek en-Nasser envoya contre lui une armée, et elle se rencontra avec l'armée mossouliote en dehors de Nisibe. L'armée de Mossoul fut honteusement mise en déroute et les gens d'Alep s'emparèrent des bagages de Loulou, prince de Mossoul, et de sa tente; les gens d'Alep prirent et enlevèrent Nisibe au prince de Mossoul, puis ils s'éloignèrent dans la direction de Dara, campèrent autour d'elle, s'en emparèrent et la dévastèrent après un siège de trois mois; ensuite ils s'emparèrent de Kerkisia et revinrent à Alep. (Voir *Abulfedae Annales muslimici*, arabice et latine opera et studiis Reiskii nunc primum edidit Georgius Christianus Adler, 1792, t. IV, p. 508.)

Notre inscription prouve que Malik es-Saïd Nedjm-ed-Din Ghazi, fils d'Ortok Arslan, prince de Mardin, fut l'allié de Malik en-Nasser, prince d'Alep, et que ses troupes contribuèrent à la prise de Nisibe et de Dara; les moines de Saint-Abaï qui habitaient dans ses États lui ont attribué tous les hauts faits accomplis pendant la guerre et ont jugé inutile de parler de ses alliés.

INSCRIPTION N° 93.

1 ܐܫܬܠܡ ܒܢܝܢܐ ܗܢܐ
2 ܒܐܝܕܝ ܡܫܬܕܠܢܘܬܗ
3 ܕܩܫܝܫܐ ܥܒܕܐܠܡܫܝܚ ܕܪܒܢ
4 ܡܘܫܐ ܕܝܪܝܐ ܟܐܢܐ ܗܘ
5 ܐܝܬܘܗܝ ܡܕܒܪܢܐ ܕܗ[ܢ]ܐ
6 ܡܪܥܝܬܐ ܡܒܪܟܬܐ
7 ܗܘ ܕܝܢ ܕܠܥܠ ܐܬܡܕܟܪ
8 ܘܐܦ]ܒܝܨܝܦܘܬܗ ܒܢܐ ܫܘܪܐ
9 ܕܡܪܝ ܚܢܢܝܐ ܘܕܝܪܐ ܕܐܣܛܘܢܐ
10 ܘܥܕܬܐ ܕܕܝܪ[ܒ]ܗܠܝܐ ܘܥܕ[ܬܐ]
11 ܕܕܘܢܨܝܣܪ] ܘܥܕܬܐ ܕܟܠܬ
12 ܘܥܕܬܐ ܕܪܘܡܢܝܢ ܟܠ
13 ܕܩܪܐ ܢܨܠܐ ܚܠܦ ܟܠ ܡܢ
14 ܕܐܫܬܘܬܦ ܐܡܝܢ ܘܐܡܝܢ

Cette construction a été achevée par le prêtre Abd-el-Messih et par les soins de notre maître Moïse, le moine juste, qui est le conducteur de ce troupeau béni. Celui que nous avons mentionné ci-dessus[1] a aussi par ses soins construit le mur de Saint-Ananias, le Couvent de la colonne, l'église de Deirbélia, l'église de Dounaissir, l'église de Kelleth, l'église de Roumaninh. Que quiconque lira ceci prie pour quiconque s'y est associé! Ainsi soit-il! Amen!

Je lis ܟܐܢܐ le troisième mot de la quatrième ligne, et je suppose que c'est une faute pour [illegible] « juste ».

A la huitième ligne, [illegible] paraît être une faute pour [illegible], aphel de ܢܦܩ.

Le Couvent de Saint-Ananias, plus souvent appelé « Couvent de Zâfaran », est situé près du village de Kilaat-Mara, à peu de distance de Mardin; c'est là que demeurent aujourd'hui les patriarches jacobites.

[1] C'est-à-dire le prêtre Abd-el-Messih.

Le Couvent de la colonne (ܕܝܪܐ ܕܐܣܛܘܢܐ) était situé dans la ville de Raqqah, sur la rive gauche de l'Euphrate, que les Syriens appelaient ܩܠܝܢܝܩܘܣ. Je suis allé à Raqqah en 1896 et en 1906; ce n'est plus qu'un village et je n'y ai vu les ruines d'aucun couvent (voir *Gregorii Barhebraei, Chronicon ecclesiasticum*, édition Abbeloos et Lamy, t. I, p. 345, 347, 349, 351).

Je ne connais pas de localité appelée [illegible]. D'après Mgr Malloua, évêque chaldéen de Mardin, les Curdes appelleraient دير هليه le village jacobite d'Anhal (ܐܢܚܠ) qui est situé à peu près au sud de Mediad; je suis allé à Anhal, en 1906, mais je n'ai pas songé à demander comment les Curdes appelaient ce village.

D'après Mgr Malloua, [illegible] serait le nom d'un grand couvent en ruines qui serait situé à peu de distance de Sour (Sour est un village musulman entre Kelleth et Mardin).

La ville appelée Dounaissir était située à l'endroit où se trouve aujourd'hui le village de Tell-Ermen, au sud de Mardin. A côté de ce village j'ai vu, en effet, les ruines d'une grande mosquée; les Arabes appellent aujourd'hui «Dounissar», et les Curdes «Kotch-Hissar», l'endroit où se trouvent ces ruines[1].

Le second mot de la ligne 13 est certainement [illegible]; le ܪ est mal fait et la queue a disparu par suite d'une cassure.

Notre inscription n'est pas datée, mais elle paraît être du milieu ou de la seconde partie du XIIIe siècle; le personnage appelé à la quatrième ligne «Moïse le moine juste» semble être, en effet, le supérieur Moïse dont il est question dans les inscriptions nos 92 et 94, et le personnage appelé à la seconde ligne «Abd-el-Messih» est probablement celui qui est appelé ܥܒܕܐ ܕܝܫܘܥ «l'esclave de Jésus» dans l'inscription no 94.

INSCRIPTION N° 94 (XIIIe siècle).

1 [illegible]
2 [illegible]
3 [illegible]
4 [illegible]
5 [illegible]
6 [illegible]
7 [illegible]
8 [illegible]
9 [illegible]
10 [illegible]
11 [illegible] [2] [illegible]
12 [illegible]

[1] Yakout dit au sujet de cette ville : دُنَيْسِرُ بضم اوله بلدة عظيمة مشهورة من نواحي الجزيرة قرب ماردين بينهما فرسخان ولها اسم اخر يقال لها قوچ حصار رايتها وانا صبي وهي قرية ثم رايتها بعد ذلك بنحو ثلاثين سنة وقد صارت مصرا لا نظير لها كبرا وكثرة اهل وعظم اسواق «Dounaissir (*la première consonne a la voyelle* ou), ville grande et fameuse dans les territoires de la Mésopotamie, près de Mardin, dont elle est éloignée de deux «farsakhs». Elle a un autre nom et on l'appelle Kotch-Hissar. Je l'ai vue étant enfant, et c'était un village; je l'ai revue une trentaine d'années après, et elle était devenue une ville à nulle autre pareille pour l'étendue, le grand nombre des habitants et la grandeur des marchés.» (*Jacut's Geographisches Wörterbuch*, herausgegeben von Ferdinand Wüstenfeld, t. II, p. 612)

[2] Ce nom propre est écrit [illegible] dans l'inscription no 92; c'est probablement le nom arabe جدعان.

13 ܥܠ ܟܠ ܕܐܫܬܘܬܦ ܒܗ

14 ܩܪܘܝܐ ܢܨܠܐ ܡܛܠ ܐܠܗܐ

15 ܥܠ ܩܫܝܫܐ ܥܒܕܐ ܕܝܫܘܥܐ ܘܥܠ

16 ܐܪܕܝܟܠܐ ܘܥܠ ܡܝܬܘܗܝ

17 ܟܠ ܩܪܘܝܐ ܢܨܠܐ ܥܠ ܟܠ

18 ܡܢ ܕܐܫܬܘܬܦ ܐܝܟ ܒܡܠܬܐ ܐܘܟܝ

19 ܐܝܘܐܢܝܣ ܟܣܢܝܐ ܒܪ . . .

Cette tour a été restaurée en l'année 1567 des Grecs, à l'époque du roi vainqueur Nedjm-ed-Din Malik es-Saïd (que Dieu prolonge ses jours, car il est la couronne de tous les rois, et qu'il garde sa vie glorieuse [?] !) et à l'époque de Mar Jean, le saint patriarche, par les soins de notre maître Moïse, fils de Houmdan, le supérieur, et de toute la confrérie. Que quiconque lira ceci prie pour tous ceux qui s'y sont associés ! Que quiconque lira ceci prie, pour l'amour de Dieu, pour le prêtre «Esclave de Jésus», pour l'architecte et pour ses morts ! Que quiconque lira ceci prie pour tous ceux qui s'y sont associés, soit en paroles, soit en. . . . . Iwannis Xenaïas fils de. . . . .

A la ligne 7, la fin du premier mot et le commencement du second mot ont disparu ; je crois que le texte portait ܗܘܝܘ ܟܠܝܠܐ ܕܟܠܗܘܢ ܡܠܟܐ «car il est la couronne de tous les rois».

Il est plus difficile de restituer le texte de la ligne 8 ; je serais porté à lire ܢܢܛܘܪ ܚܝܘܗܝ ܡܫܒܚܬܐ «et qu'il garde sa vie glorieuse». Il est vrai que ܢܢܛܘܪ est un barbarisme, car l'aoriste du verbe ܢܛܪ est ܢܛܘܪ ou ܢܛܪ, ܢܛܘܪ, mais je ne vois pas d'autre restitution possible.

Le patriarche Jean dont il est question à la ligne 9 était surnommé ܒܪ ܡܥܕܢܝ. Il avait été primat de Tekrit (ܬܓܪܝܬ) et avait été sacré patriarche à Alep, le 4 décembre 1252, par la majorité des évêques, sans le consentement desquels quelques évêques, et parmi eux Bar-Hebraeus, avaient sacré patriarche, quelques mois auparavant, Denys, évêque de Malatia.

Le personnage appelé à la ligne 15 ܥܒܕܐ ܕܝܫܘܥܐ «esclave de Jésus» paraît s'être appelé en réalité Abd-el-Messih (عبد المسيح), et c'est probablement de lui qu'il est question à la ligne 2 de l'inscription n° 93. L'auteur de notre inscription a voulu traduire ce nom en syriaque et, au lieu de le traduire par ܥܒܕܡܫܝܚܐ, nom propre qui a réellement existé, il l'a traduit par ܥܒܕܐ ܕܝܫܘܥܐ.

Le dernier mot de la ligne 16 est peu lisible ; je le lis ܡܝܬܘܗܝ.

Le sculpteur n'a pas terminé l'inscription, et la ligne 18 doit être complétée ainsi : ܡܢ ܕܐܫܬܘܬܦ ܐܝܟ ܒܡܠܬܐ ܐܘܟܝ ܒܥܒܕܐ «quiconque a participé soit en paroles, soit par des actes» (ܐܘܟܝ est une faute pour ܐܘ). Enfin il a oublié quelques mots à la fin de la ligne 19, et on ignore ce qu'a fait le personnage appelé Iwannis Xenaïas dont le nom est mentionné dans cette ligne.

N°s 95, 96, 97, 98, 99, 100, 101, 102, 103, 104, 105, 106, 107, 108, 109, 110, 111, 112, 113, 114, 115 ET 116.

(Planches XXXVIII, XXXIX, XL et XLI.)

INSCRIPTIONS SYRIAQUES DE HACHTARAK.

Hachtarak[1] est un village musulman situé à un peu plus d'une heure de marche de Kafar-Zé et à une heure de Hah, dans le Tour-Abdin[2]; on y trouve les ruines d'une très petite église qui était, m'a-t-on dit, dédiée à saint Addaï et, dans l'endroit où devait être la cour, on voit un ܒܝܬ ܣܗܕܐ assez bien conservé. Il ressemble beaucoup à ceux de Kafar-Zé et de Hah que j'ai décrits aux pages 93 et 121 et il consiste en une très petite pièce carrée, fermée par des murs de trois côtés, complètement ouverte du quatrième, et couverte par une voûte en coquille. Sur les murs de ce ܒܝܬ ܣܗܕܐ, à l'intérieur, un certain nombre d'inscriptions syriaques ont été gravées de haut en bas.

Ces inscriptions, dont la plus ancienne est de la fin du VIIIe siècle et la plus récente de la fin du XIIe, sont à la place à laquelle elles ont toujours été. En d'autres termes, le bâtiment n'a pas été construit avec des blocs de pierre sur lesquels il y avait des inscriptions; il est, au contraire, antérieur aux inscriptions, lesquelles ont été gravées sur ses murs longtemps après sa construction. Toutes, sauf la plus ancienne, font connaître les noms de personnes dont les corps ont été placés dans les souterrains de l'église, et je crois qu'il y a un souterrain sous le ܒܝܬ ܣܗܕܐ lui-même[3].

Inscriptions n°s 95 et 96 (VIIIe et XIe siècles). — Bien que la première de ces deux inscriptions soit postérieure à la seconde de trois siècles, elles sont toutes les deux gravées sur une seule pierre, la première à gauche, la seconde à droite. Entre les deux, on lit quatre noms propres dont l'un est écrit en très grands caractères[4]; peut-être sont-ce les noms de personnes enterrées dans les souterrains de l'église.

Inscription n° 95.

1 ܢܦܩ ܡܢ ܥܠܡܐ ܗܢܐ ܕܟܠܐ ܡܫܬܐ

2 ܘܫܢܐ ܠܘܬ ܡܪܗ ܥܡܢܘܐܝܠ ܡܪܢ ܡܫܝܚܐ

(1) Un prêtre de Mediad m'a dit que les chrétiens appelaient ce village ܐܫܬܪܟ, nom que je n'ai pas trouvé dans les anciennes chroniques; peut-être portait-il un autre nom au moyen âge.

(2) Je me trouvais à Kafar-Zé le 17 mai 1905 et j'avais l'intention d'aller à Hah, mais, ayant appris qu'il y avait des inscriptions à Hachtarak, j'y allai le 18 mai et, le 19 mai, j'allai de Hachtarak à Hah. Je ne sais plus si Hachtarak se trouve entre Kafar-Zé et Hah, ou si ce village est en dehors de la route.

(3) Quelques dalles avaient été enlevées dans le pavage du ܒܝܬ ܣܗܕܐ, et on apercevait l'orifice d'un trou que fermaient de grosses pierres. Il est donc fort probable que les Musulmans habitant le village, ayant reconnu l'existence d'un souterrain en cet endroit et ayant supposé qu'il devait renfermer un trésor, y avaient pénétré en creusant le sol et en perforant la voûte du souterrain.

(4) Ces noms propres ne sont pas des graffitis; ils ont été gravés très profondément au ciseau.

3 [illegible]
4 ..... [illegible]
5 [illegible]
6 [illegible]
7 [illegible]

Le défunt prêtre Samuel est sorti de ce monde plein d'angoisses et s'est rendu auprès de son maître en l'an 1389 des Grecs, et, en cette même année, est mort(?) le prêtre Souleïman. Que Dieu leur accorde une bonne mention dans le séjour des justes par les prières de sa mère et de ses saints! Bassira le pécheur a gravé. Priez pour lui, pour l'amour de Notre-Seigneur!

Le dernier mot de la sixième ligne paraît être [illegible] « méprisé »; nous retrouverons ce singulier nom propre dans l'inscription n° 97.

Entre cette inscription et l'inscription n° 96 on lit les noms propres suivants, écrits de haut en bas :

[illegible]	David le pécheur.
[illegible]	Daniel le pécheur.
[illegible]	Slivo.
[illegible]	Samuel le pécheur.

INSCRIPTION N° 96.

1 [illegible] ...
2 [illegible]
3 [illegible] .... [illegible]
4 [illegible]
5 [illegible]

En l'an 1083 des Grecs, cette église a été érigée par Habib, le pécheur, et Job (?), chef de l'église(?), et le reste des prêtres qui étaient avec eux. Priez pour tous ceux qui y ont participé!

Le dernier mot de la première ligne écrit en abrégé doit être lu [illegible] « elle a été érigée ».

Au milieu de la troisième ligne se trouve un nom propre en partie effacé, peut-être [illegible], Job. Les quatre dernières lettres de cette ligne paraissent être [illegible], abréviation qui doit être lue [illegible] [illegible] « chef de l'église ».

INSCRIPTION N° 97 (XIIe siècle). — J'ai donné le n° 97 à un long texte gravé à l'intérieur d'une moulure à profil concave. Ce texte paraît former deux inscriptions distinctes, peut-être même trois, car les deux premières lignes peuvent avoir été gravées à une autre époque que les lignes suivantes.

1 [illegible]
2 [illegible]
3 [illegible]
4 [illegible]
5 [illegible]
6 [illegible]
7 [illegible]
8 [illegible]

9 [illegible]
10 [illegible]
11 [illegible]
12 [illegible]
13 [illegible] . . .
14 [illegible]
15 [illegible]
16 [illegible]
17 [illegible]
18 [illegible] . . . .
19 [illegible]
20 [illegible]
21 [illegible]
22 [illegible]
23 [illegible]
24 [illegible]
25 [illegible]
26 [illegible] (?)
27 [illegible]
28 . . . .
29 . . . .

Noé, chef de l'église.

En l'année 1414 des Grecs, Bassiro, prêtre et chef de l'église, est sorti de ce monde et s'est rendu auprès de son maître. Que Dieu lui accorde une bonne mention dans le séjour des justes, grâce aux prières de sa mère et de ses saints! . . . . son fils a gravé. Que quiconque lira ceci prie pour le pardon de leurs fautes!

En l'année 1406 (?) des Grecs, le prêtre Abou-Ghalib est sorti de ce monde et s'est rendu auprès de son maître, et, en cette même année, le prêtre Abou-Sahel a été tué. Que le Messie (?) leur fasse. . . . .

Le personnage appelé Noé a probablement été enterré dans les souterrains de l'église, mais, pour une raison quelconque, on s'est contenté d'inscrire son nom sur les murs du [illegible], sans indiquer la date de sa mort.

Au commencement des lignes 4, 5 et 6, le sculpteur a gravé un signe composé de deux traits formant un angle. Ces signes étaient destinés à séparer l'inscription d'une autre inscription gravée à côté.

Le dernier caractère de la ligne 18 ressemble à un [illegible] mal fait, mais, ainsi que je le dirai plus loin, nous savons par l'inscription n° 108 que les prêtres Abou-Ghalib et Abou-Sahel moururent en l'année 1435 ou en l'année 1455 des Grecs. A la ligne 10, [illegible] est une faute pour [illegible], et à la ligne 24, [illegible] est une faute pour [illegible].

Enfin le dernier mot de la ligne 26 est très mal écrit; peut-être faut-il lire [illegible] «le vivificateur» au lieu de [illegible] «le Messie».

INSCRIPTION N° 98 (XIIe siècle).

1 [illegible]
2 [illegible]
3 [illegible]
4 [illegible]

En l'année 1470 des Grecs, le diacre Abou-Bichir est sorti de ce monde. Que quiconque lira ceci prie pour le pardon de ses péchés!

Inscriptions n° 99 et 100 (x° et xii° siècles). — Bien que ces deux inscriptions se suivent et aient toutes les deux été gravées par des sculpteurs nommés Samuel, la première est antérieure à la seconde de deux siècles.

Inscription n° 99.

1 [illegible]
2 [illegible]
3 [illegible]
4 [illegible]
5 [illegible]
6 [illegible]
7 [illegible]
8 [illegible]
9 [illegible] (1)
10 (2) [illegible]
11 [illegible]
12 [illegible]
13 [illegible]

L'an 1287 mourut Oulada, prêtre et chef de l'église, à la date du 8 juin, un jeudi, après le coucher du soleil, et, en l'an 1284 des Grecs, le 10 octobre, un vendredi, mourut Slivo, prêtre et chef de l'église. Que Dieu les place dans le sein d'Abraham et avec tous ceux qui ont obéi à sa volonté, grâce aux prières de la mère de Dieu! Ainsi soit-il! Que quiconque lira ceci prie pour le pardon de leurs péchés! Le prêtre Samuel a gravé.

Aux lignes 2 et 3, les mots [illegible] sont difficiles à expliquer. Je considère [illegible] comme une faute pour [illegible], participe du verbe [illegible] «entrer», et je traduis ces mots ainsi : «lorsque le 8° jour entre dans le mois de juin», c'est-à-dire «à la date du 8 juin».

Le mot [illegible] désigne la période de temps qui s'écoule entre le coucher du soleil et la nuit, et, comme on comptait primitivement les jours du coucher du soleil au coucher du soleil, [illegible] suivi du nom d'un des jours de la semaine désigne la veille au soir de ce jour-là; par exemple, [illegible] ne veut pas dire «le dimanche après le coucher du soleil», mais «la veille du dimanche», c'est-à-dire «le samedi après le coucher du soleil». A la ligne 4, les mots [illegible] signifient donc «le jeudi après le coucher du soleil». Le 8 juin de l'an 1287 des Grecs correspond au 8 juin 976; or, d'après les tables de Wüstenfeld, le 1er Chawwal de l'année 365 de l'hégire correspond au vendredi 2 juin 976; le 8 juin de cette année fut donc un jeudi.

A la ligne 5, les mots [illegible] (les deux points indiquant le pluriel ont été oubliés) signifient «selon l'ère des Grecs»; cette expression se trouve souvent dans les textes du moyen âge et on la rencontre même dans Jean d'Asie (voir Land, *Anecdota syriaca*, t. II, p. 212, l. 9).

J'ai déjà expliqué à la page 150 les mots [illegible] (ligne 6).

Il y a certainement une erreur aux lignes 5 et 6. Le 10 octobre de l'année 1284 des Grecs cor-

(1) Il faut lire en un seul mot [illegible].

(2) Il faut probablement lire, à la fin de la ligne 9 et au commencement de la ligne 10 : [illegible].

respond au 10 octobre 972; d'après les tables de Wüstenfeld, le 1er Mouharram de l'an 362 de l'hégire correspond au samedi 12 octobre 972, et, puisque le 12 octobre 972 fut un samedi, le 10 octobre 972 fut un jeudi et non un vendredi. On s'explique, du reste, facilement comment cette erreur a été commise : l'inscription n° 99 a dû être gravée en 976, peu de temps après la mort du prêtre Oulwdo, et, comme on n'avait pas encore gravé d'inscription sur les murs de l'oratoire pour rappeler le souvenir de son prédécesseur Slivo, mort plus de trois ans auparavant, on mentionna dans une seule et même inscription le nom et la date de la mort de ces deux dignitaires ecclésiastiques, mais on avait déjà oublié la date exacte du décès de Slivo, de sorte qu'on écrivit qu'il était mort le vendredi 10 octobre 972, tandis qu'il était probablement mort, ou le jeudi 10 octobre 972, ou le vendredi 11 octobre 972. Notre texte prouve que les inscriptions gravées sur les murs des [illegible] pour faire connaître les noms des personnages illustres qui y étaient ensevelis étaient souvent gravées longtemps après leur mort et cela explique pourquoi on trouve tant de dates erronées dans ces inscriptions.

INSCRIPTION N° 100.

1 [illegible]
2 [illegible]
3 [illegible]
4 [illegible]
5 [illegible]
6 [illegible]
7 [illegible]
8 [illegible]

En l'an 1477 des Grecs, David, chef de l'église, est sorti de ce monde et s'est rendu auprès de son maître, tué par les Chaldéens rebelles. En cette même année, mourut le prêtre Salomon, son fils. Que quiconque lira ceci dise : « Que le Seigneur leur fasse miséricorde! » Le prêtre Samuel a gravé. Priez pour lui!

Je ne sais pas qui l'auteur de l'inscription a voulu désigner par les mots [illegible] « les Chaldéens rebelles ». Peut-être, dans notre inscription, [illegible] est-il un adjectif formé du nom propre arabe [illegible], et il faudrait traduire dans ce cas « les révoltés partisans de Khalid », mais je ne connais pas de personnage nommé Khalid qui se soit révolté dans le Tour-Abdin au XIe siècle; peut-être aussi l'auteur de l'inscription qui était jacobite a-t-il voulu désigner ironiquement les Nestoriens.

INSCRIPTION N° 101 (XIe siècle).

1 [illegible] (1) [illegible]
2 [illegible] ....
3 [illegible]
4 [illegible]
5 [illegible]
6 [illegible]
7 [illegible]
8 [illegible]
9 [illegible]
10 [illegible] (?) [illegible]
11 [illegible]

(1) Il faut lire : [illegible].

12 ܡܪܢ ܣܪܛܘ(1) ܐܫܥܝܐ ܘ[ܩܫܝܫܐ]
13 ܘ ܡ...... ܩܫܝܫܐ
14 ܨܠܘ ܥܠܝܗܘܢ

En l'an 1308 des Grecs mourut Hayé, prêtre et chef de l'église, et en l'an 1300 des Grecs mourut Pierre, prêtre et chef de l'église. Que Dieu leur accorde une mention dans le séjour des justes, grâce aux prières de sa mère et de ses saints! Ainsi soit-il! Que quiconque lira ceci prie pour le pardon de leurs péchés, pour l'amour de Notre-Seigneur! Isaïe et le prêtre...... ont gravé. Priez pour eux!

Inscriptions nos 102 et 103 (xe siècle). — Ces deux inscriptions ont été gravées l'une à côté de l'autre et la seconde paraît être postérieure de deux ans seulement à la première, mais elle mentionne quelques personnes mortes longtemps auparavant.

Inscription no 102.

1 ܫܢܬ ܐܠܦ ܘܫ̄ ܘܢ̄ܓ ܡܝܬ
2 ܐܕܝ ܪܝܫ ܥܕ̈ܬܐ ܘܒܗ̇
3 ܒܫܢܬܐ ܡܝܬ ܚܙܩܐܝܠ
4 ܩܫܝܫܐ ܐܠܗܐ ܢܬܠ ܐܢܘܢ
5 ܒܥܘܒܐ ܕܐܒܪܗܡ
6 ܣܪܛ ܫܡܘܐܝܠ ܚܛܝܐ
7 ܨܠܘ ܥܠܘܗ[ܝ]

Inscription no 103.

1 ܫܢܬ ܐܠܦ ܘܫ̄ ܘܙ̄ ܡܝܬ
2 ܩܫܝܫܐ ܐܒܪܗܡ ܘܒܫ̄ܠ̄
3 ܐܠܦ ܘܫ̄ ܘܠ̄ ܕܝܘ̈ܢܝܐ
4 ܡܝܬ ܣܘܪܐ ܪܝܫ ܥܕܬܐ
5 ܘܒܫܢܬ ܐܠܦ ܘܫ̄ ܘܢ̄ܗ ܡܝܬ ܩܫܝܫܐ
6 ܫܡܘܐܝܠ ܡܪ̈ܝ ܒܨܠܘܬܐ ܕܐܡܗ
7 ܘܕܩܕ̈ܝܫܘܗܝ ܢܫܪܐ ܐܢܘܢ
8 ܒܥܘܒܐ ܕܐܒܪܗܡ ܐܡܝܢ
9 ܐܝܢܐ ܕܩܪܐ ܢܨܠܐ ܥܠ ܚܘܣܝܐ ܕܚܛܗ̈ܝܗܘܢ
10 ܣܪܛܘ(2) ܕܘܝܕ ܘܝܘܐܢܝܣ
11 ܩܫ̈ܝܫܐ ܨܠܘ ܥܠܝܗ[ܘܢ]

No 102. — En l'année 1353 des Grecs mourut Addaï, chef de l'église, et, en cette même année, mourut le prêtre Ézéchiel. Que Dieu les mette dans le sein d'Abraham! Samuel le pécheur a gravé. Priez pour lui!

No 103. — En l'année 1307 des Grecs est mort le prêtre Abraham; en l'année 1330 des Grecs est mort Sévère, chef de l'église, et en l'année 1355 des Grecs est mort le prêtre Samuel. Que le Seigneur, grâce aux prières de sa mère et de ses saints, les fasse habiter dans le sein d'Abraham! Ainsi soit-il! Que quiconque lira ceci prie pour le pardon de leurs fautes! Les prêtres David et Iwannis ont gravé. Priez pour eux!

Inscription no 104 (xiie siècle).

1 ܫܢܬ ܐܠܦ ܘܬܫܥ ܡܐܐ ܘܫܒܥ ܚܠܦ ܫܡܥ
2 ܚܕܬܘܬܐ ܒܝܬܐ ܗܢܐ (3) ܘܐܬܬܟܝܠ ܥܠ ܡܪܝܐ (4)
3 ܘܣܝܡܬܐ (5) ܟܢ ܒܗ (6) ܘܒܥܘ (7) ܣܪܛܘ ܟܗܢܐ
4 ܘܐܬܐ ܨܠܘ ܥܠܝܗܘܢ

(1) Faute pour ܣܪܛܘ. — (2) Faute pour : ܣܪܛܘ. — (3) Il faut lire : ܒܝܬܐ. — (4) Il faut lire : ܡܪܝܐ. — (5) Il faut lire : ܘܣܝܡܬܐ — (6) Il faut lire : ܒܗ. — (7) Il faut lire : ܘܒܥܘ.

En l'année 1418 des Grecs est mort le prêtre Oulodn. Que Dieu lui accorde une bonne mention dans le séjour des justes grâce aux prières de sa mère et de ses saints! Son père(?) le pécheur a gravé. Priez pour lui!

Je ne sais si, à la ligne 3, le groupe [illegible] doit être lu [illegible] « son père », ou si c'est l'abréviation d'un nom propre commençant par [illegible].

INSCRIPTION N° 105 (XII° siècle).

1 [illegible]
2 [illegible]
3 [illegible]
4 [illegible]

En l'année 1493 (?) mourut l'écolier Jacques. Priez pour lui, pour l'amour de Notre-Seigneur! Moïse a écrit.

INSCRIPTIONS N°s 106 ET 107 (X° et XI° siècles). — Bien qu'elles ne soient pas de la même époque (la première est du XI° siècle et la seconde du X°), ces deux inscriptions sont gravées très près l'une de l'autre.

INSCRIPTION N° 106.

1 [illegible]
2 [illegible]
3 [illegible]
4 [illegible]
5 [illegible]
6 [illegible]
7 [illegible]
8 [illegible]
9 [illegible]

INSCRIPTION N° 107.

1 [illegible]
2 [illegible]
3 [illegible]
4 [illegible]
5 [illegible]
6 [illegible]
7 [illegible]
8 [illegible]
9 [illegible]
10 [illegible]
11 [illegible]
12 [illegible]
13 [illegible]

N° 106. — En l'année 1385 des Grecs ....., le pécheur, prêtre et chef de l'église, est sorti de ce monde plein d'angoisses et est allé à la vie nouvelle, au service divin qui n'a point de fin. Que Dieu lui accorde une bonne mention dans le séjour des justes, grâce aux prières de sa mère et de ses saints. Son fils Bassiro, le pécheur, prêtre de nom, a gravé. Que quiconque lira ceci prie pour le pardon de ses fautes!

N° 107. — Moïse, le pécheur, fils de Daniel[1]. Le diacre Gabriel, fils du chef de l'église Jab, est sorti de ce monde et est allé à l'endroit où l'on échappe à toutes les fatigues, au repos en compagnie des saints, en l'année 1224 des Grecs. Que Dieu le mentionne dans le séjour des justes et qu'il le juge digne du repos dans le sein d'Abraham, grâce aux prières de la Mère de Dieu! Le prêtre Jean et le prêtre Ouïwân ont gravé. Que quiconque lira ceci prie pour eux!

La date de la mort du diacre Gabriel est peu lisible. Il semble que le texte porte [illegible] mais la lettre [illegible] est douteuse.

INSCRIPTION n° 108 (XII° siècle). — Cette inscription fait connaître la date de la mort des prêtres Abou-Ghalib et Abou-Sahel qui sont également mentionnés dans l'inscription n° 97. Ainsi que je l'ai déjà dit, on inscrivait parfois sur les murs du [illegible] les noms des prêtres défunts un certain nombre d'années après leur mort. C'est probablement parce qu'on avait oublié qu'une inscription avait déjà été gravée pour rappeler le souvenir de ces deux prêtres qu'on en grava une seconde quelques années après, mais je ne saurais dire si l'inscription n° 97 est antérieure à l'inscription n° 108, ou si, au contraire, cette dernière inscription est la plus ancienne. Il est possible aussi que, l'inscription n° 97 ayant paru mal gravée (elle l'est en effet), on ait jugé nécessaire d'en graver une autre.

1 [illegible] [2]
2 [illegible]
3 [illegible]
4 [illegible]
5 [illegible]
6 [illegible]
7 [illegible]

En l'année 1435[2] des Grecs, le prêtre Abou-Sahel fut tué par les Arabes de Hah, et, en cette même année, mourut le prêtre Abou-Ghalib. Que quiconque lira ceci prie pour le pardon de leurs fautes! Daniel le pécheur a écrit.

INSCRIPTION n° 109 (XII° siècle).

1 [illegible]
2 [illegible]
3 [illegible]
4 [illegible] [1]
5 [illegible]
6 [illegible]
7 [illegible]
8 [illegible]
9 [illegible]
10 [illegible]
11 [illegible]

[1] Ce personnage a probablement été enterré dans les souterrains de l'église, mais, tout en mentionnant son nom, on a cru inutile de graver une inscription en son honneur.

[2] On peut lire [illegible] (35) ou [illegible] (55).

[2] Ou 1455. D'après l'inscription n° 97, les prêtres Abou-Sahel et Abou-Ghalib seraient morts en l'année 1406 des Grecs; mais le chiffre [illegible] (6) est très mal écrit et je crois que le sculpteur a voulu le transformer en [illegible] (30).

[1] Il faut lire [illegible].

En l'année 1322 des Grecs, mourut en bas âge l'écolier Abou-Nasser et il a laissé un père plein de tristesse (littéralement : la gorge amère), plongé dans les péchés. Que quiconque lira ceci prie, pour l'amour de Notre-Seigneur !

Cette inscription est intéressante car elle montre que l'on enterrait dans les souterrains des églises non seulement les ecclésiastiques, mais parfois des laïques et même des enfants. C'est ce qui se fait encore aujourd'hui chez les Jacobites du Tour-Abdin, et on peut, en payant fort cher, faire enterrer un laïque dans une église. Lorsque je visitai, en 1905, l'église d'Arnas, on y sentait une odeur cadavérique infecte et on me dit qu'un laïque était mort quelque temps auparavant, que sa famille avait obtenu à prix d'argent qu'il fût enterré dans un des souterrains de l'église (j'ai oublié si c'était dans celui des prêtres ou dans celui des diacres) et que l'ouverture avait été mal murée.

INSCRIPTION N° 110 (XIe siècle).

1 [illegible]
2 [illegible]
3 [illegible]
4 [illegible]
5 [illegible] (1)
6 [illegible] (2) [illegible]
7 [illegible]

En l'année 1371 des Grecs, le prêtre Iwannis a quitté la vie temporaire et s'est rendu à la vie nouvelle. Que quiconque lira ceci dise : « Que le Seigneur ait pitié de lui ! » Samuel et Benjamin ont gravé. Priez pour eux !

INSCRIPTION N° 111 (XIIe siècle).

1 [illegible]
2 [illegible]
3 [illegible]
4 [illegible]
5 [illegible]
6 [illegible]
7 [illegible]
8 [illegible]
9 [illegible]
10 [illegible]
11 [illegible]
12 [illegible]
13 [illegible]
14 [illegible]
15 [illegible]

Le diacre Abraham, fils de Joseph, est sorti de ce monde en l'année 1486 des Grecs. Que le Seigneur Dieu lui donne une part et un héritage avec les saints! Ainsi soit-il! En l'année 1492 des Grecs mourut le prêtre Simon, fils du prêtre Oulwân. Que Dieu lui accorde une bonne mention dans le séjour des justes et qu'il fasse habiter son âme dans les demeures resplendissantes de lumière! Ainsi soit-il ! Moïse, le pécheur, natif de ce village, a écrit. Que quiconque lira ceci prie!

(1) Faute pour [illegible]. — (2) Faute pour [illegible].

INSCRIPTION N° 112 (XIIIe siècle).

1 ܢܦܩ ܡܢ ܥܠܡܐ ܗܢܐ ܕܡܠܐ
2 ܥܩܬܐ ܘܐܙܠ ܠܘܬ ܡܪܗ [illegible]
3 [illegible]
4 [illegible]
5 [illegible] ...
6 ܟܠ ܡܢ ܕܩܪܐ ܢܨܠܐ ܥܠܘܗܝ [illegible]
7 ✝ ܢܦܩ ܡܢ ܥܠܡܐ ܗܢܐ ܕܡܠܐ
8 ܥܩܬܐ ܘܐܙܠ ܠܘܬ ܡܪܗ
9 [illegible]
10 [illegible]
11 [illegible]
12 ܟܠ ܡܢ ܕܩܪܐ ܢܨܠܐ ܡܛܠ ܡܪܢ

Jean, fils de Sévère, est sorti de ce monde plein d'angoisses et s'est rendu auprès de son maître en l'année 1605 des Grecs; il fut tué au mois de mai par . . . . Que quiconque lira ceci prie pour lui, de grâce!

Le diacre Lazare, fils de Zébédée, est sorti de ce monde plein d'angoisses et s'est rendu auprès de son maître en l'année 1605 des Grecs, le 8 mai[1]. Que quiconque lira ceci prie, pour l'amour de Notre-Seigneur!

INSCRIPTION N° 113 (XIIe siècle).

1 [illegible]
2 [illegible]
3 [illegible] [2]
4 [illegible] [3] [illegible]
5 [illegible]

En l'année 1488 des Grecs mourut le prêtre Wahbâ. Que quiconque lira ceci prie pour lui! David le pécheur a gravé.

INSCRIPTION N° 114 (XIIIe siècle).

1 ܢܦܩ ܡܢ ܥܠܡܐ
2 [illegible]
3 [illegible]
4 [illegible]
5 [illegible]
6 [illegible]
7 [illegible]
8 ܟܠ ܡܢ ܕܩܪܐ ܢܨܠܐ
9 [illegible] [4]

Notre maître, le prêtre Ichou, est sorti de ce monde et s'est rendu auprès de son maître en l'année 1545 des Grecs. Que tous ceux qui liront ceci prient pour lui!

INSCRIPTION N° 115 (XIIe siècle)

1 ܢܦܩ ܡܢ ܥܠܡܐ ܗܢܐ
2 [illegible]

[1] Le 8 mai 1294. — [2] Le sculpteur a gravé, à la fin de la 3e ligne, le ܢ de [illegible], mais, s'apercevant qu'il n'avait pas assez de place pour graver le mot, il l'a écrit en entier à la ligne suivante. — [3] Il faut lire : ܢܨܠܐ. — [4] Faute pour [illegible].

3 ܘܡܠܦܢܐ ܢܦܩ ܡܢ ܥܠܡܐ ܗܢܐ ܟܠ
4 ܡܢ ܕܩܪܐ. ܥܠ ܚܘܒܗ ܕܡܪܢ ܢܨܠܐ ܥܠܘܗܝ
5 ܡܘܫܐ ܚܛܝܐ. ܟܬܒ ܘܐܦ
6 ܐܝܟܢܐ ܕܐܦ ܗܘ ܓܠܦ
7 ܠܘܚܐ ܗܢܐ

En l'année 1484 des Grecs, notre maître Daniel, prêtre, écrivain et docteur, est sorti de ce monde. Que quiconque lira ceci prie pour lui, pour l'amour de Notre-Seigneur! Son fils Moïse, le pécheur, a écrit, et c'est lui qui a sculpté cette inscription avec son encadrement.

Le mot ܠܘܚܐ signifie au propre «tablette, tablette à écrire»; notre inscription n'étant pas gravée sur une table de pierre mais sur une des pierres de taille du ܕܝܪܐ ܕܒܝܬ, il est évident que ce mot désigne, à la ligne 7, l'inscription elle-même avec le cadre sculpté qui l'entoure. De même, à la ligne 5 de l'inscription n° 35, ܠܘܚܐ désigne une inscription gravée sur un rocher, au fond d'un parallélogramme creusé dans la pierre. Je crois qu'au moyen âge on appelait ܠܘܚܐ toute inscription gravée sur la pierre et entourée d'un rebord ou d'un cadre sculpté.

INSCRIPTION N° 116 (XIIe siècle).

1 ܒܫܢܬܐ ܐܦܙ ܕܝܘܢܝܐ
2 ܒܛܠܝܘܬܐ ܡܝܟܐܝܠ ܙܥܘܪܐ
3 ܢܦܩ ܡܢ ܥܠܡܐ ܗܢܐ
4 ܡܠܝܐ ܥܩܬܐ ܘܐܙܠ ܠܐܬܪ
5 ܕܒܗ ܡܬܥܪܩܝܢ ܟܠ ܠܐܘܬܐ
6 ܠܢܝܚܐ ܥܡ ܩܕܝܫܐ
7 ܘܩܪܒ ܠܘܬ ܡܪܗ. ܟܠ
8 ܡܢ ܕܩܪܐ ܢܨܠܐ ܥܠܘܗܝ
9 ܟܬܒ ܡܘܫܐ ܚܛܝܐ

En l'année 1507 des Grecs, Michel, encore en bas âge, est parti de ce monde plein d'angoisses pour l'endroit où l'on échappe à toutes les fatigues, pour le repos avec les saints, et il s'est rendu auprès de son maître. Que quiconque lira ceci prie pour lui! Moïse le pécheur a écrit.

Outre les inscriptions que je publie, j'en ai vu, si mes souvenirs sont exacts, deux ou trois autres dans le ܕܝܪܐ ܕܒܝܬ de Hachtarak qui étaient si illisibles que j'ai jugé inutile d'en prendre des estampages. J'y ai vu enfin une inscription du XIIe siècle qui est en trop mauvais état pour que je puisse en publier un fac-similé, mais qui est pourtant lisible et dont voici le texte :

ܢܦܩ ܡܢ ܥܠܡܐ ܗܢܐ
ܡܠܝܐ ܥܩܬܐ ܘܐܙܠ ܠܐܬܪ
ܕܡܢܗ ܐܬܥܪܩܘ ܟܠܗܘܢ
ܘܬܢܚ ܥܡ ܩܕܝܫܐ ܘܐܬܐ ܠܘܬ
ܡܪܗ ܘܗܘ ܢܛܝܪܐ
ܘܐܬܩܪܒ ܠܘܬ ܐܠܗܐ ܡܪܗ
ܘܬܪܬܝܢ ܫܢܝܢ ܢܦܩ
ܡܢ ܥܠܡܐ ܗܢܐ
ܡܠܝܐ ܥܩܬܐ ܠܐܬܪܐ
ܕܡܢܗ ܥܪܩܝܢ ܟܠܗܘܢ

ܡܪܝܐ ܢܣܝܡ ܐܢܘܢ
ܒܥܘܒܗ ܕܐܒܪܗܡ
ܥܡ ....
....
....
....
.... ܟܬܒ

Isaac, prêtre et chef de l'église, est sorti de ce monde plein d'angoisses et s'est rendu auprès de son maître en l'année 1655 des Grecs, et, en l'année 1672 des Grecs, le diacre Slivo est sorti de ce monde plein d'angoisses au mois d'avril. Que le Seigneur les place dans le sein d'Abraham avec............ a écrit.

N° 117.

(PLANCHE XLII.)

INSCRIPTION SYRIAQUE TROUVÉE AU COUVENT DE SAINT-JULIEN.

(XIIIe SIÈCLE.)

Mgr Rahmani, patriarche d'Antioche pour les Syriens catholiques, a acheté, en 1900, une boîte rectangulaire en pierre de petite dimension et sans couvercle, qui avait été découverte dans un des murs du sanctuaire de l'église du couvent de Saint-Julien à Qariatain, village situé au sud-est de Homs[1].

Sur un des côtés de cette boîte de pierre que Mgr Rahmani m'a jadis montrée à Alep, est gravée une inscription syriaque qu'il a bien voulu me permettre de publier et à laquelle j'ai donné le n° 117.

En voici le texte :

1 ܦܓܪܗ ܕܩܕܝܫܐ
2 ܡܪ ܫܡܥܘܢ ܨܠܘܬܗ
3 ܥܡܢ ܐܡܝܢ ܓܠܝܗ ܟܗܢܐ
4 ܓܘܪܓܝܣ ܒܪ ܚܢܘܢ ܒܫܢܬ
5 ܐܠܦ ܘܚܡܫܡܐܐ ܘܥܣܪܝܢ
6 ܘܬܡܢܐ ܕܝܘܢܝܐ

Corps de saint Simon (que ses prières soient avec nous!). Le prêtre Georges, fils de Hanoun, l'a découvert en l'an 1528 des Grecs.

A la seconde ligne, ܡܪ est une faute pour ܡܪܝ, et, à la 6e ligne, le graveur a oublié, sur le mot ܝܘܢܝܐ, les deux points indiquant le pluriel.

On voit, après ܝܘܢܝܐ, les traces d'un mot qui avait été écrit par erreur et que le copiste paraît avoir voulu effacer. Ce mot était certainement ܕܐܠܟܣܢܕܪܘܣ et les quatre dernières lettres sont encore très visibles.

L'an 1528 des Grecs a commencé le 1er octobre 1216.

[1] Je ne suis jamais allé ni à Qariatain, ni au couvent de Saint-Julien.

N° 118.

(Planche XLII.)

INSCRIPTION SYRIAQUE DE LA CITADELLE D'OURFA.

Au milieu des ruines de la citadelle d'Ourfa on remarque deux énormes colonnes surmontées de chapiteaux corinthiens, qui se dressent à peu de distance l'une de l'autre. Ces colonnes sont bien antérieures aux bâtiments de la citadelle, et elles supportaient primitivement des statues de grande dimension que l'on devait apercevoir de presque tous les points de l'ancienne ville d'Édesse. Sur une de ces deux colonnes, dont la base est enfouie dans les décombres[1], on ne voit aucune inscription; sur la seconde, une inscription syriaque malheureusement très mutilée est gravée horizontalement à une grande hauteur.

M. Sachau a publié jadis deux copies de l'inscription de la citadelle d'Ourfa, mais aucune des deux n'est très exacte[2]; enfin l'abbé Chabot en a publié le texte, en 1906, dans le *Journal asiatique*, mais il a mal lu quelques caractères[3]. L'inscription se trouve à une trop grande hauteur pour qu'on puisse en prendre facilement un estampage, et, comme elle est gravée du côté de la ville et que, de ce côté, la colonne se dresse à quelques mètres seulement du mur à pic de la forteresse, il est très difficile de la photographier. Je suis parvenu pourtant à en prendre quelques photographies médiocres au moyen d'un téléobjectif; bien que j'eusse placé l'appareil aussi loin qu'il m'était possible de le faire, le téléobjectif était braqué en l'air, la plaque sensible n'était pas parallèle à l'inscription, et les caractères sont, par suite, un peu déformés dans les photographies que j'ai prises. Elles montrent néanmoins bien mieux que les deux copies de M. Sachau la forme exacte des caractères, et je publie, à la planche XLII, une copie de l'inscription faite d'après ces photographies[4].

Voici le texte de l'inscription de la citadelle d'Ourfa :

1 ܐܢܐ ܐܦܬܘܚܐ
2 ܡܘ...... ܒܪ
3 ܒܪ ...... ܥܒܕܬ
4 ܐܣܛܘܢܐ ܗܢܐ
5 ܘܨܠܡܐ ܕܫܠܡܬ ܡܥܢܘ

(1) Les deux colonnes sont identiques, elles paraissent bien avoir été construites à la même époque, et, puisque l'une d'elles supportait la statue de la reine Chelmath, l'autre devait supporter la statue du roi d'Édesse, mari de Chelmath. Aucune inscription n'ayant été gravée sur cette dernière colonne, il est possible qu'il y en ait une sur le piédestal enfoui sous les décombres. Il serait donc à désirer que l'on fît des fouilles pour dégager la base de cette colonne; ce serait une dépense d'à peine cent francs, mais il faudrait l'autorisation du Gouvernement turc.

(2) *Zeitschrift der deutschen morgenländischen Gesellschaft*, 1882, p. 153, 154.

(3) *Journal asiatique*, 10e série, t. VII, mars-avril 1906, p. 288.

(4) Pendant l'impression de cet ouvrage, j'ai appris que M. Burkitt avait de nouveau traduit l'inscription de la colonne d'Ourfa (voir *Proceedings of the Society of Biblical Archaeology*, 1906, p. 149 et suiv.).

Le fac-similé publié par M. Burkitt est excellent, mais il est malheureusement bien petit; enfin la restitution de l'inscription d'Ourfa que je propose diffère très peu de celle que M. Burkitt a déjà proposée, et je m'empresse d'ajouter qu'il a reconnu avant moi le sens général de cette inscription.

6 ܠܥܠܡܘܬ ܡܠܟܘܬܐ ܡܪܝ
7 ܫܡܫܘ ܒ...ܝܢܐ
8 ܐܒܬ.............ܐ
9 ܫܒܪܬ..........

L'ancien nom ܐܦܛܘܚܐ que nous voyons à la première ligne se trouve dans l'inscription de la mosaïque d'Ourfa dont j'ai parlé dans la note 1 de la page 81, et peut-être aussi dans l'inscription n° 91. Un nom propre d'homme qui lui ressemble beaucoup, אפתח, se rencontre souvent dans les inscriptions nabatéennes[1].

Le premier mot de la seconde ligne qui commençait par ܩܣ indiquait sans doute une dignité ou une magistrature dont Aptouha était revêtu, et il est probable que ce mot était ܩܣܛܘܢܐ «commandant militaire» (voir p. 28).

La troisième ligne ne contenait que deux mots, le nom propre du père d'Aptouha et le verbe ܥܒܕܬ «j'ai fait». Le nom propre du père d'Aptouha commence par ܫܡ et ces deux lettres sont suivies d'un caractère en partie brisé qui paraît bien avoir été un ܫ; ce nom propre pouvait donc être ܫܡܫܓܪܡ, comme l'a supposé l'abbé Chabot dans l'article qu'il a publié dans le *Journal asiatique*, mais ce n'est nullement certain.

Le mot ܐܢܕܪܝܐܢܛܐ (on trouve aussi ܐܢܕܪܝܛܐ et ܐܢܕܪܝܢܛܐ) vient du grec ἀνδριάς et signifie «statue»; on le rencontre dans les textes de l'époque chrétienne. La forme ܐܢܕܪܝܛܐ (ligne 5) prouve que ce mot était usité dans l'ancien dialecte d'Édesse et qu'on le prononçait ܐܢܕܪܝܛܐ.

La ligne 7 commence par le nom propre ܫܡܫܘ; puis on voit un ܒ, une petite lacune et enfin les lettres ܝܢܐ ou ܝܢܐ, car les ܝ et les ܢ ne sont pas pointés dans l'inscription. Cette ligne ne contenait certainement que deux mots, et, six lettres du second mot étant lisibles, il est probable qu'une seule lettre a disparu. Cette lettre commençait par un petit trait oblique qui est encore visible, elle était très large, ne s'élevait pas au-dessus de la ligne et il semble bien qu'elle n'était pas liée à la lettre suivante; c'était donc très probablement un ܪ. M. Burkitt suppose que la septième ligne se terminait par ܒܪܩܠܝܢܐ, mot qu'on trouve dans la *Théophanie* d'Eusèbe publiée par Lee en 1842 (II, 19, 4) et qui paraît vouloir dire «chef, prince». Je n'oserais certainement pas affirmer que M. Burkitt se trompe, mais je crois que la septième lettre de la ligne 7 était un ܕ et non pas un ܠ. D'après le fac-similé de M. Burkitt, l'angle inférieur de cette lettre touche la cassure, tandis que, d'après les photographies que j'ai prises au moyen du téléobjectif, photographies qui sont beaucoup plus grandes, mais qui ne sont malheureusement pas très bonnes, il semble bien qu'il y ait un petit intervalle entre la cassure et la partie inférieure de cette lettre qui, par conséquent, ne devait pas se prolonger au-dessous de la ligne. Dans la plupart des inscriptions archaïques, le ܠ est très incliné et a la même forme que dans les inscriptions de l'époque chrétienne (voir l'inscription n° 9, ligne 4, l'inscription n° 39, ligne 1, et l'inscription n° 45, ligne 1); dans l'inscription du tombeau d'Ayou (inscription n° 44, ligne 5), le ܠ du mot ܠܥܠܡ ne descend pas au-dessous de la ligne mais est très incliné et ressemble à un ܠ. Le septième caractère de la ligne 7, composé d'un trait absolument vertical et d'un trait horizontal qui le rejoint en formant un angle droit, me paraît donc être un ܕ, et je crois que le second mot

[1] Voir le *Corpus inscriptionum semiticarum*, Pars secunda, fasciculus secundus, pl. 29, n° 213, l. 9; pl. 32, n° 206, l. 10; pl. 33, n° 217, l. 11; pl. 34, n° 212, l. 10; pl. 49, n° 467.

de la ligne 7 était ܦܫܓܪܝܒܐ[1]. J'ignore, du reste, le sens de ce mot et je suppose que, sous les rois d'Édesse, on appelait ainsi le premier ministre du roi.

La ligne 8 commençait par le mot ܐܢܬܬܗ «femme de», dont les trois premières lettres existent encore, et ce mot était suivi du nom propre du mari de la reine Chalmath, nom propre qui ne pouvait être que ܡܥܢܘ, ܐܒܓܪ ou ܘܐܝܠ. Enfin ce nom propre était certainement suivi du mot ܡܠܟܐ «roi» (le ܐ final est encore visible et on aperçoit, avant cette lettre, un petit trait horizontal qui paraît avoir été le trait supérieur du ܟ).

Le seul mot lisible de la ligne 9 est ܡܪܬܝ «ma dame», et on pourrait supposer que ce mot était le dernier de l'inscription. Néanmoins, comme le sculpteur a gravé ܡܪܬܝ au commencement de la ligne, je crois que cette ligne était à peu près aussi longue que la précédente et que l'inscription se terminait par les mots ܘܡܪܒܝܢܝܬܝ ܠܛܒܬܝ «et ma bienfaitrice» (voir les inscriptions nos 5 et 7).

Je restituerais donc l'inscription de la citadelle d'Ourfa de la manière suivante :

1 ܐܢܐ ܐܦܬܘܚܐ
2 ܐܣ[ܛܪܛܓܐ] ܒܪ
3 ܒܪ ܫ.... ܥܒܕܬ
4 ܐܣܛܘܢܐ ܗܢܐ
5 ܘܨܠܡܐ ܕܥܠ ܪܝܫܗ
6 ܠܫܠܡܬ ܡܠܟܬܐ ܒܪܬ
7 ܡܥܢܘ ܦܫ[ܓܪܝܒܐ
8 ܐܢܬܬܗ ܕܡܥܢܘ (ܕܐܒܓܪ *ou* ܕܘܐܝܠ *ou*) ܡܠܟܐ
9 ܡܪܬܝ [ܘܡܪܒܝܢܝܬܝ ܠܛܒܬܝ]

Moi Aptouha, commandant militaire, fils de Bar-Ch.........., j'ai fait cette colonne et la statue qui la surmonte en l'honneur de ma dame et ma bienfaitrice, la reine Chelmath, fille de Manou, le premier ministre(?), femme du roi Manou (*ou* du roi Abgar *ou* du roi Wael).

Bien qu'on aperçoive de très loin l'inscription de la citadelle d'Ourfa, aucun auteur syrien n'en a parlé, et je crois que, pendant tout le moyen âge, elle a été invisible. Les trous très réguliers et très profonds qui ont fait disparaître une partie de l'inscription paraissent, en effet, avoir été creusés pour supporter l'extrémité de poutres qui reposaient, de l'autre côté, sur un mur, et il est probable que, pendant de longues années, l'inscription a été masquée par un bâtiment construit contre la colonne. Je crois, du reste, qu'il est question des deux colonnes de la citadelle d'Ourfa dans un passage de la chronique anonyme publiée par Mgr Rahmani; voici ce passage :

ܐܝܬܝܗ ܗܘܐ ܕܝܢ ܒܗ ܒܐܘܪܗܝ ܡܕܝܢܬܐ ܐܪܙܐ ܪܒܐ ܕܥܠ ܥܡܘܕܝܢ ܕܟܐܦܐ ܕܫܘܒܚܐ ܕܐܒܓܪ ܡܠܟܐ
ܐܝܟ ܕܡܫܬܥܝܐ ܥܠ ܕܝܢ ܒܬܪܥܐ ܪܒܐ ܕܒܝܬ ܡܠܟܘܬܐ ܕܡܠܟܘܬܐ ܕܡܬܩܪܝܐ ܗܘܬ ܕܡܕܒܪܢܘܬܐ ܗܘܐ

[1] Si le second mot de la ligne 7 était ܦܫܓܪܝܒܐ, comme cela me paraît, non pas certain, mais très probable, il faut corriger ܦܝܓܪܝܦܐ, dans la *Théophanie* d'Eusèbe, en ܦܫܓܪܝܒܐ. Ce mot n'était plus compris à l'époque chrétienne et on trouve, dans les *Actes apocryphes des Apôtres*, la phrase suivante : ܥܡ ܐܚܘܟ ܦܫܓܪܝܒܢ ܥܡܗ ܬܗܘܐ ܒܡܠܟܘܬܢ «et avec ton frère, notre ...., avec lui tu seras dans notre royaume» (voir *Apocryphal Acts of the Apostles*, edited by W. Wright, London, 1871, p. 276). Le mot ܦܫܓܪܝܒܢ étant inconnu, Wright a proposé de lire ܦܝܓܪܝܦܢ; je croirais plutôt qu'il faut lire ܦܫܓܪܝܒܢ.

[illegible] .... [illegible] [1]

Il existait à Édesse un grand temple des païens magnifiquement construit dès l'époque du grand roi Séleucus, au-dessus de la source des eaux, du côté occidental de la ville; il était superbement orné et au milieu se trouvaient des colonnes colossales en marbre. On le fendit du côté oriental[2], on construisit un chœur, on y fixa l'autel[3] .... il était appelé *le Temple de notre Sauveur.*

Il résulte de ce passage qu'une église, déjà détruite à l'époque à laquelle le chroniqueur écrivait, avait existé anciennement sur la hauteur de la citadelle. Cette église appelée *le Temple de notre Sauveur* était un ancien temple païen, on y voyait des colonnes colossales en marbre, et je crois bien que ces colonnes étaient les deux colonnes que l'on voit aujourd'hui dans l'enceinte de la citadelle. La citadelle d'Édesse n'a été construite que sous Justinien et, à une époque antérieure, un palais construit par le roi Abgar après la grande inondation de l'an 201 et probablement aussi beaucoup d'autres bâtiments et même des tombeaux[4] existaient sur la hauteur où s'éleva plus tard la citadelle; il n'est donc pas étonnant que le chroniqueur qui rapportait une ancienne tradition ait dit, sans mentionner la citadelle, que *le Temple de notre Sauveur* se trouvait dans la partie occidentale de la ville[5]. Du reste, lorsqu'on s'éloigne de quelques pas de la colonne sur laquelle est gravée l'inscription et qu'on regarde la ville du haut du rempart de la citadelle, on aperçoit au-dessous de soi et à très peu de distance la source d'*Ibrahim el-Khalil*, et c'est certainement elle que le chroniqueur appelle [illegible] «la source des eaux»; l'ancienne église appelée *le Temple de notre Sauveur* devait donc se trouver tout près des deux colonnes de la citadelle et ces colonnes sont les seuls vestiges qui restent aujourd'hui d'un temple païen construit en cet endroit.

On admet généralement que le roi Abgar le Grand était chrétien et on pourrait, par suite, supposer que l'inscription de la citadelle est antérieure à Abgar le Grand, mais je ne le crois pas. Il ne me paraît pas absolument certain qu'Abgar le grand ait été chrétien et, s'il l'a été, il n'a pas détruit les temples, il n'a pas cherché à imposer le christianisme à ses sujets, et il semble que, bien longtemps après sa mort, la plus grande partie de la population d'Édesse était encore païenne. Le fait que l'inscription gravée en l'honneur de la reine Chelmath se trouvait dans un temple païen ne prouve donc pas du tout que cette inscription soit antérieure à Abgar le Grand.

Elle ne peut pas avoir été gravée postérieurement à l'an 249, puisque, cette année-là, l'empereur Philippe mit fin au royaume d'Édesse, mais je ne la crois pas très ancienne, et la forme des lettres ne me paraît pas être très archaïque, car le ܡ est anguleux et le ܢ n'a pas la forme d'un croissant.

[1] *Chronicon civile et ecclesiasticum anonymi auctoris*, quod ex unico codice Edesseno primo edidit Ignatius Ephraem II Rahmani, patriarcha Antiochenus Syrorum, MCMIV, p. 66, l. 3, 4, 5, 6, 7.

[2] *Dans les églises orientales, le chœur est à l'est de la nef* (voir la note de la page 41).

[3] *Littéralement :* «la table des mystères».

[4] Les fossés de la citadelle ont été creusés dans le roc et, lorsqu'on se promène au fond, on aperçoit à une grande hauteur des grottes funéraires creusées à peu de profondeur au-dessous du sol, qui ont été partiellement détruites par ceux qui ont creusé le fossé. Les grottes funéraires ainsi éventrées ont été murées du côté du fossé, mais le mur est quelquefois tombé et, du fond du fossé, on aperçoit l'intérieur de la grotte. Je n'ai pu pénétrer que dans une seule de ces grottes et n'y ai pas trouvé d'inscription.

[5] En réalité l'église appelée *le Temple de notre Sauveur* se trouvait au sud-ouest plutôt qu'à l'ouest de l'ancienne ville.

Quant à la reine Chelmath, elle nous est complètement inconnue; la *Doctrine d'Addaï* parle bien d'une reine Chelmath, femme d'Abgar le Noir, mais, comme elle était fille d'un certain Meherdat, ce n'est certainement pas d'elle qu'il est question dans notre inscription. Chelmath, fille de Manou, était probablement la femme d'un des derniers rois d'Édesse, et l'inscription de la citadelle doit être des dernières années du IIe ou du commencement du IIIe siècle.

GLOSSAIRES.

I

GLOSSAIRE DE L'INSCRIPTION DE ZAKIR (N° 86).

Abréviations : I F., 1er fragment ; II F., 2e fragment ; III F., 3e fragment (texte gravé sur la côté droit de la stèle).

𐤀𐤅 «ou, ou bien», II F., l. 21 (ܐܘ).

𐤀𐤉𐤕 préposition indiquant l'accusatif, II F., l. 5, 10, 11, 15, 16, 27, p. 170 (אֶת, chaldaïque יָת).

𐤀𐤋 «ceux-ci, ces», pronom démonstratif pluriel, I F., l. 9, 16 ; II F., l. 8, p. 165 (אֵל, אֵלֶּה).

𐤀𐤋 «à vers», I F., l. 11. — 𐤀𐤋𐤉 «à moi», I F., l. 12, p. 167 (אֶל).

𐤀𐤋 négation prohibitive, I F., l. 13, p. 168 (אַל).

(אלהא) — 𐤀𐤋𐤄𐤍 «les dieux», état simple pluriel, II F., l. 9. — 𐤀𐤋𐤄𐤉 «les dieux de», état construit pluriel, II F., l. 25, p. 172 (ܐܠܗܐ).

𐤀𐤋𐤅𐤓 «Alour» ou plutôt «Alwar», nom d'une divinité (il semble que, dans le dialecte araméen de Hamat, une syllabe *fermée* ne pouvait pas avoir de voyelle longue ; ce nom propre devait donc se prononcer «Alwar», I F., l. 1 ; II F., l. 20, 23 (?), p. 168, 171, 172.

(אמר) — 𐤅𐤀𐤌𐤓 «et il a dit», 3e personne du singulier masculin de l'aoriste avec le waw *conversif*, I F., l. 15, p. 166, 168 (ܐܡܪ).

𐤀𐤍𐤄 «je, moi», I F., l. 2, 13, 14 ; II F., l. 3 et 4 (?), p. 168 (ܐܢܐ).

(אנשא) — 𐤀𐤔 «les hommes», état simple du singulier, I F., l. 2, p. 159 (ܐܢܫܐ).

𐤀𐤐𐤔 «Apach», nom d'une localité (?), II F., l. 11, p. 170.

𐤀𐤓𐤌 «Aram», nom que l'on donnait à la région de Damas, I F., l. 4 (אֲרָם, [cuneiform] [(1)]).

(ארקא) — 𐤀𐤓𐤒 «terre», état simple, II F., l. 26, p. 172 (ܐܪܥܐ).

𐤀𐤔 Voir aux lettres אנשא.

(אתרא) «place» et probablement aussi «trace». — | 𐤀𐤔𐤓 | 𐤉𐤃𐤉 | «mes hauts faits» ou «mon inscription» (*littéralement :* «la trace de mes mains»), II F., l. 15, 16, p. 171, 172. — [𐤀𐤔]𐤓𐤄 «sa place», II F., l. 21, p. 172 (ܒܐܬܪܗ).

𐤁 préfixe, «dans», I F., l. 12 ; II F., l. 3, 8, 9.

(ביתא) «maison». — 𐤁𐤉𐤕 «la maison de», état construit du singulier, II F., l. 10. — 𐤁𐤕𐤉 «les maisons de», état construit du pluriel, II F., l. 9 (ܒܝܬܐ).

(בנא) — 𐤁𐤍𐤉𐤕 «j'ai construit», II F., l. 9, 10, p. 170 (ܒܢܐ).

. . . . 𐤁𐤏𐤋𐤏 nom d'une divinité, II F., l. 26, p. 172.

𐤁𐤏𐤋𐤔𐤌𐤉𐤍 «Baal-Chamaïn» (le maître du ciel), I F., l. 3, 11, 12, 13 ; II F., l. 23, p. 160.

(ברא) — 𐤁𐤓 «fils de», état construit, I F., l. 4 (ܒܪܐ).

𐤁𐤓𐤂𐤔 «Bar-Gach» (nom d'homme), I F., l. 5, p. 161.

𐤁𐤓𐤄𐤃𐤃 «Bar-Hadad» (le fils du dieu Hadad), I F., l. 4, 5, p. 161.

𐤁𐤕𐤉 Voir aux lettres ביתא.

(גו) «intérieur». — 𐤁𐤂𐤅𐤄 «dans son intérieur, dans lui», II F., l. 3 (ܓܘ).

(גבא) — 𐤂𐤁 «côté», état simple, II F., l. 8 (ܓܒܐ).

𐤂𐤓𐤂𐤌 «Gourgoum», nom d'une ville et d'un pays, I F., l. 6, p. 163, 164 ([cuneiform]).

𐤄 pronom suffixe de la 3e personne du singulier, I F., l. 5, 6, 7 ; II F., l. 3, 6, 20.

(עדה) — 𐤉𐤄𐤂𐤏 «il enlèvera, il ôtera», II F., l. 16, 19, p. 171. Ce mot est peut-être la 3e personne de l'aoriste aphel d'un verbe ayant un ו ou un י comme seconde radicale ; de la même racine, mais d'un thème עדא, viendrait le verbe syriaque ܐܥܕܝ «il a expulsé».

𐤄𐤌 pronom suffixe de la 3e personne du pluriel masculin, I F., l. 9.

𐤄[𐤌]𐤅 «eux», I F., l. 9, p. 165 (chaldaïque הִמּוֹן).

(1) Au sujet de la lecture de cet idéogramme, voir p. 177, note 2.

(נסח) — [illegible] «il l'enlèvera», II F., l. 20, p. 172.

[illegible] préfixe, «et», I F., l. 1, 2, 3, 4, 5, 6, 7, 9, 10, 12, 14, 17; II F., l. 2, 4, 6, 10, 11, 14, 18, 20, 23, 24, 25, 26, 27; III F., l. 2. — Employé comme le *waw conversif* en hébreu, I F., l. 11, 15, p. 166.

[illegible] «il a réuni, il a rassemblé», I F., l. 4, p. 160.

(דחל) — [illegible] «tu craindras», I F., l. 13, p. 168 (ܕܚܠ).

[illegible] «qui, que», pronom relatif (il ne s'emploie pas comme préfixe), I F., l. 1, 16 (chaldaïque דִּי).

[illegible] «Zakir», I F., l. 1, 2; II F., l. 17; III F., l. 2, p. 158.

[illegible] «ce, celui-ci», I F., l. 2, 17; II F., l. 14, 18, 19, p. 159 (chaldaïque דְּנָה).

(חזא) — [illegible] «les voyants, les prophètes», état simple du pluriel, I F., l. 12, p. 167 (ܚܙܝܐ).

[illegible] «Hazaël», I F., l. 4 (חֲזָאֵל).

[illegible] «Hazrak», nom de ville, I F., l. 9, 10; II F., l. 1, 4, p. 165, 166, 169 (חַדְרָךְ).

[illegible] «Hamat», nom de ville, I F., l. 1, 2; II F., l. 17, p. 158, 172 (ܚܡܬ).

(חלץ) — [illegible] «je te délivrerai», I F., l. 14, p. 168 (خلّص).

(חרוצא ou חריצא) — [illegible] «fossé», état simple, I F., l. 10, p. 166. — [illegible] «son fossé», I F., l. 10 (חָרוּץ).

[illegible] pronom suffixe de la 1re personne du singulier, I F., l. 3, 4, 11, 12; II F., l. 15.

(ידא) — [illegible] «ma main» ou «mes mains», I F., l. 11. — [illegible]. Voir aux lettres אשרא. — [illegible] «par le moyen de» (*littéralement* : «par la main de»), I F., l. 12 (ܒܐܝܕܐ).

(יחד) — [illegible] «il a uni, il a réuni» (aphel), I F., l. 4, p. 160 (ܝܚܝܕܐ «unique»).

(יסף) — [illegible] «j'ai ajouté» (aphel), II F., l. 4, p. 169 (ܐܘܣܦ).

[illegible] pronom suffixe de la 2e personne masculine du singulier, I F., l. 14, 15.

[illegible] «car, parce que», I F., l. 13, p. 168 (כִּי).

[illegible] «tout», I F., l. 9, 14, 16; II F., l. 5, 8, 9 (?), p. 165, 170 (ܟܠ).

(כתב) — [illegible] «j'ai écrit sur lui», II F., l. 14 et 15, p. 171 (ܟܬܒ).

[illegible] préfixe, marque du datif, I F., l. 1, 15; II F., l. 2.

[illegible] «Lasche», nom de ville, I F., l. 1, 2; II F., l. 18, p. 158, 172.

(מחא) — [illegible] «ils ont frappé», I F., l. 15, 16, p. 168 (ܡܚܘ).

(מחנתא) — [illegible] «le territoire de», état construit, II F., l. 5, p. 170. Le sens de ce mot est très douteux.

(מחנותא) — [illegible] «son armée, son camp», I F., l. 5, 6, 7, p. 161, 164. — [illegible] (écrit fautivement [illegible]) «leurs armées», I F., l. 9[1], p. 161, 165 (מַחֲנֶה).

(?) [illegible] «Malaz», nom de ville ou de pays, I F., l. 7, p. 164.

(מלך) — [illegible] «il m'a fait régner» (aphel), I F., l. 3. — [illegible] «je t'ai fait régner» (aphel), I F., l. 13, p. 168 (ܐܡܠܟܢܝ).

[illegible] «roi», état emphatique, II F., l. 6. — [illegible] «roi de», état construit, I F., l. 1, 2, 4, 6, 7; II F., l. 17. — [illegible] «rois», état simple du pluriel, I F., l. 5, p. 160, 165. — [illegible] «les rois», état emphatique du pluriel, I F., l. 9, 16, 165. — [illegible] «son roi», II F., l. 3 (ܡܠܟܗ).

[illegible] «de, hors de, plus que», I F., l. 10, 14; II F., l. 18, 19, 20 (مِن).

[illegible] «celui qui, quiconque», II F., l. 16, 18, 21 (مَن).

(מצרא ou מצורא) — [illegible] «siège, circonvallation, retranchement», état simple, I F., l. 9, 15, p. 165, 168 (מָצוֹר).

[illegible] suffixe de la 1re personne du singulier après un verbe, I F., l. 3, 11.

[illegible] «stèle», I F., l. 1; II F., l. 14, 18, 19.

(נשא) — [illegible] «et j'élevai», 1re personne du singulier de l'aoriste avec le *waw conversif*, I F., l. 11, p. 166, 167 (נָשָׂא, chaldaïque נְשָׂא).

[1] La forme [illegible] «leurs armées» prouve que l'état emphatique singulier de ce substantif était [illegible] *mahanwitha*. Ainsi que je l'ai dit aux pages 161 et 163, il semble bien que, dans le dialecte araméen de Hamat, une syllabe fermée ne pouvait pas avoir une voyelle longue; la voyelle en devenait sans doute brève à l'état construit du singulier, et c'est pour ce motif que nous trouvons aux lignes 5, 6 et 7 du premier fragment : [illegible] (sans [illegible]) «son armée». L'état emphatique du pluriel devait être [illegible] *mahanwâthâ*; enfin, l'état construit du pluriel devait être [illegible] *mahanwath*.

𐤎𐤍𐤉𐤀 «les ennemis», état emphatique pluriel, II F., l. 8 (ܒܥܠܕܒܒܐ).

(ערר) — 𐤏𐤓𐤓𐤍 substantif à l'état simple du pluriel, I F., l. 12, p. 167.

𐤏𐤋 «sur, contre», I F., l. 9. — 𐤏𐤋𐤉 «contre moi», I F., l. 4. — 𐤏𐤋𐤉𐤊 «contre toi», I F., l. 15, p. 168 (ܥܠ).

(עם) — 𐤏𐤌𐤉 «avec moi», I F., l. 3. — 𐤏𐤌𐤊 «avec toi», I F., l. 14 (ܥܡܟ).

𐤏𐤌𐤒 «Amq», nom d'un district, I F., l. 6, p. 163 (العمق).

(עמק) — 𐤄𐤏𐤌𐤒𐤅 «ils ont rendu profond, ils ont creusé», I F., l. 10 (ܐܥܡܩܘ).

(ענה) — | 𐤀𐤍𐤄 | 𐤏𐤍𐤄 «je parle», participe à l'état simple masculin singulier avec le pronom personnel, I F., l. 2, p. 159. — 𐤅𐤉𐤏𐤍𐤍𐤉 «et il m'exauça», aoriste avec pronom suffixe et *waou conversif*, I F., l. 11, p. 159, 166, 167 (ܥܢܐ).

𐤏𐤔𐤓 «dix», I F., l. 5, p. 160 (ܥܣܪ).

(פרשא) — 𐤐𐤓𐤔 «chevaux», état simple, II F., l. 9, p. 169, 170 (פרש).

(קדם) — 𐤒𐤃[𐤌], [𐤒𐤃]𐤌 «devant», II F., l. 13, 19 et 20, p. 171, 172 (ܩܕܡ).

𐤒𐤅𐤄 «Koueh», nom de pays, I F., l. 6, p. 161, 162, 163 ([illegible]).

𐤒𐤌 «il s'est tenu», I F., l. 3. — [𐤀𐤒]𐤌 «je me tiendrai», I F., l. 14, p. 168 (ܩܘܡ).

(רום) — 𐤄𐤓𐤌𐤅 «ils élevèrent» (aphel), I F., l. 10, p. 165 (ܐܪܝܡܘ).

(רכבא) — 𐤓𐤊𐤁 «chars de guerre», état simple, II F., l. 2, p. 169, 170 (רכב).

(שבע) — 𐤔𐤁𐤏[𐤕] «sept», état construit, I F., l. 8, p. 165 (ܫܒܥܐ).

𐤔𐤄𐤓 «Chahar» (la lune), II F., l. 24 (ܣܗܪܐ).

𐤔𐤌 «il a posé, il a consacré», I F., l. 1, p. 158. — 𐤔𐤌𐤅 «ils placèrent», I F., l. 9. — 𐤔𐤌𐤕 «j'ai placé», II F., l. 13. — 𐤔𐤌𐤕𐤄 «je l'ai placé», II F., l. 6 (ܣܡ).

𐤔𐤅𐤓𐤀 «le mur», état emphatique, I F., l. 17. — 𐤔𐤓 «le mur de», état construit, I F., l. 10. — 𐤔𐤓 «mur», état simple, I F., l. 10, p. 165 (ܫܘܪܐ).

(שלח) — 𐤉𐤔𐤋𐤇 «il enverra», II F., l. 21 (ܫܠܚ).

(שמא) — 𐤔𐤌 «le nom de», état construit, III F., l. 2 (ܫܡܐ).

(שמיא) — 𐤔𐤌𐤉𐤍 «le ciel», état simple, II F., l. 25, p. 172 (ܫܡܝܐ).

𐤔𐤌𐤀𐤋 «Chamal», nom d'une ville, I F., l. 7, p. 163, 164.

𐤔𐤌𐤔 «Chamache» (le Soleil), II F., l. 24 (ܫܡܫܐ).

II

GLOSSAIRE DES INSCRIPTIONS ARAMÉENNES DE SARI (N° 60) ET DE HASSAN-KEF (N° 61).

Les mots sont transcrits en caractères hébreux carrés.

א(?)בא «Aba», nom propre, n° 61, l. 8.

איתימלך «Ital-Mélek», nom propre qui signifiait peut-être «je suis roi», n° 61, l. 6.

אלול «Eloul», nom d'un mois, n° 61, l. 1.

אתא «il est venu», n° 61, l. 1 (ܐܬܐ).

בר «fils de», état construit, n° 61, l. 4, 5, 6, 7, 8, 9.

בריכסי ou בריבסי, nom propre, n° 61, l. 6.

ברננוי «Bar-Nanaï», nom propre pouvant signifier «fils de la déesse Nanaï», n° 61, l. 5.

ברעתי «Bar-Athi», nom propre pouvant signifier «fils d'Athi», n° 61, l. 8.

די, pronom relatif indiquant le génitif, n° 61, l. 3.

הדין «ce, celui-ci», voir p. 111.

זבדו «don, présent», n° 61, l. 3.

זבדלחוא ou זבדלחיא «Zabd-Lahwa» ou «Zabd-Lahia», nom propre pouvant signifier «don de Lahwa» ou «de Lahia», n° 61, l. 7, p. 112.

זגיזהב «Zagizahab (?)», nom propre, n° 61, l. 4.

זהב «or (?)», n° 61, l. 3.

ירח «mois», état construit, n° 61, l. 1.

כדי «lorsque», n° 61, l. 2.

לחוא ou לחיא «Lahwa» ou «Lahia», nom de divinité (?), n° 60, l. 5, p. 112.

מותבא «base, piédestal», n° 60, l. 2, p. 112.

[illegible] «elle a fait pleuvoir, elle a donné avec abondance (?)» (aphel), n° 61, l. 3.

[illegible] ou [illegible], nom propre qui paraît être un mot composé, n° 61, l. 4.

[illegible] «Nerib-Nabou», nom propre pouvant signifier «sauvé par Nabou», n° 61, l. 5.

[illegible] «Nisibe», n° 61, l. 2.

(?) [illegible] «(?)», n° 60, l. 6.

[illegible] «image», voir p. 111.

(?) [illegible] «qu'il entende (?)», n° 60, l. 4, p. 112.

[illegible] «année» (état construit), n° 60, l. 1.

III

GLOSSAIRE GÉOGRAPHIQUE SYRIAQUE.

Pour ne pas augmenter inutilement les dimensions de ce glossaire, je n'y ai fait figurer que les noms de districts, de villes, de villages et de couvents sur la situation géographique desquels on trouvera dans cet ouvrage des renseignements précis.

[illegible] — [illegible] «Couvent de Saint-Abbaï» ou [illegible] «Couvent des Échelles», nom d'un ancien couvent jacobite qui était situé près d'El-Bèche, voir p. 117.

[illegible] — [illegible] «Couvent de Saint-Abaï», ancien couvent jacobite qui était situé près de Kelleth. Il est probable qu'on l'appelait aussi [illegible] «Couvent de Saint-Abaï-du-Mor», voir p. 186.

[illegible] «Anbaï», village au sud de Mediad (il est peut-être appelé Dairhûlia par les Curdes), voir p. 189.

[illegible] — [illegible] «le Couvent de la Colonne», ancien couvent jacobite qui était situé près de Raqqah, n° 93, l. 9, p. 189.

[illegible] — [illegible] «Couvent de Saint-Behnam», aussi appelé [illegible] «Couvent de Saint-Behnam-de-la-Crypte», [illegible] «Couvent de la Crypte». Couvent jacobite près d'El-Kheder, voir p. 132, n° 76, l. 16.

[illegible] — [illegible]. Voir à [illegible].

[illegible] «Badebleh», village près de Mediad, n° 13, l. 2, p. 42, 43.

[illegible] «El-Bawazidj», nom d'une ancienne ville, voir p. 68.

[illegible] «Karakoche», village près de Mossoul, n° 72, l. 5, p. 44, 126, 129. — [illegible] «natif de Karakoche», p. 45.

[illegible] «Banâman», village près de Hbab, p. 44, 45. — [illegible] «natif de Banâman», n° 14, l. 4, 6, 9, p. 44.

[illegible], [illegible], [illegible] «Beth-Nouhadra, Beth-Nouhadré, Beth-Nouhadrân», région située entre le Tigre et le pays de Marga, voir p. 29, 30, 44. — [illegible] «natif du Beth-Nouhadrân», p. 45.

[illegible], nom d'un village appelé par les Syriens «Bassorinâ» et par les Curdes «Bassibrina», p. 45, 116. — [illegible] «natif de Bassibrina», n° 14, l. 7, 8, p. 45.

[illegible] «Beth-Adri», village, p. 29.

[illegible] «Beth-Aïnatha», village près de Djéziréh, p. 58.

[illegible] «Beth-Araboyé», nom d'une région située à l'est de l'Osrhoène, voir p. 36, 45. — [illegible] «natif du Beth-Araboyé», p. 35, 45.

[illegible] «Bachika», village yézidi près de Mossoul, p. 58.

[illegible] «Beth-Kidouna», nom d'un ancien village dans la région d'Édesse, p. 44, 45. — [illegible] «natif de Beth-Kidouna», p. 45.

[illegible] «Beth-Remmau», nom d'un district au nord de Takrit, p. 58.

[illegible] «Balad», ancienne ville située à l'endroit où se trouve aujourd'hui Eski-Mossoul, p. 35 (voir p. 29).

[illegible], [illegible] «Bartelli», village près de Mossoul, p. 141 (il semble qu'il était primitivement appelé [illegible]). — [illegible] «natif de Bartelli», n° 77.

[illegible] — [illegible]. Voir à [illegible].

[illegible] [illegible] aussi appelé [illegible] «la rivière Djoullab», p. 106.

[illegible], [illegible] «Gargar», village, p. 118.

[illegible] «Dounaïssir», nom d'une ancienne ville, n° 93, l. 11, p. 189.

[illegible]. Voir p. 189.

[illegible] «les Zarziréens», nom d'une ancienne tribu, p. 59.

[illegible] «Hah», village, n° 34, l. 8; n° 108, l. 3, p. 98, 120, 121. — [illegible] «natif de Hah», n° 14, l. 3.

[illegible] — [illegible] «Couvent de Saint-

Ananias» appelé aussi «Couvent de Zâfaran», p. 188, n° 93, l. 9.

[illegible], nom d'un village appelé aujourd'hui «Hafsour» par les Syriens et «Hafsinas» par les Curdes, p. 66, n° 26, l. 5.

[illegible] — [illegible] [illegible] «Le Couvent des Grecs», nom d'un ancien couvent situé au-dessus de Tell-Eda, p. 55, n° 18, l. 1.

[illegible] — [illegible] [illegible] [illegible] ou [illegible] [illegible] [illegible], nom d'un ancien couvent nestorien situé près de Balad, p. 29.

[illegible] — [illegible] [illegible] [illegible] [illegible] «Couvent de Saint-Jacques-le-Reclus», voir p. 62, n° 35, l. 8. — [illegible] [illegible] [illegible] [illegible] «Couvent de Saint-Jacques-le-Docteur», p. 42. — [illegible] [illegible] [illegible] [illegible] «Couvent de Saint-Jacques-des-Tombeaux», aussi appelé [illegible] [illegible] «Couvent des Tombeaux», p. 103, 105.

[illegible] [illegible] ou [illegible] [illegible] [illegible], ancien nom de la ville de Kerkouk, p. 77.

[illegible] «Karamlès», village près de Bartelli, p. 141.

[illegible] — [illegible] [illegible]. Voir à [illegible].

[illegible] — [illegible] [illegible] [illegible], nom d'un couvent jacobite, p. 42.

[illegible] «Maaltaï», village, p. 30.

[illegible] «Maraq», village entre Nisibe et Mossoul, p. 35.

[illegible] — [illegible] [illegible]. Voir [illegible].

[illegible] — [illegible] [illegible]. Voir à [illegible].

[illegible] «le pays d'Arab», voir p. 34, 35, n° 5, l. 3, n° 7, l. 3, n° 9, l. 5, n° 10, l. 5, p. 28, 36, 181. — [illegible] «natif du pays d'Arab, natif du Beth-Arabayé», p. 34, 35.

[illegible], [illegible] «Arnas», village, p. 42, 95. — [illegible] «natif d'Arnas», n° 13, l. 1, 7, p. 42.

[illegible] [illegible], nom d'un ancien couvent jacobite, p. 118.

[illegible] «originaire de Fafa», n° 13, l. 3, p. 43.

[illegible], [illegible] «Salah», village, n° 26, l. 3, n° 33, l. 15, n° 35, l. 8, p. 82.

[illegible] «Siffin», localité, n° 84, l. 11, p. 149.

[illegible] «Kelleth», voir p. 186, n° 93, l. 11.

[illegible], ancien nom de la ville appelée [illegible], p. 58.

[illegible] «Kartmin», nom d'un village situé à une heure de marche environ du Couvent de Saint-Gabriel. — (1) [illegible] «natif de Kartmin», n° 15, l. 6. — [illegible] [illegible] [illegible] [illegible] «Couvent de Saint-Gabriel de Kartmin» ou [illegible] [illegible] «Couvent de Kartmin», voir p. 39.

[illegible]. Voir p. 189.

[illegible] ou [illegible], nom d'une localité; c'est peut-être l'ancien nom de Seghmatar, n° 5, l. 5, p. 98.

[illegible] — [illegible] [illegible], nom d'un ancien couvent près du Couvent de Saint-Abhaï déjà ruiné au XII° siècle, p. 118.

[illegible] ou [illegible] [illegible] [illegible], nom d'une ville, appelée à l'époque des Sassanides [illegible], qui devait se trouver près du confluent du Zab inférieur et du Tigre, p. 58.

[illegible], [illegible] «Takrit», n° 73, l. 2, voir p. 127.

[illegible] «Tell-Addo», village, p. 52, n° 18, l. 2. — [illegible] [illegible], nom d'un ancien couvent, p. 52.

IV

SUPPLÉMENT AU DICTIONNAIRE SYRIAQUE DE PAYNE-SMITH.

(*THESAURUS SYRIACUS* COLLEGERUNT STEPHANUS M. QUATREMÈRE, GEORGIUS HENRICUS BERNSTEIN, ETC.; AUXIT, DIGESSIT, EXPOSUIT, EDIDIT R. PAYNE-SMITH, S. T. P.)

[illegible], forme dialectale pour [illegible] (?), n° 55, l. 5, p. 102.

[illegible], nom propre d'homme peu usité à l'époque chrétienne, n° 8, l. 2, n° 12, p. 31, 33.

[illegible] ou [illegible], nom propre (?), p. 82, 83.

[illegible] «statue», ancienne forme édessenienne pour [illegible], n° 118, l. 5, p. 205.

[illegible] «cuve de pierre» et aussi «sarcophage», n° 44, l. 4, p. 81.

[illegible] «petit frère», nom propre d'homme, n° 19, l. 5, p. 55.

[illegible], 1° «dernier»; 2° (employé comme substantif) «personne qui naîtra dans les temps futurs, personne non encore née, qui naîtra un jour», n° 44, l. 3, p. 81.

(1) Il semble que, dans les adjectifs dérivés des noms de villes et de villages se terminant par [illegible], désinence du pluriel simple masculin, le [illegible] de cette désinence tombait presque toujours; on trouve par exemple : [illegible] «natif de Nisibe», [illegible] «natif de Mardin».

[illegible], nom d'une tribu turque ou mongole nestorienne, p. 137, 138.

[illegible] «Amatchamcha», nom de femme, contraction de [illegible] [illegible] «servante du soleil», n° 57, n° 58, p. 104.

[illegible] «tu, toi», ancienne forme pour [illegible] (l'existence de ce mot est douteuse), n° 48, l. 5, p. 88.

[illegible] «Azzou», nom d'homme, p. 82.

[illegible] «affranchi», n° 7, l. 5, p. 31 (*ἀπελεύθερος*).

[illegible], [illegible] «Aptoulia», nom d'homme, n° 91, n° 118, l. 1, p. 82, 185, 205.

[illegible]. Ce mot dont la lecture est douteuse paraît être un nom propre; c'est peut-être le nom «Uranius», n° 83, p. 146.

[illegible], nom ou surnom d'une reine turque ou mongole, p. 137.

[illegible]. Voir [illegible].

[illegible] ou [illegible] ou [illegible], les 2e, 3e et 4e consonnes peuvent être des [illegible] ou des [illegible], voir p. 18.

[illegible] «maison». Dans les adjectifs en [illegible] composés de [illegible] et d'un autre mot, [illegible] était toujours supprimé, p. 44, 45. Il est probable que, dans les mots composés de [illegible] et d'un autre mot, [illegible] était prononcé généralement *ba*, *bi* ou *b*; par exemple le mot [illegible] [illegible] «martyrium» était prononcé *basmdhdé*, p. 58, 59.

[illegible] [illegible] «oratoire dans lequel on récitait l'office pendant l'été», n° 51, l. 1, 2; voir p. 93, 121, 191, 198, 201.

[illegible] [illegible]. On appelait ainsi les souterrains des églises et des couvents dans lesquels on déposait les corps des morts et les salles placées près de ces souterrains sur les murs desquelles on gravait souvent des inscriptions rappelant leurs noms, p. 52, 69, 70, 132, 133, 134, 143.

[illegible] «hélas!», interjection, n° 46, l. 2, n° 89, l. 3, p. 84, 183.

[illegible] «Billaha», nom de femme, p. 81, 82.

[illegible]. Abréviation pour [illegible] «Benjamin (?)», n° 29, l. 3; p. 67.

[illegible] «Bousso» (?), nom propre ou surnom, n° 64, l. 16.

[illegible]. Voir [illegible].

[illegible] «Brikho (béni)», nom d'homme(?), n° 66, l. 3.

[illegible] [illegible] ou peut-être [illegible] [illegible] «Bar-Nahar», nom d'homme, n° 7, l. 1, n° 10, l. 3, p. 31.

[illegible] [illegible] «Bar-Ata (fils d'Ata)», nom d'homme, n° 39, l. 1, n° 47, l. 2; p. 78.

[illegible] [illegible] «Bar-Chouma», nom d'homme, n° 44, l. 1, 7.

[illegible], 1° «troupe, chœur»; 2° table de pierre sur laquelle on pose les livres lorsqu'on récite les offices, p. 42, 43, 93.

[illegible] «Ganal (?)», nom de femme, n° 39, l. 1, p. 78.

[illegible] «Garmou», nom d'homme, p. 82.

[illegible] «urne, amphore». On appelait aussi [illegible] les sarcophages en pierre placés dans les [illegible] [illegible] des couvents dans lesquels on déposait les corps des moines, p. 69.

[illegible]. Voir [illegible].

(?) [illegible] «Dazig», nom propre (mot douteux), n° 77; voir p. 142.

[illegible] ou [illegible] «Dinaï (?)» ou «Rinaï», nom d'homme, n° 7, l. 2, n° 10, l. 4, p. 31.

[illegible]. Voir [illegible].

[illegible] ou [illegible]. Ce mot paraît être un nom d'homme, n° 5, l. 3, p. 28.

[illegible] ou [illegible] ou [illegible] ou [illegible]. Nom d'homme, n° 88, l. 1, n° 89, l. 1, p. 180.

[illegible]. Ce mot qui signifiait primitivement «darique» paraît être le nom qu'on donnait, sous les successeurs de Constantin, au sou d'or (*solidus aureus*), n° 82, l. 10, p. 155.

[illegible]. Nom propre(?), n° 2, l. 3, p. 17.

[illegible], forme dialectale ou vulgaire pour [illegible] «souviens-toi», impératif de [illegible] (?), n° 91, p. 185.

[illegible] «être, devenir, exister». Il semble qu'au moyen âge ce verbe signifiait également «être bâti, être construit»; c'est du moins le sens qu'il paraît avoir à la ligne 3 de l'inscription n° 56 et dans une inscription syriaque de Bakerha publiée par M. Littmann (*Publications of an American archaeological expedition to Syria*, Part IV).

[illegible]. Voir [illegible].

[illegible] «hélas!», état simple de [illegible] employé comme exclamation, n° 45, l. 2, n° 46, l. 2, n° 89, l. 4, p. 83, 183.

[illegible] «tante, sœur de la mère» et peut-être aussi à l'époque païenne «concubine[1]», n° 88, l. 2, p. 180.

[illegible] «Houchab», nom d'homme, n° 35, l. 9, p. 74 ([illegible]).

[illegible] «mosaïque», p. 40.

[illegible] «le mois de janvier», ce mot a peut-être été usité, à une très ancienne époque, dans certaines parties de la Syrie. — [illegible] [illegible] [illegible] [illegible] [illegible] de

[1] Le mot [illegible] «concubine» ([illegible]), ne venant pas de la même racine que le mot [illegible] «tante» ([illegible]), avait peut-être une autre vocalisation.

galettes que mangeaient les païens pendant certaines fêtes, p. 181, 182.

[illegible] (mot peut-être inusité au singulier), «ossements», n° 2, l. 7, p. 18. — [illegible] «sépulcre», n° 49, l. 1, p. 89.

[illegible] «Kaoukab», nom propre, n° 48, l. 4, p. 88.

[illegible] (mot douteux), «Khalboun», nom propre, n° 81, l. 4, p. 144.

(?) [illegible] «tombeau», n° 2, l. 7, p. 18, 19.

[illegible], 1° «tablette, tablette à écrire»; 2° «inscription gravée sur le rocher ou sur un bloc de pierre et entourée d'un rebord saillant ou d'un encadrement sculpté», n° 35, l. 5; n° 115, l. 7, p. 74, 201.

[illegible] ou [illegible] «Magdal (?)», nom de femme, n° 95, l. 1, p. 83.

[illegible] «Mali», nom d'homme, n° 10, l. 2, p. 32.

[illegible] «Mahmaï», nom d'homme, n° 9, l. 3, 32.

[illegible] «Mokimou», nom d'homme, n° 36, l. 3, n° 37, l. 1, p. 77.

[illegible] «Marlaha», divinité syrienne, n° 44, l. 6, p. 81, 82.

[illegible] «Marouna», nom d'homme (?), n° 81, l. 3, p. 143.

(?) [illegible] «Métazat (?)», nom de femme, n° 88, l. 2, p. 180.

[illegible] «commandant militaire», n° 5, l. 5, n° 118, l. 2 (?), p. 28, 30, 205 (mot d'origine iranienne).

[illegible]. Nom propre d'homme (?), n° 2, l. 3, p. 18.

[illegible], [illegible], [illegible] «Nana, Nanos», nom d'homme, n° 14, l. 3, p. 44, 45.

[illegible] pluriel [illegible], 1° «âme»; 2° «tombeau construit au-dessus du sol, en forme de tour et avec une toiture en forme de pyramide», n° 2, l. 4, p. 15, 16, 18, 43, 104, 105.

[illegible] — Aphel [illegible] «détacher un bloc de pierre du rocher dans une carrière», n° 13, l. 2, p. 42, 43.

[illegible]. Nom d'homme (c'est peut-être la forme syriaque ancienne du nom propre Séleucus), n° 36, l. 2, n° 37, l. 2, n° 38, l. 2, n° 39, l. 2, p. 77.

[illegible] «Abd-Allat», nom d'homme, n° 45, l. 1, p. 83.

[illegible] «Azouz», divinité ou génie des Harraniens (?), p. 13.

[illegible] «Azlazou», nom d'homme, n° 89, l. 3.

[illegible] «Ayou», nom de femme, n° 44, l. 1.

[illegible] «Oulwân», nom d'homme, n° 99, l. 1, n° 104, l. 1, n° 107, l. 13, n° 111, l. 9 ([illegible]).

[illegible], [illegible] «dix» (ancienne forme pour [illegible], [illegible]). — [illegible] «treize» (féminin), n° 36, l. 1, p. 77.

[illegible] «premier ministre (?)», n° 118, l. 7, p. 205, 206.

[illegible] «diminuer, mettre en morceaux» (voir Payne-Smith). Ce verbe avait aussi un sens neutre ou passif et signifiait: «être exigu, être étroit», p. 29.

[illegible]. Nom de femme, p. 19.

[illegible] «image de femme», n° 88, l. 1, p. 180, 181, 182.

[illegible] «ligament» (voir Payne-Smith). — [illegible] [illegible] «la voûte en berceau qui recouvre l'église», n° 53, l. 2, p. 99.

[illegible], 1° «clôture du chœur, mur ou colonnettes surmontées d'une architrave qui séparaient le chœur de la nef»; 2° «terre-plein en maçonnerie aussi élevé que le chœur qui, dans certaines églises, se trouvait devant la porte du chœur»; 3° «partie de la nef située devant le chœur où se trouvaient, dans les églises jacobites, deux tables de pierre autour desquelles on récitait les offices»; 4° «degrés par lesquels on montait dans le chœur et balustrades qui se trouvaient à droite et à gauche de ces degrés» (voir le dictionnaire de Bar-Bahloul, édition Rubens Duval, col. 1815), n° 52, l. 2, p. 91, 96, 97.

[illegible], [illegible] ou [illegible]. Voir [illegible].

[illegible] ou [illegible]. Voir [illegible].

[illegible] (la première lettre peut être un [illegible]), «Rahbou», nom de femme, n° 38, l. 1, p. 77.

[illegible] «Rahmin (?)», nom d'homme, p. 82, 83.

[illegible]. Voir à [illegible].

(?) [illegible] «Raab», nom d'homme, n° 49, l. 2, p. 89.

[illegible] ou [illegible]. Voir à [illegible].

[illegible]. Voir à [illegible].

[illegible]. On peut lire [illegible] ou [illegible]. Nom d'homme, n° 49, l. 2, p. 89.

[illegible] «Choumou», nom de femme, p. 82.

[illegible] «Charédou», nom d'homme, n° 2, l. 3, n° 57, n° 58, p. 18.

INDEX.

ERRATA.

Page 32, ligne 7 : *lire* «l'image» *au lieu de* «la statue».

P. 36, l. 24 : *lire* «Lusius Quietus» *au lieu de* «Lucius Quiesus».

P. 45, l. 11 : *lire* «Bassorinô» *au lieu de* «Bassorina».

P. 45, l. 23 : *lire* «Nanos» *au lieu de* «Nanous».

P. 58, l. 13 : *lire* [illegible] *au lieu de* [illegible].

P. 59, l. 4 : *lire* «le mot [illegible] se prononçait *[illegible]*» *au lieu de* «le mot [illegible] se prononçait *[illegible]*».

P. 84, l. 34 : *lire* [illegible] *au lieu de* [illegible].

P. 105, l. 16 : *lire* «Qasr-el-Bénat» *au lieu de* «Kasr-el-Bénat».

P. 149, l. 20 : *lire* «Siffin» *au lieu de* «Sifin».

P. 162, l. 41, 42, 43 : *lire* «aussi les noms propres étrangers sont-ils souvent complètement défigurés dans les textes assyriens.» *au lieu de* «c'est pourquoi les noms propres étrangers sont souvent complètement défigurés dans les textes assyriens.»

P. 162, l. 43 : *lire* «La forme» *au lieu de* «Aussi la forme».

P. 165, l. 16 : *lire* «dans le mot composé [illegible] «dix-sept» *au lieu de* «dans l'expression [illegible] «une semaine» et dans le mot composé [illegible] «dix-sept».

P. 174, l. 3 : *lire* [| לי] *au lieu de* [| אלי].

P. 177, l. 11 : *lire* «chap. XIII» *au lieu de* «chap. XII».

P. 188, l. 1 : *lire* [illegible] *au lieu de* [illegible].

TABLE DES MATIÈRES.

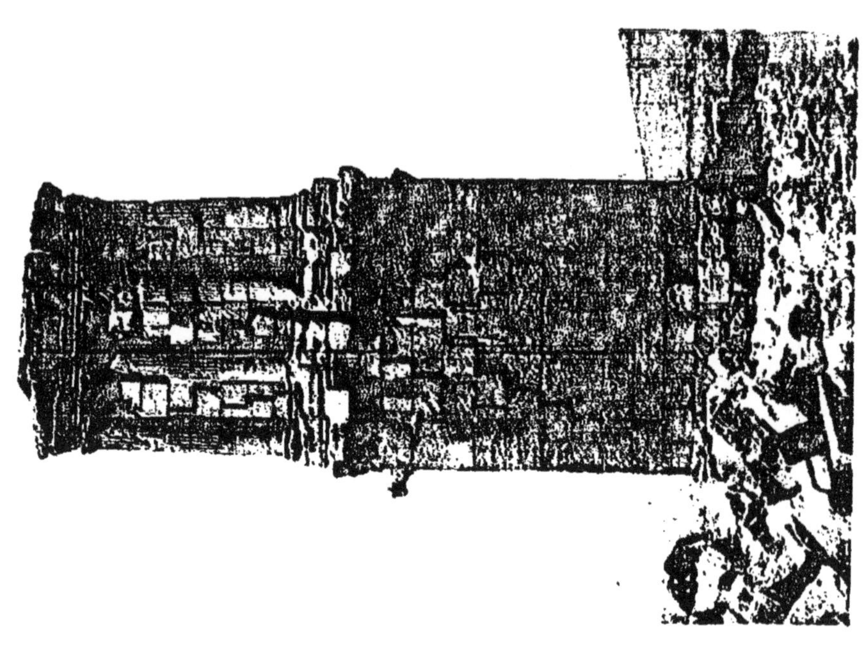

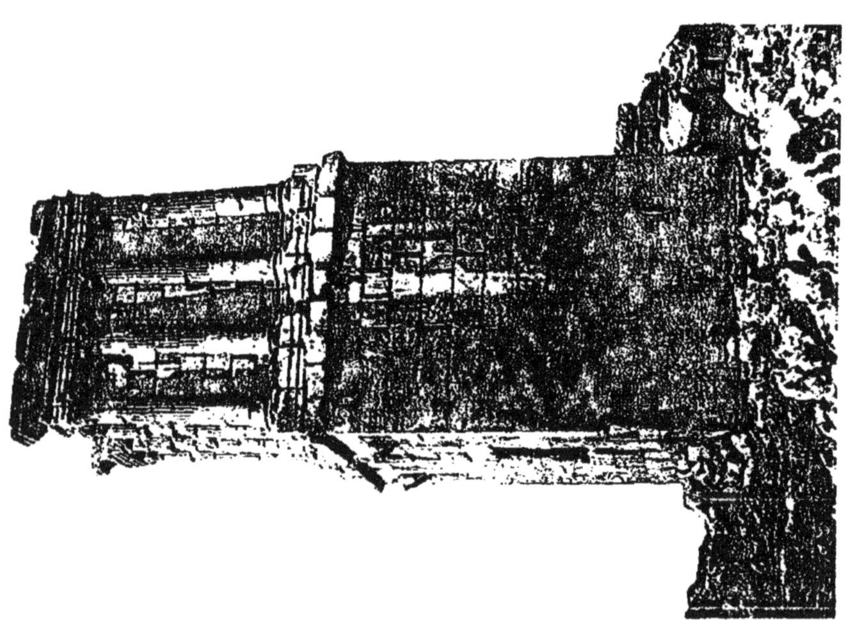

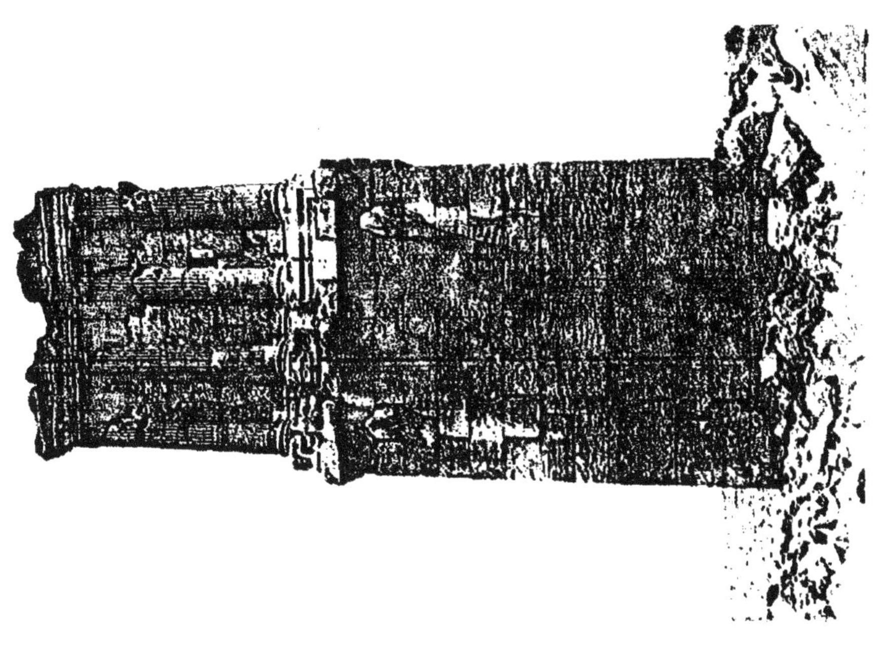

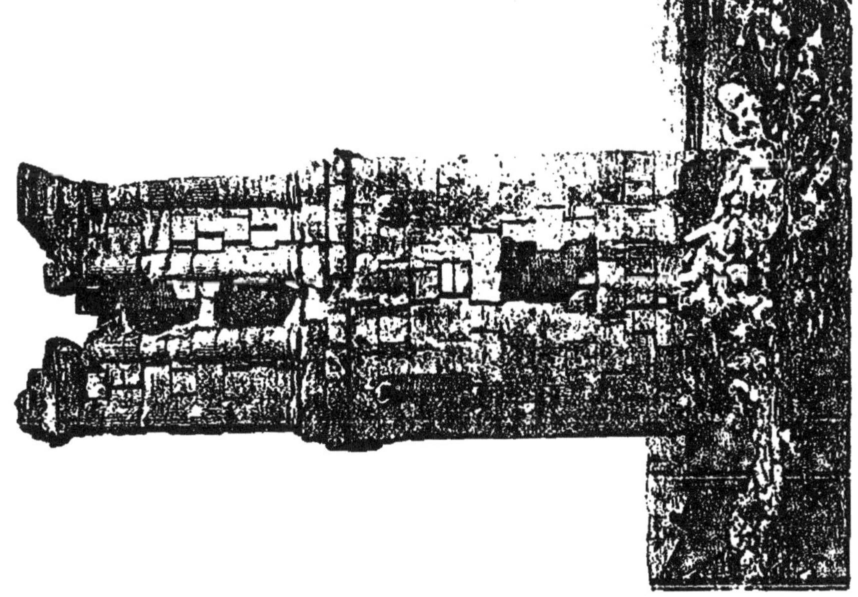

GROTTE DE SOGHMATAR.

IMAGE DE BALSAI SCULPTÉE PAR L'ORDRE DE BAR-NAHAR.

GROTTE DE SOGHMATAR.

IMAGES DU TOPARQUE WAIL ET DE SON FILS WAIL.

ORATOIRE DANS LA COUR DE L'ÉGLISE DE KAFAR-ZÉ.

GROTTE DE SOCHMATAR.

IMAGE DE HAFSAI SCULPTÉE PAR L'ORDRE D'ADOUNG.

PLANCHE V

ANCIEN TOMBEAU SYRIEN

DANS LES RUINES DU COUVENT DE SAINT-JACQUES

BAS-RELIEF ASSYRIEN D'ANAZ

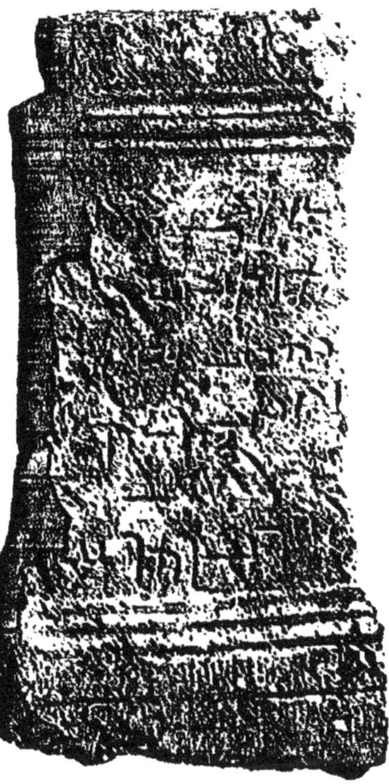

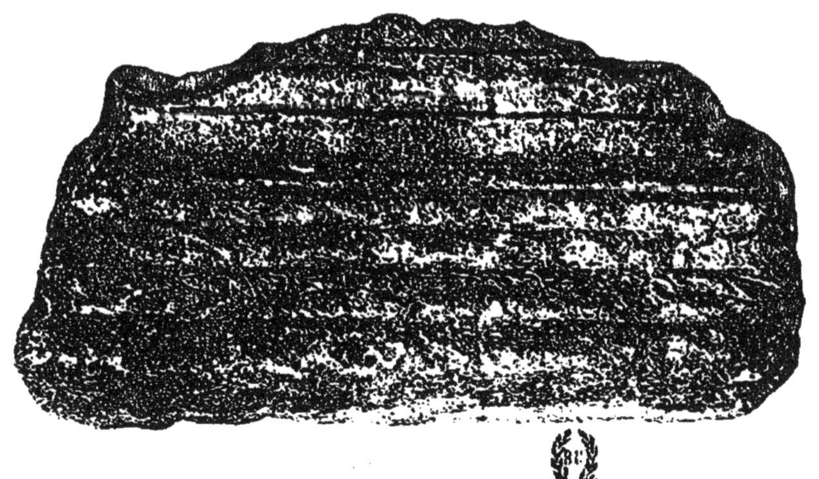

Phototypie Berthaud, Paris

L'INSCRIPTION DE HASSAN-KEF EN 1893

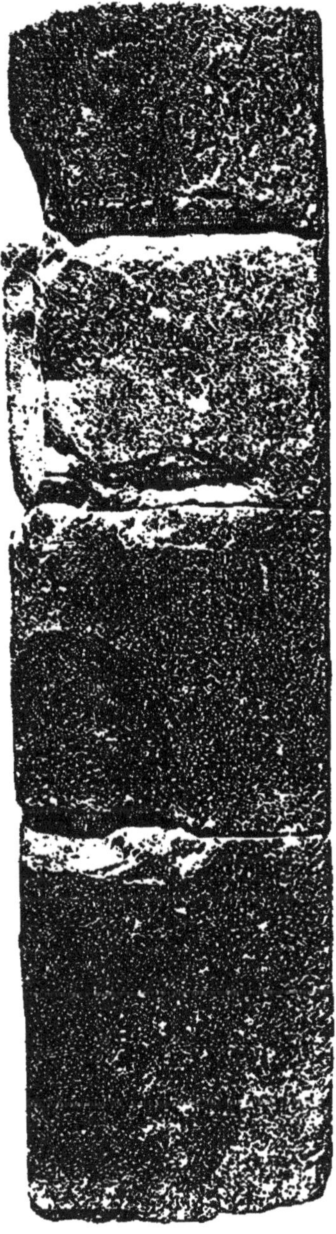

GROTTE DE KARA-KEUPRU.

BAS-RELIEF A GAUCHE DE LA PORTE.

GROTTE DE KARA-KEUPRU.

BAS-RELIEF EN FACE DE LA PORTE.

N° 1.

COMMENCEMENT DE L'INSCRIPTION D'ESKI-HARRÂN.

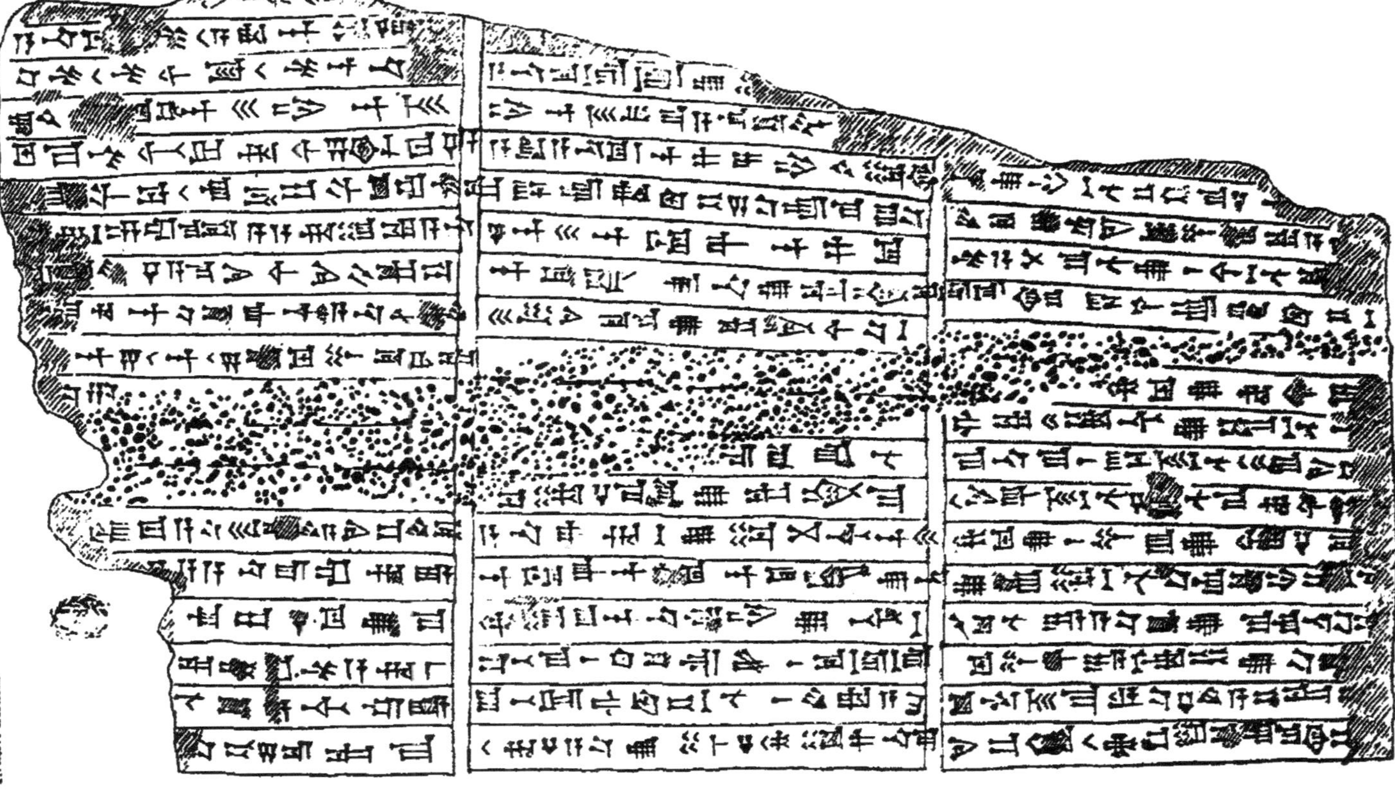

IMPRIMERIE NATIONALE.

N° 1.

FIN DE L'INSCRIPTION D'ESKI-HARRÂN.

N° 2.

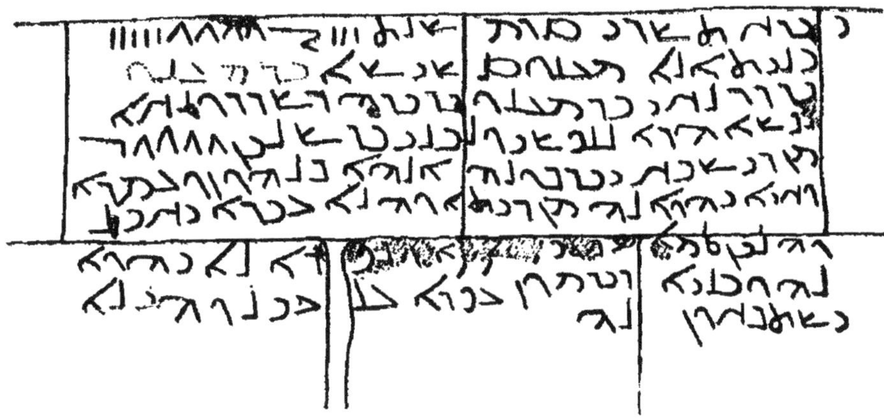

N° 3.

Longueur : 0 m. 51.

N° 4.

Longueur : 0 m. 47.

N° 5.

Longueur de la 1re ligne : 0 m. 63.

N° 6.

Longueur : 0 m. 59.

N° 8.

Longueur de la 2e ligne : 0 m. 35.

N° 7.

Longueur de la 1re ligne : 0 m. 32.

N° 9.

Longueur de la 1re ligne : 0 m. 36.

N° 10.

Longueur de la 4e ligne : 0 m. 43.

N° 11.

Longueur de la 1re ligne jusqu'à la cassure : 0 m. 27.

N° 12.

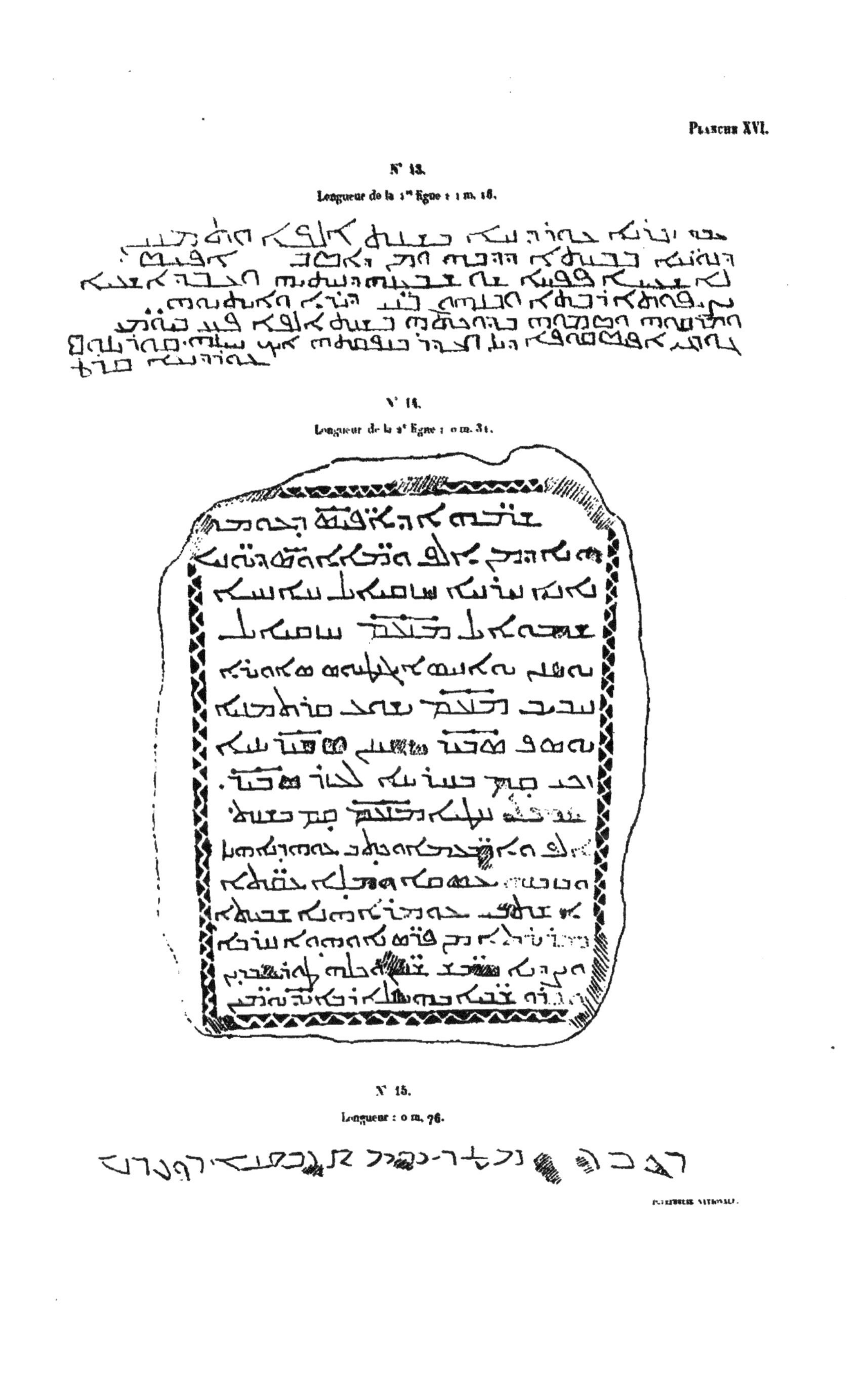

N° 13.

Longueur de la 1re ligne : 1 m. 16.

N° 14.

Longueur de la 2e ligne : 0 m. 31.

N° 15.

Longueur : 0 m. 76.

Imprimerie nationale.

N° 16.

Troisième fragment.

Second fragment.

Premier fragment.

N° 17.

Longueur de la 1re ligne : 0 m. 47.

N° 18.

De la cassure à la dernière lettre de la 1re ligne : 1 m. 67.

N° 19.

N° 20.

Du commencement de la croix à la fin de la 1re ligne : [illegible] m, 05.

N° 21.

(Inscription se lisant verticalement.)

Longueur de la 1re ligne : [illegible] m, [illegible].

N° 22.
(Inscription se lisant verticalement.)

Longueur de la 1re ligne : 0 m. [illegible].

N° 23.
(Inscription se lisant verticalement.)

Longueur de la 1re ligne : 0 m. 26.

N° 24.
(Inscription se lisant verticalement.)

Longueur de la 1re ligne : 0 m. 3[illegible].

N° 25.
(Inscription se lisant verticalement.)

N° 26.
(Inscription se lisant verticalement.)

Longueur de la 1re ligne : 0 m. 31.

N° 27.
(Inscription se lisant verticalement.)

N° 29 et 30.

(Inscriptions se lisant verticalement.)

Longueur de la 1re ligne de l'inscription n° 29 : 0 m. 25.

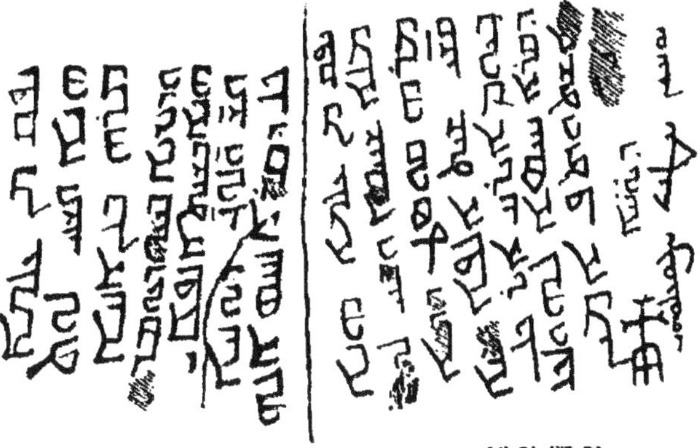

N° 31 et 32.

(Inscriptions se lisant verticalement.)

Longueur de la 1re ligne de l'inscription n° 31 : 0 m. 18.

N° 28.

(Inscription se lisant verticalement.)

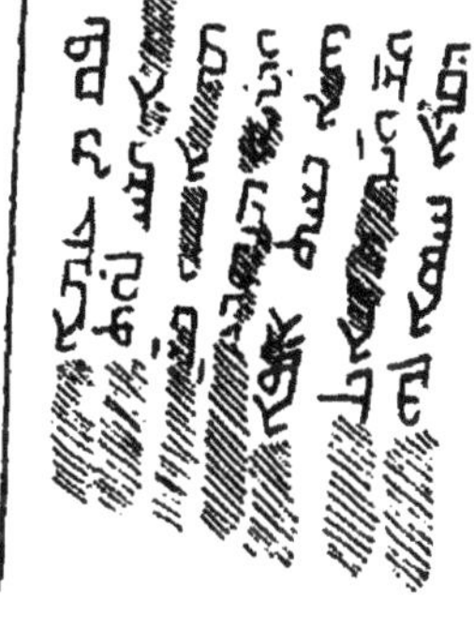

N° 33.

(Inscription se lisant verticalement.)

Longueur de la 1re ligne : 0 m. 17.

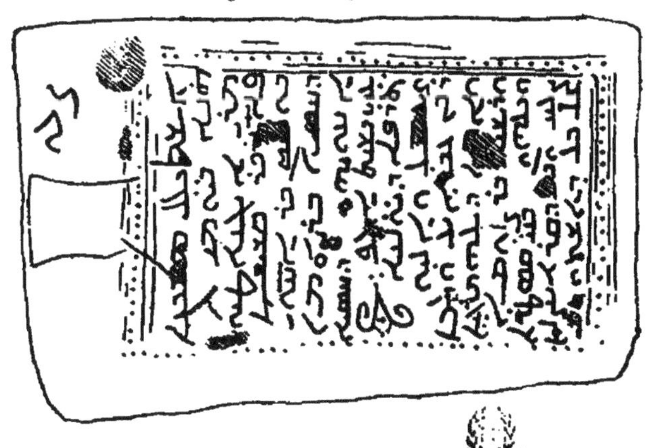

Imprimerie nationale.

N° 34.
(Inscription se lisant verticalement.)
Longueur de la 4e ligne : 0 m. 35.

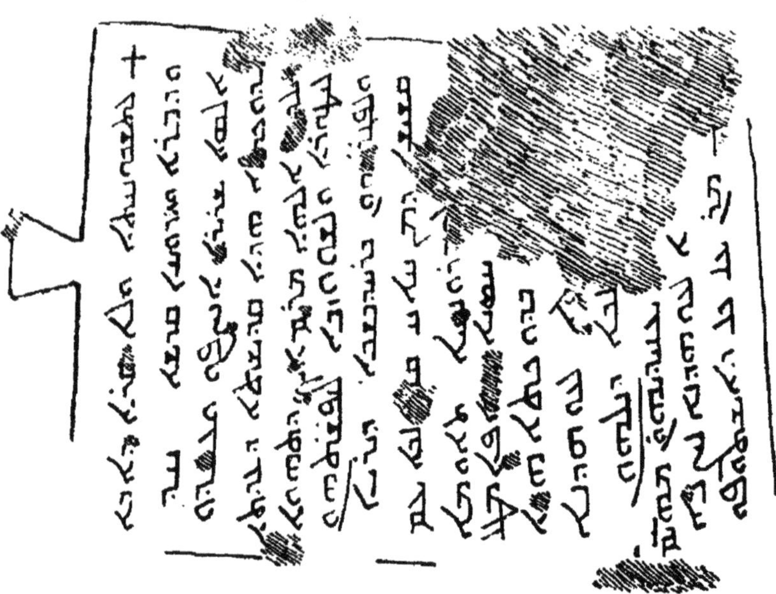

N° 35.
(Inscription se lisant verticalement.)
Longueur de la 1re ligne : 0 m. 50.

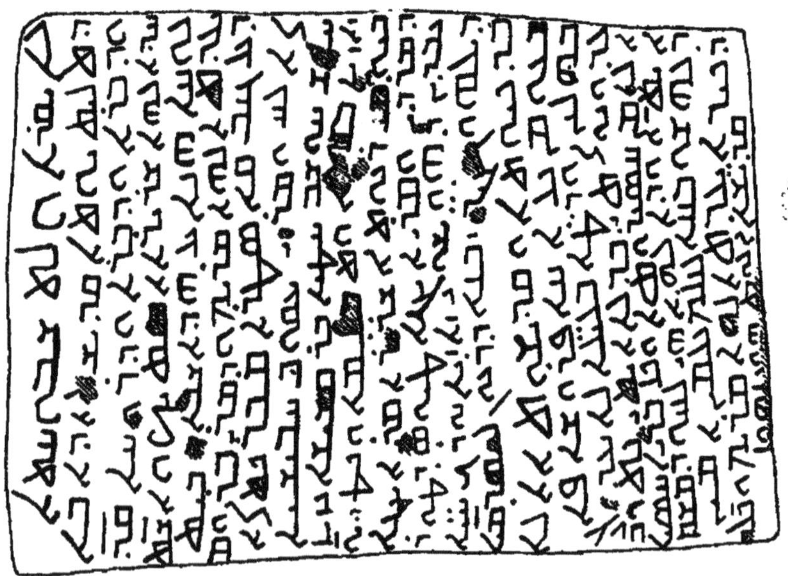

N° 36 et 37.

Longueur de la 1re ligne de l'inscription n° 36 : 0 m. 53.

N° 39.

(Inscription tracée verticalement.)

Longueur de la 1re ligne : 0 m. 36.

N° 40.

Longueur de la 1re ligne : 0 m. 57.

N° 38.

(Inscription tracée verticalement.)

Longueur de la 1re ligne : 0 m. 20.

N° 41.

Longueur : 0 m. 95.

N° 43.

Longueur de la 1re ligne : 0 m. 46.

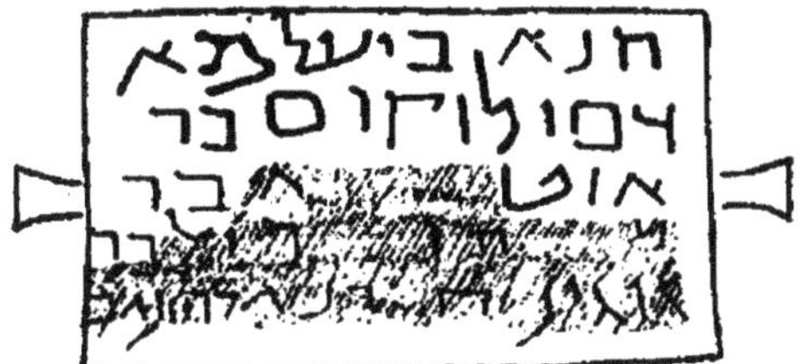

N° 42.

De la cassure à la fin de la 1re ligne : 0 m. 39.

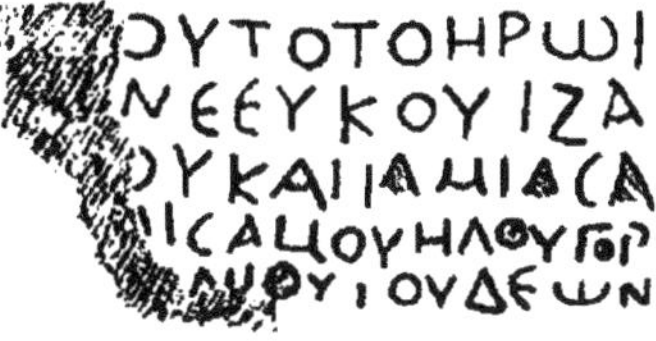

N° 44.

Longueur de la 1re ligne : 0 m. 67.

N° 45.

(Inscription tracée verticalement.)

Longueur de la 1re ligne : 0 m. [illegible]

N° 46.

(Inscription tracée verticalement.)

Longueur de la 1re ligne : 0 m. [illegible]

N° 47.

Longueur de la 1re ligne : 0 m. [illegible]

N° 48.

(Inscription tracée verticalement.)

Longueur de la 1re ligne : 0 m. [illegible]

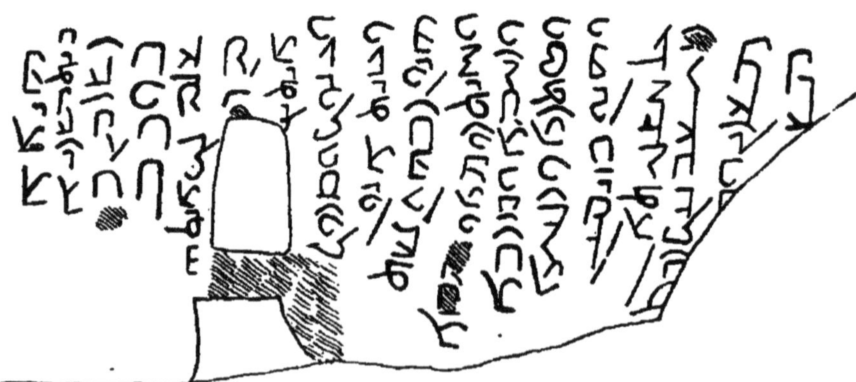

N° 49.
Longueur de la 1re ligne : 0 m. 43.

N° 51.
(Inscription se lisant verticalement.)
Longueur de la 1re ligne : 0 m. 315.

N° 50.
Longueur : 0 m. 45.

N° 52.
(Inscription se lisant verticalement.)
Longueur de la 2e ligne : 0 m. 53.

N° 32.

(Inscriptions se lisant verticalement.)

Les quatre premières lignes sont tracées sur la paroi de gauche de la grotte, les lignes 5 et 6 sur la paroi du fond, à gauche de l'autel, la ligne 7 sur la paroi du fond à droite de l'autel, les lignes 8, 9, 10, 11 sur la paroi de droite.

N° 33.

(Inscription se lisant verticalement.)

Longueur de la 1re ligne : 0 m. 30.

N° 34.

Longueur de la 1re ligne : 0 m. 35.

N° 36.

(Inscription tracée verticalement.)

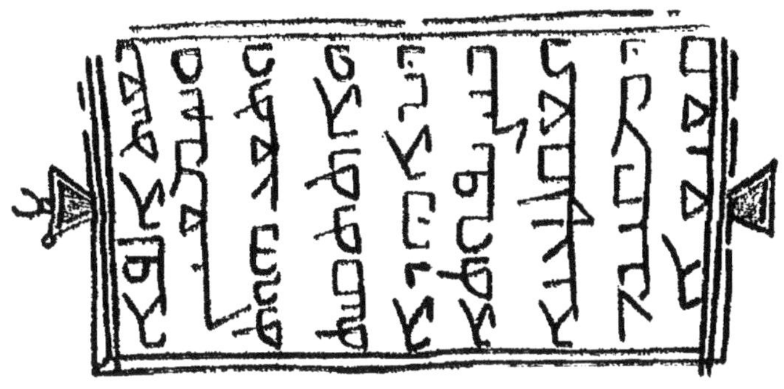

N° 37.

Longueur de l'inscription grecque : 3 m. 60.

AMACCA | MCHCCAIG | ΔΟΥΤΟΥΜ | ANNOYΓTNH

4e BLOC | 3e BLOC | 2e BLOC | 1er BLOC

N° 38.

Longueur : 1 m. 50.

N° 39.

Longueur de la dernière ligne : 0 m. 80.

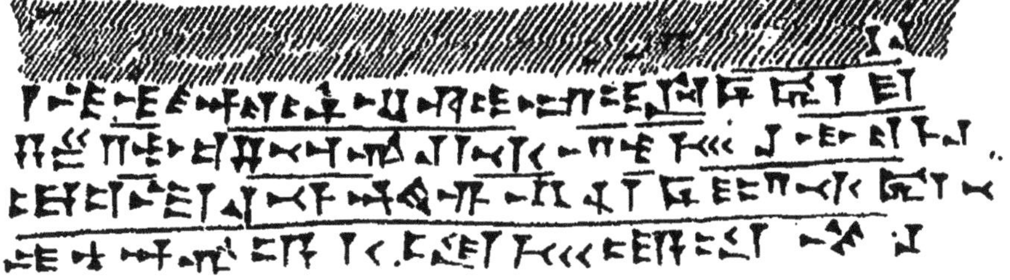

N° 62.

Longueur de la 1re ligne : 0 m. 3[illegible]

N° 60.

De la 1re à la dernière ligne : 0 m. 47.

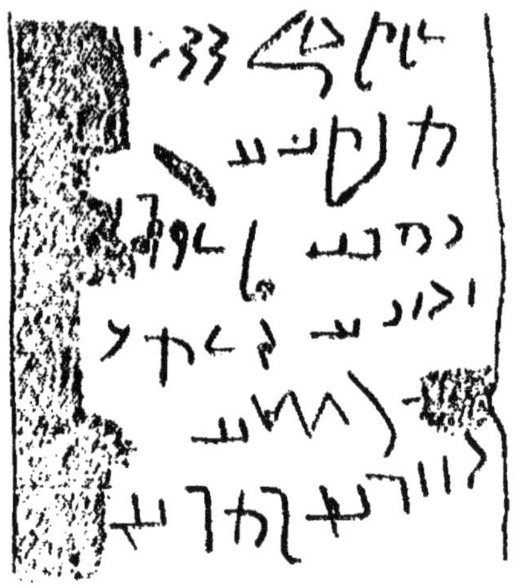

N° 61.

De la 1re à la dernière ligne : environ 0 m. 47.

N° 63.

Longueur de la 1re ligne : 0 m. 77.

N° 64.

(Inscription se lisant verticalement.)

De la 1re à la dernière ligne : 0 m. 28.

N° 65.

(Inscription se lisant verticalement.)

Longueur de la 1re ligne : 0 m. 3[illegible].

N° 66.

(Inscription se lisant verticalement.)

Longueur de la 1re ligne limitée : 0 m. 23.

N° 67.

(Inscription se lisant verticalement.)

Longueur de la dernière ligne : 0 m. 31.

N° 68.

(Inscription se lisant verticalement.)

Longueur de la 1re ligne : 0 m. 20.

N° 70.
(Inscription se lisant verticalement.)

Longueur de la 2e ligne : 0 m. 25.

N° 69.
(Inscription se lisant verticalement.)

Longueur de la 1re ligne : 0 m. 28.

N° 72.
(Inscription se lisant verticalement.)

Longueur de la 1re ligne : 0 m. 22.

N° 73.

N° 71.
(Inscription se lisant verticalement.)

Longueur de la 1re ligne : 0 m. 23.

N° 73.

Longueur de la 1re ligne : 0 m. 78.

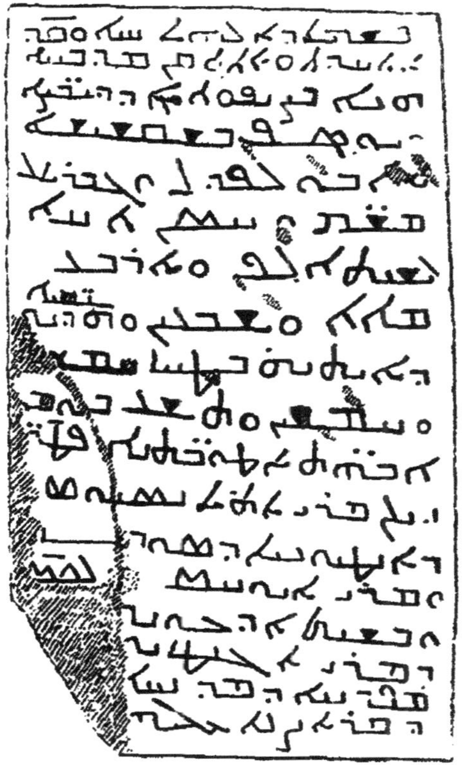

N° 74.

Longueur de la 1re ligne du second bloc : 0 m. 35.

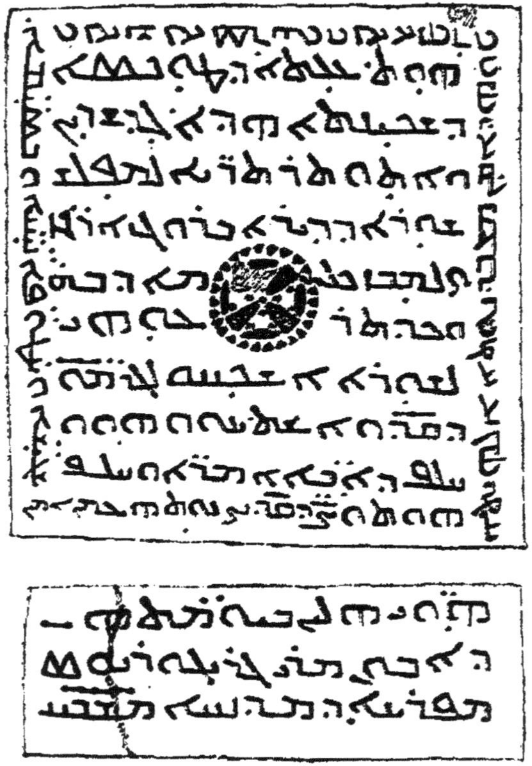

N° 76.

(Inscription tracée verticalement.)

Longueur de la 1re ligne : 0 m. 20.

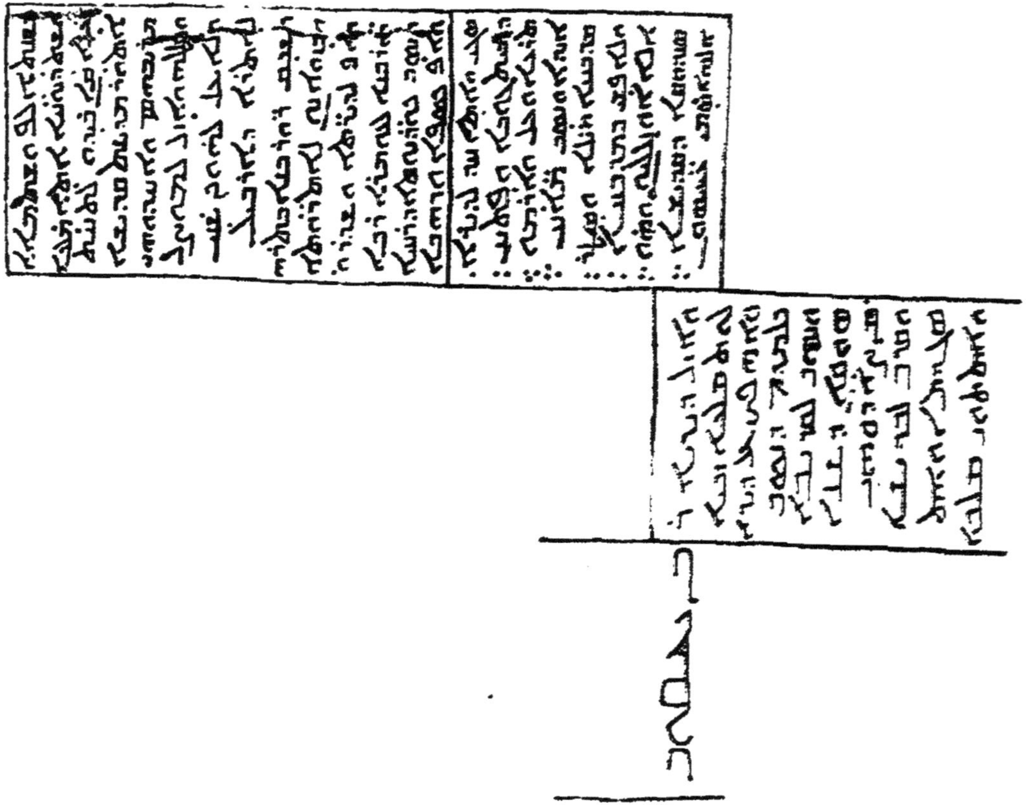

N° 77

N° 78.

Longueur : 0 m. 40.

N° 79.

Longueur : 1 m. 91.

N° 80.

Longueur de la 1re ligne : 0 m. 36.

بن يوسف الفشال رحمه الله
ورحمة عليه

Longueur : 0 m. 36.

عل اشنان مسعود

N° 82.

(Inscription tracée verticalement.)

Longueur de la 2e ligne : 0 m. 18.

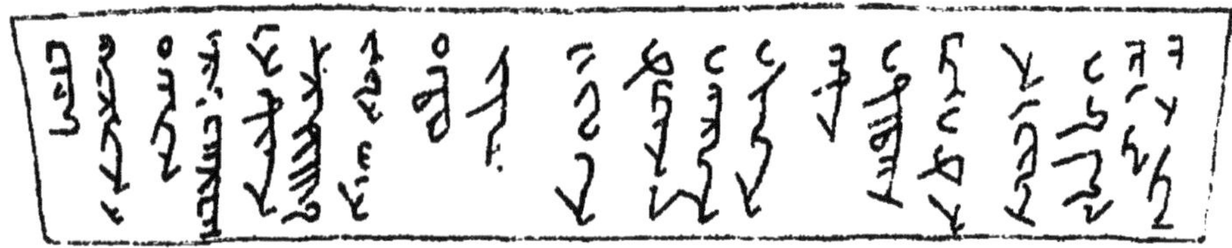

N° 83.

N° 84.

(Inscription tracée verticalement.)

Longueur de la 2e ligne : 0 m. 16.

N° 84.

(Inscription se lisant verticalement.)

Longueur de la 1re ligne : 0 m. 84.

N° 85.

De la 1re à la 50e lettre : 2 m. 05.

IMPRIMERIE NATIONALE.

N° 85.

Inscription gravée au-dessous du bas-relief.

N° 86.

Fin de l'inscription
qui était gravée sur le côté droit de la stèle.

N° 86.

Inscription gravée
sur le côté gauche de la stèle.

N° 87.

(Inscription
tracée verticalement.)

Longueur de la 1re ligne
0 m. 26.

N° 88.

(Inscription
tracée verticalement.)

Longueur de la 1re ligne :
0 m. 63.

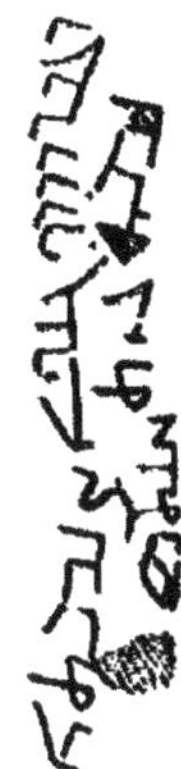

N° 89.

Longueur de la 1re ligne : 0 m. 55.

N° 90.

(Inscription tracée verticalement.)

Longueur : 0 m. 51.

N° 91.

Longueur : 0 m. 28.

N° 92.

Longueur de la 1re ligne : 0 m. 61.

N° 93.

Longueur de la 1re ligne : 0 m. 30.

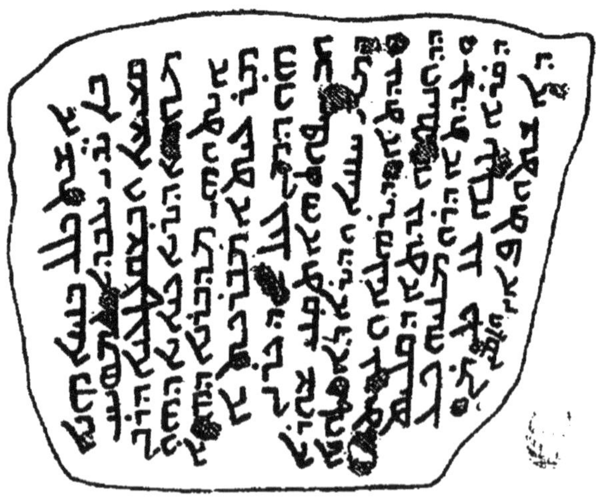

N° 94.

(Inscription tracée verticalement.)

Longueur de la 1re ligne : 0 m. 24.

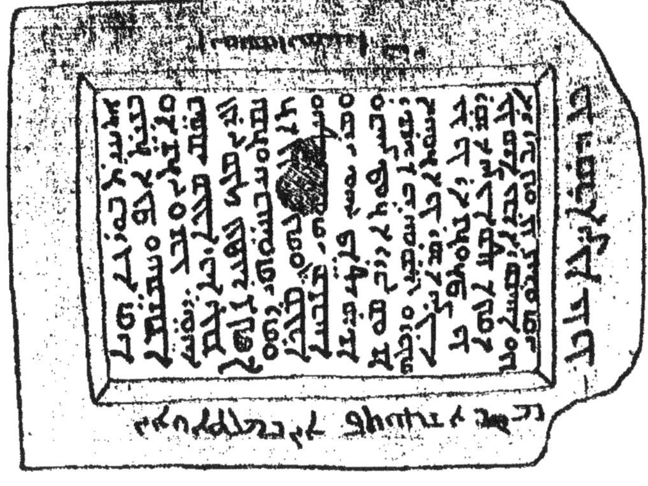

N° 93.

(Inscription tracée verticalement.)

Longueur de la 2e ligne : 0 m. 35.

N°s 95 et 96.

(Inscriptions tracées verticalement.)

Longueur de la 2e ligne de l'inscription n° 95 : 0 m. 42.

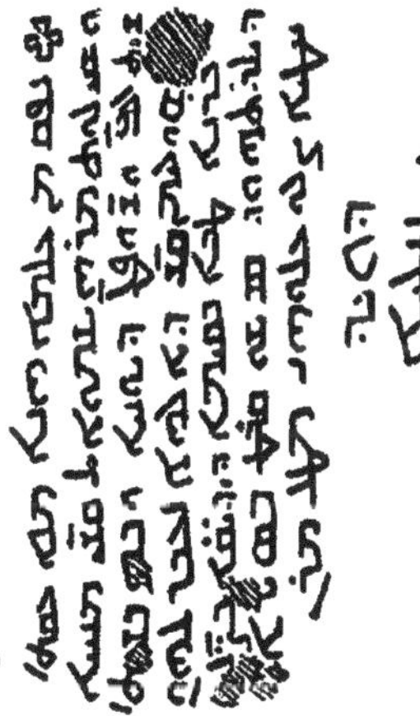

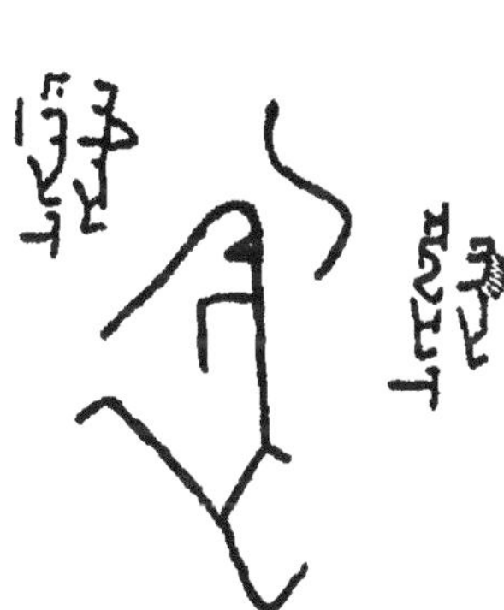

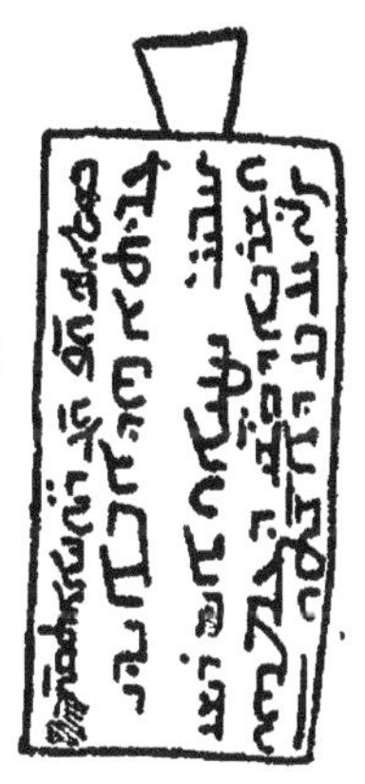

N° 97.

(Inscription tracée verticalement.)

Longueur de la 6e ligne : 0 m. 17.

N° 99 et 100.

(Inscriptions se lisant verticalement.)

Longueur de la 1re ligne de l'inscription n° 99 : 0 m. 31.

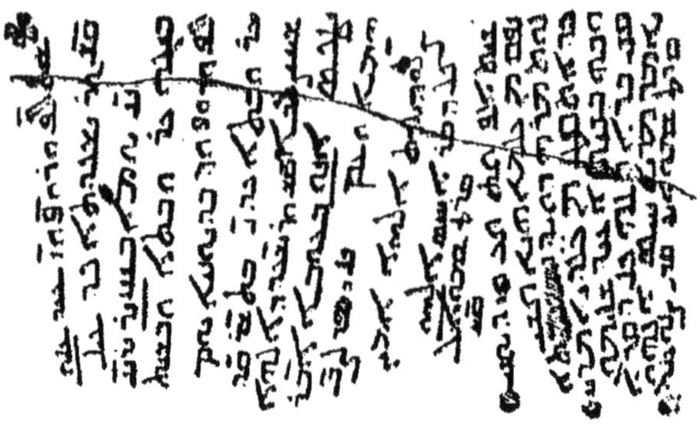

N° 101.

(Inscription se lisant verticalement.)

Longueur de la 1re ligne : 0 m. 22.

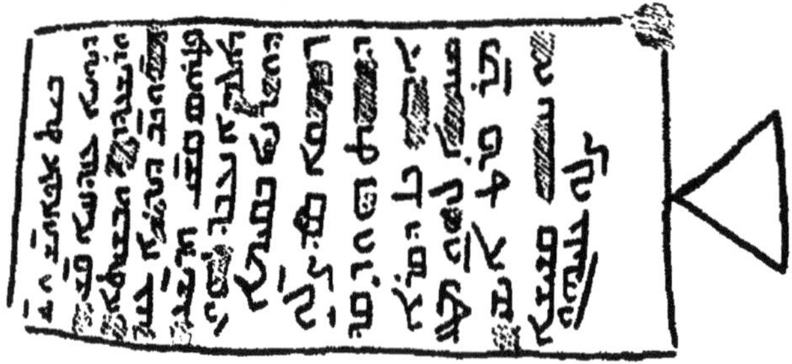

N° 102 et 103.

(Inscriptions se lisant verticalement.)

Longueur de la 1re ligne de l'inscription n° 102 : 0 m. 32.

N° 104.

(Inscription se lisant verticalement.)

Longueur de la 1re ligne : 0 m. 46.

N° 105.

(Inscription se lisant verticalement.)

Longueur de la 1re ligne : 0 m. 35.

N° 106 et 107.

(Inscriptions se lisant verticalement.)

Longueur de la 2e ligne de l'inscription n° 106 : 0 m. 40.

N° 110.

(Inscription se lisant verticalement.)

Longueur de la 1re ligne : 0 m. 31.

N° 111.

(Inscription se lisant verticalement.)

Longueur de la 1re ligne : 0 m. 37.

N° 108.

(Inscription se lisant verticalement.)

Longueur de la 2e ligne : 0 m. 36.

N° 109.

(Inscription se lisant verticalement.)

Longueur de la 2e ligne : 0 m. 14.

N° 112.

(Inscription se lisant verticalement.)

Longueur de la 1re ligne : 0 m. 31.

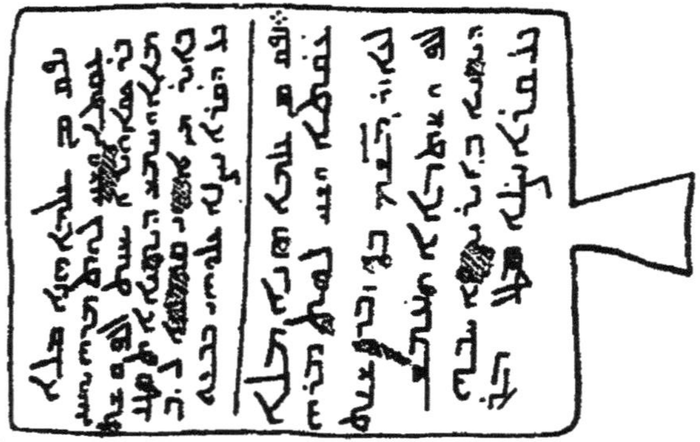

N° 113.

(Inscription se lisant verticalement.)

Longueur de la 2e ligne : 0 m. 25.

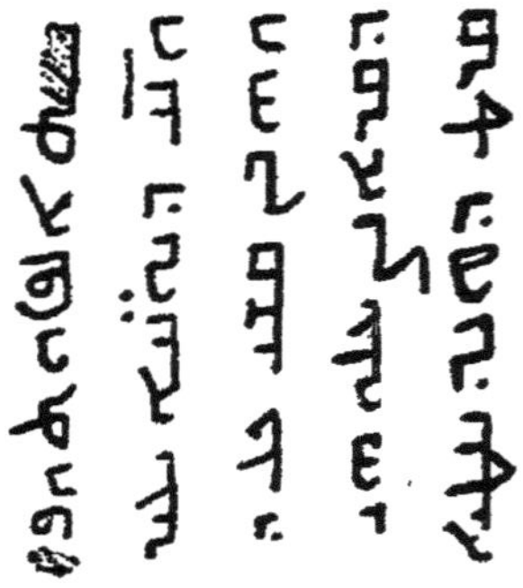

N° 115.

(Inscription se lisant verticalement.)

Longueur de la 1re ligne : 0 m. 20.

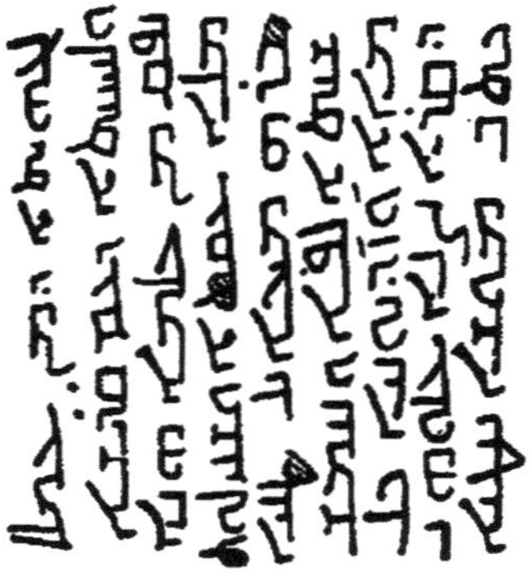

N° 116.

(Inscription se lisant verticalement.)

Longueur de la 1re ligne : 0 m. 36.

N° 114.

(Inscription se lisant verticalement.)

Longueur de la 2e ligne : 0 m. 25.

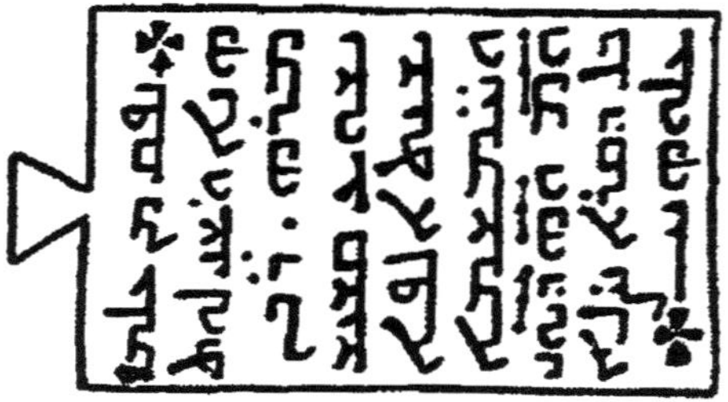

N° 117.

Longueur de la 8e ligne : 0 m. 11.

N° 118.

Imprimerie nationale.

BIBLIOTHÈQ
DE L'UNIVE
DE PARIS

www.ingramcontent.com/pod-product-compliance
Ingram Content Group UK Ltd.
Pitfield, Milton Keynes, MK11 3LW, UK
UKHW021855190726
13855UKWH00001B/333